观察所思

罗莹 著

江西科学技术出版社

目录

Contents

价值规律在社会主义初级阶段经济中的地位和作用

我国社会主义经济是有计划的商品经济，但经济学界对价值规律的地位、作用的看法很不一致。在今天确认我国处于社会主义初级阶段之时，全面认识价值规律在我国经济生活中的地位和作用，以指导我们的经济建设，有着十分重要的意义。

（一）

商品经济是个客观的历史范畴，它有许多不以人的意志为转移的规律，如竞争规律、供求规律、货币流通规律、剩余价值规律等等。而其中最主要的决定商品经济运动的规律是价值规律，其基本内容是价值决定和价值实现。

在商品生产中，价值始终是个中心。商品生产者生产使用价值的目的就在于实现价值。追求价值是商品生产者的最大特点，这也构成了商品经济的共同属性。商品的价值决定取决于社会必要劳动时间，这驱使着商品生产者在竞争中努力使个别劳动时间低于社会必要劳动时间，而从中获得物质利益。商品生产者的以上属性，就是价值规律的内容作用、贯彻和实现的结果。

在商品经济中，经济利益不同的商品生产者，通过相互交换劳动产品，使产品的价值实现，从而补偿自己劳动的耗费，并获得赢利。这是商品经济最一般的内容。商品的交换是按照社会必要劳动时间决定的价值量来实行交换，即实行等价交换的原则，这样商品价值量的实现才有可能长期进行下去。这种交换的比例又调动着社会生产量围绕社会需要量上下波动，即表现为供求之间的矛盾，决定商品生产者利用市场机制，借助价格等信号，把生产资料、劳动力、资金向社会所需的商品生产部门投入，直到生产出或超出社会需要量为止。这种调节社会劳动等在不同生产部门之间的分配的作用力，是价值规律内容要求的结果，它不仅要求“在每个商品上只使用必要的劳动时间，而且在社会总劳动时间中，也只把必要的比例量使用在不同类的商品上”。[1] 即耗费在商品总量上的社会必要劳动，要同商品的社会需要量相符。

以上内容可见，只要社会的经济形式表现为商品经济，那么价值规律的内容、作用就必然决定着商品经济的生产、交换、分配和消费的各个方面。作为商品经济的基本规律的价值规律，对社会主义商品经济的调节范围及地位又是怎样呢？有的学者认为“只是一定程度、一定范围的调节作用”，有的学者认为“是主要的”或“重要的”调节者，我认为既然社会主义经济表现为商品经济，那么价值规律必定是首要的全面的调节者。

在社会主义初级阶段中，占主要经济成分的全民所有制并不成熟，其内部仍存在着集体的因素，各个企业有着不同的经济利益。社会主义企业及商品生产者是相对独立或完全独立的，因而实质上，价值成了各个生产部门基本关系的表现。从商品生产者的本质来看，社会主义商品生产者同样关心和追求价值（当然也关心使用价值，因为使用价值关系到价值能否实现），从而使本生产部门的个别劳动转化为社会劳动，以得到劳动的补偿和盈利。这样他们也必然关心劳动时间、生产资料、资金的合理分配，以求得实现更多的价值。显然，只要社会主义经济是商品经济，社会必要劳动时间决定商品的价值量，商品的价值量决定商品的交换比例，社会总劳动力在各类商品中的合理比例决定该商品的价值的实现量等价值规律的内容、要求及作用，就必然在社会主义商品经济中无一例外地发挥其首要的全面的调节作用。过去我们的经济生活强调所谓的“计划性”统得过死，价值规律并未起到应有的作用，但这并不否定价值规律是首要的调节者。几十年的经济生活的实践说明忽视价值规律全面调节作用，违背经济规律带来的教训是惨痛的，这不也恰恰反证了价值规律应是全面的调节者吗?

马克思、恩格斯由于所处的时代所决定,其使命是创立科学社会主义,为无产阶级斗争指明方向,对未来社会的设想只是把它作为私有制的对立物来论述的,所以,设想未来的社会没有商品经济、货币关系。但是他们用"首要经济规律"来代替价值规律,他指出"如果共同生产已成为前提,时间的规定当然仍有重要意义……一切节约归根到底都是时间的节约。正像单个人必须正确地分配自己的时间,才能以适当的比例获得知识或满足对他的活动所提出的各种要求,社会必须合理地分配自己的时间,才能实现符合社会全部需要的生产。因此,时间的节约以及劳动时间在不同的生产部门之间有计划的分配,在共同生产的基础上仍然是首要的经济规律。"[2] 由此可见,这个"首要经济规律"的主要内容是时间的节约,劳动时间的合理分配,实质上同价值规律的内涵是一致的。既然时间的节约,劳动时间的合理分配都是以共同生产为基础的社会的"首要经济规律",那么价值规律是社会主义商品经济的首要调节者的结论便显然成立。

"商品经济的充分发展,是社会经济发展的不可逾越的阶段"。[3] 我国正处于社会主义的初级阶段,生产力虽有很大发展,但生产的社会化、商品化程度在世界经济中还处于落后地位,因而大力发展社会主义的商品经济,极大地提高生产的商品化程度将是我国的战略选择之一。这样,随着商品化程度日益激增,商品货币关系将渗透社会主义初级阶段社会经济生活的各个领域。科学、技术、信息、艺术等都将商品化,与一般的实物形态产品一起进入市场。整个社会经济运动将主要表现为价值、货币、资金等运动。价值是这些运动结果的共同尺度,等价交换的原则是社会主义商品生产部门唯一愿意接受的原则。总之,价值规律在我国的经济生活中,将从过去的被忽视、现在的被重视,走向将来的"全面调节",而不是所谓的"一定范围、一定程度的调节"。

这里需要说明一下,传统的观点认为价值本身不能满足人的需要,而只有使用价值才能满足人的需要,因而在社会主义社会,使用价值显得特别的重要,由此否定价值是社会主义商品生产部门追求的中心。这种观点至少是没有和商品经济联系起来。我认为以下观点是较合理的，即在社会主义社会，使用价值虽能满足人们的需要，但是社会的需要只是社会的使用价值，而不是任何一种使用价值。使用价值能满足人们的社会需要又是以价值实现为前提的，没有价值的产品不可能满足社会需要。价值没有实现，也谈不上有社会使用价值。因而价值应是社会主义商品生产部门追求的中心，在这个意义上，价值才显得特别重要。

（二）

在社会主义商品经济条件下，价值规律调节着社会经济运行的全过程，调节着社会再生产的各个环节和社会经济组织的各个层次。

首先，价值规律调节着社会主义的生产和流通。在社会主义初级阶段，国有企业同集体、联营、个体等企业被推进市场，因而其命运与价值规律紧密相连，企业的兴衰依赖于市场。如果没有行政等非经济规律的干预，那么受价值规律的驱使，企业将在遵守国家法律的前提下，想方设法地挖掘企业内部潜力，扩大生产与经营范围，革新技术，力争产品物美价廉，努力增强企业竞争能力，强化生产活动，力争最大的产出，尽可能实现最多的价值。市场机制作为价值规律在市场上的作用机制，使自负盈亏的商品生产部门，始终关心能否获得尽可能多的净产值，关心价值形成和价值实现的最佳结果。从而确定社会在一个时期所需商品生产消耗的必要劳动时间，使人力、物力、财力达到最优的结合，使资源得到最有效的利用。因而极其注意改善经营管理，提高服务质量，使企业的个别劳动转化为社会劳动，并从中取得最大的盈利。

其次，价值规定还决定着商品生产部门和商品生产者的收入分配。目前，部分理论工作者对马克思按劳分配理论有所发展，提出了“两个层次”的按劳分配，因而价值规律决定分配的作用更加明显了。在第一层次即企业间的分配中，各个企业对其产品都有所有权，而且在交换中处于平等的地位，因此，只有等量劳动才能换取等量劳动，其份额的多寡取决于企业提供的劳动量。由于企业相对独立，决策、机会、风险、管理不均等，因而在价值规律的作用下，各企业的收入分配也不均等。有的企业会获得超额利润，有的企业会因亏损而导致破产,有的企业转产,把人力、财力、物力投入到盈利高的产品生产中,第二层次的分配也与价值规定决定下的企业的收入总量相联系,根据商品生产者提供的劳动量进行分配。

再次,价值规定还决定着社会主义的消费。由于它调节着社会主义的投资方向和生产资源的分配,所以,必然会控制消费的规模与质量。而且在它的调节下,生产者的收入在大大提高的同时会拉开差距,消费需求会受到大大的刺激,消费结构将呈现出多层次,消费领域愈加广阔。

总之,在社会主义初级阶段中,社会经济运行的全过程,毫不例外地要受到价值规律的调节,在生产、交换、分配、消费等各个方面发挥它的全面调节作用。

价值规律对社会主义和资本主义调节作用的区别,不在于是不是全面的调节者,而在于自觉地运用价值规律的程度不同。在社会主义初级阶段,生产资料归全体劳动者所有,劳动者之间有着共同的利益,因而以建立统一和灵活的经济体制(并非传统的"计划"调节体制),自觉地运用价值规律,即在全社会规模上自觉地有计划地实现价值规律的客观要求,使商品经济带上计划性和自觉性。这也就是社会主义经济的计划性所在。

现在许多政治经济学教科书都把计划经济作为社会主义区别资本主义的一个重要特征,认为在价值规律之外还有个有计划按比例分配劳动的规律。我认为这种观点值得商榷。实际上,从 20 世纪 40 年代后,日本、西德、意大利、荷兰等发达的资本主义国家都程度不同地推行计划经济,或多或少地对经济活动进行干预。日本从 1955 年起迄今实施了九个计划,极大地推动了生产力的发展。世界经济活动的实践向人们昭示,所谓的计划性,只不过是商品经济宏观调控的一种手段而已。计划的本质——合理分配社会劳动只不过是价值规律的根本内容之一。所以,我赞成这一观点:在价值规律之外,不存在所谓的"有计划规律"。在社会主义初级阶段,还没有达到有计划地直接分配社会总劳动时间的发展程度。

价值规律是首要调节者,这与社会主义基本经济规律主导作用并不相悖。

社会主义的基本经济规律长期沿用斯大林的表述:“用在高度技术基础上使社会生产不断增长和不断完善的办法,来保证最大限度地满足整个社会经常增长的物质和文化的需要。”目前部分理论工作者认为这个定义是不完备的,社会主义生产目的具有二重性,即既有满足社会全体人民的需要的一面,又有满足商品生产者个人和企业需要的一面。这两种生产目的都是通过价值生产来实现的。从斯大林的定义来看,目的实现也要借助于价值规律,合理地组织生产,有效地节约劳动,按社会的需要分配社会劳动,通过商品等价交换来维持生产,才能在高度技术增长的基础上,使社会主义生产不断增长和不断完善,才能形成商品的海洋,最大限度地满足社会不断增长的物质和文化的需要。所以,价值规律的全面调节与社会主义的基本经济规律的主导作用并非是不相容的。

（三）

价值规律作为商品经济的全面调节者,我们曾长期排斥它、忽视它。今天已经确认我国的社会主义经济是有计划的商品经济,为了在全社会自觉地运用价值规律,首先,需要进一步否定传统的“计划”观念,重新确定价值规律应有的地位。目前,“计划第一,价值规律第二”的旧观念束缚着一部分人的思想。一些企业的领导者在旧观念“刚性”支配下,只顾埋头生产,缺乏市场观念,“官工”、“官商”思想作风盛行,不习惯竞争,缺乏冒险精神,赢利观念淡薄,极大地影响和抵消了价值规律对生产的调节作用,阻碍着商品经济的发展,以致许多企业至今仍缺乏活力。显然,旧的传统观念不破除,自觉地运用价值规律,发挥价值规律的全面调节作用,无疑是一句空话;其次,要建立和完善合理的价格体系。价格是经济活动的指南针,它指示着经济活动的流向,反映经济活动的升降。而价值规律又主要是通过价格体系中的生产价格发挥作用。因此,建立合理的价格体系是价值规律发挥作用的基础;再次,要切实实行经营权与所有权的分离,使经营者有责、有权、有利,也有风险,使企业的兴衰与经营者的切身利益挂钩,要杜绝种种与经济规律相悖的“保护”,摆脱行政机关的干预。要进一步完善社会的市场体系、市场机制、市场体制和市场机体，克服我国目前市场狭窄、信息不灵的缺点。要开辟资金市场、劳务市场、生产资料市场，提高市场外部协调水平，充分发挥市场的调节作用。

在社会主义初级阶段，社会经济表现为商品经济，说明生产者的劳动不可能直接就是社会劳动，人们没有完全能够支配自己的生产劳动的能力，因此，只有依靠价值规律才能使商品经济大力发展。不必讳言，价值规律的调节带有一定的盲目性，且在它的刺激下，有的生产部门可能会钻政策法令的空子，损害国家利益和消费者的利益，一些人会滋生拜金主义等。但这些仅是价值规律调节下的副作用，只要加强教育和宏观控制，这种副作用是可以少发生或不发生的。

注释：

[1]《马克思恩格斯全集》第 25 卷第 116 页。

[2]《马克思恩格斯全集》第 46 卷第 120 页。

[3]《中共中央关于经济体制改革的决定》。

（本文原载《当代财经》1988 年第 1 期）

企业管理中的激励

（一）

企业的成功与否同职工的积极性、主动性、创造性密切相关。采取调动人的积极性等各项措施，其实质就是要运用各种方式的激励手段。由此可见，激励问题是管理中的核心问题。多种多样的激励手段和激励艺术对于激发职工的思想，提高职工的觉悟，以致形成高尚的动机，促使工作效率得到大大的提高，有着十分重要的意义。激励的种类大致可分为：

1. 奖罚激励。奖励包含物质奖励与精神奖励两种，是调动企业职工积极性不可缺少的措施。即通过奖金、奖品、奖章、奖状、记功、表扬、评劳动模范、获科研奖等来激发职工的生活保障感和安全感，满足人们心理上的需要。惩罚主要形式是批评、检查、处分、经济制裁和法律惩办，使被罚者抑制其不良的行为。

2. 目标激励。即通过制定企业的经营目标和建立良好的企业形象来激发职工的积极性，使职工的有效行为同企业的目标紧紧相连。目标可以是产品的数量、质量、企业规模的扩展、企业发展的方向，也可以是精神对象，如企业精神、主人翁精神、协作精神等等。目标，是人们期望要达到的成就，它一旦实现，总是能给人带来满足，因此，目标本身也构成了诱因。一种外在刺激，激发职工的动机，从而指导其行动，使职工的行为纳入到企业家实现目标的轨道上。

3. 目标管理的激励。国外称目标管理是现代企业的导航,它是一种过程型的激励理论。即通过企业设立总目标,各部门根据总目标分解为部门目标,职工再根据所属部门的目标和个人差异订立个人目标,这样职工能积极参与目标的设置,发现自己责任和利益,从而发挥自己的积极性去实现自己的目标,也得到同实现目标贡献的相应报酬。目标管理迫使人们判定计划,每个人设立目标,而且工作成绩与目标的偏差受考评,因此,能激发职工的积极性,也能使企业利益与职工利益相统一。

4. 领导方式的激励。企业管理者通过以身作则的模范带头作用、暗示作用、模仿作用以及关怀、支持等心理机制去激发下属的动机,调动其积极性,为实现组织目标而奋斗。

以上所述的是激励的基本类型。作为一个管理者必须恰当地运用有效的激励手段,使管理中的心理效应达到最佳。在进行激励的过程中,还应自觉遵循以下的原则:

(1)尊重职工,激发职工的主人翁感的原则。在我国企业里,职工的地位是平等的,都是企业的主人,而不是生产的工具。但由于一些原因,很多人对自己的地位认识不是很清楚,因此,激发职工的主人翁感是非常重要的,这样才能使全体职工拧成一股绳,形成一致的内在动力,向企业的目标前进。

(2)奖罚公平合理的原则。即要使员工感觉到自己工作的优劣与得失成正比,使职工的心理上得到满足,对下一个的行为过程产生积极的影响。

(3)思想教育与物质鼓励相结合的原则。物质利益是人类生存和发展的物质条件,其作用在于满足人的生理需要,而物质鼓励就是给成绩突出的劳动者以奖金、奖品等,其激励作用不可低估。能使积极性持久的激励是精神鼓励,精神力量是巨大的,但也不是“万能”,实践证明,坚持思想教育与物质鼓励相结合的原则,才能使激励产生较好的效果。

(二)

正确的激励原则,合适的激励方式,才可能充分调动企业职工的积极性。在企业管理中,如何激励,采取何种激励措施,何时激励是最佳时机,才能使职

工的积极性调动起来显得更加重要。一般说来,有以下几种措施和方法:

1. 设置吸引职工的企业发展、经营目标并增加其“透明度”,建立良好的企业形象和企业精神。企业的发展、经营目标、企业的形象及企业精神是无形的财富,是激励职工的无形的推动力。它不仅吸引着资金、原料、社会的帮助,保证经销渠道的流畅,同时,它还为保留、稳定、吸引人才并激发他们的积极性创造了优越的条件。企业发展、经营目标的设置,应含有近期目标,也要有长远目标。目标的内容尽可能用数字提出,而且要有一定的难度,即具体而艰巨。但具体不是太容易实现,使激励作用甚微;艰巨不是难度太高,使人感觉渺茫。目标既应是职工的奋斗方向,给企业带来经济效益,又能使职工在生活上能有一定的提高。当企业的目标确定后,应晓之以众,即应是“透明”的目标,才可能使目标发挥其激励的作用。日本著名的企业家松下幸之助对增加企业目标的透明度的几句话是很有意义的:“让员工了解工作的真相,为此可在积极的情况下,培养大家共同经营的意识,激发主动负责的良好风气。”

有人说过,全世界的可口可乐如在一夜之间被烧光,那么第二天最大的新闻是各国的银行争着向它贷款。企业的形象等在吸引外界的作用是如此之大,对调动企业内部职工的积极性就不言而喻了。企业形象、企业精神、企业风格的建立与企业遵纪守法、创新开拓、独特的管理、优质的产品、恰如其分的广告宣传、使人印象深刻的企业名称、厂徽商标等等密切相关。可见,良好的企业风格、精神、形象的建立,要靠企业全体职工的艰苦奋斗,它的建立又将激发出职工的更大的积极性。

2. 了解职工的需要,尽力满足职工的需要。需要,是人对某种目标的渴求、欲望,分为自然性需要和社会性需要。满足人们正常的需要,是一种激励措施。要满足人们的需要,首先必须了解人们的需要,满足程度如何,才可能针对不同层次的需要制定不同的解决办法,即合理的激励措施。某个近百人的工厂只有一辆车接送职工上下班,工人怨言甚多。再加上食堂管理混乱,工人经常饿肚子上班,因此,人心涣散。新厂长上任后,不像前任厂长开个动员会了事,而是先了解工人的难处和解决职工最需要解决的问题。此后工人都说："碰到这样的厂长，干着才有劲头。"人心很快齐了，生产效率明显提高。新厂长常说："领导把群众放在心上，群众才会把责任担在肩上。"了解满足职工的需要，采取适当的激励措施，其作用是不可低估的。

3. 根据职工的心理特征和情绪变化，尊重他们的人格、权利、知识和创新行为。一般来说，职工在与管理者等接触时，有希望理解、求得信赖、渴望尊重、成绩得到肯定并愿意参与管理、追求平等的心理特征。因此，不论在管理中，还是在日常生活中，管理者都应尽可能在言行、举止、管理措施、规章制度等方面充分尊重职工的人格、知识、权利，肯定其工作的成绩和改革创新的所作所为，表示信赖他们的态度，尽可能让他们的愿望在决策中有所体现，从而使他们在心理和感情上得到满足，积极性得到诱发。日本松下电器公司为掌握员工的思想脉搏，在1963年就开始对近四万的员工进行"心理健康诊断"，把员工的心理特征分成13项，公布了"建成世界上最健全、优秀的公司"的经营方针，在满足员工的心理、感情、人际关系、报酬、福利地位需求的基础上进行经营管理，极大地调动了员工的积极性，使该公司成了世界上一流的公司。在美国有众多的企业员工不安心本职工作，他们说原因不在于工作本身，而是没有人去征询他们的意见，连一声"谢谢"也听不到，还有谁安心埋头苦干？然而，仅用四年就发展成为美国第九大航空公司的人民捷运航空公司管理者的激励措施却与众不同。总经理伯尔常对员工说："你们不是任人摆布的员工，你们是经理人员，公司可是你们自己的。"尽管该公司的报酬比别的公司低，但在"平等"、"参与"等激励措施激发下，该公司员工人心稳定，而且积极性也很高。

4. 对激励措施跟踪反馈，不断修正激励措施。管理者对职工的激励，往往通过物质上和精神上的满足去激发职工的行为动机而努力工作，以取得良好的工作成绩。管理者又根据职工的工作绩效的优劣进行奖罚，使管理获得新的满足，又产生新的激励。可见激励的过程，也是循环往复的过程。从这过程中可以看到，激励措施的合理性程度与激励效果的大小关系密切。激励措施越合理，人们接受面越大，心理接受程度越高，调动人们积极性的程度也越高。

因此,在实行激励措施时,必须不断地修订激励措施,使之合理性程度达到最高。

5. 在职工进入新的人际关系和新环境时,进行激励。人际关系,是人与人之间的心理关系或心理上的距离,反映了人们满足需要的心理状态。在一定的程度上,人际关系对人们积极性的调动有着举足轻重的作用,因此,作为一个管理者,从职工第一次与你或间接地与你交往时,务必注意以言行举止去激励职工。应严于律己,宽以待人,关心同志,尽力帮助他人,珍惜同职工交往的友谊,培养谦虚、正直、富有同情心等良好性格。这样管理者与职工的关系才可能得到优化,影响、促进员工之间建立良好的人际关系。在中国企业史上具有典型性的永安公司的管理者郭乐兄弟,非常重视人际关系的作用,对外呼吁"同号相连"、"同舟共济",在公司内任用各种人才,强调团结。每当企业取得成绩,他们总是视为发挥人际关系等合力的结果,而且在何时何地都严于律己,与员工"甘苦与共",激励着全体员工就是在非常时期,都"见闻确,设想周",犹如一股绳,使永安公司终成为近代有名的企业。

在职工进入新环境时,也是激励的好时机。因为此时职工有着各种新鲜感、陌生感、求知感,管理者等若能抓住时机,向他们解答问询的各种问题,尽力提供学习、生活条件,妥善安排好他们的工作,都能缩短他们与新环境的距离,减弱淡漠感,使管理者、政工干部进行激励有一个良好的开端。

6. 当职工的渴望未实现或处于困境之中时,管理者等应抓住时机进行激励。人生并不充满鲜花。人们说苦难是幸福的伙伴,兴奋总连着忧愁。不管企业职工多寡,总会有人失意、有人痛苦、有人烦恼。生产中的困难、家庭的不幸、事业的挫折、追求中的失望、失足后的悔恨等坎坷都使人处于困境。作为管理者,政工干部应留意职工的情绪,及时关心失意或处于困境之中的职工,采取劝慰、鼓励、暗示等方法,尽可能地为他们排忧解难。哪怕是一次交谈、散步,一封简短的慰问信,一小篮水果都将产生平时难以奏效的激励效应。古人说"雪中送炭",对于寒者,确实难以忘怀;如漠不关心,则会使人寒心失意。某厂的老师傅几十年兢兢业业的工作,一次生大病住院,经济上、精神上的压力很大。工友都去看了他,就是没有一个领导去。老师傅出院后对大伙说:“我几十年没有找过领导的麻烦,在我大病的时候,领导这样对待我,真没劲。”厂领导一时的疏忽,不仅影响了老师傅的情绪,而且在许多职工的心头上撒下了一片阴影。这种负激励是值得注意的。

7. 充分利用奖罚这一激励手段,但务必注意艺术。奖与罚是对人的某种行为状态所给予表扬与批评的一种激励形式,是科学性、政策性、思想性很强的工作。奖罚是否得当与一个企业兴旺发达有很大的关系,因此,奖励要注意艺术。

奖励要及时。过时的奖励不仅会降低作用,而且有时会起反作用。

奖励的程度要与职工的贡献大小、社会效益、社会心理挂钩。论功行赏,才能激发人们的创造性和积极性。

奖励方式要多样化,长期惯用的奖励方式的作用是有限的。只有变化的、新鲜的刺激和合乎受奖者心理的措施才有可能达到最佳的激励效应。

惩罚要采取慎重的态度,不仅要及时,而且要合理。要分析被罚者的行为动机,尽量要注意方式、方法。要充分尊重被罚者的自尊心,尽量减少他的敌对情绪,使之产生“内疚”,进行自我激励。惩罚应做到一视同仁,罚不避亲,“在纪律面前人人平等”,这样才能强化管理者的激励手段,否则会降低惩罚激励在人们心目中的威力。

(本文原载《江钢社会科学》1989 年第 2 期)

永佃制献疑
——与陈星同志商榷

《争鸣》1989 年第 2 期刊登陈星同志《论耕者有其佃》一文(以下简称《陈文》),是目前研究我国农村土地制度改革的赞成永佃制文章中,观点较为鲜明的一篇。从陈星同志近期的几篇论文可以看出,作者十分倾向推行永佃制,并概括了不少好处。永佃制是否有那么多优点,值得“在我国种植业逐步推广”呢? 笔者持有不同看法,在此求教于陈星同志。

永佃制明确规定农户有永久使用分配给自己的土地之权利,而且可以租佃、转让,等于将承包制中的有时限的承包期拉长到无限,这对于提高农民的投资热情有一定的作用,但我认为它无力避免承包制存在的种种弊端,自身也存在较多缺陷。

实行永佃制,经营中的短期行为仍将存在,掠夺性经营以及地力逐年下降等严重问题依然存在。《陈文》赞成永佃制,以求达到农民“把土地当成自己的土地看待”的目的。实际上,实行永佃制,不管是“按原耕地不动的原则,一次性地租佃、分配给原承包户”,还是按别的什么依据重新划分耕地,在法律上规定农民对耕地有永久使用权,农民都不可能把它当作自己的土地看待。这主要是因为政策的经常调整,使农民对“永”字信任度不高。土地的所有权不属于农民,尽管强调农民可以永久使用,但要他们像爱护自己的房产和企业一样去保护、改良土地,缺乏根本的动力。联产承包制带来的土地零散经营,也制约了农业生产力的提高，增加了生产成本。农民为眼前利益，力争多获得农产品，总是重化肥轻绿肥，年年如此地力岂不下降！农村土地制度深化改革的重要内容之一是尽可能消除短期行为，而永佃制没有触及产生短期行为的各种因素，因此，这方面的积极作用比别的形式要弱得多。

永佃制不存在"刺激农民不断地向土地投资"的机制，即使实行永佃制，农民也没有吃下"长效定心丸"。因为经营权与所有权是两码事，用永久使用权替代所有权所能起的作用，承包制已基本上达到了。就是把土地的所有权交给农民，实行土地私有化，也不可能促使农民产生像投资别的行业一样的投资热情对土地进行投资。究其原因，是农产品价格不反映价值。承包制刺激出农民空前高涨的积极性，是相对于"大锅饭"而言的。但这犹如决堤后的洪水，慢慢失去了决堤时的冲力。农民在商品经济的海洋里，发现生产并不乐观。卖出的东西并没有得到应该得到的价值，并且投入越多，吃亏越大，因此，他们慢慢失去了投资的积极性。通常情况下，他们投入的程度是以自己利益差不多，国家、集体利益应付得过去为限度的。尽管国家一再调高农产品收购价，但作用甚微，因为农业生产资料价格也"水涨船高"，调高的幅度是惊人的。此外，近年来，我国农业基建投资占全国基建的比重是逐年减少的，"一五"期间为7.1%，"二五"期间为11.3%，三年调整时期为17.7%，"三五"到"五五"期间只有10%左右，而"六五"期间降到6%，1986年只有3.3%，结果造成整个农业没有后劲，直接影响到农民的积极性。在这样的背景下，国家暂时不可能把农产品价格调到与农产品价值相符，比较现实的选择是提高劳动生产率，减少单位产量成本，以取得最佳的经济效益来提高农民的投资热情。然而，永佃制既不能绕过农产品价格不反映农产品价值这个阻止农民投资热情的"绊脚石"，其维护下的零散经营的单位产量成本又难以降到规模经营的成本以下，经营规模小，对土地多投入带来的效益也不明显，农民仍要多投入、多吃亏。光一个使用权永久化，怎么可能出现农民"积极地不断地向土地投劳、投资、进行集约经营，学习科学经营。进行内涵扩大再生产，就会把土地越种越肥沃。从而提高土地的利用率……商品生产率和人口年平均经济收入增长率”这样一种局面呢?

永佃制使农民有了永久的佃权,不是有偿转让土地,进行规模经营的前提。佃权商品化对土地转让不存在比承包制有更多的实际意义。三中全会前,我国的土地所有权、经营权都是严禁买卖的。联产承包制后,由于农民生产能力不均衡,乡镇企业的兴起和有的农民从事第二、第三产业,部分农民因种种原因无力耕种责任田,因此,在农村便开始出现买卖土地使用权或变相地买卖土地的行为。囿于对土地的传统认识,不管是理论界还是行政部门对此举都持否定的态度。1982年,宪法规定“任何组织或个人不得买卖、出租或以其他形式非法转让土地。”1983年,国务院又专门发出通知,有针对性地制止买卖租赁土地。1984年,党中央试图澄清对土地性质的模糊认识,在《关于经济体制改革的决定》中明确规定土地不是商品。但在多种因素的作用下,农村转让土地日益风行。1986年,全国人大常委会又颁布《土地管理法》,制定了土地买卖出租的处罚原则。从政策的制定过程可以看出,实践中出现的有偿转让土地使用权的行为,已经超越了承包制的内涵,各级基层组织也难以阻挡。直至中央(87)5号文件规定长期从事别的职业,自己不耕种土地的农户“原则上应把承包地交给集体,或经集体同意后转包他人”之时,政策才开始松动,允许土地转包他人。1988年2月18日,中央又向全国人大建议,将宪法第十四条第四款修改为“任何组织或者个人不得侵占、买卖或以其他形式非法转让土地。土地的使用权可以依照法律转让。”七届全国人大一次会议通过了这条宪法修正案,转让土地才有了合法性。这说明土地使用权的转让,在现有的承包制条件下已经存在而且允许存在,实行永佃制,佃权商品化对土地转让也就无更大的实际意义。也就是说承包制也好,永佃制也罢,都可以转让土地,转让的都不过是土地的使用权而不是所有权。

承包制存在土地零散经营,劳动力、资金、土地无法优化组合,科学技术难以推广、发挥和部分劳动力闲置等缺陷。因而人们在得出现代化的农业不可能建立在小片土地经营基础上的结论之时,便寄希望于规模经营,以求合理地配置各生产要素之间的比例关系,使土地产出率、资金投入产出率、劳动生产率和农产品商品率都有很大程度的提高，争取实现低投入高产出，实现最佳社会经济效益。承包制难以给规模经营提供方便之路，这期间接收被转让的土地的农户，也仅仅是进行适度的规模经营，称之“承包大户”，与真正意义上的规模经营有一定的差距，而有的“承包大户”远远没有发挥他们的作用。有相当部分农民，即便无法经营土地，也不转让土地，要么离乡不离土，土地粗放经营，要么就让土地荒芜。主要原因是承包的土地是按人口分的，像一种“福利”，而不是有偿使用，因而土地没有多少收成，或者荒芜，对于有别的经济收入的人来说不影响切身利益。他们也不愿意短期转包给别人，怕掠夺经营破坏地力。此外，农民经商、办企业，或在乡办、村办企业做工，保险系数小，都存在不同程度破产、倒闭、失业的风险，因此，很多人都把土地作为“进退有据”的后路，失业后再作田，土地向种田能手集中非常困难。这些影响规模经营的原因，永佃制无法消除，只是“把耕地的使用权一次性地分配给农业劳动者租佃、占有和处置(永佃权)”，只能保证有稳定的收益而且保险系数大的农民转让土地，并获得比承包制条件下更多的转让费。对于多数的农民来说，没有提供更切身的利益保证，因而就不存在比承包制条件下转让土地的“好处”。规模经营是有条件的，在规模经营未形成时，永佃制同承包制一样，是零散、小块的经营，同样存在自我发展能力不强，难以获得社会均等效益等弊端。而且使用权永久化，也可能导致农民要求按现状重新分配土地，对好坏地的搭配更趋于平均，因此，土地将更加零碎，承包制中存在的水利失修、破坏，农田基本建设步履艰难等弊端将更加难以克服。土地使用权永久化、无偿使用的永久化，没有刺激出农民像属于自己的土地那样大的投资热情，但一定程度上加深了部分农民对土地的依恋感情。即使他转让土地能得到比经营土地更多的好处，他也不愿转让。承包制很多人愿意转让，是大家知道承包期虽长而有限，而永佃制条件下的转让，却是永远的失去，别人永远的使用，很多农民在心理上、感情上难以接受，付诸行动便是任何情况下也不转让。农民依赖小块土地，安于低效益的经营状态难以得到改变，这样永佃制则难以“促进劳动力、土地、资金的合理流动和优化组合”。“如果有人自己购买或者向国家土地银行贷款依法在村、组领导，管理下购买别人的佃权，适当集中土地，扩大农业生产规模”的愿望，因无人愿意转让土地、出卖佃权而难以实现。实行永佃制，没有进行规模经营的启动、发展、加速的动力，也不可能给“善于务农、乐于务农的种田能手，有志开发农业的企业家，有志开发农业的科技人员”开辟出广阔的天地。

顺便说，《陈文》认为永佃制给农业企业家进行规模经营“开辟了广阔的天地”，在此姑且假定此观点成立，那么在土地的使用权可以转让和购买的前提下，既然《陈文》鼓励人们“进行劳动积累，进行投资，独户或联户组织适度规模经营的新农场”，而且允许雇用农业工人，则必然会出现土地相对集中和垄断的现象，必然会出现占有别人劳动，且在交够地租后，获得较高收益的“新地主”。而《陈文》又强调“不允许有人集中、垄断大量土地当新地主”，这在实践上如何行得通？我想既然允许人们经营私营企业，租赁、承包中小企业，在为社会创造财富的前提下较快地富裕起来，为什么不能让种田能手、农民企业家经营土地，发展种植业富裕起来呢？既然城市存在企业主、老板、“资本家”，农村出现“新地主”有何妨（这种“地主”没有土地所有权，与新中国成立前的地主有本质不同）？在社会主义制度下，在土地权所有权仍属于集体、国家的前提下，国家对“新地主”还控制、约束不了？农村就是出现“两极分化”贫富悬殊过大，也可以用经济等手段进行调整。因此，对于规模经营可能出现“新地主”不必忧虑过多（“地主”代之以农业企业家、承包大户或农场主较妥）。

永佃制不利于国家、集体和农民三者利益的兼顾。承包制前，国家通过农产品计划，派购、定购和无偿给予农业投资同农民建立经济关系，农民在收获后自然地“先国家，后集体，再个人”，而且生产队起着组织、协调作用。承包制后，国家、集体直接与每户农民发生经济关系，农民投入多少、交出多少、生产什么合算都与自身利益密切相关，因此，常常出现农民的行为或经济行为与国家、集体利益不一的现象，而承包制又缺乏调整、协调以上矛盾的机制，国家、集体和农民三者利益难以达到正确结合的程度。永佃制是强化农民对土地的使用权，淡化国家、集体对土地所有权为前提，也同样没有引入保证国家、集体利益实现的机制。永久的使用土地的权利，仍然是掌握在千家万户手中，国家、集体仍然与千家万户的利益相连，那么仍然会诱导出农民追求的利益目标与国家总体目标相背离的现象。农民占据小块土地，船小好调头，必将盲目生产“短缺产品”使地力浪费；农产品价格抬高，农户处于“卖方市场”的地位，极容易使某些农产品供应紧张，逼迫国家作出被动的让步，国家对农业的宏观调控手段将再度软化。国家整体目标难以实现的隐患没有一点消除，而且还可能产生新的隐患，即滥用土地的现象更严重。承包制把土地交给了千家万户经营，作为土地所有者的生产队改为村民小组后，对土地的管理职责几乎丧尽。农民有了钱后要建房，只要责任田位置好，便成了建房地皮的选择目标。农民相互攀比建私房，很多人心里仍有一丝不安，因为土地不是自己的，也有很多农民不敢建，怕受罚，最后仍要拆毁。实行永佃制后，告诉农民土地可以永久地使用，减轻了滥用土地者的心理压力，也给一些人找到了辩护的理由，也必然会给基层干部工作造成更大的困难。

实行永佃制也不可能在经济上限制农村人口超计划增长，“增人不增地”充其量只能对超生育的农民起到经济上的一点处罚作用。农村计划生育难，归根到底是农民的思想问题，承包制以人口分地，调整土地只是帮了超生育人的忙，而没有起到诱使农民为土地而超生育的作用。尽管如此，“增人不增地”的想法是可取的，但用它限制人口膨胀，不能寄予厚望。况且永佃制本身又会起到抵消作用，永久的土地使用权必将刺激农民对劳动力的需要，这需要反映到人口再生产上，必然是多生育。如果农民的独生子女可以得到土地，那么生男问题不大，生女则牵涉到继承权问题，这必然刺激农民再生一个的欲望。如不调整，生一个与超生一个样，这种不公平会使一些人失去计划生育的积极性。

现行土地制度的弊病使我国农业经济出现滞僵的局面，只有进行土地制度的改革，才能促进我国农业经济的发展。但是改革的最佳选择不是永佃制，永佃制存在不少缺陷，不具备推广的必要性。在目前情况下，笔者认为在一些地方实行的“两田制”，可供条件相类似的地方借鉴。

“两田制”即将现有的土地分成“口粮田”和“责任田”两部分。口粮田归农户使用，解决口粮等问题；责任田则用招标承包的办法，完成上交国家、集体任务和取得个人的收益。相比较，“两田制”具有以下优点：

第一，变无偿使用土地为有偿使用，使招标者自身的能力及土地的效用得到最大的发挥，也可以克服承包制中出现的土地荒芜的现象。土地不再是一种“福利”，任何投标者都要付出代价才能取得土地，因而每一寸土地都会被珍惜。第二，一定程度地克服了零碎经营土地的缺陷，规模经营有了基础，打破了一家一户经营的小生产局面，使资源、资金、劳力和科学技术的发挥有了基本前提，也便于国家进行生产组织、农业投资及水利、农田基本建设的进行。第三，有利于农民择业经营，推动农村剩余劳动力的转移。农民有了口粮田，即使无法经营别的生计，生活也有基本出路，而对于能择业的农民解除了后顾之忧，也为乡镇企业发达的地区解决了乡镇企业与农业争劳力的矛盾，因而必然加速村办、乡办企业的发展。第四，土地向种田能手集中，强化了土地与技术的联系，使经营能力强、农业技术高的农业技术人才有了用武之地，而且能取得比承包制收益更高的规模效益。口粮田的确定等于实行了“增人不增地”的措施，对于超生育的人无异于惩罚，给每户农民也增强了经济压力，促使他们提高技术，爱护地力，尽可能地投资以取得更多的口粮。对于责任田，我认为实行永佃制也无妨。第五，国家、集体和农户三者利益得到了正确的结合，招标者都有向国家、集体交纳税金、租金等义务。任何人都只能有偿使用土地，这也是土地所有权与经营权相分离的一个标志。调节国家、集体和农户三者利益的手段是有法律效果的合同。

（本文原载《争鸣》1989 年第 4 期）

井冈山精神与企业思想政治工作

井冈山斗争时期,党非常重视思想政治工作,其基本经验对于当前加强和改进企业思想政治工作有着现实的意义。本文试图联系井冈山斗争时期的历史和当前的实际,就企业的思想政治工作的原则作一简要的探讨。

（一）

1927年秋收起义后,毛泽东率领红军在井冈山建立了第一个农村革命根据地。党为解决红军和党员中存在的思想问题,为提高军民的政治素质,把思想政治工作摆在极其重要的地位。就对党员教育而言,党的有关文件一再强调要“加强党员的阶级意识,提高一般党员的政治观念……多用革命的理论唯物史观的观点来训练党员的思想。”党进行思想政治工作的主要方式是灌输。灌输的内容主要是革命的道理、党的基本原理、马列主义的基本知识。灌输原则,是井冈山精神的一个重要内容,也是马列主义的一个基本原则。列宁关于灌输的原理有着重要的现实意义,他强调自发工人运动不能产生科学社会主义,“只能从外面灌输进去”。新中国成立后,党很重视向工人阶级灌输马列主义、共产主义原理。但近几年来,灌输原则被指责和抛弃。在企业,也出现了所谓的“信仰危机”、“精神滑坡”的现象。现在我们要加强和改进思想政治工作,首先必须坚持灌输原则,思想政治工作才能健康地进行。坚持灌输原则,不是为灌输而灌输,其方式也是多种多样的。党在井冈山斗争时期,尽管受战争环境的制约,也采取了多种有效的形式。今天我们有着良好的条件,更应找到更加行之有效的办法，使灌输原则得到更好地落实，收到更佳的效果。

（二）

支部建在连上，是党在井冈山斗争时期的创造，这实质上也是井冈山斗争时期思想政治工作队伍建设的重要步骤。连队有了支部，使红军有了主心骨，红军的思想政治工作有了根本保证。对此，毛泽东同志说："红军之所以艰苦奋斗而不溃散，'支部建在连上'是一个重要原因。"但是，一个时期以来，企业的思想政治工作受到极大的削弱，原因之一是政工队伍受到严重的冲击。在"改造思想政治工作"的口号下，政工人员被"改造"得"大逃亡、大转业、大拍卖"；企业党委被指责为"改革的绊脚石"，以致企业党组织受到严重的削弱。今天在加强思想政治工作时，首先必须重视思想政治工作队伍的建设。政工队伍素质的优劣，直接影响到思想政治工作的效果。井冈山斗争时期的政工队伍有着优良的作风，吃苦在前，享受在后，冲锋在前，退却在后，是与战士和群众心连心的。而建设政工队伍的关键，在于明确企业党组织的政治核心地位。这样，才能有一个"主心骨"，才能发挥党支部的战斗堡垒作用和党员的先锋模范作用。否则，加强企业思想政治工作就将成为一句空话。

（三）

井冈山斗争时期的思想政治工作，渗透着尊重人、关心人、理解人的精神。时过六十年后的今天，这种精神仍有实际意义。这种精神的内涵，是要尊重人民群众的首创性、积极性和自我完善的意识，理解他们对事物发展的看法、心情；关心他们的疾苦，倾听他们的呼声。尊重、理解、关心人这一原则，在井冈山斗争时期处处得到体现。党的十一届三中全会后，广大政工人员对这一原则进行了认真的实践，使思想政治工作取得了可喜的成绩，但也出现了一些偏差。那就是在讲尊重、理解、关心人的同时，忽视了教育、引导、改造，甚至把解决实际问题等同于做思想政治工作；在强调"寓教于乐"时往往是"只乐不教"。因此，削弱了思想政治工作的作用和功能。企业思想政治工作的目的和深层是教育和塑造人，尊重、关心和理解只是思想政治工作的手段和浅层，他们之间的关系绝不能错位。

（四）

思想政治工作的层次性是井冈山斗争时期思想政治工作的又一特色。对于红军战士和人民群众，党员与非党员，干部与战士，文化人与文盲，其思想政治工作的内容是不尽相同的，方法也不一样。根据教育对象的不同，确定不同的教育内容，因人而异，因时、因事而异，使井冈山斗争时期的思想政治工作接受率高，有效覆盖面大，这为井冈山根据地的建立和巩固起到了十分重要的作用。

思想政治工作的层次性，是我们当前思想政治工作要充分注意的问题。就理想教育而言，对于广大的工人群众和党员干部，其内容和要求是不一样的，前者要注意普遍性，后者要注意先进性，还要注意把普遍性和先进性相结合，对于人民群众中产生的共产主义因素要大力扶植。

井冈山精神是党的宝贵财富。江泽民总书记在去年视察井冈山革命根据地时，对于发扬井冈山精神作了重要的指示。我们要进一步继承光荣的革命传统，加强和改进企业思想政治工作，使井冈山精神在新的时期发扬光大。

（本文原载《探求》1990 年第 1 期）

老区企业要重视全面质量管理

全面质量管理对于老区企业来说，有以下基本内容：

1. 企业全员齐心协力，上下思想统一，树立正确的质量观念。老区乡镇企业的职工多为回乡知青、复退军人，文化水平不高，市场竞争观念较为薄弱，在生产中往往片面追求产量。因此，作为一个企业家的重要任务，就是要统一全体职工的思想，要用那些产品质量的好坏关系企业盛衰的事例教育全体职工，使他们逐步树立产品质量是企业命脉的思想；要强调一切为用户服务的观念，把用户看成是“下道工序”和“质量第一”铭刻在全体职工的心中；要采取引导、教育、竞赛、奖罚等方法，把每个职工关心质量的积极性调动起来，形成人人关心产品质量，个个视产品质量为企业生命的良好风气。

2. 老区企业产品较为单一，短线产品多，产品设计、投产、“调头”迅速，因而容易导致产品质量“先天不足”。为解决这个问题，首先必须在产品的设计研制阶段，对产品性能、价格、生产难易程度及质量要求进行分析，根据用户的需要，确立产品质量的要求，既不能低于用户的需要造成产品质量不足，又不能高于用户的需要而造成产品质量过剩。在产品生产过程中进行质量管理，是老区企业进行全面质量管理的一个重要步骤，根据老区企业的实际情况，产品生产过程中的质量管理应当是：(1)实施工序管理。对生产中影响产品质量的工人素质、原材料、机器设备、控制检测办法及生产环境进行分析、调整，使他们达到最优的结合；(2)制定产前、产中、产后的质量标准和检测办法。

实行原材料入厂检验、工序间检验和出厂检验的“三检”制度。可采取工人自检、互检和专人负责检验等形式进行检验；(3)进行质量统计分析。对质量等级率、优质品率、返修率、产品合格率及废品检出率进行列表分析，掌握产品质量动态，对影响产品质量的薄弱环节做到心中有数。

3. 销售质量管理也是全面质量管理的一个重要方面，销售管理的主要内容，有以下几个方面：(1)编写供用户使用的说明书，尽可能详尽地把使用要领告诉用户。根据需要，进行操作培训，开展技术服务工作，解决用户使用产品所遇到的问题；(2)提供备用部件，在无法建立维修点的情况下，尽量上门服务或进行通讯服务；(3)对用户使用产品的情况，进行调查并将情况反馈给设计部门；(4)建立赔偿制度，对确系产品质量问题而造成产品损坏、报废的，要予以适当的赔偿或者调换。

（本文原载《老区建设》1990 年第 1 期）

基层干部也应学点哲学

江泽民同志在国庆讲话中指出党的高级干部要学习和研究马克思主义哲学，掌握科学的世界观、方法论。总书记的指示，既是对高级干部的要求，同样对老区基层干部也具有实际意义。

一段时期以来，由于资产阶级自由化思潮泛滥，在理论上造成了很大的混乱，对老区工作也带来了一定的危害。在一些地方和单位，缺乏有力的政治思想工作。有的干部对社会主义的前途、党的最终目标产生了动摇；对待工作中的成绩和困难不能正确把握，不是盲目乐观，就是消极悲观，缺乏辩证思想；对待党的事业，讲索取的多了，讲奉献精神的少了；贪舒适，图享受，害怕艰苦的思想增多了，艰苦奋斗精神丢掉了，为人民服务思想淡化了等等。这些问题在很大程度上与近年来政治思想工作被削弱，忽视马克思主义理论教育有关。今天，我们面临着治理整顿和深化改革的大势，面临着渗透与反渗透、颠覆与反颠覆、“和平演变”与“反和平演变”的严重斗争，需要我们全体干部，特别是基层干部，保持更加清醒的头脑，自觉地加强党的思想建设，加强马列主义基本理论学习，特别是要学习马克思主义哲学。这是当前工作的需要，斗争的需要。

马克思主义哲学是辩证唯物主义和历史唯物主义，它是无产阶级的世界观和方法论，是自然科学和社会科学等的结晶。马克思主义哲学是无产阶级的精神武器，中国共产党取得革命和建设的胜利，都离不开马克思主义哲学的指导。无论是过去还是将来,马列主义哲学都是我党制定路线、方针、政策的理论依据。如我们党的思想路线,是一切从实际出发,实事求是和理论联系实际;我们党的群众路线,是一切为了群众,一切依靠群众,从群众中来,到群众中去,这就是马克思主义哲学原理在实际工作中的运用和发展。作为党的基层工作干部,如果没有良好的哲学基础,就不能深刻理解它,完整、准确地贯彻它。要提高基层干部执行党的路线、方针、政策的自觉性,首先就必须学好哲学,在实践中坚持马克思主义,按党的方针政策办事,这样党的工作任务才能得以完成,革命的历史使命才能得以实现。

掌握科学的方法论,形成正确的思维观,是学习马克思主义哲学的基本要求。马克思主义哲学主张全面地、联系地和发展地看问题,承认矛盾是事物发展的动力,只有对这些基本理论有了深刻的了解,对哲学的运用才能自如;如果对马克思主义哲学生疏,必然会带来思想上的迷乱,实践中的盲目。我们有些同志对在社会主义现代化建设和改革开放中出现的新经验、新事物、新思想不够敏感,甚至产生糊涂认识。诸如,在农村实行联产承包责任制,有的人2认为是“回到了新中国成立前”,进而放松了对农业生产的管理;在分配问题上,有的人则把平均主义看成是社会主义,热衷于“吃大锅饭”,在国家、集体和个人三者利益的处理上,有的侧偏重于个人利益,产生“不捞白不捞”的思想等等。这些同志由于观察问题的方法不正确,甚至导致思想上的困惑和行为上的失误,一个重要的原因是放松了马克思主义哲学的学习。学好马克思主义哲学,不仅是解决思维方法的需要,同时也是提高基层干部自身政治素质和工作能力的需要。陈云同志说过:“学好哲学,终生受用。”

在改造客观世界的同时,改造自己的主观世界是学习马克思主义哲学的基本任务。周恩来同志说过“学到老,改造到老”,指的就是世界观的改造。老区基层干部学好了马克思主义哲学,有助于世界观的改造,有助于认清社会发展规律,把握历史前进的方向,进一步坚定共产主义信念,有助于树立正确的人生观、道德观、价值观、幸福观,成为胸怀坦荡、奋发进取的社会主义劳动者和建设者。

马克思主义哲学的本质特征、理论功能,决定了学习马克思主义哲学应采取科学的方法。最近,李瑞环同志指出:“全党都要认真学好马克思主义哲学,要理论联系实际,端正学风;理论联系实际,容易学懂,容易记住,工作和学习之间的矛盾容易解决,并便于长期坚持。”这些指示,对于基层干部学好马克思主义哲学都有现实指导意义。理论联系实际,就是要分析客观存在的情况和问题,根据时间、地点、条件的变化,从马克思主义哲学宝库中,寻找解决问题的方法和手段。切忌孤立化、片面化、绝对化看问题的思想方法,学会和掌握全面地、系统地、发展地观察问题的思想方法。

老区基层干部学习马克思主义哲学,要特别注重运用马克思主义哲学分析老区建设的工作实际,学习哲学、运用哲学指导工作,这样才能达到学习马克思主义哲学的目的。

(原载《老区建设》1990 年第 2 期)

论企业文化与思想政治工作

企业文化,自它在我国兴起之日起,便引起了企业家和思想政治工作者的重视。它作为一种亚文化,一种新的管理理论,为改进和加强企业的思想政治工作,开辟了一条新的途径。

(一)

一个国家一个民族有着自己的文化。在这文化背景下,文化成员有大体相同的生活方式、行为模式、价值观念、风俗习惯。文化所具有的共同价值观念,如纽带一样维系着它的文化成员。同样,在企业长期的生产和经营中产生的企业文化,一旦被成员认同,将产生强大的黏合作用,使文化成员团结起来,与企业共命运。企业文化这种作用和地位,是由它的功能决定的。企业文化具有以下功能:

1. 凝聚和融合功能。企业文化能使成员感到很强的归属感,其潜在的意识能释放出很强的凝聚力,使之凝聚于群体之中形成“命运共同体”,为企业的奋斗目标而辛勤劳动。企业文化成员有着自己的思想意识、个性、情趣,企业文化能以其特有的文化意识,对文化成员的认识、感觉、情绪、思维、道德等心理和性格产生影响,改变原来的一些固有观念,使他们真正融合于集体之中。

2. 导向和调整功能。企业文化特有的价值观念,对企业的价值取向、行为取向,成员的心理、性格、行为起引导作用。企业文化的观念、行为、习惯等价值要素，渗透于成员的思想之中，不时地起着调整和协调作用。

3. 约束和校正功能。企业文化包含成文的厂规、厂纪、厂风、厂貌，对成员的思想和行为起着约束作用。文化成员的意识、行为产生偏差时，企业文化能使之产生自律意识，与其他成员行为、意识保持一致。

4. 激励和调动功能。企业文化的核心即价值观念能形成一种激励机制，激发人们的热情和整体意识，形成巨大的动力和合力。企业文化带来的宽松的文化环境及文化气氛，能优化成员之间的关系，调动群体的积极性。其平等、民主和尊重人的价值的宗旨，能使人们自我实现的需要得到满足，从而使成员的主动性、积极性和创造性得到调动和发挥。

5. 辐射和绵延功能。企业是社会的子系统，企业文化能通过各种渠道对社会和社会文化起辐射作用，其职业道德、行为规范、企业精神无不对社会产生影响。企业文化作为一种“亚文化”，同样具有文化的传统特性，对后人产生影响，因而具有遗传功能。

（二）

企业文化的功能决定了它在精神文明建设中的地位。企业文化与思想政治工作的作用具有一致性，企业文化形成了，思想政治工作服务于经济建设的一些任务也随之完成。因此，建设具有中国特色的企业文化，是思想政治工作者的一项重要任务。企业文化根植于企业，着眼于人和企业的管理，与思想政治工作的作用相比较，有着自身的优势和个性。

1. 企业文化有着较强的自然属性，它着眼于人和企业生产经营的结合。在自然界，人是主动的，而且有着自然规律。人的行为具有目的性和需求性。企业文化有着凝聚功能，把企业的命运和企业文化成员的命运紧密相连，强调满足人们的需求，最大限度地调动他们的积极性。其激励机制把企业成员的需求同企业的需求相结合，形成良性循环，增强了企业文化成员的归属感、信任感和责任感。企业文化的这种属性，决定了它比思想政治工作更易于被文化成员潜移默化地吸收和发挥作用。

2. 企业文化具有强烈的道德属性。企业精神是企业文化的核心，是企业文化全体成员思想意识、理想信念、道德情操的结晶，是在企业长期的生产经营中形成和培养起来的，是文化成员意志的集中表现。新中国成立前，我国民族资本主义企业中就有“民生精神”、“永安精神”；新中国成立后，我国企业界有“孟泰精神”、“三老四严精神”等等。企业精神的鲜明个性，使之具有巨大的魅力。它反映了文化成员的理想、目标和企业的经营方向，是企业精神的核心价值观；反映了文化成员的人生观和世界观，是企业先进的、具有代表性的理想和信念转变为企业的一种群体意识。

3. 企业文化的感召力具有易接受的特性。企业文化具有强大的感召力，没有行政那种强制性，较容易为人们感知和接受。企业文化的核心，企业精神有着一种无形的力量，感召企业文化成员把企业当成自己的家，以企业主人翁的地位来处理各项工作，关心企业、爱护企业、为企业的发展献计献策，因为是企业的职工而产生强烈的自豪感、责任心和献身精神。

4. 企业文化具有包容性。企业文化既包含企业环境、文化设施等“硬件”建设，还包含厂规厂纪、制度等“软件”及更深层次的精神方面的建设。其自然属性并不排斥带有政治性和社会性的其他建设，相反，它与其他建设相互渗透、相互促进。如企业的思想政治工作不仅丰富了企业文化的内涵，而且起到了推动和引导作用；企业文化建设则为企业思想政治工作与经济工作相结合找到了最佳的结合点。

（三）

企业文化的基础是企业的共同价值观，它与企业的管理哲学、管理行为有着相当紧密的联系。企业的经营方向、发展战略、行为规划、文化气氛，以及精神风貌等都受其制约。这种企业的共同价值观，是企业化成员判断某件事物是否正确，是否仿效和鄙视的标准，既是企业拿体职工的价值观，也是企业共同体的价值观。企业的共同价值观一旦形成，企业文化的基础、企业精神的支柱也就随之建立了起来。因此，企业思想政治工作在企业文化建设中的重要任务应是建立企业的价值体系，形成企业文化成员的价值观念，塑造企业共同的价值观。基本原则如下：

1. 继承企业优秀的历史传统。日本企业之所以心齐,很大程度上得益于其企业精神。日本企业精神强调“和”、“和亲”、“温情友爱”、“至诚服务”、“礼节”等,渗透了很浓的中国传统文化和儒家的思想。我国现有的企业精神也吸收了20世纪50年代的“孟泰精神”、“三老四严精神”等。否定企业的优良传统来讲企业文化建设,至少是脱离中国实际的。因此,弘扬企业在长期经济、文化发展过程中形成的风格、作风、道德、情操、思想等优良传统,运用多种形式进行优良传统教育,是形成企业共同价值观的基础工作,也是思想政治工作的重要任务。

2. 激发工人的使命感,培养优良的价值取向。人有自我实现的需要,只有在认识到了自己工作本身与自身的价值,才能摒弃“交易”观念,产生献身精神。传统的思想政治工作也致力由群体价值观的塑造,但收效甚微,根本的原因在于政工部门“独家经营”把广大职工放在被动从属的地位。要激发工人的使命感,树立职工是企业的主人这一观念,把关心人、尊重人、理解人作为思想政治工作的一个指导原则,把广大职工作为企业文化建设的主力军无疑是正确的。只有把广大职工看成第一流的人员,他们才可能干出一流的成绩,只要把广大职工当做企业的主人,他们才能视企业为家。广大职工的使命感激发出来了,企业共同的价值观的形成就有了可靠的前提和保证。培养广大职工优良的价值取向,在于着重统一企业职工的思想、意志和行为,倡导视企业发展为己任的奋发向上精神,崇尚改革、超越的观念,形成勇于实践、开拓创新、永不满足的风气。使企业与职工为一体的精神观念,为企业成员所确认,从而渐渐转化为企业成员对企业的共同依赖、共求生存、共同信任并且为之奋斗的文化感情。

3. 发挥企业领导阶层在共同价值观塑造中的重要作用。企业领导阶层对于价值观的塑造有着宣传发动、倡导培育和权力释放的作用,企业领导阶层提出的企业发展和经营目标,实现目标的相应措施、经营方针,倡导和培育的道德风尚、行为规范等就构成了一个价值系统,企业的思想政治工作者要在建构这一价值系统中全心全意地协助企业领导层进行“硬件”、“软件”建设,发挥参谋、监督和指导的作用，用党的路线、方针、政策法规来校正这一价值系统。

4. 努力提高职工素质，培养职工健康的心理，建立正确的思维方式。企业成员文化和政治素质的高低，对于企业形成共同的价值观有着举足轻重的作用。很难想象，一个无知的企业家、一个愚昧的职工群体能形成什么样的价值观。因此，要有针对性地对企业成员进行政治、文化、技术的培训，进行制度、纪律、法规、道德等规范性教育，花大力气对企业成员进行智力投资。此外，要有针对职工的思维方式中存在的突出问题，进行思维能力的培养和训练，使他们建立正确的思维方式，养成健康的心理。并引导他们进行自我价值观的审视，清除拜金主义、实用主义、虚无主义、自由主义、山头主义等错误意识。

5. 进行典型、示范教育。典型、英模作为一种活生生的样板，把抽象的价值观等精神层次方面的文化内涵具体化，生动体现了企业文化的精髓，且其本身就是企业共同价值观的突出代表。因此，思想政治工作应注意进行典型示范，发挥他们在共同价值观塑造中的作用，并注意典型的适应性，培养各个层次的文化成员争当典型的意识。

（四）

企业文化与企业思想政治工作是同演一台戏的不同角色。企业文化，作为一种新的管理理论，必然会给思想政治工作带来内容和形式的革新；而企业思想政治工作的进行，必将促进企业文化建设的进行。在建设有中国特色的企业文化的进程中，思想政治工作还将发挥它特定的作用。

传统的思想政治工作把企业群体划成“教育者”与“被教育者”，产生了种种弊端。因而近几年企业思想政治工作者在探索的过程中，提出要尊重人、理解人、关心人，这给思想政治工作注入了新的内容。把广大职工放在主动地位的原则，为企业全体成员共创企业文化奠定了良好的基础。然而，这不等于近些年来思想政治工作没有失误。事实上正如小平同志所说，十年最大的失误是思想政治教育，是对人民的教育。企业思想政治工作在讲“尊重、理解、关心人”时，忽视了“教育、引导和改造人”，往往把解决实际问题等同于做思想政治工作。这些失误不仅使思想政治工作软弱涣散，而且也使企业文化建设受到了一定程度的冲击。今天再加强企业思想政治工作，再发扬过去的成绩，强化思想教育，必将对企业文化建设起到"补偿、充实、丰富、推动"的作用。思想政治工作在塑造企业共同的价值观和企业文化建设的过程中，应遵循以下原则：

1. 核心建设原则。企业文化的核心是企业精神，而企业精神的核心是共产主义理想信念、意识和工人阶级的主人翁思想，这是区别于资本主义的根本标志。要把国情与企业实情、经济与政治、权利与义务等结合起来进行教育，讲清主人翁精神的关系，把人民群众共同的理想、各行各业的发展目标同各自的人生追求结合起来，使广大职工树立对社会主义、共产主义的自信心。要大力培养共产主义因素，对党员、干部从严要求，使之念念不忘共产主义是社会的最终目标，必须为之奋斗、为之献身。

2. 主体建设原则。"一个中心、两个基本点"是思想政治工作的主题，也是企业文化建设的保证。这个主题建设要求，要对广大职工进行马列主义、毛泽东思想教育，使他们掌握科学的世界观、方法论，形成正确的价值观；要使没有共产党就没有新中国、没有社会主义新中国的观念根深蒂固；要进行艰苦奋斗、爱国主义、民族自尊心的教育；还要讲清对外改革开放的重要意义，使"一个中心、两个基本点"为广大职工牢牢掌握。

3. 社会主义道德风尚培育原则。这是企业思想政治工作者的重要任务，也是企业文化建设的重要内容。道德是人们所应遵循的行为准则，也是处理企业与企业、企业与社会的行为准则。"爱祖国、爱人民、爱劳动、爱科学、爱社会主义"这个基本道德，是企业文化中道德风貌的骨骼。要在发展社会主义有计划的商品经济过程中，大力进行职业道德、社会公德教育，提倡把国家、集体利益放在首位，发扬公而忘私、勇于献身及人道主义精神，使道德的先进性和广泛性有机地结合起来。

4. 企业文化的优化原则。在传统和现实的影响下，现有的企业文化存在着"保守"、"重人情"、"恪守中庸"、"轻个人价值"等心理和现象。因此，企业思想政治工作要在塑造共同价值观之时，还应大力革除现有企业文化的一些弊端，要发挥思想政治工作特有的功能和社会主义企业的优势，除旧布新，把有中国特色的企业文化建设得更好。

（本文原载《江钢社会科学》1991 年第 1 期）

对赣南实施“果业工程”的几点建议

近十多年来，赣南实施“果业工程”，在“山上再造一个赣南”，取得了突破性的进展。1996年预计可新开发脐橙、甜柚面积30万亩，1997年全区年产水果总量84亿斤，产值可达100亿元以上。赣南的果业工程不仅成为当地贫困户脱贫致富的支柱产业，而且也成了赣南县域经济的一个重要增长点。但是，随着果园面积的不断增加，也逐渐出现了一些问题，比如有的产品产量低，有的品质差，有的销路不畅等。为避免省外一些水果之乡曾出现的“大枣增产积压”、“苹果丰收价贱”、“西瓜量多难销”等现象在赣南出现，在建设“果业工程”的实施过程中，应注意以下几个问题：

1. 在大力发展市场看好的优质水果的同时，扩大水果种植品种，错开水果收获期。目前“果业工程”的大头是柑橘、脐橙、甜柚，在市场看好的时候，具有规模优势，一旦行情有变，优势将变为劣势。前期大量种植的柑橘，已出现价格上不去、效益低下的局面。这几年，赣南柑橘产地收购价在0.40～0.80元波动，除去成本，收益屈指可数。除有的品种是质量方面的原因外，主要的问题是单品种量多及收获期内同类水果过于集中在年前2～3个月。为此，今后赣南在保持脐橙、甜柚开发面积扩大增量的同时，还应注意大力发展市场看好，收获期不一的捺李、水蜜桃、猕猴桃、果蔗等优质水果。赣南山地资源丰富，气候适宜，具有开发果业的优越条件。1980年，中国科学院综合考察队对赣南进行考察后，认为发展橙柚具有得天独厚的优势。此后，赣南各县均把橘、橙、柚作为开发的重点。但同一品种的水果因各县土壤、小气候的不同，产品质量有别。而且现今距当年考察期已过了十多年，土壤资源也有一定的变化。现在，仍可请中国科学院的专家组队再来赣南进行普遍考察，确定各县最适宜种植的水果品种。在此基础上，再大力发展那些市场看好而又适宜种植的品种，逐步淘汰不宜种植、质量差、产量低的果园。

2. 尽快培育赣南果业的名牌品种。目前除少部分水果如沙田柚、于都大盒柿、瑞金荸荠等为传统名牌外，目前大量的脐橙、甜柚没有形成名牌，进行商标注册的也是寥若晨星。应尽快对质量较高、种植面积较大的一些品种进行商品注册，并组织力量对其成分构成、营养价值进行测试分析，报请国家农业部和省有关部门评审，确定水果品质档次，力争"国优"称号。

3. 加大优质水果的宣传力度，注重培育名牌水果产品。目前赣南水果价格看好的主要有脐橙，但就从美国引进的"纽贺尔"脐橙这一品种而言，与进口的"纽贺尔"的价格相比，除去税收、运输成本等因素，两者的价格相距甚远。其中一个很重要的原因是赣南"纽贺尔"脐橙没有商标，也缺乏品牌效应。因而今后应充分利用各种新闻媒介，各种机会、场合，大力宣传已注册的优质品牌的水果。实施名牌战略，以最终形成价格优势，提高果业的开发效益。

4. 注意改进水果包装形式，增加产品的附加值。目前，赣南水果包装主要是纸箱、编织袋。就纸箱而言，也是千篇一律的老脸孔，印刷也很粗糙，不要说达不到进口水果的包装质量，就是与省外的一些水果包装相比，也有一定的差距。有的水果尽管质量不错，但因包装粗劣而堵塞了许多消费渠道。针对这一不足，在水果产量激增，需要不断开拓市场之时，有必要提高水果特别是名优水果的包装质量。这样不仅有助于提高水果的附加值，更重要的是还能带动赣南包装业的发展。

5. 要扩大销售网络。在水果加工业发展相对呆滞的赣南，要将产品优势转化为商品优势、经济优势，在强烈的竞争中占领市场的主要办法是扩大销售网络。目前因交通方面的原因，水果的消费市场主要是在省内。如 1995 年信丰县的脐橙产量达2100万公斤，销往省外的只有25万公斤，仅占总产量的1.2%，销往省内的脐橙占总产量的98%强。因我省购买力所限，优质的信丰脐橙的销售价格未达到理想的水平。随着“大京九”铁路的贯通和即将营运，水果的主要市场应放在黄河以北及广东以南地区，这“两头”市场的开拓，水果的销售价格必定上扬。

6. 要加强科技普及力度。对现在市场看好而又低产的脐橙果园，应着重实施高接换脐橙与扩穴改土相结合为重点的低产果园技术改造，并抓好肥水管理，防病防虫、保花保果等增产技术的落实，市县老建办、扶贫办应发挥现有的培训中心、“农函大”的作用，定期对果农进行实用技术培训，提高农民的科技水平。

7. 建议省、地财税部门在近5年内给赣南以一定的优惠政策。对有关税收采取先征后返的办法，增加对果业开发的投入及“放水养鱼”；对赣中南农业综合开发资金也应切出一块用以果业开发；对现有的银行贷款、扶贫资金、以工代赈资金等应加强管理，重视资金与成本的核算，以最大地发挥这些资金的投入产出效益。

8. 建议在赣州市或信丰县建设江南最大的水果交易批发市场。这两地均为“大京九”铁路的停靠站。赣州是行署所在地，赣南的经济文化中心，又有江南最大的铁路编组站；而信丰是脐橙之乡，1995年脐橙产量占全区2/3强，毗邻的安远、寻乌、南康等地也是赣南果业的主产区，且该县是赣南的经济强县之一，财政收入过亿元，具备了建市场的种种条件。一旦赣南水果批发市场建成，通过“大京九”铁路为纽带，南连广东、港澳，北接华北、东北，不仅能集结全区水果分散到全国各地，扩大销售市场，更重要的是能云集各地商贾，带动相关产业的发展。此外，它还会成为赣南的一个宣传“窗口”，有利于进一步提高赣南的知名度。

（本文原载《江西农业经济》1996年第6期）

说说科技副县长

科教兴县，关键在于该县应用科学技术的先进与否、实用人才的多少、科技人才的素质的强弱，而这在很大程度上又与科技副县长日常的工作、职责、使命攸关。

贫困地区对科技副县长最基本的要求有以下几个方面：

1. 政治觉悟高，热心为贫困地区的建设贡献自己的聪明才智。曾在云南省大关县挂职锻炼的蔡朝东政治觉悟高的一个体现，就是他对那些贫困群众的"负债感"。他说："解放四十多年了，群众如此贫穷，作为共产党的干部，我感到有一种负债感。"正因为他有这"负债感"，他才能为贫困地区的群众办许多实事，以致出现当他离任时当地干部群众倾城相送、挥泪挽留的动人情景。所以，贫困地区对科技副县长的最基本的要求，就是要能对党的宗旨忠实信奉和对贫困地区人民充满赤诚的爱。

2. 具有一技之长和一定的经验。科技副县长的最基本功用 = 科学技能 + 行政职能，若其自身知识结构中科技含量低或知识老化，那就难以起到科技副县长的作用；若只是科技行家，在某一方面造诣很深却没有一点行政管理经验，充其量只能作为某一方面的技术员，也难以发挥更大的作用。为此，作为一个科技副县长在选择派往地时，应尽可能选择适合自己专长的县，或该地方有自己最为熟悉的产业及其他项目。

3. 具有较高的科技战略目光。没有一定的科技战略眼光，就难以牵头制定符合实际的科技计划。结果往往只能是按常规办事，随遇而安。鉴于县级班子的分工及科技副县长的职责，在县领导成员中，科技副县长应成为最具科技战略眼光的人。

4. 在具体的一些投资项目的有关环节，或企业管理、企业经营等方面是行家，或至少对某一行业的生产流程、生产技术较为精通。科技副县长既是所在县的行政领导，也是学术领头人。他不仅要能解决一些具体技术问题，而且也要能领导好本县技术人员，促使他们在各自岗位上学科技、用科技。因而对于科技副县长的选拔、物色，应尽可能是具有丰富经验的科研人员、技术骨干。

5. 有较强的语言、文字表达能力，在领导科学、行政管理、科研管理等方面具备一定的知识或有相应的经历。此外，还需有较好的体魄，能适应贫困地区生活条件差，日常工作繁重的环境。

鉴于科技副县长制度实行时间不长，尚欠规范，建议有关组织、人事部门协同科技主管部门尽快制定一套完整的制度，从科技副县长的选拔条件和要求、权力范围、考察标准、奖惩措施等方面作出相应的规定。特别是应对其具体分管的工作，担负的责任尽可能地进行量化，提出明确的要求。以使科技副县长制度更加符合实际，促使更多的科技副县长在派往县有目标、有任务、有压力、有动力，在任职期内有所作为，不负使命。

（本文原载 1996 年 7 月 30 日《江西日报》）

论市场经济体制下的扶贫攻坚

一、存在的问题

国家“八七”扶贫攻坚计划是促进我国经济、社会协调发展，实现共同富裕的一个重要举措。社会主义市场经济体制的建立，给贫困地区的发展带来了新的机遇，而市场经济固有的特性又给贫困地区经济发展带来了新的挑战：

1. 由于市场经济机制的牵引，贫困地区的资源外流较为严重。贫困地区多数处在滨湖地区、库区、边远山区，交通不便，信息闭塞，经济基础薄弱。在市场法则的作用下，贫困地区本来非常有限的资金却涌向收益高的沿海地区、大中城市；人才资源则向工资收入高、工作生活条件优越的经济发达地区流动；原来的计划物资供应逐渐转化为市场调配，导致一些扶贫物资也因与市场价格接近而不具有扶贫意义。这些因素使贫困地区经济“造血功能”下降，大大削弱了扶贫攻坚的力度。

2. 国家扶持贫困地区的投入资金与实际需要存在一定的差距。资金投入是扶贫攻坚的前提条件，要在2000年前基本消除绝对贫困现象，也就是每年要解决1000多万人的脱贫，专家论证，至少需要300多亿元的启动资金，这与目前近百亿元的投入，差距缺口达2/3。此外，我国现采用的基数法核定税收返回的做法，也难以做到向贫困地区财政倾斜以及再分配，要建立国际通行的以因素法（如按人均收入水平等指标）为特征的转移支付制度，现在的条件也不具备。因而,投入不足是扶贫攻坚面临的一个大难题。

3. 招商引资在贫困地区短期内难以出现所期望的前景。首先,贫困地区多数自然环境恶劣,基础设施的改善需要一个相当长的时期,因而使得投资风险大,边际收益低下,外商往往望而却步;其次,虽然贫困地区有劳动力价格低廉的优势,但劳动力素质不高,而且地方配套资金难筹集,办事效益低以及法制建设不完善等等,常使外商畏而不来。

诸多不利因素严重束缚着贫困地区经济的发展,阻碍了扶贫工作的进程。"八七"扶贫攻坚计划提出在1994~2000年的7年左右的时间里,基本解决全国农村8000万贫困人口的温饱问题,目前还有6500万人的绝对贫困要在近五年解决,时间紧,任务艰巨,消除贫困将不是一件很容易的事情。

二、采取的措施

消除贫困,共同富裕,是社会主义本质的必然要求。到本世纪末解决全国贫困人口的温饱问题,不仅在我们中华民族的历史上是一件大事,而且在人类发展史上也是一个壮举,既有经济上的意义,也有政治上的意义,只能实现,不能落空。1995年3月,李鹏总理又代表中国政府,在联合国召开的社会发展世界首脑会议上,再一次明确表示了中国政府将在本世纪末消灭绝对贫困、解决现有贫困人口温饱的决心,这是中国共产党、中国政府和12亿中国人民消除绝对贫困的宣言。当前我们要抓住"96'国际消除贫困年"这一良机,全面促成扶贫济困的氛围。要针对所遇到的实际问题,采取切实可行的对策,以完成在本世纪末消除绝对贫困这一神圣的使命。

1. 抓住机遇,主动进取,立足现实,推进贫困地区的经济发展。国家"九五"计划和2010年远景目标中,已经把解决地区差距问题列为经济和社会发展必须贯彻的九条重要方针之一,并将采取有力措施支持贫困地区脱贫致富和经济发展。国家"八七"扶贫攻坚计划则对扶贫的目标、原则、方法、途径等作了具体的规定。这是新中国成立以来,贫困地区所遇到的最有利的宏观政策环境。实践经验表明,在同等的机遇面前,谁能争取主动、用好政策,谁就有可能推动经济超常规发展。因此,贫困地区要用好用活国家已出台的扶贫政策,对于贫困户能直接受惠而国家又暂时没有制定的政策,在国家有关部门的批准下可变通,自行制定相关政策和规定。此外,可以考虑争取的有关政策倾斜有:扩大贫困地区融资项目的审批权,开办企业申请降低资本金比例,地方性城市合作银行到县、乡试设办事处,稳定贫困户的粮食补供规定,山、江、湖、库区的让利措施,贫困户的税赋减征返回政策,等等。

2. 解放思想,广开渠道,推动扶贫资金的筹集向多元化方向发展。目前,国家贴息贷款、财政资金、世界银行等国际金融组织贷款是主要的扶贫投入。涉外贷款因要与特定的工程项目联系,且手续严密,费时很长,获得这项资金资助相对艰难。国家每年投入的扶贫资金虽有上百亿,但远远不能满足实际的需要,因此,必须从现实出发,多渠道筹集扶贫资金。主要途径有:一是向社会筹集,通过接收捐款、捐物、义演、义卖等形式来获得全社会的赞助;二是通过扶贫基金会等民间团体,增加与扶贫有关的国际组织、区域组织、政府和非政府组织之间的交流, 扩大与他们之间的合作;三是可考虑选择一些投资风险较小、回报相对高的扶贫项目(如种养业)发行债券,进行证券融资。在此基础上,还应完善扶贫资金的监管制度,切切实实保障资金到位及时、投入项目准确、资金运行高效,杜绝资金扶富不扶贫的现象发生。

3. 转变观念,加快速度,推进扶贫产业向规模集约经营方式逐步转变。大力提高资源深加工和综合利用水平,确保资源优势真正向商品优势转化。贫困地区经济基础薄弱,不少产品缺乏竞争力,很多产业尚待开发,要实现以上转变有一定的难度,但并非无所作为。首先,应对国有企业深化改革,加快转机建制步伐,对现有的大小亏损企业进行产权重组,把国家不宜经营的企业有偿转让为民营企业;对停业无路、转产无条件、救活又无望、资不抵债的企业坚决依法破产。其次,按集约经营、规模经济的要求,高起点规划扶贫产业项目,不再搞低水平重复建设。对目前正致力发展的乡镇企业工业小区和乡村小城镇的规划建设,努力实现空间适度集中及人口、资源、环境协调的可持续发展。再次,大力培育吸纳贫困户劳力较为密集的加工业,逐步改变贫困地区现有的

“低级、微利、分散”的企业组织结构，扩大规模经济，提高规模效益。要大力发展开发性农业，以及高产、优质、高效和外向型农业，鼓励农民开发荒山、荒坡、水面、草原等非耕地农业资源，全面发展林、牧、副、渔各业，增加贫困户就业机会，拓宽增加收入的渠道。对居住偏远单家独户的贫困户，主要采取“一户一业”或“一户一品”的扶持方式，增加收入。对居住环境十分恶劣、脱贫成本过大的贫困户应采取移民开发的方式来解决问题。最后，应强化劳务输出的管理。20 世纪 80 年代以来，劳务输出对贫困地区家庭往往是“一人打工，全家脱贫”。现在应解决的问题有二：①从整体上来说，应从自发式的流动转变为引导式流动，扶贫部门应把管理的重心放到落实流动方向和吸纳点、进行劳动技能培训及上岗后跟踪管理等方面；②从主要着眼点来看，应注意组织居住偏远、收入渠道单一的贫困户外出“打工”，对缺乏外出务工启动资金的贫困户，可由扶贫部门“统贷、统借”，资金先垫付，解决这些贫困户起步难的实际困难。

4. 创造条件，积极稳妥地推动扶贫开发转到依靠科学技术和提高农民素质的轨道上来。十多年来，科技扶贫已取得了令人瞩目的成效，应进一步强化科技手段的运用：①增加科技扶贫资金的投入。应切切实实贯彻《农业法》，保障对以科技扶贫为宗旨的县乡农业科技推广站有关资金的投入；②加强农业科技网络建设。在保证以政府部门农业科技站（场）为主干的同时，对贫困地区兴起的农户办科技、“能人”办科技、协会办科技、企业办科技等形式大力扶植；③加速农业科技成果转化。着力扩大见效快的“星火计划”、“丰收计划”等适用技术的推广程度；④抓好贫困户的科技启蒙教育。各级扶贫办、农技部门还应把科技扶贫落实到增强贫困户的科技意识上，逐步达到贫困村里每 10 户有一科技示范户、每 3 户有一科技能人；⑤完善科技扶贫的管理机制。对扶贫产业的立项、设计、审批等都要有相应的科技含量、基本起点要求，对科技扶贫资金的使用有相应的审计管理措施。

5. 积极动员，加强宣传，争取社会各阶层对贫困地区进行对口支援，举全社会之力来消灭绝对贫困现象。近些年，对口支援促进了贫困地区经济发展，也存在一些应当引起重视的问题。一是观念需要更新，即由过去较注重的政府行为转变为政府行为与经济行为相结合。社会主义市场经济区别于资本主义市场经济的本质是共同富裕，因此，无论何时、何地都应坚持扶贫济困的宗旨，逐步缩小贫富差距，最终消灭贫困现象，即扶贫的政治意义不能丢；同时，因社会主义市场经济不同于计划经济，有关阶层、集体、个人的经济利益相对明晰，仍采用计划经济时期的对口支援方式既不现实也难以操作。在新形势下，只有坚持互惠互利、共同发展的原则，将对口支援建立在双向支援的基础上，才会具有强大的生命力。二是要由单一的物质支援向物质、技术、信息、人才等综合支援转变，大力开辟市场、提供经济信息、建立经济协作关系等，帮助贫困地区增强经济“造血功能”。三是要由单一的行业支援向区域经济协作转变。行业支援方式直接、简单，缺点是难以形成合力，受行业特点限制的因素较多。要在整体上提高贫困地区的经济实力，应引导经济实力强的省支援经济欠发达的省、经济实力强的县支援贫困县、经济实力强的大中型企业支援贫困县的有关行业、中心城市支援边远城市等，着力提高受援地方的经济文化等综合发展水平。

总之，市场经济固有的属性虽给扶贫开发暂时带来一些问题，但也给贫困地区经济发展带来了前所未有的机遇和广阔的前景。贫困地区在争取国家、社会力量支持的同时，更应锐意进取，自力更生，艰苦创业，最终消除贫困，迈入共同富裕的繁荣兴旺之道。

（本文原载《理论导报》1996 年第 9 期）

科技扶贫，一个并不轻松的话题

一、关于贫困的话题

1994 年，中国政府向绝对贫困最后宣战，提出“到 2000 年，集中人力、物力、财力，动员全社会各界力量，力争用 7 年左右的时间，基本解决目前全国农村 8000 万人口的温饱问题”。这就是著名的“国家八七扶贫攻坚计划”。

1996 年 3 月 5 日，李鹏总理在政府工作报告中向世界宣布：“到本世纪末，中国消灭绝对贫困。”这承诺，掷地有声，给 6500 万贫困人民带来了福音，带来了希望，带来了鼓舞和信心。

贫困，是一个古老的话题，也是个世界性的话题。由于自然条件、人口素质、生产力布局的不同，同一国家里总会存在贫富的差异。中国地域辽阔，人口众多，自然条件差异很大，加上历史的原因，在 20 世纪 80 年代初还有 2.5 亿人处在贫困线以下。随着改革开放的深入，农村政策的调整，到 1994 年，我国贫困人口已减少到 8000 万人，1995 年又减少了 500 万人。从世界范围来看，近些年来，全球贫困人口非但没有减少，反而增加了 3 亿！在国际社会仍有 13 亿贫困人口的今天，我国在不长的时间里消除了 1.8 亿人口的贫困，令世界震惊！

然而，我们正视目前的贫困地区，很多现象令人担忧。处在经济发达区域的广东，目前仍有近 100 万人的平均收入低于 500 元，没有解决温饱问题；称为“天府之国”的四川，在西部高原、丘陵地带，还有1021万农民在温饱线下挣扎；在广西，仍有700万的贫困人口，而且每年还有20万人返回贫困；作为著名老区的江西，经过10年的艰苦努力，解决了300多万人口的贫困问题，现在这块红土地上仍有246万贫困人口；此外，贵州、云南、湖北、内蒙古、陕西、宁夏、青海等省区还有几千万的贫困人口。只就国家定点扶持的贫困县，全国还有592个。

可以想象，要在5~6年的时间内，完成相当于过去10年的任务，扶贫的难度有多大！

更令人着急的是，这些贫困人口分布在中西部的深山区、石山区、荒漠区、高寒山区、黄土高原区、地方病高发区及水库库区，而且多为革命老区和少数民族地区。其共同的特点是：地域偏远，交通不便，生态失调，经济发展缓慢，文化教育落后，人畜饮水困难，生产和生活条件极为恶劣。

按照国际通行的反贫困理论，当贫困人口处于总人口的10%以下时，反贫困的进程会减缓，难度会加大。而中国目前贫困人口正处于人口10%以下，这些贫困人口也是前10年扶贫“扶”过一遍的人。

面对这一实情，中国的反贫困更令世人瞩目。

二、科技扶贫：反贫困的唯一出路

尽管国家财力困难，国务院决定，从1994年起，国家每年再增加10亿元以工代赈资金、10亿元扶贫贴息贷款，这一决策执行到2000年。

1995年，国家扶贫资金达到近百亿。

1996年，国家扶贫投入不低于1995年的水平。

决策高层在行动，各级政府在行动，社会各界在行动。

希望工程到1995年年底，累计接受3.58亿人民币的捐款，正致力于从根本上改变贫困人口的文化素质。

由国家科委倡导和实施的“星火计划”、农业部实施的“温饱工程”正在深入发展。此外，还有国家教委的“燎原计划”、全国乡镇企业的“东西合作示范工程”，以及“电力扶贫工程”、“幸福工程”、“文化扶贫”等扶贫行动，这些行动凝聚了全社会的合力，是全社会向贫困发出的宣战。

随着反贫困决战的深入，难度、问题也不断出现。

首要的问题仍是投入不足，这是最严重、最关键的问题。有关专家论证，按目前6500万贫困人口来测算，每年解决1000万人口的脱贫，至少需300多亿元的扶贫启动资金，资金缺口近200亿元。然而，目前贫困地区的资金、人力、原材料仍在向边际收益高的发达地区流动，使资源相对缺乏的贫困地区雪上加霜。

另外，一些扶贫政策失效，贫困户不能直接受益。一些物资调控部门转化为经济实体后，有关的计划扶贫物资已不具备扶贫意义，在江西，仅物资一项的消失，扶贫资金等于减少近1500万元。面对诸多的难题，人们的目光自然要转到曾创下辉煌历史的科学技术，靠科技扶贫是唯一的出路。

现实、环境和形势在艰难中选择了科技作为扶贫之本，科技，被赋予了艰巨的扶贫责任，肩负起了历史的责任。

三、科技扶贫：写下了辉煌的一页

据中国农科院统计，“六五”期间，农业总产值增长量中35%是靠科技实现的，科学技术进步率为1.58，每年为社会新增收益23.5亿元；全国由于推广杂交水稻、辐射育种、良种包衣、优化配方施肥及生物防治病虫害等技术，近10年来累计增产粮食三千多万吨，获得直接经济效益一百多亿元。

被联合国认定为发展中国家农村经济兴旺样板的“星火计划”，为两千多个县（市）新增产值超过500亿元，投入产出比为1∶5以上，“丰收计划”为1∶8，个别高科技项目甚至高达1∶12或更多。

地膜覆盖技术在335个重点贫困县的推广应用，仅玉米一项便增产7.38亿元，人均增收20元，有115万贫困户受益，解决了吃饭问题。

福建省的福安老区推广配方施肥和病虫害综合防治，仅此一项技术新增产值180万元；而河南新县以河南农大为技术依托单位，实行科技集团承包，使板栗年增产值350万元，茶叶年增产值480万元，银杏年增产值200万元，杉木造林成活率、保存率均在90%以上。

河南省及北方九省市，推广新型植物生调节剂——叶面宝，共增产粮食2.5亿公斤，加上瓜果、蔬菜等经济作物的收入，取得的总经济效益约为3.4亿元。

大别山贫困老区的潜山县，办了一个活炭厂，生产一直上不去。南京林业大学一教授闻讯后，抱病带助手前往攻关，连续奋战13天，改进了工艺流程，不仅使产量翻了15倍，而且质量也达到了出口标准。

清华大学在与河北省贫困县阳原县结为科技联系对子后，专家学者对该县的工业体系提出了相应的对策，该县迅速对工业体系进行改造、更新，很快工业经济有了令人欣喜的转变。

中国林业科学研究院的一位专家，在鄂西北贫困山区竹山县连续工作6年，对该县的五倍子综合开发进行研究和推广技术。结果不仅使五倍子成为该县的拳头产品，而且为贫困户增收上千元，他被湖北省委书记称为山里人的“财神”。

纵观十多年来的科学技术在贫困地区的运用，它给贫困地区带来了蓬勃的生机，使众多的贫困地区去掉了贫困的“帽子”，进入经济发达地区的圈子，使众多的贫困户步入小康之路。

四、科技扶贫：仍然步履维艰

科学技术在反贫困实践中结出的硕果，使人感到欣慰，坚定了上上下下、方方面面以科技为扶贫之本的信心；科学技术低投入、高产出的特性，为解决扶贫资金与实际需要矛盾提供了可靠的前提。

纵观贫困地区的经济发展，不难发现，最先脱贫的农民是懂科技、用科技的新型农民；最受欢迎的书籍是农业实用技术的科普书；最受欢迎的技术是农业增产增收的实用技术；最贫困的人是不懂任何技术的农民；最难脱贫的人是“文盲”、“科盲”。

科技扶贫在许多地区还是步履维艰。

“旧习难改”。在吕梁山的一些深山沟，村民苦心经营的农田种子是“明清的麦子，民国的豆，合作化时期的‘金皇后’”。有关部门向他们推广良种，竟无一人响应，白送也不要。在一个山村有一罕见的“景致”，苹果园内挂着红线，将树一棵一棵地连起来。外边的人都想不明白其中的用意，村民解释说，果树不结果，挂上红线让他们成亲，便能结果。如此愚昧，令人啼笑皆非！

“安于受穷”。西北某个贫困县有个被高山深沟隔断的小村庄，全靠吃返销粮度日，全村16户人家吃水都困难。扶贫工作组的同志来到这里，向他们介绍外面的精彩世界，希望能启发他们行动起来改变落后面貌。岂料他们听后竟无动于衷，有的人还说：“人比人气死人，我们全家平平安安的就挺好了。我老娘都快80岁了，没病没灾，还求什么。”说这话的人还是村里一位“开明”人士。

“上热下冷”。在井冈山脚下的遂川县戴家埔乡，省农业厅为扶贫，优价支援该乡20吨化肥，经再三做工作，结果还是有一大半人退了回来。为了防治病虫害，上级为有些贫困地区配送农药，可大部分农民不习惯使用，有相当一部分农民自落实承包责任制以后，便再也不用化肥了。

“机构瘫痪”。自农村承包制实行后，科技推广的主体——县乡农技站，因体制、经营多方面的原因，多数处于瘫痪状态，贫困地区更是严重。农技员也纷纷“跳槽”。有关资料表明，我国曾培养了150万农业专业人员，现在只有一半留在“农门”，而就这仅留的一半中，还有相当一部分被“重用”为乡干部，不再从事农技推广。

“投入下降”。我国农业患有严重的“贫血病”，农业基本建设投资相对下降，1991年占国家基本建设投资总额的4.0%，1994年仅为1.7%，1995年仍在下降。贫困地区对农业的投入占的比重远远不够，而贫困户的生活保障主要是农业，没有投入或缺少投入，科技的运用岂不是纸上谈兵。

“转化率低”。尽管农业科技投入不足，但每年仍有大量农业科技成果涌出。可令人惋惜的是，这些饱含科技人员心血的科研成果，因客观上的原因，转化为生产技术的只有1/3，真正形成规模的还不足20%；科技在增产中的作用几年来徘徊在30%～40%，而发达国家早已超过60%。

总的来说，近几年缺乏像前些年推广的杂交水稻、杂交玉米那样的高产、有突破性的新品种。而且最为缺乏的是针对自然条件恶劣，居住分散的贫困户适用的新技术。

这些困难，给科技扶贫带来了重重障碍，使得科技扶贫仍然步履维艰。

五、科技扶贫：一个并不轻松的话题

科技，这匹在反贫困斗争中冲杀出来的黑马，能否肩负起历史的使命，直至到达终点，关系到中国能否在世纪末消除绝对贫困这个重大主题。

科技扶贫，是一个不很轻松的话题。要让科技扶贫这匹黑马跑得轻松起来，还有许多问题要解决。一是增加科技扶贫资金投入；二是加强农业科技网络建设；三是加速农业科技成果转化；四是发展"三高"农业，切实解决贫困地区农民增产不增收的问题；五是抓好贫困户的科技启蒙教育，增强农民科技意识；六是建立科技扶贫监督机制。如果这些问题得不到解决，科技扶贫就等于扶而不助，无法产生实际成效，农民得不到实惠，贫困得不到最终治理。

科技扶贫，困难与希望同在。现在全社会已经形成共识，那就是只有依靠科技，才能最终摆脱贫困。这种共识，一定会借着江泽民总书记9月23日在中央扶贫开发工作会上重要讲话的东风，发挥出巨大的能量。我们有理由相信，科技扶贫定会再创辉煌，到本世纪末，中国消除绝对贫困的目标一定能够实现。

（本文原载1996年10月31日《中国水利报》）

应建立社团管理激励机制

以学会、协会、研究会等为管理对象的社团管理,是民政工作的一个重要部分。同民政工作的其他管理对象相比,它们有许多不同的特点:从组织性质上看,它们属于有独立法人地位的民间组织;在组织形式上,实行松散型的会员制;在活动形式上,以学科为主而开展各种形式的专业研究活动;从活动的特征上来看,主要呈现出学术性、群众性。此外,它们还是党和政府联系学术界、科技人员的桥梁及纽带。

改革开放十多年来,我国的学会等社团蓬勃发展,为促进繁荣我国的科学事业起到了积极的作用,同时也存在一些问题,如基础学科活动较少,在社会上反响小。学会经费没有保障,有的学会甚至经济拮据到印个信封都无法开支。还有些学会活动主题不明确,有的单凭个别领导人的意志确定活动主题,结果得到会员的呼应少,久而久之,很多会员对学会活动逐渐失去兴趣。笔者认为,解决这些问题较有效的办法是建立起引导、激励机制,即对活动质量高的学会予以表彰和一定期限的免检,并给以资金扶助。扶助经费的来源可采取政府拨款、挂靠单位分担、社会赞助等办法来筹集,在此基础上,逐步建立社团管理基金,每年奖励、资助一批学会,引导他们不断提高活动质量,提高学术水平,为繁荣科学事业作出应有的贡献。对于那些名不符实、长期无活力、瘫痪、无所建树的学会则逐步淘汰,以确保学会等群团在有生有灭的过程中保持旺盛的活力。

(本文原载《中国民政》1996 年第 10 期)

论邓小平的消除贫困思想

在当今国际社会，贫困现象一直是阻碍社会进步、威胁社会安定的一个重要因素。1995 年 12 月 28 日，联合国第 50 次大会正式宣布：1996 年为“国际消除贫困年”（INTERNATIONAL YEAR FOR THE ERADICATION OF POVERTY 1996），这表明世界普遍存在的贫困问题，已引起国际社会的高度重视。

中国自党的十一届三中全会以后，进入了一个新的历史时期。中国共产党第二代领导集体的核心邓小平审时度势，针对贫穷落后的中国国情及国际形势的变化，以超凡的政治勇气、理论勇气及实事求是的科学态度，总结了毛泽东消除贫困思想及实践经验，提出了一系列有关消除贫困的论断，并成为中国制定消除贫困的扶贫政策，以及经济政策、政治战略的灵魂。在十多年改革开放过程中形成的邓小平消除贫困思想，是占世界五分之一人口的中国最终消除贫困的行动指南，同时，也给占世界四分之三人口的发展中国家消除贫困提供了宝贵的经验，为世界和平与发展作出了卓越的贡献。

一、从正确判断社会主义社会主要矛盾入手，提出贫穷不是社会主义的论断，成为新时期中国消除贫困理论的基点

社会主义思想伴随着国际工人运动历经近 400 年的艰难旅程。从托马斯·莫尔开始的各个时期的工人运动领袖及理论家们尽管对社会主义的理解有所不同，却有一个夙愿是共同的，那就是他们坚信要建立一个消除贫困、没有人剥削人的理想社会，这在一定程度上反映了人们对社会主义最基本的认识。

然而，社会主义的实践经验表明。人们对社会主义本质的认识问题并没有完全解决。作为行动指南的理论应当是精确的、完整的、科学的，舍此便可能将实践导入歧途。为了解决社会主义最首要的本质问题，中国共产党进行了艰难的探索。以毛泽东为领袖的中国共产党人把马克思主义普遍原理与中国具体国情相结合，在半封建半殖民地的旧中国的基础上建立了社会主义制度，从而奠定了消除贫困的最重要的社会条件。但是，中国革命的成功与马克思、恩格斯认为的社会主义是在高度发达的资本主义被推翻的基础上建立起来的设想有很大不同，因而，中国共产党人面临的消除贫困、发展生产力的任务比马克思、恩格斯的构想要更加迫切也更加艰巨。在毛泽东的领导下，中国对发展生产力、消除贫困进行了许多有益的探索，也取得了许多成功的经验，同时也走过了一些弯路。尤其是十年“文化大革命”中，“以阶级斗争为纲”、“进行无产阶级专政下的继续革命”，不仅造成人们对社会主义认识的混乱，而且使国民经济到了崩溃的边缘。党的十一届三中全会以后，中国社会主义建设进入了新的历史时期。新的实践亟须正确的理论指导，而当务之急就是要回答什么是社会主义这一重大问题。

以邓小平为代表的党的第二代领导集体高瞻远瞩，全面总结了新中国成立以来正反两方面的经验，对中国社会的主要矛盾进行了正确的分析，认为主要矛盾仍然是人民群众日益增长的物质文化生活需要与落后的生产力之间的矛盾，确定社会主义的主要任务就是发展生产力，发展经济。为了拨乱反正，统一思想，邓小平尖锐地指出：“国家这么大，这么穷，不努力发展生产，日子怎么过？我们人民的生活如此困难，怎么体现社会主义的优越性？‘四人帮’叫嚷要搞‘穷社会主义’、‘穷共产主义’，胡说共产主义主要是精神方面的，简直是荒谬之极！”[1]在对错误思想认识进行正本清源的同时，他对社会主义的本质进行了初步的概括：“社会主义必须大力发展生产力，逐步消灭贫穷，不断提高人民的生活水平。”[2]此后不久，邓小平进一步阐明了他的观点：“什么叫社会主义，什么叫马克思主义，我们过去对这个问题的认识不是完全清醒的。……如果说我们新中国成立以后有缺点，那就是对发展生产力有某种忽略。社会主义要消灭贫穷。贫穷不是社会主义，更不是共产主义。”[3]继而，邓小平又强调：“不发展生产力，不提高人民的生活水平，不能说是符合社会主义要求的。”[4]“我们坚持社会主义，要建设对资本主义具有优越性的社会主义，首先必须摆脱贫穷。现在虽说我们也在搞社会主义，但事实上不够格。”[5]邓小平再三告诫全党，为使中国摆脱贫困和落后，尤其要把发展经济作为全部工作的中心，把是否有利于发展生产力，作为考虑一切问题的出发点和检验一切工作成功与否的标准。一切有利于生产力发展的东西，都是符合人民利益的，因而是社会主义所要求的，或者是社会主义所允许的；一切不利于生产力发展的东西，都是违反科学社会主义的，是社会主义所不允许的。

邓小平以超凡的胆略，在总结国际工运史及中共党史经验教训的基础上，第一次在我党历史上明确提出“贫穷不是社会主义”的论断，蕴含着博大的思想，它实际上成为界定社会主义的一个重要标准。既然贫穷不是社会主义，那么，理所当然地应把社会主义的首要任务定位于发展生产力，消除贫困。邓小平根据中国的具体国情，首次把社会主义的本质归纳为：解放生产力，发展生产力，消灭剥削，消除两极分化，逐步达到共同富裕。这五句话句句都与邓小平消除贫困的思想紧密相连，形成了一个完整的有机的理论体系。从邓小平对社会主义本质的概括不难看出：“解放生产力，发展生产力”就是根据对中国仍存在的贫困问题的深刻认识而有针对性提出的根本任务；而“消灭剥削，消除两极分化”则从生产关系角度出发，为消除贫困提供根本制度上的保证。前四句话对生产力及生产关系的论述是以根本任务为手段，以根本制度为条件和依托。第五句话“逐步达到共同富裕”则是社会主义的根本目的。这样，对社会主义本质的概括，实际上就是以消除贫困为逻辑起点，以共同富裕为归宿，从生产力与生产关系的有机统一、目的与手段的有机统一两个方面相结合，形成了一个完整的严密的理论体系。

基于对社会主义本质的认识，我党把解放生产力、发展生产力和实现现代化作为经济不发达的中国建设社会主义的本质要求和内容，找到了一条建设有中国特色的社会主义现代化道路。在邓小平的直接领导下,党中央、国务院把消除贫困作为实现社会主义现代化的根本前提而列入的重要工作日程。1986年成立的“国务院贫困地区经济开发领导小组”作为常设机构,负责全国贫困地区的扶贫开发领导工作,我国消除贫困工作逐步进入到有组织、有计划、大规模的阶段。进入20世纪90年代后,以江泽民为代表的党的第三代领导集体坚持邓小平消除贫困思想,加大了扶贫开发的力度。1994年党中央、国务院制定的“八七”扶贫攻坚计划,决定在本世纪末解决现有的8000万贫困人口的温饱问题,表明了中国向贫困宣战的坚定决心。在1994年全国扶贫开发工作会上,江泽民强调指出:到本世纪末,我们解决了8000万人的温饱问题,占世界人口的五分之一的中国人民的生存权这个最大最基本的人权问题,就从此彻底解决了。这不仅在我们中华民族的历史上是一件大事,而且在人类发展史上也是一个壮举。举世瞩目的“大京九”铁路,实际上是党中央给予贫困地区、老区人民的一项最大的扶贫项目。1996年9月在它刚刚开通之际,江泽民又沿“大京九”线考察了安徽、湖北、江西等地的扶贫情况,作出了许多重要指示,强调:“绝不能把贫困问题留到下个世纪。”[6]并满怀深情地说:“我们任何时候都不能忘了老区人民。”[7]此后,党中央国务院召开了全国扶贫开发工作会议,江泽民、李鹏等代表党中央向全党全军全国人民发出了扶贫攻坚的总动员令,要求全党统一认识,动员全社会力量,加大扶贫开发的力度,下定决心,坚决如期实现扶贫攻坚计划。

十多年来,在国家的扶持和在社会各界的援助下,经过贫困地区人民的艰苦奋斗,我国的消除贫困实践取得了令世人瞩目的卓越成就。20世纪70年代末,中国贫困人口有2.5亿;到1985年,贫困人口已减少至1.25亿;到1995年,中国的贫困人口又下降到6500万。在世界贫困人口每年以2500万的速度增加目前已高达13亿的情况下,中国的贫困人口却连年减少,并向全世界宣布中国不将绝对贫困人口带入21世纪,这在国际社会引起了极大的反响。更为重要的是,中国消除贫困成绩的取得,体现了社会主义制度的无比优越,也验证了邓小平消除贫困思想的正确性。实践已昭示,邓小平对社会主义本质的高度概括，以及他的消除贫困思想，是对马克思主义理论的丰富和发展，在社会主义实践中具有长期的指导意义。未来将作证，中国消除贫困，走向富强，不仅为发展中国家提供了消除贫困的样板，而且为21世纪社会主义的复兴带来了充满希望、充满力量的曙光。

二、立足国情，确定消除贫困的突破口在农村，以此揭开了中国改革开放的帷幕，并为扶贫方式的转变指明了方向

党的十一届三中全会以后，邓小平领导全党制定了以消除贫困为目标的经济建设发展战略：第一步，工农业年总产值翻一番，基本解决人民群众的温饱；第二步，到本世纪末，工农业年总产值翻两番，人民生活水平达到小康；第三步，再用三五十年时间在经济上接近发达国家，人民生活比较宽裕。对此，邓小平充满信心。他认为下个世纪中叶，中国可以达到中等发达国家的水平，到时甩掉了贫困的帽子，才能说真正搞了社会主义。邓小平把经济建设分为消除绝对贫困、建设小康、达到宽裕三个阶段，这在理论上、实践上都是一个伟大的创造。

实现消除贫困的发展战略必须选择正确的突破口。邓小平根据中国的实际，果断地将消除贫困的切入点放在了农村。对此，他强调了两条主要理由：第一，“因为中国人口的百分之八十在农村。如果不解决这百分之八十的人的生活问题，社会就不会是安定的。工业的发展，商业和其他的经济活动，不能建立在百分之八十的人口贫困的基础之上。”[8]第二，“农村不稳定，整个政治局势就不稳定，农民没有摆脱贫困，就是我国没有摆脱贫困。”[9]邓小平从经济发展和政治稳定两方面对中国农民贫困问题的深刻认识，直接指导我党制定了农村工作的一条重要政策——推行家庭联产承包责任制，并由此揭开了中国改革的帷幕。

以家庭联产承包为主体的生产责任制和统分结合的双层经营体制为内容的农村经济体制改革的进行，极大地调动了农民的生产积极性。在几年的时间里，农村经济全面、快速增长，农民生活水平明显提高，同时也推动着工业、

商业等社会经济各个方面发生历史性的变化。1978年，农民家庭人均纯收入为134元，1986年已达到了424元；城镇职工人均生活消费收入1978年为318元，1986年已达到828元。消费品长期匮乏的局面已基本扭转，国民经济也走上了协调发展的轨道。

中国农村改革取得的丰硕的成果，迅速遏制了农村的贫困状况，贫困人口生活水平得到很大的改善。对此，邓小平给予了高度评价，他肯定消除贫困、实现第一步战略目标的一系列政策调动了农民的积极性，认为“这些政策很见效，三年农村就发生了显著变化。”[10]同时，他也指出这并不是说农村的问题都解决了。针对农村改革的深入已开始出现家庭承包责任制无法解决的问题，邓小平又提出中国农业改革“两个飞跃”的思想。这“两个飞跃”与第二步、第三步发展战略紧密关联。他指出：“中国社会主义农业的改革和发展，从长远的观点看，要有两个飞跃。第一个飞跃，是废除人民公社，实行家庭联产承包为主的责任制。这是一个很大的前进，要长期坚持不变。第二个飞跃，是适应科学种田和生产社会化的需要，发展适度规模经营，发展集体经济。这是又一个很大的前进，当然这是很长的过程。”[11]这些论述，勾画了我国农业改革和发展的长远目标，也为中国农村消除绝对贫困后奔小康提供了重要的思路。

消除贫困与农村经济发展、社会主义经济建设一脉相承。在贫困地区，扶贫开发是经济工作的中心，提高扶贫效益，解决群众的温饱是第一位的任务。贫困地区的干部群众，坚持邓小平消除贫困思想，对消除贫困的工作机制、扶贫开发经济效益的提高进行了许多有益的探索，从“输血型”扶贫到“造血型”扶贫，从“救济式”扶贫到“开发式”扶贫，扶贫工作找到了一条成功的路子，这就是从当地实际出发，扬长避短，开发当地资源，发展商品生产，增强自我积累、自我发展的能力。广西、广东、河北、浙江、山东等省采取异地开发式扶贫，每年将特困人口迁移到有土、有水、交通便利的地区进行开发式生产，长期被温饱困扰的农民甩掉了贫困的帽子；有“陇中苦甲天下”之称的甘肃定西大搞农田建设，把“跑土、跑肥、跑水”的“三跑田”变成了“三保田”，粮食亩产由40

公斤增加到200公斤,一举解决了长期无法解决的农民粮食问题;西部高寒地区推广地膜覆盖玉米技术的"温饱工程",一户搞二亩地,解决了温饱问题;江西大力发展的果茶、蚕桑、林业、经济作物、畜禽、水产、矿产等七大扶贫支柱产业不仅解决了贫困户的"票子"问题,而且成为当地经济的新增长点……所有这一切说明了邓小平消除贫困思想在农村的运用,使开发式扶贫的路子越来越广,形式越来越多,视野越来越宽,众多的贫困户实现了由传统农业向现代农业的转变。到1995年,我国农村贫困发生率从80年初30.7%下降到7.1%,农村居民人均纯收入已达1578元,农村中有92%的人口实现了温饱,其中一部分进入了小康生活的行列。在邓小平消除贫困理论指引下,中国贫困地区经济社会获得长足的发展,农村面貌日新月异。

三、让一部分人、一部分地区先富起来,带动和帮助其他地区和个人共同富裕,确定了中国消除贫困的策略思想

中国的国情决定消除贫困的进程只能是渐进式的、优先式的;生产力发展水平的多层次性,决定了中国不可能同时、同步、同等程度地消除贫困。这个问题现在来看,没有异议。但在刚刚结束"文化大革命"的时期,提出这个问题很容易被看成提倡搞"两极分化"。特别是马列经典著作中没有"先富"一部分人的思想可供指导,社会主义的实践也没有"优先"发展一部分地区的经验可供借鉴,而中国的社会主义实践更多的是受"平均主义"、"均贫富"等传统观念的影响。对此,邓小平一针见血指出"搞平均主义"、"吃大锅饭"实际上是共同落后、共同贫穷。他以超人的胆略提出:"农村、城市都要允许一部分人先富起来,勤劳致富是正当的。"[12]此后他多次重申"我的一贯主张是,让一部分人、一部分地区先富起来,大原则是共同富裕。一部分地区发展快一点,带动大部分地区,这是加速发展、达到共同富裕的捷径。"[13]

邓小平的这一思想,打破了旧的思想桎梏,丰富和发展了马列主义、毛泽东思想。这一思想在实践中的运用,不仅促使贫困地区干部群众解放思想,放开手脚大胆搞经济建设,敢于求富冒富,争当"先富"的人,争当先富的地区,

更重要的是通过政策引导效应,激发了一部分人的积极性,发挥了部分地区的优势,大大地促进了生产力的发展。

但是,邓小平提出的让一部分人、一部分地区先富起来,只是消除贫困的一种手段,而共同富裕才是消除贫困的最终目标。正如邓小平所说:“我们允许一部分人先富起来,一部分地区先富起来,目的是更快地实现共同富裕。”[14]他将“先富、后富”与“共同富裕”辩证地统一起来,创造性地提出了发展中的中国消除贫困,走向共同富裕的策略思想,这是对马克思主义理论发展的一个突出贡献。在20世纪80年代中期,邓小平多次强调:“一个公有制占主体,一个共同富裕,这是我们所必须坚持的社会主义的根本原则。”[15]他在提出“先富”论断的同时,一再强调:“社会主义的目的就是要全国人民共同富裕,不是两极分化。如果我们的政策导致两极分化,我们就失败了;如果产生了什么新的资产阶级,那我们就真是走了邪路了。”[16]“社会主义原则,第一是发展生产,第二是共同致富……正因为如此,所以我们的政策是不使社会导致两极分化。”[17]

随着社会主义现代化的发展,生产力水平的多层次性及地区间经济发展的不平衡性矛盾在实践中愈来愈突出。在进入20世纪90年代向新世纪跨越的关键时刻,这一问题不仅关系到多年来扶贫成果的巩固,关系到跨世纪发展战略的成败与否,而且也是对社会主义制度及其优越性的严峻考验。邓小平非常关注这一问题,他以战略家的眼光强调:“什么时候突出地提出和解决这个问题,在什么基础上提出和解决这个问题,要研究。可以设想,在本世纪末达到小康水平的时候,就要突出地提出和解决这个问题。”[18]邓小平还论述了缩小贫富差别的基本路子,即“先富起来的地区多交点利税,支持贫困地区的发展。”[19]通过先富起来的地区带动大部分地区,最终实现共同富裕。以江泽民为核心的党中央第三代领导遵循邓小平的策略思想对中国消除贫困问题进行了新的探索。针对缩小地区差别、实现区域经济协调发展这一问题,江泽民在有关论述中,以辩证唯物主义为基本出发点,强调要辩证地对待矛盾的各个方面,把握住各种因素之间的内在联系。他认为对于东部、中西部地区差别的解决，绝不是削弱和抑制东部地区经济的发展，而是把着力点放在增强中西部地区自我发展能力上；国家对中西部地区的扶持，不仅是中西部地区发展的基础，也是东部地区持续发展的必要条件；重视中西部地区的发展，绝不是重新“吃大锅饭”，而且仍然要支持“先富”地区再发展、再富裕，进一步强化他们的示范效应和影响带动功能，从而保证跨世纪战略的顺利完成。国家“九五”计划及2010年远景目标纲要中，发展中西部地区、缩小地区差距问题是一项极为重要的内容。这几年来，党中央、国务院相应给予中西部等经济欠发达地区政策、资金的倾斜，并一再强调，贫困地区要实行省长负责制，切实保证在新世纪来临之前，消除农村现有的绝对贫困，对城市存在的贫困问题也要采取措施着力解决。事实上，近些年来，在党中央、国务院的部署下，东部沿海地区在大力发展经济的同时，以种种方式来贯彻邓小平“先富”帮“后富”的主张。在优先发展“高、新、尖”等附加值高的产业的同时，将传统产业向中西部地区转移，在优势互补、共同发展的前提下，东中西部地区之间的横向经济联合与日俱增。广东的发达城市支持贫困县区，江西的“对口支援”，江苏与陕西的“结对子扶贫”，国家部委派“扶贫团”、“讲师团”到贫困地区开展扶贫工作，以及他们倡导的“科技扶贫”、“电力扶贫”、“文化扶贫”、“新闻扶贫”、“教育扶贫”、“智力扶贫”、“智力支边”，工商联组织的“光彩事业”，社会各界资助的“希望工程”、“春蕾计划”等在扶贫工作中取得了良好的效果，社会力量扶贫已成为消除贫困的一支劲旅。值得一提的是，在国家社会各界鼎力扶贫的同时，贫困地区和贫困户不断摒弃“等、靠、要”思想，不断创造、总结、推广“能人经济”、“庄园经济”、“公司＋农户”等行之有效的生产组织形式，充分调动了农村一部分先富起来的人对贫困户“联、帮、带”的积极性，带动着大片的贫困户共同迈向富裕的新路。

四、在加强政策调整的同时，着重强调科学技术在消除贫困中的关键作用，明确了中国消除贫困的重要方式

邓小平根据我国社会主义建设的历史经验，创造性地提出了“科学技术

是第一生产力”的著名论断,这不仅是对马克思主义的继承和发展,而且是邓小平建设有中国特色社会主义理论的重要组成部分,是我党制定消除贫困政策的重要依据。贫困地区之所以贫困,在很大程度上与科学技术落后紧密相关,并因此造成了“贫困——科技落后——贫困”的恶性循环。科学技术对消除贫困的决定性作用,在于科学技术能渗透到贫困地区的生产要素中去,提高贫困人口的劳动技能,特别是能极大地提高贫困地区的管理水平和劳动率,增强贫困地区经济的“造血功能”。也正因为此,十多年来,党中央、国务院对于扶贫开发方针政策的制定,近年来颁布实施的“国家八七扶贫攻坚计划”,都把贫困地区科学技术的运用放在重要的位置,将“科技扶贫”作为消除贫困的一种重要方式。

消除贫困离不开科学,是邓小平立足于我国社会主义初级阶段的基本国情而提出的,同时也是对当今时代特征深刻认识的基础上提出的。他在强调“中国要发展,离不开科学”、“科学技术是第一生产力”的同时指出:“实现人类的希望离不开科学,第三世界摆脱贫困离不开科学,维护世界和平也离不开科学。”[21]在这里邓小平不仅把科学的作用作为包括中国在内的第三世界摆脱贫困的关键,而且把它直接上升到事关世界和平、人类希望的高度来阐述,高度概括了当代科学技术对消除贫困的决定性作用,准确地揭示了当代科学与经济发展的最新趋势。他还对农民形象地把从事科技兴农、科技扶贫的科技人员称之为“财神爷”十分称道,他说:“现在连山沟里的农民都知道科学技术是生产力。他们未必读过我的讲话,但他们从亲身实践中,懂得了科学技术能够使生产发展起来,使生活富裕起来。农民把科技人员看成是帮助摆脱贫困的亲兄弟,称他们是‘财神爷’这个词,不是我的用语,是农民的发明。但是,他们的意思,同我在科学大会上讲的话是一样。”[22]在这里,邓小平不仅对十多年来科技的推广与深入农民心中进行了肯定,而且对农民把科技与脱贫致富联系在一起感到由衷的欣慰。此外,他还把发展高科技作为缩小与先进国家的差距、人民摆脱贫困、国家兴旺的根本动力。邓小平认为,社会主义制度的优越性,应该在加速科学技术生产力发展方面体现出来。尽管中国还很穷,也要发展高科技,因为“这是从长远发展的利益着眼,不能只看到眼前”,[23]“这些东西反映一个民族的能力,也是一个民族、一个国家兴旺发达的标志”。[24]邓小平把科技的发展作为中国消除贫困,进入小康社会,赶超世界发达国家动力的论断,使我党很快形成了“科技兴国”的战略方针。

邓小平关于科技对消除贫困的决定性作用的论述,一直是新时期中国扶贫开发的行动指南。党中央、国务院牢牢抓住科技扶贫这一重要方式,把重点放在农业实用技术培训上,力争贫困地区的劳动者都能掌握一两项实用技术。贫困地区也不断加大扶贫开发项目中的科技含量,积极组织农业新技术、新品种的试验、示范和推广,并按照“实际、实用、实效”的原则,依托科技、教育和各级业务部门、群众团体,开展多层次、多渠道的科技培训活动,不断提高贫困农民的科技文化素质和开发能力。农业部、国家科委等部门推行的“星火计划”、“温饱工程”、“丰收计划”,推动了以自然经济为主导的农村经济向以运用科技为主导的农村经济转变,成千上万的贫困人口正是通过这些“计划”、“工程”而告别了贫困。“星火计划”也引起了世界各国的关注,联合国官员赞扬它为发展中国家农村经济的发展和消除贫困作出了可仿效的样板。

随着商品经济的发展,特别是 1992 年邓小平南行讲话后,我国的科研部门、科研人员深受鼓舞,科技扶贫向社会化、市场化方向发展已蔚然成势,“科技协作”、“科技与贫困地区联姻”、“科技承包”、“技术入股”等行之有效的科技扶贫方式不断被创造出来。在市场经济体制下,科技扶贫机制也有了新的转变,即由单纯的政府行为发展到政府行为与经济行为相结合,加大了科技扶贫的力度,使广大的贫困户直接受益,也为科技人员进一步发挥聪明才智,将研究成果转化为生产力寻求到了前景更为广阔的新天地。一些科技扶贫走在前列的地区,通过各部门的联合协作,兴办了技农工贸一体化的科技经济服务实体,将责、权、利相结合,实行技、财、物配套服务,产前、前中、产后系列化服务,不仅使合作的方方面面互惠互利、共同发展,而且使科技扶贫更具强大的生命力,有力地促进了贫困地区经济的发展,促进了贫困地区科技水平的大幅度提高,对贫困地区由计划经济向市场经济转变、粗放式经营向集约式经营转变起了积极的推动作用。实践证明,“科学技术是第一生产力”已逐渐被贫困地区的干部和群众所充分认识和理解,并真正成为贫困人口的“财神爷”,加快了贫困地区人口脱贫致富的步伐。

五、把消除贫困问题提升到世界范围来考察,为世界各国消除贫困提供了具有中国特色的理论依据和宝贵经验

20 世纪 70 年代以来,国际格局发生了重大变化,国与国之间的紧张局势出现缓和,对话在一定程度上代替了对抗。正如邓小平所指:“当前世界上主要有两个问题,一个是和平问题,一个是发展问题。和平是有希望的,发展问题还没有得到解决。”[25]在这样的国际形势下,“现实情况是当今世界只有四分之一的人口生活在发达国家,其他四分之三的人口是生活在发展中国家,或者叫不发达国家。”[26]

发达资本主义国家与第三世界之间的经济差距继续拉大,贫困问题十分突出地困扰着发展中国家,同时也影响到发达资本主义国家。为此,世界各国的社会科学家为寻求消除贫困的方法,在宏观、中观和微观层面提出了许多有关的学说,这些理论涉及贫困的一般概念、贫困的根源、贫困的后果、穷人的生活、政府的干预措施及相关对策,产生了诸如不平等性理论、相对匮乏理论、资源掠取理论、贫困文化理论和生存对策理论等等。尽管这些理论五花八门,但他们沿用了传统的西方理论分析方法并且以私有制为分析前提,所以很难解决不同历史背景特别是不同经济制度的国家消除贫困的问题。

作为一位放眼看世界的伟大政治家与理论家,邓小平以解决中国的贫困问题为基本立足点,并且把它提升到世界背景下加以考察,为当今世界“和平与发展”两个主题的解决提出了具有中国特色的理论依据。第三世界普遍存在的贫困问题也是一个国际问题,它事关国际社会的和平与发展。对此,邓小平指出:“现在世界上北方发达、富裕,南方不发达、贫困。而且相对地说,富的愈来愈富,穷的愈来愈穷。南方要改变贫困和落后,北方也需要南方发展。南方不发展,北方还有什么市场?”[27]这就是说,不发达国家的贫穷问题,影响着发达国家的发展。不发达国家的贫困问题的解决,有助于发达国家的再发展。“西欧,北美,日本,大洋洲的澳大利亚、新西兰,共十一二亿人口。很难说这十一二亿人口的继续发展,能够建筑在三十多亿人口的继续贫困的基础上。”[28]针对这一情况,邓小平提出和平与发展的问题“带有全球性、战略性的意义”。中国是一个拥有11亿人口,占有联合国常任理事国席位的发展中大国,在国际舞台上尤为世界各国注视。但囿于经济实力,中国制约战争的和平力量实际上还很小。邓小平坚持历史唯物主义的基本观点,并且根据变化了世界形势,提出了中国消除贫困的战略目标,其实质就是要发展经济,提高人民生活水平,增强国家的综合实力。因为一个拥有世界人口五分之一的中国,一旦拥有坚实的物质基础,必将在世界政治舞台上发挥更加强大的作用,为世界和平提供更加有力的保证。对此邓小平满怀信心地说:“等到中国发展起来了,制约战争的和平力量将会大大增强。我可以大胆地说,到本世纪末,中国能达到国民生产总值翻两番的目标,也就是我曾经跟大平正芳先生讲的达到小康水平,那时中国对于世界和平和国际局势的稳定肯定会起比较显著的作用。”[29]

中国的现代化过程是一个从相对封闭状态走向全面开放的过程,也是一个逐渐融入世界经济一体化的过程。在对外交往过程中,中国与世界上许多国家已结成了共同的经济利益,谁也离不开谁。中国的贫困必然影响世界经济的发展,而中国的繁荣必将带动世界的全面进步,这是谁也无法回避的事实。正如邓小平所指出的:“西方政治家要清楚,如果不帮助发展中国家,西方面临的市场问题、经济问题,也难以解决。经济上的开放,不只是发展中国家的问题,恐怕也是发达国家的问题。”[30]同时,中国作为第三世界的最大国家,消除贫困,发展经济,不仅可以稳定国内局势,而且可以加强第三世界在世界格局中的地位,为世界和平作出自己独特的贡献。“所以,从世界的角度来看,中国的发展对世界和平和世界经济的发展有利”。[31]此外,邓小平还强调了消除贫困对于国家的政治独立的决定作用,“一个国家要取得真正的政治独立,必须努力摆脱贫困”。[32]由此,得出了发展中国家要对外开放来消除贫困的论断:“要摆脱贫困,在经济政策和对外政策上都要立足于自己的实际,不要给自己设置障碍,不要孤立于世界之外。根据中国的经验,把自己孤立于世界之外是不利的。要得到发展,必须坚持对外开放、对内改革,包括上层建筑领域的政治体制的改革。”[33]邓小平的这些论述,指导着中国消除贫困的伟大实践，并在实践中进一步证实它的正确性。纵观十多年来国际风云的变化，对于世界两大主题的解决，许多不同制度国家的政治家、理论家都从各自的阶级利益出发，提供过各式各样的理论依据，进行过种种诠解，但狭隘的阶级局限性使其科学性和现实可行性都大打折扣。只有邓小平在坚持社会主义的现实基础上，从世界最广泛的贫困人民利益出发，提出富有中国特色的消除贫困理论，显示出了极强的科学性、操作性。中国自十一届三中全会以来，在邓小平消除贫困思想的指导下，综合国力不断增强，人民生活水平大大改善，国际地位大大提高。同时，世界上许多发展中国家借鉴中国的改革开放路子，经济也不断得到发展，维护世界和平的力量愈来愈壮大。现实可以告诉未来，邓小平消除贫困的思想，为世界和平与发展所作的理论贡献，将永载史册。

总之，邓小平消除贫困的思想是在指导社会主义现代化建设的过程中形成的，其市场经济观、社会稳定观、改革开放观及人才观等，都与消除贫困思想紧密相连。这一理论所具有的时代开放性、求真唯实性、全面系统性等特征，闪耀着马克思主义的思想光辉。中国的现代化建设实际上是消除贫困的长期过程，因此，邓小平消除贫困思想也是一个长期的指导思想，它不仅指导中国实现跨世纪战略完成消除贫困这一艰巨任务，也为后来的共产党人坚持和发展马克思主义树立了光辉的典范。

注释：

①[1][2][3][4][5][8][9][10][11][12][13][14][15][16][17][18][19][21][22][23][24][25][26][27][28][29][30][31][32][33]《邓小平文选》第三卷 10、10、63－64、116、225、117、237、81、355、23、166、172、111、110－111、172、374、374、183、107、279、279、281、281、96、106、105、79、79、202、202 页。

②[20]《邓小平文选》第二卷 111 页。

③[6][7]“任何时候不能忘了老区人民”新华社深圳 1996 年 9 月 23 日电。

（本文与郑克强、汤乐毅同志合作，原载《江西社会科学》1996 年第 12 期）

贫困地区的现状与科技副县长的职责

改革开放以来,我国的综合国力大大提高,但经济发展不平衡和一部分人口贫困的问题越来越突出。目前,我国还有592个国家扶持贫困县,近6500万贫困人口(截至1995年年底)没有解决温饱。党中央、国务院要求在本世纪末解决这部分人口的绝对贫困,这不仅是实现共同富裕的一个步骤,也是中国社会、经济协调发展的一个重要方面。在行之有效的扶贫措施中,科技扶贫尤为人们所重视。而科技副县长制度,又是科技扶贫的重要内容。根据贫困地区的现状,有必要进一步规范科技副县长制度,以最大地发挥科技副县长在贫困地区的作用。

一、贫困地区的现状:不能不寄希望于科技、人才

1.扶贫攻坚任务不容乐观。贫困地区多数地处石山区、滨湖地区、边远地区等,自然环境恶劣,经济增殖能力差,本质上要求具备比一般地区更多的人、财、物资源,在国家的扶持下,形成经济"自我造血功能",以在不断提高经济实力的前提下,逐步消灭贫困。然而,随着市场经济体制的建立,在市场法则的牵引下,贫困地区的资源出现了涌向沿海等经济发达地区的逆流向,过去的一些行之有效的扶贫政策也逐渐失效。这使得贫困地区的脱贫条件相对恶化,加重了扶贫攻坚的任务。尽管国家越来越重视贫困地区的脱贫,尽可能在政策上予以优惠,资金上增加投入,并呼吁社会各界扶贫,但对于扶贫任务来

说，这些扶助仍然显得力不从心。在国家投入有限，市场经济法逐渐增强的宏观面下，国家“八七”扶贫攻坚计划及贫困地区都把一定的目光集中于科技，寄希望于通过科技手段，把有限的资源进行最优的配置，获得超常规的经济发展，完成脱贫致富大业。在此背景下作为贫困地区科技扶贫、科技兴县的主要牵头人的科技副县长肩上的重担日益加重，现实赋予的责任更大。

2. 扶贫产业的建设，最缺乏的仍然是科技。十多年来，贫困地区的扶贫方式由“输血式”扶贫逐渐向“造血式”扶贫转变，相继建立、发展了一批扶贫产业，它不仅成为贫困户增收的财源，而且逐渐演变为县域经济的主要增长点。但是，因一些贫困地区脱贫致富心切及囿于科技薄弱的局限，往往是投资立项热情高，而项目设计、估计不严，以致一批扶贫产业活力先天不足；在产业建立过程中，或疏于管理，或人才缺乏，很多项目经济效益低下。其中最为突出、最为普遍、最需要解决的是扶贫产业科技含量低，项目重复建设多，投入大、产出少等问题。这一严峻的现实，迫切要求在今后不断立项、建设的扶贫产业及正着力发展的“三高”农业，能真正做到高起点、高效益，并能逐渐增强现有的扶贫产业活力。面对此重任，许多贫困地区的党政领导也感觉到了自身科技素质的不足，在加强学习的同时，不断要求国家、省、地有关科研部门、院校及科技含量高的企业，能派出科技人才，到所在县挂职，担任副县长，弥补领导班子科技人才不足的缺憾。

3. 增强县域经济实力，根本的出路在于科技、教育。贫困地区经济发展起步晚，不少领域处于空白，为利用后发优势，都开始转变经济增长方式，确立了加快资源转换的跳跃式发展的战略。为避免起步早的发达地区所走过的弯路，按集约经营、规模经济的要求，基本上都是高起点规划县域经济“九五”计划，并以此推动扶贫产业结构升级，并着力提高资源的深加工和综合利用水平、高附加值产品的比重。无论以上战略的制定，还是付诸实施，走过去的老路，按常规办事或跟在人家后边模仿，实现经济的腾飞只能是一纸空谈。现实的选择只有依靠一定的行政手段（政府行为），调集一切可以利用的资源，本着互惠互利的宗旨（经济行为），引进高新技术、人才，及与科研机构对口合作,形成科技合力,才有可能超常规地发展贫困地区的县域经济,使之最终迈上小康之道。在此目标下,贫困地区尤其欢迎有关部门能派出帮他们解决科技难题的科技副县长,期望科技副县长不仅能身体力行,而且具备现代人才观,能为贫困地区引进、培养、造就一批有用之才,或能联结、推动一些科技实力雄厚的厂矿企业、科研部门,遵循优势互补、共同发展的原则,到贫困地区投资、入股、提供技术、培训人才、联合攻关等等。

由上可见,科技兴县、科技扶贫的关键在于该县应用科学技术的先进与否、实用人才的多少、科技人才的素质的强弱。而这些关键问题的解决,在很大程度上与科技副县长日常的工作、职责、使命攸关。

二、贫困地区的要求:科技副县长责任感强、素质高、组织能力强

贫困地区并不要求科技副县长是包打天下的英雄好汉,但也不是要他去当一般的行政管理干部。对科技副县长最基本的要求,有以下几个方面:

1. 政治觉悟高,热心为贫困地区的建设贡献自己的聪明才智。1992 年年初,邓小平同志强调:“走社会主义道路,就是要逐步实现共同富裕。”小平同志关于共同富裕的构想,是每一个共产党员、国家干部的共同奋斗目标。曾在云南省大关县挂职锻炼的新闻人物蔡朝东政治觉悟高的一个体现,就是他对那些贫困群众的“负债感”。他说:“解放四十多年了,群众如此贫穷,作为共产党的干部,我感到有一种负债感。”正因为他有这“负债感”,他才能为贫困地区的群众办一件实事,以致出现当他离任时当地干部群众倾城相送,挥泪挽留的动人情景。所以,贫困地区对科技副县长的最基本的要求,就是要能对党的宗旨忠实信奉和对贫困地区人民充满赤诚的爱。

2. 具有一技之长和一定的经验。科技副县长的最基本功用 = 科学技能 + 行政职能,若其自身知识结构中科技含量低或知识老化,那就不能成为科技副县长,也难以起到科技副县长的作用;若只是科技行家,在某一方面造诣很深却没有一点行政管理经验,充其量只能作为某一方面的技术员,难以在贫困地区发挥更大的作用。为此,作为一个科技副县长在选择派往地时,应尽可能选

择适合自己专长的县，或该地方有自己最为熟悉的产业及其他项目。

3. 具有较高的科技战略眼光，能帮助贫困地区制定、修改、完善经济社会发展战略。没有一定的科技战略眼光，就难以牵头制定符合实际又能起到超常规发展的科技计划、经济社会发展计划，也无法发现已实行的计划的不足以及需要完善的地方，更不可能形成针对性的解决措施。结果往往只能是按常规办事，随遇而安。鉴于县级班子的分工及科技副县长的职责，在县领导班子中，科技副县长应成为最具科技战略眼光的人。

4. 在具体的一些投资项目的有关环节，或企业管理、农业经济等方面是行家，或至少对某一行业的生产流程、生产技术较为精通。科技副县长既是所在县的行政领导，也是学术领头人。他不仅要能解决一些具体技术问题，而且也需要领导好本县技术人员，促使他们在各自岗位学科技、用科技。因而对于科技副县长的选拔、物色，应尽可能是具有丰富经验的科研人员、技术骨干。一般的科室行政人员、与实际工作有一定距离的基础研究人员、教师不应作为选拔对象。

5. 有较强的语言、文字表达能力，在领导科学、行政管理、科研管理等方面具备一定的知识或有相应的经历。此外，还需较好的体魄，能适应贫困地区生活条件差、日常工作繁重的环境。作为一个主管科技的副县长，每天都要通过语言表达来号召、动员、协调、联系处理相关工作；通过文字表达来下达指示，反映情况，沟通上下左右的关系。倘若科技副县长的语言、文字表达能力差，就是“肚才”再多，在县里也只能当埋头苦干的专家、技术员，而很难当好一个副县长。一个县有几万或者几十万人，企业成百上千，没有相应的管理经验，面对许多的实际问题将束手无策。没有良好的身体，跑企业、下乡、出差联系科研合作事宜、出席会议、考察项目等，会感到心力交瘁，力不从心，尤其是当这些贫困县出现经常性的山洪暴发、水灾、火灾等突发性事件时，身体差的科技副县长就难以做到迅速奔赴现场，夜以继日地坐镇指挥，与干部群众在一起抗灾抢险。若这些方面有所欠缺，不仅影响对灾情的掌握，而且在全县干部、群众面前的影响、威信，也势必大打折扣。

三、神圣的使命：科技兴县、科技扶贫的排头兵

既然党和人民给予了科技副县长相应的权力，就应当赋予相应的使命。这不仅是实践的呼唤，也是科技副县长制度化、规范化的基本内容。科技副县长的一任，一般是2～3年，时间较短，没有相应的制度，不给一定的压力，容易流于形式。不但影响被派人员的自身素质的提高，而且也会影响所在县的工作。根据贫困地区的现状及近些年的实践，一般来说，科技副县长肩上有以下重担。

1. 科技兴县的主要策划人。在现阶段，贫困地区的县根据"九五"计划，结合本县情况，正在制定或已制定出相应的社会经济发展战略。尽管挂帅的一般是书记、县长，但主要策划、制定及完善的牵头人大多是科技副县长。作为科技副县长，不管是制订计划的牵头人，还是完善、实施计划的牵头人之一，都应把这项工作放在重要的位置。因为一个县的经济建设是否站得高，望得远，具有超前性且不脱离实际，与发展计划有很大的关系。因而考核科技副县长的一个标准也可从他牵头制定的发展计划是否成功，或他在完善、修改计划中所起的作用来衡量。自1994年以来，国家颁布了"八七"扶贫攻坚计划，其中对扶贫的任务、目标，科技扶贫的任务都作了规定，作为这一计划中所列入的贫困地区，重要的任务是贯彻落实。作为科技副县长，与科技扶贫的关系最为密切，因而他理所应当是科技扶贫计划的带头人，也是这些县消除贫困的主要领导人之一。对贫困地区科技副县长的考核，还应列入"八七"扶贫计划的贯彻落实过程中的所做所为，为消除贫困现象、减少贫困人口所办的相关实事。

2. 科技攻关的牵头人。目前贫困地区都在转变经济增长方式，切切实实抓经济效益。就是对国有企业来说，在保持增量略有提高的同时，主要搞活存量大挖潜力；在农业方面，大力发展"三高"农业；在乡镇企业方面，以发展高起点，且有一定市场竞争力的"短、平、快"项目。以上发展经济的几句话，反映在实际工作的确是举步维艰。单就科技而言，国有企业存在产品科技含量

低、技术人员匮乏,设备老化的不足;发展"三高"农业,存在科技服务不配套,农民科技意识淡薄,应用技术与实际脱节等问题,乡镇企业则多为分散经营的加工企业,机械化程度低,相当一部分是手工操作,"高、新、尖"项目寥若晨星。面对这些实际问题,光靠一个科技副县长,即使其分身有术也难以应付层出不穷的实际困难。为此,不能要求科技副县长本人要解决这些问题,而应要求他组织相关的人马解决这些问题。有些问题,要求一任科技副县长应加以解决;难度大的问题,应要求一任接一任的加以解决。而作为贫困地区的领导班子,也应为科技副县长解决这些问题提供相应的条件。即在当地财力允许的情况下,科技副县长有权要求有相应的科技投入经费、技改经费、省内外专家和科技人员协作攻关经费等保障,在符合组织手续的情况下,有权以优惠条件调动、使用、借用、聘用县内外的科技人才;有权提出对有重大贡献的科技人才予以表彰奖励,等等。

3. 科技兴县战略实施的监管人。科技兴县是一个系统工程,从设计制定战略,到付诸实施,直至渐渐完成预定目标,是一个长达5年,甚至10年或更长的过程。这一期间必然会出现种种难以预料的问题,需不断予以校正偏差,完善落实措施,解决相关问题。对于一些制定完成的战略便束之高阁,在建设中各行其是,或一任书记县长一个想法的地方,科技副县长有责任、有必要敦促班子以制定的发展战略、经济规划为指导来抓经济建设。至于发现战略规划有不完善的地方,可以边实施边完善。所以,这一工程实施的监督、管理、检查的最佳人选非科技副县长莫属。而这一块天地也是科技副县长最有说话权,最能创业的用武空间。因为科技副县长是这一策略制定的牵头人,实施战略的分管人,熟悉情况,了解某一事件的来龙去脉;其本人也是经过挑选的有较高素质的科技人员,容易找到问题的关键,形成相应的对策;在处理问题时,科技副县长在职权范围内,有权处置一些情况,尽快解决问题,防止蔓延;对一些重大问题,他可以迅速向党政班子、主要负责人汇报,尽快作出相应的决定,这也是一般的科技人员难以做到的。

4. 科学普及的热心人。贫困地区最缺科技,群众的科技意识也最为淡薄。

科技扶贫中的一个难题便是适用新技术、新品种推广难。作为分管科技的副县长,对所在县科技意识的提高,应是责无旁贷的。就目前来说,应当协助分管教育的副县长,抓企业青工技术素质的提高;对县属农职校、农函校、农村中学的农科技教学目标进行指导,根据县情,提出应掌握的基本知识、农业科技、农机知识等;此外,还应花大力气,组织县乡有关部门,对农村现有的农技员、"土专家"、致富能手进行实用新技术培训,组织他们到贫困户最为集中的地方进行科技示范,解答相关问题,帮助他们建立联系;对现有的农技服务网络,主要帮助提高服务质量,解决他们的一些实际问题。

综上所述,与经济发达地区相比,贫困地区对科技副县长的需求更为迫切,要求更高;而贫困地区的科技副县长的工作难度更大,生活环境更为艰苦。但是,一个有事业心、有责任感的科技副县长,在贫困地区最能施展才华,用武空间更为广阔。鉴于科技副县长制度实行时间不长,缺乏一套规范的管理制度,建议有关组织、人事部门应协同科技主管部门尽快制定出一套完整的制度,从科技副县长的选拔条件和要求、权力范围、考察标准、奖惩措施等方面作出相应的规定,特别是应对其具体分管的工作,担负的重任尽可能地进行量化,或提出明确的要求。以使科技副县长制度更加符合实际,促使更多的科技副县长在派往县有目标、有任务、有压力、有动力,在不长的任职期内有所作为,不负使命。

(本文原载《天水师专学报》1997 年第 1 期)

群团工作管理浅议

以学会、协会、研究会等为管理对象的群团管理，是民政工作的一个重要部分。同民政工作的其他管理对象相比，学会等群团有许多不同的特点：从组织性质上看，它们属于有独立法人地位的民间组织；在组织形式上，它们实行松散型的会员制；在活动形式上，以学科为主面开展各种形式的专业研究活动；从活动的特征上来看，主要呈现出学术性、群众性。学会等群团是党和政府联系学术界、科技人员的桥梁和纽带，因而管理好群团，发挥其应有的作用，是民政工作中群团管理的一项重要任务。

一、严把“门”，切切实实保障学会等群团的质量

学会等群团会员都有自身的工作岗位，参加学会的目的在于与学术上有共同兴趣、共同要求的专业人士交流、探讨学术问题，开展相关研究。因此，学会的章程、领导人、挂靠单位、经费来源等都是保障学会能开展正常活动的前提，也是民政部门对学会登记审批的基本条件。若领导人尤其是秘书长（理事长）的学识水平有限、组织协调能力差，势必影响学会正常活动的开展；又如活力不足，也必将失去学会存在的意义。因而在登记审批学会时，要着重考核拟任有关领导的政治素质、业务能力及学术水平，不合条件者，应建议学会筹备重新物色人选。此外，还要重点审查挂靠单位对学会成立的态度、经费主要来源、办公场地等成立条件，不合条件者暂不审批，直至合乎条件才予以批

准。

二、实行动态管理，保证学会等群团健康发展

学会等登记后，民政部门要对其进行动态管理，要在以下几个方面进行监督：(1)学会能否按章程正常开展活动，组织会员多出成果、多出精品，为本学科的研究精心策划各种选题；(2)能否组织会员、专家、学者针对某一实际问题为政府等部门出谋献策；(3)能否积极进行本学科的有关咨询、科普活动，培训有关人才。这一方面的监督管理可通过学会自报材料、民政部门派员参加会议、召集会员了解情况、征询挂靠单位的评议等形式进行。若发现学会长期不开展活动，借学会名义个人营私牟利，或在社会上造成种种不良影响，应对学会进行暂停活动、罚款等处罚，严重者予以取缔，对有关领导人或直接责任人可建议其所在单位进行批评教育。

三、建立相应的社团管理激励机制

目前，我国的学会等群团蓬勃发展，对促进繁荣我国的科学事业起到了积极作用，但同时也存在着一些问题。如学会管理质量反差大，基础学科活动较少，在社会上反响小，而应用学科却活动频繁；一些学会经费没有保障；某些学会活动主题不明确等等。这些问题的解决，较有效的办法是引导、激励。即对活动质量高的学会予以表彰和一定期限免检，逐步建立群团管理基金，每年奖励、资助一批学会，引导他们不断提高活动质量、提高学术水平，为繁荣科学事业作出应有的贡献。对于那些名不符实、无所建树的学会逐步淘汰，以确保学会等群团在有生有灭的过程中保持旺盛的活力。

随着科学事业的发展、科技人员的增加，学会等群团也将会相应地扩充，学科分类将更加明细。因此，民政部门应适应形势的需要，不断进行群团管理的科学研究，最终形成一套具有中国特色的群团管理办法。

（本文原载1997年1月25日《中国社会报》）

上饶地区利用外资情况的调查及建议

截至1996年年底，江西省上饶地区已批准外商投资企业207家，项目投资总额达1.95亿美元，实际引资达3850万美元，“三资”企业累计出口创汇4420万美元。1996年全区利用外资完成1022万美元，超过省里下达计划的36%，同比增长36.6%；“三资”企业出口创汇完成833万美元，超过省计划28.2%，同比增长36.9%；引进省外、区外项目820个，实际引进资金6.16亿元，同比增长40%；完成物资协作总金额达6.5亿元，同比增长31%。应该看到，在1996年我省利用外资签约数徘徊不前的情况下，上饶地区能取得这样的成绩是不容易的。正因为如此，1996年上饶地区首次被评为江西省利用外资先进单位。

一、上饶地区利用外资呈现的几个特点

1. 独资方式呈增长趋势。去年，上饶地区引进34个外资项目。其中外商独资企业项目有8个，约占项目总数的1/4，外资额达621万美元，占实际引资总额的39%，而且资金到位情况良好。

2. 投资产业结构有所改善。投资产业已开始向第一、第二产业转化，服装业、房地产业等第三产业逐步降温。去年，全区引进的34个项目中，工农业开发项目有12个，合同外资额1124万美元，约占全区外商投资总额的1/3，其中水产养殖项目有6个，外资额达628万美元。

3. 外资来源较为单一。在全区124家外资企业中,中国香港、中国澳门、中国台湾及东南亚一些国家投资者占90%以上,其中中国香港投资者居第一位,欧美国家投资者稀少。

4. "三资"企业出口创汇逐渐增多。去年,上饶地区"三资"企业完成出口创汇833万美元,占全区外贸出口创汇总额的1/3。出口商品市场已从亚洲周边国家和地区,发展到了北美、南美、欧洲和非洲国家。

5. 招商引资所在地和行业相对集中,其中上饶、玉山、广丰县等利用外资已超百万美元;商业局(商业总公司)引进外资9502万元,合同外资14900万元,先后办起了7家合资企业,累计出口创汇800余万美元,上交税金200余万元。

6. 招商引资方式多样化。除了官方组织参加各种形式的招商引资洽谈会、推介会外,近几年出现了"以人引资"、"以商引商"、"以情引资"、"一商多投"等招商引资方式,民间团体、个人引资所占的比重越来越大。

二、上饶地区利用外资的几点不足

1. 思想认识方面。我们看到,上饶地委、行署对招商引资是十分重视的,且思想解放,具有超前意识,招商引资的思路相当清晰,特别是政策把握方面,为全区招商引资敢试、敢闯提供了许多思维想象"空间",也为实际操作奠定了坚实的基础。但也要看到,一些县、行业的干部中,传统的封闭观念尚未彻底清除,怕外商来赚钱、怕承担政策风险、怕掉乌纱帽的顾虑较为普遍,尤其表现在项目的选择、具体让利方面。在国家优惠政策逐年减少的大环境下,一些干部思想仍停留在对优惠政策再落实的"等、盼"上,不敢试、不敢闯;对于国家允许的政策用足用活表现较佳,对于外地有而我省没有的实例的借鉴尚可,而对于现在外省没有而现实需要的做法,则顾虑重重,敢为天下先的勇气相当缺乏。在一些部门,仍存在"卡、拿、要"的行为,利用外资认识淡薄、事不关己的现象尤为突出。

2. 利用外资总量小。这也是全省普遍存在的问题,具体表现在:"八五"

期间是江西利用外资的高速成长期，实际进资 15.5 亿美元，比“七五”期间增长7.3倍，但只占全国总量的 1.07%，人均实际利用外资额只及全国平均水平的 1/3。去年，我省利用外资水平仅与安徽接近，与上海、江苏、福建相比，我省利用外资协议金额仅分别为它们的 3.2%、4.7%、7.2%，实际利用外资则分别为 6.3%、8.6%、11.2%。上饶地区在这方面的不足具有普遍性、趋同性。去年，该区利用外资签约数为 41 个，在全省名列第三，但利用外资协议金额只占第 6 位，利用外资实际金额 1022 万美元。虽然超年计划 750 万美元的 36.6%，但仅占全省外资总量的 2.17%，名列全省第 7 位，且人均不足 2 美元。

3. 项目规模小。在上饶，外商投资千万美元的项目几乎没有，500 万美元以上的项目屈指可数，绝大多数为百万美元以下的项目。去年该区引进外资项目平均规模只有 59.42 万美元，其中 50 万美元项目就有 10 个，约占项目总数的 1/3。

4. 项目选择这一难点仍未突破。正如地区领导所述，目前全区仍然拿不出几个能打动外商人心、吸引外商“一见钟情”的投资项目，而且签约成功率、资金到位率、开业投产率还未达产达标。此外，目前已立项、开工的项目也多为附加值低的资源型项目，技术性不强和投资少、见效快的以劳动密集型为主的加工工业和一般的机械行业，而那些技术密集型的高新技术产业和资金密集型的基础产业因收益率不高、资金回收期长、风险大等缘故，目前这方面的招商引资还未找到合理的引导招揽措施。农业，是上饶地区的优势产业，但对农业利用外资的立项，一时也还没有找到有广阔市场、跨世纪后不落后的项目，特别是农副产品深加工的“朝阳”项目更难拿出。

5. 利用外资签约任务重，赶超一些地市难度大。在招商引资过程中，签约也是关键，因为没有签约就没有进资。去年，上饶利用外资协议金额为 2001 万美元，完成年计划的 80%，比 1995 同期减少 36.5%。今年，上饶地区、行署计划利用外资签约金额要达到 6200 万美元，比去年增长 1.5 倍，尽管如此，但只占全省年计划的 4.4%（全省 14 亿美元）；引进外资要确保完成 1500 万美元,力争达到2000万美元,比上年翻一番。就是这些指标如期如愿实现,进资额也只占全省实际进资额力争计划的3.5%(全省7亿美元),在全省只能处于中下游位置。今年一季度,全区实际利用外资不到340万美元,照此速度,要完成年计划,下半年压力将很大。

6. 涉外人员素质亟待加强。目前,外商人员感到上饶乃至江西的投资环境总的来说日趋好转,但具体到一些部门和一些人员,普遍感觉到还需要大力提高管理知识、业务素质,进一步提高政策水平、法律意识。他们还觉得我们的一些干部习惯于计划经济的管理方式,习惯于依条条办事,对市场经济下的管理方式还很陌生。在一些具体问题上,一些干部在职权范围内不敢拍板决定,要找到更高一级的主管领导首肯,才能大胆行事。因而外商渴望能有更多有胆有识的干部涌现,这也是一些外商拿我省的干部与沿海地区作比较后下的结论。

三、利用外资存在的有利条件及制约因素

上饶招商引资从纵向比,出现了良好的发展势头,横向比的确存在一定的差距,这同时也说明该地区利用外资还具有较大的潜力,还呈现出许多新的有利条件:(1)今年以来,在省委、省政府的领导下,上上下下都在"搅动"思想,并力图通过这"搅动",使干部群众的认识,都统一到按社会主义市场经济规律办事这一点上来,这为上饶地区及其他地区招商引资创造了"天时"。(2)随着320国道开通,浙赣复线建成,横南铁路加快建设,饶沪、饶广、昌饶三趟起始列车的开通,上饶的区位优势又进一步得到了优化,"地利"条件日益凸现。(3)京九铁路的营运,中国香港的回归,加上上饶在海外的人士较多(仅玉山一县在中国台湾的第一代就有1000多人),拥有几千万资产的商贾也不少,上饶招商引资"人和"境界更加完美。

当然,我们在看到有利条件的同时,更应分析可能面临的困难及种种制约因素。

1. 从政策宏观面来说,自1995年起,国家取消了对国外贷款项目进口设

备免征关税的优惠政策，并征收增值税。这一政策的调整，对于沿海来说可能影响不大，但对于起步晚利用外资总量小的上饶地区乃至全省来说，无疑堵塞了不少项目利用国外贷款的路子。另外，自1996年4月1日起，外商投资企业设备进口免征关税的优惠条件也已取消，这些调整对招商引资的负面影响在去年便已出现。此外，还有税收政策的调整，国家加强对外资投入的监督管理等，这一切政策面的变化，都使外商心理上有一个适应期，投资行为自然会有所收缩。

2. 从省情来看，在国家政策着眼于全局调控时，具体到某一省负面影响有大有小。而对于江西来说，影响无疑是很大的，因而有必要采取相应的措施，制定相应的政策来抵消一些影响。但是，我省软环境与沿海省市相比，有一定的差距，“扶商”力度小于招商力度，就鼓励外商投资优惠政策来说，还没有相应的新措施，致使一些该兑现的政策无法名正言顺地兑现。

3. 从区情来看，上饶地区经济基础较弱，财力不足，自身配套资金筹措能力不强，区内商业银行融资力度难以适应实际的需要。1996年，全区各家商业银行的各项贷款总额大于各项存款总额近10个亿，贷款与存款的比例为1:0.88，而且现在已停止股本贷款。如要实现2000万美元的进资额，按项目平均外资额占总投资50%计，上饶地区所需配套资金要1.7亿元人民币，而上饶地区1996年的财政总收入为12.95亿元，且基本上是“吃饭”财政，要拿出1/8的财政收入来作为招商引资配套资金，是不现实的。从十多年的经历来看，配套资金不足，导致项目前期工作难以到位，在很大程度上影响了利用外资实际进资额的增加，拖住了一些项目按时开工的后腿。因而，就上饶地区自身存在的制约因素来看，虽有多种多样，但要靠自力更生有效解决的首要问题，仍然是配套资金问题。

四、几点建议

上饶不仅是土地面积大区（列全省第3位）、人口大区（列全省第2位），也是经济欠发达地区，因此，上饶地区经济的发展，对于全省经济有着举足轻重的影响。招商引资，对于建设资金短缺的江西省来说，无疑是一条解决问题的根本性出路。根据上饶的实际情况，招商引资要赶超其他地区，实现更高的飞跃，在全省招商引资工作中占有更高的地位，还要依靠上饶自身的力量，挖潜力、找差距，借鉴别的地区及外省的先进经验，广开引资路，提高利用外资的整体水平。同时，也要争取省、中央部委更进一步的支持。为此，我们对今后上饶地区的招商引资提出如下建议：

1. 乘"搅动"思想的东风，对存在的僵化思想再破除，用足、用好、用活相关政策，创造更宽松的政策空间和更具优势的招商引资软环境。上饶地处赣东北，群山环抱，过去因交通、地域方面的原因，即使与浙江、福建接壤，沿海发达地区的辐射力到此便明显衰减。加之新中国成立后一直以农业为主、商品观念薄弱，上饶与我省的南大门赣南比，思想解放的程度仍有提高的空间。目前的"搅动"思想，提供了思想再解放的契机，因而务必抓住机遇，在招商引资思路上、方式上、政策上有新的突破，并适时地调整政策，始终掌握主动权，构建"人有我优"的招商引资空间。如针对外商投资企业设备进口免征关税优惠政策的消失，若该设备国内无法替代，或潜在的优势国内同类设备无法比拟，那么可以考虑在企业新增利润中补还，或直接加大分成比例；对于外商投资风险较大、资金回报率低且回收慢的有关项目，只要对当地长远发展有利，或不影响可持续发展战略，即使暂时无利可图也可引进；只要能加快或带动某一行业技术改造的步伐，应避免引资过程中为争几个百分点的利润而丧失良机。只有政策上优惠，引资方式更为开明，才能形成强于他省的竞争力；只有大胆让利，外商有利可图且比较利益相对要高，才有可能将外资吸引过来，留得住外商，我省也才有可能获得后期效益或整体效益。

2. 提高外资总量的关键在于引导外资产业投向，提高利用外资的重点在于后期管理。今年上饶地区决定要"继续坚持国外、境外、区外资金一起引，大、中、小项目一起抓，一、二、三产业一齐上"，这个"抓大不放小"的决策无疑是正确的，符合上饶的实际的。但如何来贯彻，既抱西瓜，也拣芝麻呢？当务之急应建立、完善合适的大、中、小项目库。可以考虑建立三级项目库：一级项目库(大项目)主要推出公路、机场、能源及高精尖产业,由地区统管;二级项目库(中项目)为加工业、农业、机械行业、房地产业等,由行业或县级部门统管;三级项目库如:餐饮、娱乐、小型加工业等由县乡及行业管理,有条件的也可交叉建立。通过分级管理项目有利于后期管理,也有利于各级依靠自身力量解决协调相关问题。对于一级项目,应着眼于未来,着眼于整体效益,特别要敢于让利。上饶的特色农业(特种水产、畜禽、高效特用林、优质米、优质果蔬)已成为独占一方的主导产业,去年特色农业总产值达30.5亿元,占农业产值的1/3,为财政提供税收占财政总收入的1/5左右。随着浦东开发的深入、海峡两岸的通航、香港回归,上饶凭借独特的区位优势,应当将特色农业作为招商引资的重点。要舍得拿出已初具规模、市场看好的特色农业的有关产业来招商引资,扩大规模、占领市场。对于外资已到位的项目,要实行动态管理,多方扶助,争取早出效益,使外商早日有所收获,最大限度发挥宝贵的资金的作用,充分显示上饶的区位优势,这样也可能"以商引商",使外资的使用带来联动效应。

3. 鉴于"九五"期间,在江西生产力布局、基本建设方面,上饶没有大项目这一实际情况,上饶还要加大力度将招商引资的导向转向现有的大中型国有企业。没有大的项目投资,那么就不可能像沿海或其他地区一样,将产业开发与外商投资相结合来引进大集团、大公司,因此,只有面对现实,眼睛向内。上饶的非金属矿采选业、食品加工业、饮料制造、木材加工业、造纸业、塑料制品业、有色金属冶炼业、交通运输设备制造业、电器、机械、电子、制药、仪器、电力等行业,都有一些大中型工业企业,完全可以利用资产重组、嫁接利用外资等路子引进外资。而且要拿有效益、有市场的企业来招商引资,以图扩大规模,占领市场,或加快技术改造。试图利用外资来为一些企业填补亏空的大洞是不现实的,因为外商不是慈善家,他们在商必言商,无利可图的事是不干的。

4. 要在融资、引资方式、渠道上大胆创新。目前上饶地区招商引资主要集中于外商直接投资,因受条件的限制,国际贷款则很少涉足。随着国际形势的变化,一些国家或国际金融组织明确提出不对我国大型工业项目贷款,而且只提供280万美元以下或环保、公用事业贷款,这对于沿海城市、大城市来说无疑是不利的,反过来给上饶这样一些地区带来了契机,因而要积极创造条件,争取国家有关部委的支持,争取一些国际金融组织贷款。三清山是一座名山,长期以来没有得到大力宣传和有效的开发,若能像黄山一样直接融资(股票融资),那自然是件好事,否则应作为招商引资的重点来引进外资用于景点建设、设施更新、度假村开发,融资方式可采用股权转让、经营权转让等办法。省里正准备申报立项的鄱阳湖综合开发利用项目,作为鄱阳湖沿边大区之一的上饶应做好前期各项工作,争取更多的项目、资金。目前国家正在开展BOT方式吸收外商投资试点,并在进一步扩大试点领域。因而我省及上饶可在积极争取挤进国家试点领域的同时,选择有关项目,组织专家进行论证,自行进行BOT试点。

5. 我省沿京九线布局生产力,集中有限的资金确保重点项目按时建成投产的战略决策是正确的,但在实施这一战略时,还应考虑到上饶是个大区,在固定资产投资方面应有所兼顾。去年,上饶地区固定资产投资总额为70578万元(地市项目63007万元),只占全省投资总额3.5%,仅高于鹰潭市、萍乡市、新余市。固定资产投资是经济发展的主要动力,也是吸引外资的一个重要条件。因而,建议省里在每年新增财力中,考虑对上饶的固定资产投资或更新改造投资给予适当的支持。上饶地区更应挖掘自身潜力,加大投资力度,走内涵扩大再生产道路。当前特别要盘活存量资产,为招商引资、筑巢引凤打好基础。这样也有利于增强实力,尤其是能增强对浦东开发、浙江、福建沿海城市经济辐射的接受能力。

此外,还有必要大力培养,建设一支高素质的招商引资队伍,加大宣传上饶的力度,进一步加强在境外的上饶人的联系等,使上饶招商引资步入更加广阔的新天地。

(本文与汤乐毅、徐国庆同志合作,本人执笔,原载《江西社会科学》1997年第8期)

对江西扶贫工作的几点建议

自20世纪80年代中期以来，江西每年减少贫困人口40万左右，至今还存在的100多万贫困人口是历年"扶"过和难啃的硬骨头。在扶贫攻坚进入"倒计时"的情况下，自1997年起，每年至少要有60万人脱贫，才有可能实现省政府提出的"全省提前一年，部分地方提前两年"基本消除贫困的目标，若稍有松懈，拖住了全国消除贫困工作的后腿，于上无法交账，于下将失信于民。为此，可走的路只有一条：背水一战，齐心协力打胜扶贫攻坚战。本文将对扶贫工作中出现的一些问题，提出相关的建议，望对扶贫工作有所裨益。

1. 大力增强省扶贫领导小组的权威和协调领导功能。扶贫领导小组是扶贫工作的核心机构，它由省长兼任组长，金融、财政等政府职能部门的领导为成员，是贯彻落实党中央、国务院关于扶贫工作省长负责制的组织保证。在贫困地区扶贫是压倒一切的政治任务的前提下，我省能不能完成扶贫任务，扶贫领导小组有重大责任。责任之重、压力之大是其他经济工作难以相比的，因此，很有必要通过行政措施、经济手段来强化扶贫领导小组的职能。在距世纪末短短的几年时间里，领导小组职能的增强主要体现在资金筹集、项目布局、资金安排的最终审定环节上。也就是说，要保证做到任何争议和不同意见应在小组会上协调统一，这样才能使扶贫攻坚统一步伐，避免各唱各的调。目前，扶贫资金到省后的管理使用呈多元化格局，导致资金投入分散，降低了扶贫资金的使用效益。解决的办法只有通过扶贫领导小组，按照《国家扶贫资金管理办法》,将纵向的、横向的资金“绑”起来,“配套使用,形成合力”,以发挥资金的整体效益。根据《国家扶贫资金管理办法》第九条,可以责成扶贫开发部门(老建办)精选项目,做好事前论证提出配套金安排意见,交扶贫领导小组成员审核或协商后,再形成小组会议决定进行批准;也可以由扶贫开发办(老建办)具体负责组织相关部门来完成以上工作。为便于督促各项资金及时、足额到位,有利于资金的监督管理,可在省农发行建立专户,将扶贫资金集中在这一专户里,按使用计划和项目进度及时拨付资金。

2. 缩短扶贫资金到位进程,最大地发挥资金时效性。《国家扶贫资金管理办法》规定:发展资金、新增财政资金、年度以工代赈资金由财政部、国家计委在当年3月底下达计划,6月底到省;年度扶贫专项贷款在年初下达计划,3月底落实到项目,并根据进度拨付资金。根据惯例,以上资金到乡村、到项目已是秋收之后了,往往错过了“种、养、加”项目的季节,一定程度上造成项目等资金的局面。为尽量避免这一局面的形成,可采取以下措施:一是提高工作效率。金融、财政、老建等部门应按照“扶贫倒计时”来安排工作,项目选择、论证、申报、资金下拨等环节应规定完成的工作时间,并通过目标管理和公务员考核规定来予以约束。二是简化项目审批程序。可以考虑由县农发行、县老建办两个部门联合提出扶贫贷款意向项目计划,进行事前审查论证,由地区老建办初审后,按1∶1.5的比例报省老建办综合平衡,再由省扶贫领导小组办公室审核批准。对于有争议的项目,一般不向办公会提出。三是减少资金在途时间。一经办公会批准的项目,属于最终决定,任何部门都应在规定的时间内执行,都不能以任何借口不放贷、长款短贷、新贷抵旧贷、借贷先扣息、先立据后过很长一段时间再放贷。

3. 强化扶贫资金的管理。扶贫款是一项用途特殊的资金,它不同于一般的工商企业贷款,也不是救济款。根据《国家扶贫资金管理办法》的规定,扶贫开发工作协调领导机构还有督促各项资金及时、足额到位的责任。因我省这一机构(即老建办)的职责只是协调和联系有关工作,而要履行这一职责存在一定的难度,省扶贫领导小组有必要将这项职责进行分解。凡涉及金融部门资金到位及时的问题，由老建办、省人民银行进行处理，而对于一些乡镇、项目单位将扶贫资金挪作他用的，则由地、县老建办联合审计部门进行处理。根据国家有关文件精神，我省规定，省地县三级配套的扶贫资金总量应不少于国家下达我省扶贫资金总额的40%，三级配套奖金的比例为6:2:2，地县配套资金落实不好的，要按比例调减中央和省下达的发展资金。事实上这调减措施并没有多大的威慑作用，更无助于贫困人口的消除，还不如通过更加严格地控制集团消费来刺激地县配足扶贫资金，即对配套资金落实的好的地方，可以适当放松控制，否则，在群众的温饱任务完成之前不能有一丝一毫的松动。

4. 注重动态资金的开发，改善扶贫资金“低效益运用——→低资金积累——→贫困户收入低增长”的恶性循环的营运状况。长期以来受扶贫资金低成本或无偿性等因素诱使，众多地区热衷于争项目、争资金，甚至形成了“扶贫资金用了就算，久了就抹”的观念，很少考虑投入与产出的关系。在项目论证上，不顾实际情况，凭热情和主观臆想办事，以致项目建成之日，便是“关、停、并、转”之时，使宝贵的资金沉淀；在项目建成运行过程中，有的待摊费用不摊，待处理财产损失多、坏账多，项目处于潜亏状态，扶贫资金慢慢地被销蚀；有的项目有效益，资金使用者宁可让贷款逾期罚息，也不愿扶贷，因为利息加上罚息还是低于商业银行流动资金贷款利息。以上存在的现象，影响了扶贫资金的滚动使用。这样，影响了资金的回归和再放贷，也使金融部门的利益受到损失。为此，在市场经济条件下，扶贫贷款使用者都有过好“金融关”的要求。为了过好这关，有必要对贫困地区进行考核，不仅要考核经济增长速度、资金增量、总量、新投资项目等指标，还应考核扶贫资金的使用效益，每百元扶贫资金投入创造产值率、利税率或贫困户增收率及资金回收率，使贫困地区、项目单位有压力，不仅要争项目、资金，更要抓管理、抓效益。同时，金融部门应改变坐等上门服务的旧习惯，应经常深入资金贷户，监督检查贷款使用情况，利用金融部门信息灵、管理人才相对集中的优势，提供信息、技术等服务，帮助贷户加强风险防范工作，减少资金流失。老建部门还要大力支持金融部门的工作，密切注意扶贫项目单位资金结构的变化，发现问题与金融部门一起及时处理，保证资金的安全性。当前，尤其要对一些扶贫企业的闲置生产能力、闲置资产、闲置无形资产进行开发利用，推动“三闲”以作价拍卖、资产入股、引资嫁接等方式与高速运转的资产优化组合，避免扶贫资金在流失的过程中完全丧失。

5. 强化扶贫激励机制，以此促进上上下下都能“真扶贫，扶真贫”。近年来，省委、省政府通过会议、文件、新闻部门大力呼吁，社会各界积极参与，已形成了扶贫济困的良好氛围。但也要看到，有一些地区忽视扶贫工作，在“差距总是有的”思想指导下，将扶贫停留在口头上；一些部门所开展的扶贫工作没有动感情、动真情，不办实事而且是虎头蛇尾。出现这些问题，不在于宣传力度的原因，而是绩效考核和激励机制不健全。因而有必要实行消除贫困考核的硬措施：一是将贫困人口减少数量、贫困户增加收入与干部的晋升结合起来，坚决贯彻省领导的指示：“对如期完成解决群众温饱任务有突出成绩的，要提拔、重用或予以奖励；对不负责任、无所作为、完不成任务的，要就地免职或降职使用；”二是对中央要求贫困地区的“五不准”（不准购买高级小汽车、不准建豪华宾馆和高级招待所、不准盖新办公楼、不准县改市、不准领导干部新配大哥大）的执行情况进行检查，发现问题及时整改和处理；三是对于挂钩扶贫单位，除了规定不脱贫不脱钩外，还应规定期限，实行部门首长负责制，考核不达标单位，应由单位主要领导提出整改措施保证完成。

6. 进一步稳定和加强扶贫队伍建设。国务院和中央扶贫工作会议多次强调要健全稳定扶贫机构，在编制总规模不变的前提下，把扶贫开发机构纳入政府的行政序列。目前，我省的扶贫开发机构老建办是非常设机构省扶贫领导小组的办事机构，其职责只是“上下协调”，不属政府的一级职能部门，因而其权威性将大打折扣。我省扶贫任务重，应当有一个有职有权的专门政府机构来领导扶贫工作。因此，建议将现有老建办改为扶贫开发办，在世纪末的几年里，专事农村扶贫。跨世纪后，除了负责现农村扶贫贷款回收、扶贫产业的管理监督及采取措施防止脱贫户返贫外，把农村扶贫工作与将陆续开展的解决城市人口中相对贫困的工作结合起来。江西国有企业比重高（比全国高出21

个百分点），众多企业属于“夕阳产业”，将有大批工人因机制转换、企业结构调整而下岗，他们中有许多人处在相对贫困状况，这些人中，除少部分因身体残疾由民政部门救济外，多数人还应当采取“开发式”扶贫的办法来生产自救。而要开展这一工作，仅依靠街办是不够的，应当有专门的部门来承担这项工作。这个部门选择老建部门最为合适，因为这支队伍有着扶贫经验，能够“触类旁通”，协调有关部门共同做好城市的消除贫困工作，同时也解决了农村基本消除绝对贫困后，老建部门将干什么的问题。

（本文原载1997年11月15日《内部论坛》）

中国农村反贫困实践的旗帜
——学习邓小平关于反贫困问题的论述

党的十一届三中全会以来，邓小平针对中国的贫困与反贫困，发表了许多精辟的论述。这些论述不仅成为有中国特色社会主义理论中的一个重要组成部分，而且是中国农村反贫困实践的一系列重大政策和措施的指导思想。今天，在中国农村的反贫困实践进入扶贫攻坚的关键时刻，深刻领会和把握邓小平关于反贫困问题的论述，更具有十分重要的现实意义。

一、邓小平的反贫困理论，为中国农村反贫困拨开了迷雾

新中国建立后，人民翻身做主，生活水平得到了逐步的提高。但是，长期以来在“左”的错误思想指导下，没有坚持以经济建设为中心，甚至把想富致富当成资本主义来批判，给人们的思想造成极大的混乱。邓小平认为，中国虽然进入了社会主义，但生产力不发达，因而这种社会主义还处于较低级水平的发展阶段。中国社会现阶段的主要矛盾是人民日益增长的物质文化需要同生产发展的矛盾。邓小平以无产阶级革命家的气魄，实事求是地指出：“现在世界上我们算贫困的国家，就是在第三世界，我们也属于比较不发达的那部分。”[①]这一结论对于长期以来习惯于“左”的宣传影响下“报喜不报忧”的人们，确有振聋发聩之效。此后，邓小平又进一步指出：“当然我们不要资本主义，但是我们也不要贫穷的社会主义，我们要发达的、生产力发展的、使国家富强的社会主义。我们相信社会主义比资本主义制度优越，它的优越性应该表

现在比资本主义有更好的条件发展生产力。”②

消除贫穷，本是中国共产党人的根本宗旨。然而，在相当长的时期内，人们的认识存在种种偏差，更多的人看重消灭剥削，看轻消除贫困。“四人帮”更是荒谬地把社会主义与贫穷、资本主义与富裕联系在一起，因而众多的农民谈“富”色变，不敢“冒富”。对此，邓小平以统一干部的思想为开端，推动中国农村反贫困向前发展。他指出：“我在东北三省到处说，要一心一意搞建设，国家这么大，这么穷，不努力发展生产，日子怎么过？我们人民的生活如此困难，怎么体现出社会主义的优越性？‘四人帮’叫嚷要搞‘穷社会主义’、‘穷共产主义’，胡说共产主义主要是精神方面的，简直是荒谬之极！……搞社会主义三十多年，截至1978年，工人的月平均工资只有四五十元，农村的大多数地区仍处于贫困状态。这叫什么社会主义优越性？因此，我强调提出，要迅速地坚决地把工作重点转移到经济建设上来，”③在以邓小平为核心的党中央领导全党、全国人民进行拨乱反正后，党内外对社会主义有了更加清醒的认识：贫穷不是社会主义，社会主义要消除贫穷；衡量社会制度是否优越，不在于评述词语的美妙，而是要看生产力发展的实绩，看人民生活水平是否更文明、更富足。若社会主义不能尽快使广大人民群众摆脱贫困，人们对社会主义制度就会产生怀疑和不满。因此，“穷社会主义”的观点必须彻底的否定和抛弃。

邓小平的反贫困理论，着重论述了什么是社会主义和怎样建设社会主义，特别是社会主义本质论的提出，为中国农村的反贫困拨开了迷雾，扫除了思想障碍，使全党认清了消除贫困的目标，统一了思想，振奋了精神。从此，中国农村的反贫困顺风满帆，取得了一个又一个伟大的胜利，千百万的农户告别贫困，开始向小康迈进。

二、邓小平的反贫困理论，为中国农村的反贫困选择了正确的突破口

农业，是人类社会赖以生存的基础。中国的农业经济长期以来属于自给自足的自然经济，因而在城市工业化发展之时，农业生产总是停滞不前。正如邓小平所说：“从1957年起，我们生产力的发展非常缓慢。拿农村来说，到1966年的十年间，农民的收入没有增长多少。虽然有一些地区的农民生活比

较宽裕,但是多数地区的农民还处在贫困状态。"[4]特别是历经"十年浩劫"的折腾,中国农业经济没有得到应有的发展,农民生活水平没有提高,有的地区甚至下降。据国家民政部等有关部门的统计,20世纪70年代末,中国农村的贫困人口为2.5亿,约占农村人口的31%。

农村存在的贫困现象十分严峻,邓小平果断地把反贫困的突破口选择在农村,为中国的反贫困揭开了新的一页。他对这一决策强调主要有以下两个理由:第一,"因为中国人口的百分之八十在农村,如果不解决这百分之八十的人的生活问题,社会就不会是安定的。工业的发展,商业的和其他的经济活动,不能建立在百分之八十的人口贫困的基础之上。"[5]第二,"农村不稳定,整个政治局势就不稳定,农民没有摆脱贫困,就是我国没有摆脱贫困。"[6]也正是这样,党中央及时发出《关于加快农业发展若干问题的决定》等文件,决定恢复和扩大社队的自主权,认真执行按劳分配的原则,恢复自留地、家庭副业和农村集市贸易等等。这些政策的实施,大大推动了农民的思想解放,激发了农民的生产积极性。很快,农民对农村经济体制的改革进行了成功的探索,创造出了适合中国国情和生产力发展现状的农业经营目标模式——统分结合、双层经营的农业经营管理体制。使农户获得了土地的充分使用权,成了相对独立的商品生产者。1980年9月,党中央又发出《关于进一步加强和完善农业生产责任制的几个问题的通知》,指出包产到户对贫困落后的农村是"联系群众,发展生产,解决温饱问题的一种必要的措施";1983年1月,党中央发出的《当前农村经济政策的若干问题》的文件,对联产承包责任制作了高度的评价,说它是"在党的领导下我国农民的伟大创造,是马克思主义农业合作化理论在我国实践中的新发展。"自20世纪80年代初起,对于那些自然条件恶劣的贫困地区及深受战争创伤的革命老区,国家开始了"解民愁,得民心,合时宜,利四化"的扶贫开发工作,以"减轻、放松、搞活"为原则,制定了一系列的优惠政策。在扶贫投入方面,国家给贫困地区财政资金、银行贴息、低息或无息贷款,每年多达40多亿元,同时还投入大批配套物资;在减轻负担方面,不仅不准乱摊派,而且对合理的一些赋税,也尽量减免;在政策倾斜方面,允许各地变通政策,并相应给予了贫困地区更大的自主权。通过几年的改革和扶贫,中国农村的贫困状况有了极大的改善。到1985年,农村贫困人口由20世纪70年代末的2.5亿减少到1.25亿,平均每年减少1786万人,贫困人口占农村总人口的比例,由1978年的31%下降到14.8%。社会经济也发生了历史性的变化,农村生活水平明显提高,1978年农民家庭人均纯收入为134元,1986年已达到了424元,城镇职工人均收入1978年为318元,1986年已达到828元。农村经济的大发展使农产品长期匮乏的局面基本扭转,国民经济重大比例失调逐步转为大体协调。1987年党的十三大宣布,中国人民已基本解决温饱,开始向小康目标迈进。

三、邓小平的反贫困理论,为中国农村实现共同富裕的目标指出了捷径

在新中国成立后的很长一段时间里,我国社会主义的实践多为平均发展,在分配问题上则是搞平均主义,对于违背社会发展客观规律的一些做法,邓小平进行了批判并阐述了他的看法:“为国家创造财富多,个人的收入就应该多一些,集体福利就应该搞得好一些。不讲多劳多得,不重视物质利益,对少数先进分子可以,对广大群众不行,一段时间可以,长期不行。”⑦这一观点不仅将人民群众利益彻底引入社会主义的范畴,更为重要的是强调了突出效率的同时兼顾公平。因为只有承认物质利益,提倡多劳多得,才能为公平分配奠定坚实的物质基础,效率低下只能导致共同贫穷。在此基础上,邓小平提出:“要允许一部分地区、一部分企业、一部分工人农民,由于辛勤努力成绩大而收入先多一些,生活先好起来。一部分人生活先好起来,就必然产生极大的示范力量,影响左邻右舍,带动其他地区、其他单位的人们向他们学习。”⑧在后来的几年里,邓小平又多次重申:“我的一贯主张是,让一部分人、一部分地区先富起来,大原则是共同富裕。一部分地区发展快一点,带动大部分地区,这是加速发展,达到共同富裕的捷径。”⑨

邓小平的这些论断,在现在看来是很自然、很正常的,但在当时“左”的思想还未完全肃清,马列经典著作未直接论述,国际工人运动及社会主义实践无先例可循的时代背景下,这些观点的提出,极容易被人指责为“搞两极分化”。

邓小平勇于提出这些观点，不仅体现了一个无产阶级革命家的雄才胆略和实事求是的科学态度，更重要的是丰富和发展了马克思列宁主义，为中国农村及城市的反贫困开辟了一条崭新的捷径。

中国的农业一直处于低质、弱质产业的地位，农民收入来源狭窄，客观上形成了城市与农村的二元社会结构，因此，脱贫致富的起点、道路是不一致的。中国的贫困地区农村，86%以上分布在高原、石山、滨湖地区，自然环境较为恶劣，人口素质低，历史沉淀滞重，这些地区的发展自然要慢于客观条件相对优越的地区；即使在同一城市、同一贫困村庄，因人的文化素质、身体状况、生产技能的差异也导致人们的劳动效率高低不同，获得的收入也会有差距。在现实生产力状况和区域经济发展不平衡的情况下，要达到全国城乡同时、同步、同等程度的富裕，既不现实也不可能，若要违背客观规律，超越国情搞平均主义，吃“大锅饭”，结果只能是共同落后、共同贫穷。

在邓小平“先富”战略思想指导下，具有一定经济优势的东部等地区，利用得天独厚的地理环境，大力吸引外资及国外的先进技术，在短短的十多年时间里，实现了经济跨越式的腾飞，与其他地区的距离迅速拉大。从东中西三大经济带来看，1994年东中西地区农村社会总产值之比为3.36∶1.51∶1，人均乡镇企业产值之比为5.62∶2.25∶1；1994年东部地区农民人均纯收入为1620元，而西部地区农民人均纯收入为864元，东西部农民人均纯收入相差756元。从农村贫困人口的结构来看，在国家大力扶持下，广大的贫困户彻底根除了“割资本主义尾巴”等激进思想对心理的影响，敢于勤劳致富，大胆冒富，纷纷利用本地的优势，大力发展种植业、养殖业、乡镇企业或加入剩余劳动力转移的行列。农村经济的迅猛发展，使集中连片的区域性贫困现象得到遏制和消除。

然而，“先富”仅仅是手段，“共同富裕”才是目的。在这里需要强调的是，邓小平在提出“先富”的论断时，其根本的前提、原则是“共同富裕”。他再三告诫全党、全国人民：“社会主义的目的就是要全国人民共同富裕，不是两极分化。如果我们的政策导致两极分化，我们就失败了；如果产生了什么新的资产阶级，那我们就真是走了邪路了。”[10]针对预先已考虑会出现的“先富”、“后富”的差距拉大，邓小平设想“在本世纪末达到小康水平的时候，就要突出地提出和解决这个问题。”[11]解决的方法之一，“到那个时候，发达地区要继续发展，并通过多交利税和技术转让等方式大力支持不发达地区。”[12]邓小平坚信，在中国共产党的领导下，经过全国人民的共同奋斗，“就全国范围来说，我们一定能够顺利解决沿海同内地贫富差距的问题。”[13]事实上，邓小平的这些思想观点在实践中不断得到贯彻。比如，东部沿海在加快产业升级，主要面向国际市场的同时，主动让出一些内地市场，使传统工业更多地转移到内陆地区；东部沿海地区与中西部地区的横向联合，在发挥各自优势的基础上，做到分工协作、优势互补、共同发展，农村一些先富起来的“大户”也不断地向左邻右舍提供资金、技术，带动他们共同富裕。“打工仔”到沿海地区学到技术、积累资金回家乡办厂经商，吸收贫困户就业，振兴家乡经济的新气象构成了农村一道新的风景线。

四、邓小平反贫困理论，是中国农村跨世纪发展战略的灵魂

改革开放以来，在邓小平反贫困思想的指引下，中国农村反贫困实践取得了一个又一个的辉煌成就。到1996年，中国农村的贫困人口下降到5800万。作为一个发展中国家，在世界贫困人口每年以2500万的速度增加，目前已高达13亿的情况下，中国农村的贫困人口却连年下降，这在国际社会中引起了极大的反响，这充分证明了社会主义制度的无比优越，充分体现了邓小平反贫困思想及以此为理论依据的党中央、国务院反贫困决策的巨大威力。

进入20世纪90年代中期后，中国农村的反贫困进入攻坚阶段。以江泽民为核心的党的第三代领导集体，对现有的农村贫困人口十分关心，在1994年的全国扶贫开发会议上强调，在本世纪末，解决农村贫困人口的温饱问题，不仅在我们中华民族的历史上是一件大事，而且在人类发展史上也是一个壮举，既有经济上的意义，也有政治上的意义。只能实现，不能落空。1995年3月，李鹏又代表中国政府在联合国召开的社会发展世界首脑会议上宣布，中国将在本世纪末基本消除绝对贫困，对此，中国人民将义无反顾，志在必胜。

以邓小平反贫困思想为指导，以“共同富裕”为目标而制定的《国家八七扶贫攻坚计划》，是对中国农村反贫困实践及结束绝对贫困的历史具有决定

意义的纲领性文件，是以江泽民为核心的党的第三代领导集体总结老一辈无产阶级革命家对农村反贫困实践探索经验的基础上制定的战略性文件。这一文件对农村反贫困的目标、实现的途径、配套政策等都作了相关的规定。为确保计划的实施，国务院在1994年就决定，用于扶贫的各项财政、信贷资金要继续安排到2000年，以工代赈资金和“三西”专项建设资金在规定的期限内保持不变。同时，从1994年起，再增加10亿元以工代赈资金、10亿元扶贫贴息贷款，执行到2000年。此后几年，几乎所有的省市自治区都制定了本地实施《国家八七扶贫攻坚计划》的具体计划和优惠政策。举世瞩目的“大京九”铁路，实际上是党中央给予贫困地区、老区人民的一项最大的扶贫项目。1996年9月在它刚刚开通之际，江泽民又沿“大京九”线考察了安徽、湖北、江西等地的扶贫情况，作出了许多重要指示，强调：“绝不能把贫困问题留到下个世纪。”⑭此后，党中央国务院召开了全国扶贫开发工作会议，江泽民、李鹏等代表党中央，发出了在本世纪末基本消除贫困的总动员令，要求全党统一认识，动员全社会力量，加大扶贫开发的力度，下定决心，坚决如期实现扶贫攻坚计划。

反贫困是一个世界性主题。中国在邓小平反贫困理论及反贫困决策的指引下，已经以辉煌的反贫困成就为人类社会的发展作出了自己的贡献。在去年联合国定为“96国际消除贫困年”后，我国政府借助这更加有利的国际形势，加大了扶贫攻坚力度，将以实际行动来实现自己的诺言——绝不把中国农村的绝对贫困带入21世纪，对此，我们深信不疑！

注释：

[1]③④⑤⑥⑨⑩⑪⑫⑬《邓小平文选》第三卷第10－11、137－138、117、237、166、110－111、374、374、374页。

[2]①②⑦⑧《邓小平文选》第二卷第128、231、146、152页。

[3]⑭“任何时候不能忘了老区人民”新华社深圳1996年9月23日电。

（本文原载《求实》1997年第11期）

论科技扶贫的战略性转变

科技扶贫产生于计划经济体制下，自然带着浓厚的计划色彩。20 世纪 80 年代的扶贫，科技、信息、人才等资源的配置同资金、物资的配置一样，行政手段和指令性计划占着主导地位，科技扶贫纯属一种政府行为。进入 20 世纪 90 年代后，我国贫困人口每年减少速度为 500 万～600 万，不及前十年每年减少的贫困人口的一半。在农村政策没有太大的变化，扶贫资金逐年增加，贫困面逐年缩小的情况下，为何贫困人口减少速度却低了下来？很大的原因在于科技扶贫存在的缺陷，制约着科技效力在贫困地区的发挥。

一、科技扶贫存在的缺陷

1. 制度性缺陷。自 20 世纪 80 年代中期以来，科技扶贫已逐渐形成具体的制度形式。主要有：①国家和地方各级政府对科技扶贫形成的政策、战略、计划；②为实现科技扶贫的战略目标而成立的机构、组织，即科技扶贫主体的形成；③对科技扶贫力量的动员和调动措施及监管方式。在以上形式中，后两者存在的不足最为严重。首先，在扶贫起初，政府作为扶贫主体，在技术安排、资金配置方面具有一定的优越性，在“政事不分”体制下，科技信息资源拥有部门主要是政府机构的附属，也是科技扶贫主体的附属，缺乏自主权，自动性、积极性自然被约束。资源的配置不同于行政管理，政府不可能自始至终介入到微观的经济事务中，长此以往，便造成科技扶贫的主体处于“虚化”的状态。

其次，在科技扶贫政府行为化的情况下，企业界、科研部门等按计划提供技术、人员，扶贫行为不存在竞争机制，一直没有形成合力。在政治与道义因素约束力有限的情况下，科技扶贫的扶助与受助的双方一直没有形成稳定和持续的协作关系。最后，市场经济体制建立后，原是政府附属的科技界、企业及其他社会经济组织逐步地被推向市场，成为市场主体，都是具有自身利益的自然人或法人，必须自主经营、自担风险、自负盈亏、自我约束，并依据成本与收益的比较来判断各种行为的利弊，决定投资极限。同时，市场经济的利益机制，使科技扶贫行为中的"扶"与"受扶"双方的权益具有不可侵犯性，它排斥那种牺牲一方利益来换取另一方利益的非市场行为。强制地损伤这种机制，其结果是运行效益低下。

2. 战略分解及取向的缺陷。科技扶贫的战略总目标定位为依靠科技进步，激活贫困地区经济，提高贫困人口文化素质，从而使贫困地区达到超常规的发展是十分正确的。问题在于实现这一目标时，科技扶贫的战略分解及取向存在种种不足。一是各地战略目标难以定位。长期以来，因科技扶贫的主体是各级政府，它们对当地的资源状况十分熟悉，但对于采取什么样的途径促使资源优势转化为经济优势，利用何种技术来提高资源转化率，以及对科技含量高的项目抉择等却是十分的陌生。有的战略目标虽然经过专家来论证，但更多的是流于形式，或是确定战略后，再为它找依据的办法来论证，这样的战略往往缺乏指导性、操作性、超前性；有的战略虽有一定的操作性，但又因政府班子的调整而中断，缺乏连续性；二是在战略实现的战术上，存在急功近利的短期行为。这几年，我国政府多次承诺在本世纪末基本消除贫困，同时规定实行政府首长负责制。扶贫攻坚时间短、任务重，因而各地把科技扶贫的战略重点体现在"短、平、快"上。然而，科学技术的吸收、运用、推广自然有它的规律，转化为生产力也有一定的过程。在"见效快"的框框下，众多具有科技含量、产品有竞争力和符合可持续发展要求的项目，却因见效时间长，立项时被筛选掉。有的项目甚至偏离科技扶贫战略，扶富不扶贫，使本应投入扶贫项目的资金渗漏；三是战略目标上"计划经济"的痕迹极深，与市场经济难以合拍。

受过去的扶贫制度惯性影响，有的战略还寄希望于各种优惠政策的“再落实”，实现目标上具有很浓的“等、盼、要”思想。至于如何适应市场经济，发挥贫困地区资源、劳动力优势，拓展政策空间，吸引科学技术的投入等则考虑不多，致使科技扶贫的战略成为空中楼阁。

3. 运行机制的缺陷。科技扶贫的战略一经确定，就必须转化为具体的工作目标，在实践中付诸实施。这种联结扶助方和受助方的共同战略目标，协调双方的利益关系和行为关系的一种机理就是科技扶贫的运行机制。这种机制通过对战略目标的追求，与各种政治、经济、法律行为发生关系，启动科技扶贫以一定的方式运转，在客观上使科技扶贫协调、合理，从而尽量完美地实现战略目标。由此可见，科技扶贫的运行机制是否完善关系到科技扶贫的战略是否能顺利地实现。目前，科技扶贫的运行机制最大的缺陷在于以下两个方面：一是与运行机制相关联的各种经济活动无序且效率低下。科技资源拥有者不是科技扶贫的主体，无法参与战略决策及收益分配，缺乏利益机制的驱动，因而其行为基本上是处于自我抑制状态。政府作为科技扶贫的主体，其运作方式又是通过计划分配、文件号召、奖励批评等手段来进行，这种调控模式在很大程度上干涉了作为市场主体的科技资源拥有组织对经济活动的独立自主权、经营决策权，又或多或少地引起这些市场主体的抗衡和消极对待，使行政手段的作用力大大衰减。行政手段不是法律，因而也有时效性，就是政府“三令五申”，但在比较利益低的障碍下，科技资源等要素难与贫困地区资源有效组合。有些在政府行为推动下的科技要素投入及组合，其结果是形态、结构千差万别，运行状况无序、低效在所难免。二是运行过程中监管力度微弱，信息反馈渠道不畅，运行偏差较为迟缓。一方面，虽然科技扶贫的政府行为被市场机制软化，但政府却不断强化其公共援助性，在扶贫没有立法保障的前提下，科技扶贫行为只有依靠道义的力量来调整，而道义力量并不具有强制性，不能有效地保障权利与义务的享受和履行，因而行为控制常常失范；另一方面，政府担当行为主体，它不可能自己监管自己，只能调控相关行为，但又不能直接干预各市场主体的具体行为，因而不仅信息反馈渠道难以畅通，还造成相关行为常常处于无监管之中。

4. 环境空间的缺陷。科技扶贫条块整合力触及面是贫困地区的经济组织和农户,这些组织和农户是法人和自然人,构成科技扶贫行为的客体。在客体所处的环境空间中,存在"先天性缺陷"和"后天性缺陷",前者指地理环境的恶劣使"个人或家庭依靠劳动所得和其他合法收入不能维持其本身的生存需求"。人们为了生存又对环境资源竭泽而渔,使环境进一步恶化,形成"环境恶劣──→贫困──→环境更恶劣──→更贫困"的恶性循环;后者主要是受传统农业生产方式的影响,农、林、牧、副、渔等产业结构不协调,技术落后,劳动生产力低,自我发展能力弱,乡镇企业规模小,重复建设多,产品科技含量低,缺乏市场竞争力。贫困地区经济产业结构差影响着边际收益率,自然影响着对包括科技、信息、资金、人才等的吸收,反过来又影响贫困地区经济的发展,使之与经济发达地区的差距拉大。软环境不良主要是人们心理障碍、政策不宽松以及投资方向偏离。在心理障碍方面,主要是贫困户思想观念陈旧,仍然习惯于传统的生产方式,对科学技术的吸收或多或少地存在排斥心理。另外,科学技术的推广本身就是一个过程,同过去完全不同的生产方式、生产资料使贫困户觉得风险过大,保险系数低,因而往往又对新的技术等持怀疑态度。新技术的推广不可能确保处处适应、户户合适,过去一些地区政府强制推行的新技术有些挫折,更加重了贫困户的逆反心理。在脱贫方式上,贫困地区的一些干部对科学技术是第一生产力的认识不够深入,眼睛仍然盯在资金投入、项目建设等外延性扩大再生产的路子上。在经济管理中,市场经济意识薄弱,管理方式落后;在产业布局中,贫困地区对适用技术的吸收转化关注得很少,对提高产业的科技含量还停留在口号中,未下决心从根本上改变扶贫产业科技含量低的局面;在政策制度方面,更多的内容是对资金吸收方面的激励,而对科技进步方面、人才引进方面缺乏有实质性内容和地方特色的优惠措施。此外,贫困地区的行政官员甚至企业管理人员热衷于小汽车、手提电话等办公条件的改善,这给许多刚迈入市场或进入市场不久,被市场竞争搞得精疲力尽还参与扶贫的企业、科研机构以极大的反差,使之从心理上产生负面影响,参与科技扶贫的热情大减。

在贫困地区外部环境中，农业适用技术转化率低、农村科技推广服务网络“缺、残、断”这一普遍存在的缺陷对科技扶贫影响很大。在科技扶贫中，有三大法宝是决定性因素：一是科技扶贫主体作用；二是农业科学技术；三是农业科技推广服务体系。第一个法宝由于主体“虚设”，作用难以发挥；第二、第三个法宝也是差强人意。有资料统计，我国“八五”期间取得的16余万项成果中，应用于农业的最为薄弱，只占成果总数的17%；农业科研投资仅占农业总产值比重的0.2%，离国家提出的到2000年要实现全社会的R&D投入占GDP比重达到1.5%的目标还有很大的距离；农业研究资金与推广资金的比例一般是1∶1.2，在农业研究资金总量小的前提下，推广资金的比例这样小，与国外1∶3到1∶10的比例相差距离可想而知。

二、科技扶贫行为主体的重塑

科学技术对贫困地区经济的激活，在本质上取决于科技扶贫主体的经济行为。在现阶段，政府作为科技扶贫的主体包办扶贫事务，不但影响“政事分开”，而且制约着科技与贫困地区的有机结合。因此，通过制度创新，重塑科技扶贫的行为主体，是科技扶贫战略转变的关键。同时，市场机制初步建立的情况下，市场配置不以人们的意志为转移地开始介入于科技扶贫的行为中，为淡化科技扶贫的政府行为、强化市场行为提供了可能性并促使这种可能性不断地走向现实性。然而，又因贫困地区环境缺陷等特殊的因素，在科技扶贫政策空间尚未为科技扶贫经济行为的强化提供过渡桥梁的情况下，仍然需要政府行政机制还保持一定程度的作用，使现在的政府行为的全包制走向政府行为机制与市场机制的协作制，在贫困地区自我发展能力大大增强的前提下，完全实现科技与贫困地区资源的市场配置。从市场主体的现实看，科技扶贫因主体“虚化”没有确立外，科技资源拥有者和贫困地区科学技术需求者作为市场主体已初步明晰。市场配置要求具有明晰的市场主体，要求科技技术供给主体身份明晰。随着市场经济体制进一步完善，原是政府附属的科技界、企业及其他社会经济组织逐步地被推向市场，也为它们成为科技扶贫的行为主体提供了可能，只要政府调控恰当，这种可能性完全可以实现。这种现实一旦出现，科技扶贫将出现全新的面貌，也将促进消除贫困由现在的政府扶贫向社会扶贫的改革目标迈进。

市场经济体制下的科技扶贫，不同于传统的计划经济体制下的科技扶贫，随着其主体的重塑，它将呈现以下行为特点：①科技扶贫主体多元化。新机制中的行为主体是以科技界、企业、群众团体（各种联合会、协会、学会）为主干的社会经济组织，它们有自主权、决策权、经营权；②科技扶贫行为市场化。科技扶贫政府行为不断淡化，市场属性日趋明显。受助方通过吸收科技而促使区域经济得到发展，扶助方通过科技的输出而获得自身的利益，科技扶贫由原来的公共援助转化为互惠互利；③科技扶贫行为长期化。在市场机制作用下，科技扶贫的主客体为了共同的利益将成为紧密联系的合作伙伴，贫困地区将成为科技转化与投入和进行深度开发的“处女地”，科技转化和项目建设周期性又促使合作双方的行为保持连续性和长期性；④科技合作手段多样化。不仅是技术、设备、人才的扶助，更多的合作将出现在技术开发与研究、企业托管、人才开发、资源利用、市场培育等技术含量高的新领域；⑤调控方式间接化。政府是科技扶贫的调控者，它不再直接介入到具体的事务中去，而是通过政策手段、经济杠杆、法律规范等方式来体现政府的支持、限制等政治性和经济性方面的意图。

根据国际惯例和我国科技扶贫行为特性及贫困地区的实际，重塑科技扶贫的行为主体的主要内容如下：

1. 确立科技界为科技扶贫行为的“龙头”地位。据国家统计局资料显示，到 1995 年年底，我国国有企事业单位专业技术人员已达 1913 万人，他们中除了农业科技人员以直接间接方式为农业、贫困地区服务外，还有工业、矿业、生物、交通等领域的一些科技企业、人员参与扶贫。这些经济组织、人员无疑是科技扶贫的主力军，是科技扶贫行为组织的“龙头”。近年来，民营科技企业发展异军突起，到 1995 年年底达 9.7 万家，从业人员达 181.9 万人，他们中的一些人员已经把视觉投向竞争性相对小的贫困地区，将拥有的科技资源与贫困地区物质资源相结合，形成优势互补的合作局面。1996 年评定的全国十大科技扶贫状元中，有几位就是通过科技扶贫而获得共同发展的机会。还有，民营科技企业与国有企业相比，在贫困地区开拓生存空间也有自身的独特优势，完全有可能成为科技扶贫的主体之一。

2. 恢复农村技术推广网络。科技扶贫的主体是科技、企业界，要使他们手中的科学技术在贫困地区生根，还需依赖于贫困地区科技推广网络的桥梁纽带作用。到 1993 年年底，全国县级农业推广机构经费全部或部分削减的有 920 个，占总数的 1/2 左右，即给予了所谓的“断奶”。农村科技体制的改革，将农业技术推广部门推向了市场，一时之间的确存在不适应的情况，因而导致原本上下相通、左右相连的四级农科网“线断、网破、人散”，使科技扶贫力度大大减弱。市场经济给农技服务机构带来了挑战，给予了适者生存，不适者淘汰的压力，同时市场经济的利益机制也给农村科技体系带来了新的机遇，它完全可以在为贫困地区经济服务的同时获取自身利益，完全可以将原来无偿或低偿的服务转化为有偿服务，完全可以通过技术服务、技术投股、技术承包、技术转让等形式争取自己的生存空间。科技扶贫作为一种经济行为，给贫困地区农村科技服务体系的发展带来了契机，它也迫切需要以这一体系作后盾，因而恢复农村科技服务网络是科技扶贫战略转变的一项重要内容。但是，这种恢复绝不是依靠行政手段来恢复，也不是将其恢复到计划经济时的状况，而是运用市场机制，提供政策空间，通过农村科技服务网络自我发展来恢复。

3. 扶助乡村科技自助体系。在农村联产承包责任制实行后，贫困地区乡村出现了一些技术服务协会，以及单个活动的“能人”、“土专家”，它们虽然服务面窄，但他们是“全天候”的科技服务组织和人员，有着独特的优势：①可信度高。贫困地区的群众科学文化素质不高，对全新的技术、设备的运用存在怀疑的心理，而源于他们之中，与他们有天然联系的“能人”和组成的协会及他们现身说法、示范作用，可以消除他们的怀疑，进而促进科学技术的推广；②效率高。对于一些有时间要求的新技术和突发情况的处理速度快，相对成本低；

③联动性大。一般来说,"能人"、协会掌握的科学技术已经他们消化吸收过,有着普遍的适应性,它能通过带动一家一户转而再带动其他家来进行科技的推广;④服务内容多样化。能适合贫困户的要求提供全方位的服务:在产前,提供生产资料、技术信息、市场信息;在产中,提供农业技术、农艺措施,帮助提高对农业生产资料的使用效率及生产效率;产后服务主要是提供农村产品的初加工技术。乡村科技自助体系,是农村市场经济发展中作出的创新与选择,它建立在"自助、互助"的关系之上,是科技扶贫不能忽视的组织力量。

三、实现科技扶贫行为主体转换的空间构建

贫困地区内外部环境存在的缺陷导致了边际收益率低、比较利益低,市场风险对贫困地区经济的抑制日益增强。在这些障碍下,政府部门在逐渐缩小干预科技扶贫事务力度的同时,应更多地为科技扶贫行为主体转换构建合适的环境空间,弥补贫困地区环境缺陷,提高比较利益,直到科技对贫困地区的扶助转变为互助关系后,再基本上依靠市场机制去调节。就现阶段而言,实现科技扶贫行为主体转换的空间构建最重要的是制度性建设和运行机制的完善。

制度性扶贫是国际消除贫困的惯例。目前,我国科技扶贫制度性建设主要内容有二:一是弥补缺陷,通过制度创新来实现;二是改变操作低效的弊端,通过市场行为来实现。现有的文件、政策对扶贫资源的调动起到了一定的作用,但属于政府扶持性、号召性及道义性的,存在实用性和随机性,对培育市场主体意识起的使用微乎其微,在市场经济体制下,操作低效的弊端愈来愈突出。因此,实践要求尽快适应市场经济,制定扶贫法规,以法律手段代替行政手段来调整扶贫行为。在扶贫立法之中,应以相当的篇幅对运用科技进步手段激活贫困地区经济进行规定,填补科技扶贫的法律制度真空,将科技投入贫困地区的行为纳入法制化管理的轨道。此外,政府不再作为科技扶贫的主体,并不是不管,让其自由发展,而是要转变政府职能,加强宏观管理。尤其在政策保障上,要采取有效措施,制定完善农业科技发展政策,确保科技扶贫主体

的形成、完善，引导科技对贫困地区的投入由被动型向主动型转变。为改善科技扶贫操作低效的弊端，适应市场经济一切关系市场化的要求，应大力强化科技扶贫市场行为，使科技扶贫行为过程中的各市场主体自由形成合作伙伴，根据市场的需要，自由决定科技资源的配置；自主调节科技资源配置的组织机构，确保科技扶贫机制的灵活性；自主决定收益的分配，确保双方互惠互利，共同发展。运行机制的完善主要在以下三个方面：一是建立贫困地区农业科技进步机制，在制度创新的基础上确保农业科技进步机制具有持久的功效。因为，农业科技进步机制是贫困户在利益支配上能动的技术选择和国家对技术选择实现的推动两者的结合。比较之下，前者缺乏力度，解决的办法在于进一步理顺农业经济关系，深化农产品价格和购销体制，优化农村产业结构，稳定地提高从事贫困地区农业及与之相配套的加工业的收入预期，使科技对贫困地区的主动供给和主动需求建立并保持长期性。二是建立科技扶贫资金投入机制。资金投入是科技扶贫活动的物质基础，没有一定的投入，科技扶贫的主体难以形成，行为也无法长期化，科技推广难上规模，难提高效益，因而必须采取有力措施，调整投资结构。首先，要加大扶贫资金的科技提取配套费用。目前扶贫资金主要由国家扶贫资金和地方扶贫资金构成，国家扶贫资金占了大头。从科目来说，国家扶贫资金主要由信贷资金、财政发展资金、以工代赈资金构成。按规定，可以从发展资金中提取5‰左右的科技培训费用。因发展资金总量小，因而科技培训费用紧缺，更难扩展到科技转让、设备更新、技术推广等活动上。为此，应将科技配套费用提高到10‰左右，同时扩展到信贷、以工代赈资金两个科目上，提取的这笔资金可作为科技扶贫资金的主要构成。其次，应规定贫困面大的地方，从每年新增财政收入中和到期收回的扶贫资金中提取不少于20%的资金来建立科技扶贫基金或用于农业技术推广项目；再次，要严格控制贫困地区的集团性消费，规定从基本建设、小汽车更新等项目中提取一定的比例来用于扶贫；最后，应积极吸收社会各界和海内外资金支持贫困地区包括农业科技为主的各项事业。三是建立贫困地区的科技成果转化机制。针对贫困地区资金紧缺的特点，采用股份制的管理模式，有助于进一步调动科技人员积极性,强化科技扶贫的市场行为,并加速科技成果的转化。首先,因股份制具有法律保障,占有股份的组织或部门的责、权、利明晰,增强了合作方的凝聚力;其次,因技术投入方以技术投入作为股本,双方在合作时都可以减少股本和技术购买资金的投入;再次,在利益机制的驱动下,技术投入方必然关注市场,发挥信息灵的优势调整产品结构,解决技术需求和尽力降低成本,确保最大收益;最后,有利于贫困地区人才的形成。通过股份制形式,不仅投入方有义务为需求方培训人才,而且通过科技成果的吸收转化,有利于劳动者的素质得到提高。

(本文原载《江西社会科学》1997 年第 12 期)

扶贫资金低效益运营的原因及对策

一、原因

当前,扶贫资金运行效益比较低,主要表现为:①资金投入分散,分解后呈无序状态,难以形成规模效益;②资金运用不合理,形成资金虚掷的无效状态;③扶贫贷款逾期率高,偿还性差,等等。扶贫资金低效益运行是个较为普遍的问题,造成这种状况的原因,笔者认为主要有以下几点:

1. 思想观念上的误导。1985 年以前的“输血式”扶贫滋生和助长了贫困人口的“等、靠、要”思想,一些人不思艰苦创业脱贫,而是年年向国家伸手要补助,一旦“断奶”,立即返贫。因而,自 1985 年后,我国开始实行“开发式”扶贫,通过建立产业的办法保证贫困户通过劳动来取得稳定的收入。但是,长期形成的“等、靠、要”思想并没有得到清除,尤其表现在资金使用和归还方面,众多的贫困户还认为扶贫贷款就是无偿资金,“用了就算了,时间长了就抹了”,还债意识极差。也正是这种意识作祟,贷户不会注意提高资金的使用效益,扶贫资金低效益也就存在“先天的隐患”。

2. 政府部门“政事不分”的影响。在消除贫困的实践中,市场导向虽起作用,但起决定性作用的是政府行为,直接决定着扶贫资金的营运效益。在脱贫任务和政绩目标的双重压力下,地市各级政府部门眼睛只盯住项目立项、资金增量,而没有从市场等诸要素方面去考虑,这样造成:①许多项目决策失误,投资不当，年年有资金投入，年年有资金沉淀；②资金到位后，因前期准备草率，需重新选择项目，结果是资金等项目；③扶贫资金成本小，政府部门、项目单位按自己的主观意志投入，只顾营运，不考虑资金的效益性；④扶贫贷款多由基层部门担保和承借，对资金的增值和回归不起任何约束作用，资金的安全性必然没有保障。

3. 环境恶劣，影响资源、技术、资金的有效配置。贫困地区共同的特征是自然环境不好，在这样的条件下，商品生产的成本要高于其他地区，难以形成市场竞争力，因而贫困地区多把资金投向"种、养、加"项目。但是，在农副产品购销体制改革进展不大，农业生产资料价格增长幅度高于农副产品收购价的增长幅度的情况下，贫困地区农业经济比较收益低的问题依然得不到解决，这必然影响到扶贫产业的经济效益和扶贫资金的增值。此外，鉴于现存的贫困户居住零星分散，国家强调要扶贫到户，结果是项目到户，资金到户，单家独户经营。这不仅难以以优势产业为依托，以技术为纽带，通过相关要素聚集和扩散而形成产业综合体，结果是规模小、结构单一的经营体制经不起市场经济的冲击，导致资源转换率低下，扶贫资金的盈利性大大削弱。

4. 资金投放渠道梗阻不畅。在农业发展银行成立之前，扶贫资金由人民银行、农业银行、工商银行、建设银行、财政部门分别投放。扶贫资金的多渠道投放，不仅难以形成整体优势，而且采取"拼盘"、"钓鱼"方式，常常打乱扶贫开发的计划。1994 年金融体制改革后，扶贫资金由农业发展银行一家统管，资金多头管理的问题有所解决，但资金多元化的问题没有得到改观。扶贫资金以扶助贫困户发展经济为目的，体现政府行为，必须专款专用；金融部门投放扶贫资金，尤其是扶贫贷款时，强调的是自主性和效益性，即发放贷款时，首先要对贷款对象进行调查、评估分析，然后决定贷与不贷，贷多贷少，极力保证贷款属性同样具有商业贷款所追求的"安全性、流通性、效益性"。因而，除了扶贫部门立项时进行评估、论证外，金融部门也制定了一整套的审批程序，周期较长，致使很多项目不能正常开工、投产或错失市场良机。在扶贫资金逾期多，回收难的状况下，一些金融部门考虑自身的利益，往往是长期贷款短期发放，新贷抵旧贷，借贷先扣息或先立据，等很长一段时间才放款。扶贫资金投放渠道不畅，严重影响到资金的正常营运，致使资金增值的障碍更大。

二、对策

资金是经济发展的“第一推动力”和“持续推动力”。在资金匮乏的背景下，要充分发挥扶贫资金的作用，提高它的运行效益，笔者认为有以下对策可供决策参考。

1. 在扶贫攻坚最后三年里，着力建立起适应市场经济体系的资金投入和回收机制，既要体现政府行为，更要体现市场行为。扶贫资金低效益运行，不仅使宝贵的资源浪费，更重要的是与扶贫的宗旨相悖。为了切切实实提高资金的投入产出率，首先，要强化省级调控机制。要充分体现省级扶贫领导小组的权威作用，按照政策性的要求来统一确定每笔资金的使用。一经小组确定的方案，各部门必须无条件地执行，保证资金在运行之初即保持协调的状况。其次，在资金投放前，按照“渠道不乱，用途不变”的原则，将纵向的、横向的各种不同资金统管起来，按扶贫目标、项目和效益投放，将有偿的银行贷款和无偿的财政拨款有机地结合起来，配套使用，各有侧重，各显其效。这样既能发挥资金的整体效益，克服投资规模分散等弊端，又能杜绝各投资主体从既得利益出发来兴办项目的部门行为。再次，在资金投入决策环节，充分体现资金的效益原则。按照《国家扶贫资金管理办法》，重点支持有助于贫困户解决温饱和增加收入的特色农业、三高农业，优先安排市场前景广阔和以当地农副产品为原料的加工业中效益好、有还贷能力的项目。最后，应成立以扶贫部门牵头，金融、审计、政法部门为成员的扶贫资金回收机构，根据政策规定和扶助对象的不同情况，采取相应的措施。一是对有还贷能力的单位、个人，要如期如数收回资金；二是对有产品无销路的单位，要尽力帮助推销产品，重新办理延期还款手续，并按规定收取占用费；三是对有闲置生产能力、闲置固定资产、闲置无形资产的受扶单位，应大力促进其与高效运转的资产优化组合，对这样的单位可暂缓回收资全，但要重新办理还款手续；四是对那些“关、停”和倒闭的企业，也要明确债权债务关系，以便今后在有可能的情况下再回收资金。对于这样的企业招标拍卖、有偿转让应大力支持，但要防止借改革为名，悬空扶贫贷款现象的发生。

2. 根据市场经济的要求，建立扶贫资金使用增值的激励机制，重点是建立起扶贫资金的考核机制。对于项目单位，主要是建立资金使用的责任制，保证资金使用效果好和如期归还。要把竞争机制引入项目管理，哪个项目资金运行正常、效益好，在资金增量方面优先供给；否则必须找出原因，采取有效措施整改后，才能予以后续资金支持。除了对资金进行动态管理外，还要完善资金使用管理办法，规定用款单位的经济责任和违纪的处罚措施，防止贪污、挪用扶贫资金等现象的发生。对于贫困县的目标管理考核，不仅要考核经济增长速度、资金增量、总量、新投产品项目，还应着重考核效益指标、利税率、贫困户增收率、资金周转率。使受扶地区、项目单位有压力，不仅要争项目、资金，更要抓管理、抓效益。

3. 以市场为导向，按照效益原则，建立项目储存库。实践证明，扶贫资金发放慢、扶贫项目效益差的重要原因之一是项目前期准备工作差，没有充足的项目可供选择，常常是资金等项目，盲目上马，因而建立项目库已成为人们的共识。在建立项目库时，就应计划将无偿资金和有偿资金结合起来使用。具体来说应从每年的发展资金中切出一块下拨到县作为建立项目库配套费用，比例依贫困面大小而定。随着中央财政转移支付制度的建立，省、地、县都应建立相应的制度，有必要从中增加项目库建立的配套经费科目，为项目前期准备工作提供必要的资金支持。项目储存可有以下类型：①基础性项目，即改变贫困地区生产环境为主的农田、水利、能源、交通等基本建设项目；②规模型项目，主要是有商品优势的种植业、养殖业和高标准的农副产品生产基地，公司+农户+基地的支柱产业项目；③科技含量高的主导产业、生态农业、农副产品加工业；④“龙头”型产业，能将当地资源优势转化为商品优势，有市场前景，又能带动千家万户参与和获益的加工业、采矿业和扶贫经济实体。

4. 推动政策性银行由单一的信贷扶持向全方位的金融配套服务转变。政策性银行除了引导资金投入外,还要强化以下服务性:①投资决策服务。充分发挥银行管理人才多的优势,大力帮助地方、企业建立项目库,运用科学的评估、测算方法,做好项目的可行性研究,帮助把好项目“入库”关;②参与管理服务。为项目单位提供经营策略、财务管理,帮助它们降低资金占用率、减少物质消耗,增强市场竞争力;③信息咨询服务。利用银行联系面广的优势,帮助项目单位进行客户资信情况调查、市场调查与预测、补偿贸易可行性调查等,促进项目单位提高决策的准确性。当前主要在以下方面要有大的改变:一是加强扶贫资金的计划性、灵活性,提高工作效率;二是按照《国家扶贫资金管理办法》等规定,减少项目审批程度,重新确定各级分支行的审批权限,给基层行以更多的自主权和更大的责任;三是加强扶贫资金的风险管理,尽量控制信用贷款,大额贷款全部实行担保、抵押制度;四是大力盘活存量,建立扶贫资金清收责任制,优化银行资产结构。

(本文原载《理论导报》1997 年第 12 期)

崇义县国有、集体企业改革的调查

崇义县地处江西西南部,是竹木矿产资源丰富的重点林业县,同时又是经济欠发达的边远山区小县。县委、县政府自1994年起,在赣南较早地对县属国有、集体企业实行公司制、股份制、股份合作制、拍卖、租赁等改革措施,通过“抓大放小”,国有资产保值增值率逐年上升,1997年1~10月份,全县乡及乡以上工业企业完成的工业总产值、列入考核的21家工交企业完成的工业总产值,实现利税同比增长1/3以上,企业活力明显增强,全县工业经济指标考评名列地区县市前茅。崇义县企业改革基本上是以“放小”为主,其“放”的经验,具有一定的特色,值得推广考核借鉴。

一、国有集体企业改革“放小”的基本情况

到1997年10月,崇义县104家国有、集体企业已实施改革的有98家,占企业总数的94.2%。采取的形式有:

1. 公司制改造和企业兼并。1995年,该县为了集中优势,利用设备更新、技术改造投资五千多万元新建中纤板一厂的机会,将其与县木板厂合并,同时按《公司法》组建华森公司,成为“五板”(中纤板、胶合板、刨花板、竹胶板、竹木板)齐全的森林工业企业。资产重组后的华森公司1996年末资产总额达9129万元,是资产重组前的3.55倍,销售收入增长119.48%,利润增长216.8%,流转税增长56.57%。

2. 租赁经营。全县有15家县属企业实行租赁经营。其中停工停产的冶金化工厂、茅坪钨矿被私营主租赁后,又分别得到巨资维修改造,很快转入正常轨道。

3. 拍卖加租赁。即将企业动产部分(机器设备)经评估后出售,将不动产部分(土地、非生产性房屋等)进行租赁,将盘活的资金用于发展"瓶颈"工业和"三高"农业。目前,共有8家企业走这条路子。严重亏损的淘锡矿、钨矿,生产不景气的新安子矿被私营业主承买承租后,职工全部就业,上缴租金比拍卖前翻了一番。

4. 股份合作制改造。将8家国有、集体企业的总资产减去总负债,再剔除呆账、死账,剥离非生产经营性资产,把剩余的生产经营性净资产一次性出售给企业职工集体经营,职工买断国家产权。

实践证明,崇义县属国有、集体企业改革,基本上理顺了企业的产权关系,初步形成了"自主经营"的机制,遏制了国有资产的流失,同时也盘活了资产。更重要的是,这一"放小",增强了企业的活力,多数职工在改革中得到了实惠,为今后更全面、更彻底地推进改革奠定了良好的基础。

二、国有、集体企业改革的主要启示

崇义县不拘泥于一种方式,不照抄照搬别人的经验,大胆探索搞活企业的路子,他们的经验可归纳为"一准、二稳、三到位"。

1. 把握方向,拓宽思路,企业改革的突破口要找得准。崇义县委、县政府按照小平同志"三个有利于"的原则,形成了改革的基本思路:一切有利于企业和县域经济的发展,一切有利于国有资产的保值增值,一切有利于职工生活的稳定提高。与其"扬汤止沸"在修修补补的路上跌跌撞撞,倒不如"釜底抽薪"以产权制度改革为突破口,进行第二次创业。他们认为,尽管实践中步履维艰,要担很大的风险,但只要方向正确,一任接着一任干,最终定能取得改革的胜利。县里领导班子改革的意志坚定,为"放小"战略的实施注入了强大的动力。同时,县委、县政府在实干中,不断为"放小"战略的实施构建有利的环境空间。

2. 统筹规划，掌握政策，稳定企业，稳定人心。在建立现代企业制度的过程中，因企业结构的调整等原因必然会出现职工下岗的问题。对于这一问题的解决，崇义县走出了一条切合实际的路子。如对已拍卖企业的职工的安置，崇义采取了“双项保险”与“工龄买断”相结合的办法。一是对已售出的国有企业，规定承买后的企业法人保证接收全部或部分职工，并继续缴交离退休人员和在职职工养老保险；二是用售出企业的盈余公积金为职工进行长效养老保险；三是对已出售的集体企业，根据出售收入、盈余公积的多少给职工每年工龄200～300元不等的安置费，且用于职工长效养老保险。在稳定企业方面，县委、县政府把搞好企业改革、生产经营作为企业党建工作的出发点和落脚点。各企业党组织在配合“放小”的过程中，做了大量的思想政治工作，同时切实抓好企业党组织的班子建设。对有条件的企业，实行支部书记与企业行政领导“一肩挑”，一般的则设专职党支部书记，使拍卖后的企业党的工作能正常开展。为了进一步稳定企业，县里先后出台了一系列文件，做出了“三变四不变”的暂行规定，即企业出售后体制变了，经营形式变了，权利变了，但隶属关系不变，职工档案不变，相关部门支持服务不变，出售企业原先享有的优惠政策不变。

3. 协调关系，政府支持到位，银行服务到位，企业管理到位。在“放小过程”中，首先，政府支持到位。政府自始至终不忘宣传发动，统一思想，使企业干部职工对改革理解支持，并积极参与，保证企业能“放”得下去；同时县里成立了专门班子，县里主要领导亲自抓，确保“放”得有序；在政策保证上，县里相继出台了相关的规定，为做好“放”的文章构建了有利的环境空间。其次，银行服务到位。崇义县的国有企业负债率高达70%以上，银行是企业最大的债权人，没有银行的支持、理解和提供的服务，企业难以“放”下去。对于历史形成的债务包袱，银行基本采取挂账停息；对于有生产能力的企业，银行还注入资金，帮助承租(买)方搞活生产。尽管企业产权制度的改革在一定程度上使银行的债务落实存在种种困难，但银行总的来说是站在大局的高度，“放水养鱼”尽力支持企业产权制度的改革。最后,企业科学管理到位。被“放”的企业,基本上理顺了产权关系,实现了政企分开,形成了“自主经营”的机制,健全了企业章程和管理制度,建立了董事会、理事会、股东大会章程。

（本文原载《价格月刊》1998 年第 4 期）

农产品商品化是农业产业化的关键

农业产业化的本质在于提高农业的比较利益，这对于经济欠发达地区来说意义重大。农业产业化不仅是农民致富的一条捷径，同时也是一条传统农业向现代化农业迈进的康庄大道。

（一）

经济欠发达地区多属于工业相对不发达的农业省份，农业基础条件较好，农副产品资源丰富，但就总体水平来说，仍然属于传统农业，离现代农业还有相当长的一段距离，其薄弱环节相当明显。主要特征有以下几点：一是农产品品种繁杂，商品生产未形成专业化，产后基本上是以初级产品进入市场。因产业链短，农业整体效率和经济效益低下；二是布局分散，生产要素的配置依传统而定。单家独户进行生产，资源优势得不到发挥，难以形成比较优势；三是生产经营未形成一体，产供销基本脱节，特别是流通不畅，产品优势难以形成商品优势，更无法形成经济优势；四是管理水平低下，产前、产中、产后的信息、技术、经营等服务严重滞后，科技兴农还未落到实处；五是农民的利益实现没有保障，农业比较利益低下，生产基本上是靠天吃饭。即使天遂人愿，往往导致价格大战，物丰价贱，农民抗市场风险能力极低。

经济欠发达地区要走出困境，作为主要经济支柱的农业走产业化经营的道路是一条致富的捷径，它从本质上要求农业以国内外市场为导向，以提高经济效益为出发点，以获取最大的利益为目的，依托本地资源，择优确定发展农业的主导产业，实现按比较优势整体布局、安排商品生产，最终形成专业化生产、一体化经营、社会化服务、科学化管理的“产、供、销”一条龙的经营机制。在推进农业向商品化、专业化、现代化转变的各个环节中，最为根本、最为重要的一环是农产品商品化。因为产品商品化不仅是产业化的终端，还是检验产业化是否真正建立的唯一标准。产业化不以市场为导向，即使形成了农业产业区域化布局、专业化生产、社会化服务、合理化管理，其产品也难以在市场实现价值。其使用价值不为社会所需要，就不能提高经济效益，这样的产业化只能事倍功半，往往是劳民伤财。农产品商品化的另一个要求是农产品不但要卖得出去，而且要通过市场实现它的价值。依据马克思主义经济学原理，单位农产品的价值量由生产它的社会必要劳动时间决定，如果生产力发展使该项农产品的社会必要劳动时间减少，那么头年以前生产的农产品不能按其价值出售；另外就是当年的农产品产量超过了社会需要，或超出了它现有的市场需要，超过部分也不会被社会承认，这些农产品也不能按其价值出售。农产品低于其价值销售，经济效益和比较利益的提高则成了一句空话，这说明农业向商品化生产的转变没有实现。在市场经济条件下，农业产业化还有一个更高的标准，就是一些农产品应争取按垄断价格出售。垄断价格与一般生产价格或产品价值决定的价格无关，只由市场的买方的购买欲和支付能力所决定。因农产品往往与“土产”、“特产”关联，有可能在市场上激发买方的购买欲，从而形成产品的垄断价格，实现超额利润。

（二）

农产品商品化既是农业产业化的关键，同时也是农业产业化的难点。现阶段，制约农产品商品化的障碍主要来自三个方面。

1. 农民科技文化素质低，在商品生产的海洋中不能自由飞舟。现在的市场，无异于没有硝烟、斗智斗勇的战场。在经济欠发达地区60%以上的农民只有小学文化程度的情况下，农业以科技为先导显得步履艰难。在资源开发利用上，只能进行低层次和零散、低效、掠夺式的初级生产，资源开发整体效益低下；在主营项目的选择上，只能年复一年按传统项目生产，不能主动地依据市场需求，确立优势产品，小农生产的格局难以打破，因而产品多年一贯制，名特优、高精尖产品几乎为空白；在新产品推广、新技术应用方面，农民主动接受能力差，持怀疑态度多；在消除挫折心理方面，不能摆脱“一次被蛇咬，三年怕草绳”的阴影。一些农户，有过种养新项目失败的经历，有的是奉命生产，产品都不能进入市场，因而对代替传统技术、产品生产的新生事物排斥心理强。农民“喜旧厌新”的心理、行为对农产品商品化的阻碍最大，也是长期难以解决的“老大难”问题。

2. 农业生产环境亟待优化，存在的问题中表现最为突出的是农业发展资金匮乏。资金也是农产品商品化的“第一推动力”和“持续推动力”，农产品能顺畅地进入流通，还需要充裕的生产资料为后盾。在经济欠发达地区财政拮据，农民还未解决温饱或刚刚脱贫的情形下，都无力对农业有大的投入，即使有所增加，往往被生产资料的涨价所抵消。受农业比较利益的影响，一些企业、商业银行“嫌贫爱富”也不会对农产品的生产有大笔投入。农业发展资金、扶贫资金虽然比前些年略有增幅，而且突出中心强调要支持农业产业化，但与实际需要仍有相当大的缺口。因农户居住分散，独家经营，对社会化服务要求十分迫切，农业科技推广网络的不全，使贫困户的产中服务没有保障，以致他们对新产品生产的需求热情不足。农产品产销脱节，流通环节薄弱，农产品市场狭窄，在农产品买方市场中，农产品卖难的问题更为突出。此外，政府行为软弱也影响农产品商品化。

3. 无形的障碍——农业风险。农业风险是一种不确定性，它不以人的意志为转移，主要有自然风险、政策风险、技术风险、市场风险等。诸多风险中对农民利益威胁首当其冲的要数市场风险和自然风险。市场预测失误、消费需求变化、价格波动和自然灾害一样，都能给农民带来难以抗衡的经济损失。近些年来农产品价格全面放开，价格形成市场化，在市场风险的作用下，许多农产品的价格大起大落，粮食丰年粮价下跌，棉花丰产却没有市场，水果丰收却无人收购的事件此起彼伏。在政府宏观调控机制不完善的情况下，农产品的价格波动挫伤了许多农民、贫困户的生产积极性。现在众多运行机制相当规范的企业、金融机构都采取种种手段进行风险防范，设立基金进行风险补偿，而唯独农业生产没有行之有效的风险防范措施、风险补偿基金，因而严重影响了农产品商品化的形成，制约着农业产业化的发展。

（三）

政策可以给经济欠发达地区照顾，市场却不能给经济欠发达地区以优惠，它的法则要求公平竞争，优胜劣汰。在“自古华山一条道”别无选择的情况下，这些地区发展农业产业化，只有抓住关键，努力提高农产品的商品化程度，才有可能到达胜利的彼岸。

1. 反弹琵琶与顺弹琵琶，同曲异工。农产品商品化的核心要求是农产品生产与大市场顺利对接，这对改变传统农业的运作方式带来了前所未有的机遇。着眼点在于利用农产品价格形成市场化的任何契机，建立市场引导机制。一方面，通过反弹琵琶的办法，培植农产品市场主体。根据市场发展趋势巩固提高现有传统农业，大力发展市场前景广阔的“三高”农业，开发名、特、优、新、稀农产品。把本地优势强、市场潜力大、经济效益高的产业确定为主导产业，使之形成规模、形成优势。在这尤其要采取行之有效的措施帮助贫困地区农民进行农产品品质的优化，引进顺应人们消费心理和食品结构的变化的新品种，引进国内外最优质的品种，使贫困地区具有你有我新、你有我特、你有我优的农产品优势，从而缩小与经济发达地区农业经济的差别。另一方面，要顺弹琵琶，形成农产品的市场体系，切切实实地帮助经济欠发达地区的农民进入市场，着力解决农产品卖难的问题。市场体系建设可以以县乡初级集贸市场为基础，以跨地区批发市场为中心，以专门的销售队伍和农民购销服务体系为主干，以大中城市、沿海、港澳及海外地区为销售终端，建成一个结构完备、功能互补的市场网络，把千家万户农民的分散生产与千变万化的大市场连接起来。在市场建设中应特别注意市场价格信号的变幻，因为它不仅是市场调节、市场竞争的一个信号，同时它还是检验农业产业化、农产品商品化程度的一个标准。

2. 科技先导与科技“健体”，双管齐下。对于常规农业，要进一步以“丰收计划”为龙头，大力推进先进、实用的农业技术。当前要大力推广良种替换、旱床育秧、地膜覆盖、配方施肥、玉米间套、油菜育苗移栽、再生稻栽培、水稻抛秧、耕作改制、配方施肥、模式化养殖等技术。对于农业综合开发，在突出重点、确定目标，有计划、有步骤、因地制宜地建设一批标准高、规模大、效益高的粮食基地、蔬菜基地、水果基地、生猪基地、水禽水产基地、建材基地等的基础上，注重以生物技术为先导，提高农业综合开发的科技含量、产品档次。生物技术，是20世纪70年代以来快速发展的现代农业高新技术，它有助于极大地提高动植物的快速繁殖能力、抗病能力和生产能力。为使科技先导畅通无阻，当务之急是应对农民进行科技启蒙教育。目前正在进行的科技扶贫、教育扶贫，应当把增强农民的科技文化素质放在首要的位置。要充分发挥各级扶贫办、农业科技服务部门的作用，开办各类技术培训班，做到不脱“科盲”帽子的农民不结业，力争做到乡村每十户有一科学技术示范户，每三户有一科技能人，每一户有一科技明白人。总之，要通过农业产业化经营，将贫困地区农民科技文化素质提高到新的水平。只有农民科技意识增强了，农业产业化经营才会有充足的动力。

3. 龙头带动与培植龙头，企业、农户利益共享，风险共担。为解决农民小生产与大市场对接的问题，克服小生产的随意性、盲目性，增强农业抵抗市场风险的能力，其最佳的生产组织模式为：市场——龙头企业（工厂、大公司）——区域化生产基地——农户，目的在于充分发挥龙头企业牵引带动作用，快速地把农业资源优势转化为产品加工优势，继而转化为商品经济优势，重点解决农产品初级产品多，资源开发利用不够的不足。该模式通过市场信息为引导，把分散的农户组织到主导产业体系中来，通过建立比较紧密的产加销一体化的经济实体，农户按合同生产、交售，企业按合同收购、加工，然后再销往市场，利润在各环节中合理分配，风险由生产、加工、销售三方共同承担。这既保证了企业具有稳定的产品销路，为产品转化为商品提供了桥梁和纽带。在培植龙头企业过程中，应当以利益为机制，鼓励各类企业不受所有制形式、地域和行政区域限制，实行国有、集体、个体、联合体、混合经济等一起上，谁有本事谁当龙头。要优先发展国外市场潜力大、加工层次深、科技含量高的外向型龙头企业,同时,还要借产业化这一东风,将培植龙头企业与对现有企业技术改造、设备更新结合起来,调整、优化乡镇企业结构。

4. 多元投入与政策倾斜,形成合力,增强农产品的市场竞争力。农业投资、扶贫资金不足是多年来存在的困难,在国家财力有限的情况下,唯一可行的办法是多方筹集资金。除了要求国家增加投入,调整商业银行、政策性银行扶农资金结构,加大资金投入力度外,更现实、更重要的是要充分发挥农村合作基金会等民间组织的作用,吸引农民将每年新增的收入(尤其要将历年用于建庙敬神、大办宴席等愚昧消费资金)转化为生产资金。国家在证券融资上,要有计划地扩大涉农公司、农业项目的筹资力度。此外,还要眼睛向外,吸引外商投资农业。因为农业是弱质产业,投资周期长、风险大,国家要给予大的政策倾斜才有可能形成农业投入多元化的格局。国家应当通过以下方面的保护和优惠,形成农产品抗风险的屏障。如农产品最低保护价、差价补贴;鼓励农产品出口,限制进口政策;对涉农产业、外商投资农业项目的信贷支持、财政贴息;农业产中、产后保险等。只有农业比较利益有大的提高,才有可能吸引多方投资,促进农业产业化迅猛地发展。

(本文原载《老区建设》1998 年第 6 期)

对贫困地区“抓大放小”的思考

江泽民同志在党的十五大报告中指出：“要努力寻找能够极大地促进生产力发展的公有制实现形式。”这一论断对于贫困地区企业改革具有重要的指导意义。本文试图对一些相关的问题作些论述。

一、重点在于“放小”

目前，全国国有工业为87905户，其中大型企业就有4685家。抓好这些在国民经济中起重要作用的关键性大企业，就可以带动一大批其他国有企业的发展，促进产业结构的调整，并优化资源配置。对现有的72237家小企业及部分中型企业，如果采取多种形式改制改组，不仅有助于这些企业增强活力，更重要的有利于国家腾出手来，集中力量搞好那些必须由国家来办的大企业。

在95%的国有中小型企业都放开的前提下，贫困地区实施“抓大放小”战略侧重点应当十分清楚了。现在还有一部分人对此存在异议，担心放开这么多企业国家是否会失去宏观调控能力。贫困地区的部分干部群众对此也存在疑虑，担心今后改革有变，因而还缺乏参与企业改制的热情。应该看到，“放小”确实存在企业所有权转化为私有的因素，一些企业不再是国有了，至多存在国有的经济成分，有些是“非国有”和私有了，但国家也不会因此对之失控。国家掌握经济命脉只是宏观调控的一个手段，除此之外还有财政、税收、金融、法规等调控手段。尤其重要的那些技术先进、规模经济好、市场控制力强、创利税水平高的大型企业群仍牢牢地掌握在国家手里。也正因为如此，党的十五大报告精辟地指出："国有经济比重减少一些，不会影响我国社会主义性质。"

二、关键在于唱好"山歌"

贫困地区国有企业普遍存在的缺陷是资产负债率高、生产规模小、产品技术含量低且结构单一，缺乏市场竞争力，因而经济效益低下。多数企业再由国家经营已不合适，最切合实际的选择是转为职工集体经营或个体私营。目前转机建制的重要方式有：改组、联合、兼并、股份合作制、租赁、承包经营、出售、托管、嫁接改造及破产等。这些方式都能运用，但不能笼统地说哪一种不好，哪一种好，应当从实际出发，因地制宜，采取"服本地水土"的自选动作，唱好"山歌"，才有可能"放小"放得下，放得准。

"放"的宗旨应当把握好以下三点：一是有利于国有资产的保值增值；二是有利于县（市）域经济的发展；三是有利于职工生活水平的提高。作为贫困地区的江西省崇义县的几点"放"法值得其他贫困地区借鉴。一是企业整体出售（含流动资产、固定资产和无形资产），这类企业一般是微型企业，个体户或群众集体买得起；二是企业固定资产出售（含厂房、设备、土地使用权及无形资产），这类企业一般是停产、潜亏或濒于倒闭的企业；三是企业资产出售＋租赁，即出售厂房、设备及无形资产，有偿出租土地等资源使用权，这类企业一般资产较多，且有的资源不能出售，如矿山。这条措施对大多数矿山资源丰富的贫困地区来说很有针对性。四是出租固定资产＋租赁固定资产，这条措施解决了贫困地区资产购买力较小的矛盾，因而得到了国家体改委的表扬。如果说崇义"卖企业"的做法值得注意外，也属于贫困地区的江西省广丰县"买企业"的策略值得研究。广丰月兔卫生用品有限公司和月兔雨具有限公司都是由外出务工青年回乡创办的个体私营企业发展起来的，1995 年该青年创办了卫生用纸品厂，1996 年销售收入 180 万元，产品很有市场，但规模不大。去年由国有企业县卷烟厂投资 220 万元，两个乡投资 60 万元，原私营企业主投资 60 万元，组新中国成立有、集体和私有资本混合而成的有限公司。公司实行"三个按股"（按股分红、按股分税、按股承担风险）的措施，很好地解决了跨所有制的经济合作等有关问题,因而引起了有关方面的注意。以上例子说明,贫困地区"放小"战略的实施,不该有固定模式,而应当因地制宜,一厂一策。从目前的情况来看,在"放开"的多种形式中,应当多租赁、兼并或出售,尽量少破产。破产企业过多,不仅影响安定,而且银行的利益得不到保障,实际效果并不好。尤其是在现阶段,破产程序不很完善,对资产的清查、估价不规范的情况下更要慎之又慎。此外,在一些地区的企业中,虽属小企业,但在当地又属大企业,租、卖都有困难的情况下,也应当建立现代企业制度,通过增资减债、减员增效、改变资产结构等办法走出困境或提高企业的市场竞争力。

企业体制改革是贫困地区的"第二次创业",有着重要的现实意义。首先,实施"放小"战略是大力发展非公有制经济、混合经济的良好时机。贫困地区所有制结构中存在"一高一低"(即公有制经济比例高,非公有制经济比例低)的问题。在生产力水平低下、信息获取能力差,人们的思想道德水平仍停留在初级阶段的情况下,只有一种公有制实现形式显然是不符合经济运行规律的。产业、行业的经营差异,人们竞技水平高低必然要求多种形式的公有制实现形式。因此,只要能提高经济效益、确保公有财产回报率高、确保国有资产不再贬值的任何实现形式都可以选择。目前在贫困地区充满活力,成为财税重要来源的非公有制经济是符合生产力发展水平的经济形式。因此,应当抓住机遇,促使国有小企业转为民间经营,促使国有小企业转为私有。失去这一时机,必将失去经济发展的又一最佳时机。其次,通过"放小"拓宽了企业的融资渠道。贫困地区的多数国有企业产生于计划经济时期,属于低效甚至是无效投资;还有一些企业是在前几年投下的"政绩"项目。上项目时,不管可行不可行,只管可批不可批,可行性报告实际上是可批性报告,没资本金就找银行贷款。结果生产出来的产品没市场,贷款又要还息,越生产,亏损情况越严重,不要说进行技术改造,就是维持生存都有困难,即使"输血"、"抢救"也解决不了亏损的问题。在这种窘况下,"放小"战略为这些企业建立"自我造血"机制提供了可能。从现有企业转制后的情况来看,多数企业易主后,都能充实资本金和流动资金,进行技术改造,而且在一定程度上降低了负债率。目前贫困地区群众中乐意接受的股份合作制企业，在册职工均应按照企业章程认购一定数额的股份，不仅把资产的所有权与劳动所有权进行合一来实现所有权与控制权的合一，有效地解决了企业的激励与约束问题，而且在企业融资中，开拓了直接融资的新天地。再次，在“放小”过程中，出售国有企业所得基本上是由国有资产管理局收回，不仅保证了国有资产不再贬值，而且盘活的存量资产用于发展那些曾经制约县域经济发展的“瓶颈产业”、社会公益性行业及垄断性较强的行业，从整体上提高了国有经济的质量和效益。通过“放小”，一些国有企业职工转化为非公有制企业职工，虽然心理上有一种失落感，但随着收入的稳定与提高，基本上能拥护企业改革，因而没有成为新的社会不安定因素。一些未能被企业接收的人员也基本上能得到安置费用或办理社会保险，因而能够面对现实。最后，通过引导“第二次创业”，贫困地区政府发挥了宏观调控作用，驾驭市场经济的能力有较大提高。他们在经历一场市场经济“优胜劣汰”的生动课程后，普遍感到压力增大。尤其是社会保障这一关键性课题，在这一制度改革力度不大的情况下，为保证“放小”战略的实施，贫困地区的领导、干部进行了许多有益的探索，积累了一定的经验。如“双项保险”、“工龄买断加保险”等举措，都成了润滑剂，在减少社会摩擦方面发挥了作用。

三、“放小”的政策环境构建仍需进一步努力

“抓大放小”的战略实施并不意味着要救活每一个国有企业。经济组织如同生命机体一样，有生有死，总是新陈代谢。贫困地区的企业改革，也是一个优胜劣汰的过程。为保证经济机体的新旧更替，创造更具活力的新机体，应当不断优化政策环境，解决一些实质性问题。

1. 要把企业改革的气氛搞浓，增强职工的改革意识和承受能力，为贫困地区非公有制经济的发展提供良好的舆论环境。长期以来，因人们对私营经济认识的偏差及对股份制存在的不同看法，使作为改革的主要依靠力量的企业职工对“放小”战略的实施存在种种疑虑。一些人对自己从国有国营的职工转为私有或集体经济的员工，心里有着强烈的失落感，对要出资购买股份，很

多人思想不通。对于这些认识的问题,应当通过宣传教育入手把思想政治工作做通,应把十五大的精神讲清讲透,应把各项政策细致解释清楚。要向当初搞农村家庭联产承包责任制一样,风风火火,尽可能做到人人谈转制,家家议购股,使大家形成“与其承受旧体制的长期煎熬,不如承受转机建制中的暂时阵痛;与其在老企业挨冻受饿,不如到新天地干一番事业”的共识。要多讲非公有制经济在国民经济中的重要性,多讲非公有制经济中的先进典型,使全社会对发展公有制经济有信心,感到有奔头。此外,对待公有制经济和非公有制经济要一视同仁,并且在一定时期和范围内给予政策优惠。只有职工的改革意识增强了,“放小”才能放得准、放得下,才能顺利转制,使非公有制经济得到迅猛发展。

2. 面对国有资产继续贬值和国有资产流失的两难选择,“两害相权取其轻”应成为“放小”的一个指导原则。对于贫困地区的企业来说,很难找到既能保证国有资产完全不流失,又能顺利完成转机建制的两全之策。要么不“放开”,国有企业继续贬值,直到资产完全丧失变成“国无”企业;要么在企业还有一线生机时,用流失部分国有资产的代价,换取企业的制度创新。在答案一目了然的情况下,不应当在“卖光与败光”、“流转与流失”等问题上再争论下去了,而应当用招商引资让利的同样眼光来看待这些问题,果断地制定相应措施,让投资者感到有利可图而购买或注资企业。事实上,进行制度创新,不仅是防止资产流失的措施,同时也是实现国有资产保值增值的一种方式。国家在出售企业时收回了公有资产价值,变无效资产为有效资产,这等于已经保值。企业实现制度创新后,流失的国有资产还有可能通过国有股分红、税收等形式回到国家的手里。当前应当引起的注意的是,防止国有资产在价值形态和物质形态上消失,即投资失败、巧取豪夺将国有资产转为私有的贪污行为、挥霍浪费,这类国有资产流失不仅是“暗失”而且危害性极大,而且主要是发生在国有企业,即通常所说的“穷庙富和尚”、“大家拿”现象等等。

3. 应当加大投资风险教育的力度。贫困地区产权制度改革的一步到位,从根本上触及了承包制“负盈不负亏”的矛盾,实行自主经营、自担风险、自负盈亏、自我约束、自我发展的经营机制,从根本上解决了企业对政府的依赖。

但是企业经营机制的转换只不过为企业的发展提供了基础,企业能否在市场经济中的大潮中站稳脚跟还要受多种因素的制约。现在还有众多的职工思想仍停留在计划经济时代,仍认为企业要对员工负责,政府要对企业负责,参与改制是响应政府号召,政府应当保证资本的安全和获利。这些思想的存在在企业转型期是必然的,应当加大宣传力度,树立投资风险观念,随着事过境迁,多数职工会慢慢地适应。同时政府也不能对企业撒手不管,一方面,要保障职工的权益,使多数职工充分发扬民主,监督企业经营行为及经营者的行为,保证企业稳健经营;另一方面,对企业经营者的挥霍浪费行为,恣意用职工购股资金为个人享乐的行为予以制止。要通过帮助建立规范企业决策、经营的章程制度等来保障企业所有权、决策权、经营权、监督权等各方权力,各就各位、相互制约,共同运作好各方权力。

4. 逐步解决历史包袱,使"放活"后的企业顺风满帆。一是冗员、退休人员问题。随着劳动力市场的完善,冗员从一些改制企业中主动流出是可能的。现在的问题上是离退休人员的安置,往往是企业转制中最难协商解决的。这些人员即使被新企业接受,同时又为企业依赖政府留下了隐患,他们认为是政府要新企业承受了社会责任;退休人员与在岗人员 1:5,甚至1:1的比例,使企业转制后负担过重,因而常出现劳资矛盾。对这一问题的解决出路,只有尽快建立社会保障制度,由个人、企业、政府分担责任。现在有的企业采取买断工龄的做法,目的在于切断职工与企业的联系,但没有减轻社会的压力,因而还应在组织生产自救和社会保障上做文章。二是企业的遗留债务问题。其形成有历史的原因如企业的税赋和上缴利润负担过重、"拨改贷"形成的债务、政策性亏损等,这些债务企业无法承担、银行无法消化、当地政府无力解决。现在采取的措施基本上是挂账停息,但这绝不是长久之计,需要国家制定具体措施,分清债务形成的原因、责任,由企业、金融、政府等部门协商后予以冲减、核销或"拨改投"等。这样才有利于转制企业轻装上阵,有利于商业银行的发展,有利于政府部门进行宏观管理。

(本文原载《企业经济》1998 年第 6 期)

他们走出了绝对贫困的沼泽
——对毛泽东《兴国调查》中有关人员后裔情况的再调查

1930年10月，毛泽东同志在中央苏区指挥第一次反“围剿”的倥偬中，与8位农民家庭出身的兴国籍红军战士座谈一个星期后，写下了著名的《兴国调查》。毛泽东同志说：“这是我从来没有做过的，其实没有这种调查，就没有农村的基础概念。”这8位红军战士家住兴国、赣县、万安三县交界处的兴国县永丰区。毛泽东同志选择他们为调查对象是因为“明白了这一区，赣、万二县也就相差不远，整个赣南土地斗争的情况也都相差不远”，这说明8位红军战士的家庭在当时的赣南具有一定的典型意义。时隔半个多世纪后，这8户农民家庭后裔分别居住的兴国县永丰、均村两个乡，属于交通落后、经济基础极差、农民科技文化素质极低的贫困的边远山区，在我国贫困地区具有一定的代表性；这8户农民家庭又是当年毛泽东同志的调查对象，是红军烈士的后裔，因而具有很强的政治性、特殊性。为了掌握他们的家庭生活变化，了解老区、贫困地区经济发展的运行轨迹，江西省社联等部门将这8户农民家庭作为定期观察、研究对象，并于改革开放后的第10年即1988年，改革开放20年后的1998年，进行了两次详尽的调查。

一、惊人的结论：58年过去，旧貌未换新颜

兴国是著名的革命老区“将军县”。除《兴国调查》外，毛泽东同志在兴国

还写下了《长冈乡调查》，主持制订了《兴国县革命委员会政纲》《兴国土地法》。在战争环境下，对一个县的情况进行如此多的调查，在毛泽东同志生平里是不多的。兴国因其具有的特殊地位，新中国成立后一直受到党和政府的关怀和照顾。在改革开放成果辉煌和人民生活大大改善的同时，人们尤其关注兴国人民及《兴国调查》中8户农民家庭后裔的生活状况。1988年，江西省社联调查组怀着对老区人民崇敬的心情，走访了《兴国调查》中的8户农民家庭后裔。情形令人吃惊和叹息：距1930年58年，解放39年，改革开放已十年，兴国仍有20万人处于绝对贫困之中，这8户农家就是其中的代表。1987年全国农民年人均纯收入达463元，江西省农民年人均纯收入为406元，这8户农民家庭后裔年人均纯收入只有165.3元，离当时江西农村最低生活保障线还差34.7元。与解放初或改革开放前比较，他们的家庭经济生活水平几乎一样，有些方面甚至还不如1930年毛泽东同志调查时的状况。其一，新一辈与老一辈一样生活艰难，经济状况极差，生活工具不齐全，一年劳作难以糊口；其二，口粮严重不足，借债度日的生活与老一辈一样。这8户农家人均每天不到0.9斤大米，1987年缺粮共7400余斤，为了糊口几乎家家还需借债购粮。8户家庭除一户未借债外，其余共借3530元，户均504.3元；其三，新老一辈的文化素质相近，没有什么差别，调查的新一辈9人平均读书5.1年，比当年毛泽东同志的调查对象平均少受教育0.15年；其四，新老一辈的生产、生活条件几无差别。田、路、居住的房屋与当年基本一样，且山上的树比过去少了……《兴国调查》中的8位农民家庭新老一辈的生活基本一样，以致调查组百感交集地作出“今昔相比非常接近，旧貌并没有换新颜”的结论。有关媒体披露这些情况时，加上醒目的标题《58年过去，旧貌未换新颜》。这样的调查结果确实出人意料，但也在情理之中。

首先，中国的国情决定消除贫困的进程只能是渐进式的、优先的；生产力发展水平的多层次性及地区间经济的不平衡性，导致了不同地域的农民生活水平自然有所不同。一个村，甚至在同一个农民家庭，因劳动力素质、人口等方面的差异，不同的家庭、不同的成员也存在贫富差别。《兴国调查》中的8户农民家庭后裔，恰恰就是属于20世纪80年代农村经济体制改革过程中消除贫困相对滞后的农民，同他们境况一样的农民，1987 年全国还有 1.25 亿，江西也有 600 万，兴国还有 20 多万。其次，自然环境的恶劣，战争创伤的影响，是制约老区摆脱贫困的最大障碍。老区之所以能成为主要的革命根据地，很大的原因在于它地势险要，交通不便，有助于抵御国民党反动派的进攻。但在今天，战争年代的地域优势已成为制约老区经济发展的劣势，无形之中加大了经济建设成本，阻滞了经济建设的步伐。此外，战争带来的创伤也是在几十年内难以治愈的。兴国当年参加红军的多是青壮年，有一些文化知识的人都走了，加上国民党反动派的"茅草过火、石过刀、人换种"的血洗，兴国经济大伤元气。新中国成立后，党和政府对老区十分关怀，兴国经济有很大的发展，但仍属贫困地区。十几年"输血式"扶贫虽救了老区农民一时急，但未消除他们中很多人的一世穷，相反还增长了他们中的一些人的依赖思想，年年要救济、吃补助。扶贫政策没有有效地引导、促进他们去与贫困决战，贫困相伴也自然是年复一年。再次，农业有一个自然再生产与经济再生产交织的过程，自然条件对农业生产的影响很大，使农业具有明显的不稳定性和脆弱性，加上长期形成的"剪刀差"，使以粮为本，与工、商、贸无缘的 8 户农民家庭后裔难以种粮致富。"种田为肚皮，养猪为过年，养鸡养鸭换盐钱"就是他们的生活写照，几十年一贯制的产业结构自然导致他们几十年的生活状况不会有大的改变。

再就是土地逐年贫瘠，人地关系紧张。由于历史的原因和战争对环境的破坏，兴国水土流失由来已久。进入 20 世纪 80 年代后，全县水土流失面积达 248.86 万亩，约占山地总面积的 84.78%。1980 年，英国皇家学会会员、世界经济委员会顾问佩雷拉·查理斯爵士面对这一情况，深有感触地说："这在世界上也是罕见的，如不及时治理，兴国就要'亡'国。"这 8 户农民家庭后裔多数住在水土流失地区，生态环境的破坏，使农田肥力下降、地温升高，对他们直接的影响是粮食产量停滞不前。这时期他们同其他兴国农民一样，处在"山上无树，地上无皮，田中无肥，灶前无柴，仓中无米"的困境中。此外，更为突出的问题是人口激增，导致人均耕地面积逐年减少。1930 年分田以后，8 户农民家庭共 51 人，人均耕地 1.2 亩；1987 年这 8 户农民家庭人口翻了一番达

111 人,占有耕地 59.7 亩,人均耕地下降到 0.54 亩。到 1987 年,农村经济体制改革已七八年了,多数农民吃饭问题已解决,为何这 8 户农民家庭还吃不饱,年年要借粮呢?最根本的原因就是这 8 户农民家庭人口的倍增抵消了农村经济体制改革给他们带来的利益增长,以致他们"吃粮状况"竟与 1930 年分田前的状况差不多。最后,8 户农民家庭后裔文化素质低下,思想守旧。第二代中只有 2 个人是初中毕业,其余的都是小学毕业。解放初有关部门曾推荐他们中的一些人以烈士子弟身份免费上学,竟被他们放弃。文化素质的低下,导致他们小农意识浓厚和缺乏创业精神。这 8 户农家第二代中有篾匠、泥工、裁缝,有的还会开拖拉机、抓甲鱼,在农村中属于有一技之长的人,但他们都没有发挥特长,发展家庭加工业。在 20 世纪 80 年代的改革开放进程中,兴国众多的"打工仔"、"打工妹"南下邻近的粤、闽,除养活自己外,还给家里寄回大量现金,往往是"一人打工,全家脱贫"。而他们却无动于衷,没有一人外出打工,在这一点上,还不如他们的父辈。当年这 8 位农民家庭在土地斗争分了田,废了欠的债,他们"叨红军的恩典","百物都便宜",每家至少有 1 人踊跃参加红军和赤卫队。今天在和平环境下,他们竟不愿意走出家门艰苦创业,他们的生活怎会有大的改变?"旧貌"又怎能换上"新颜"?!

二、期望的结果:又是 10 年过去,旧貌终现新颜

随着我国农村经济的快速发展,特别是党中央、国务院和各级政府对老区、贫困地区人民的关心,中国的贫困人口逐年减少,由改革开放前的 2.5 亿下降到目前的 5000 多万。《兴国调查》里的 8 户农民家庭后裔,同兴国 20 多万贫困人口一样,终于在 1988 年以后的 10 年里,先后走出了绝对贫困的沼泽,比现有的全国几千万贫困人口率先走上了奔小康的大道。短短 10 年创造了 58 年没有创造的奇迹,短短 10 年改变了 58 年来没有改变的旧貌。

——58 年中没有消除的绝对贫困,在这 10 年里终于消除。早在 1994 年,这 8 户农家后裔年人均纯收入 1000 元以上的有 6 户,最高的 1 户为 1964.6元,最低的 1 户只有 565.9 元,仍在贫困线上徘徊。1995 年这些家庭年人均收入达到了 1450 元,比 1987 年增长了 8.77 倍;1997 年这 8 户家庭后裔全部摆脱了绝对贫困,收入大幅度增加,家庭年人均纯收入最高的为3151元,最低的也有910元,其中1000元以上的就有7户。这8户家庭后裔年人均纯收入已达1816元,高于全县同期农民年人均纯收入(全县为1751元),较1987年增长了11倍,10年内年递增速度为26%,远远高于全省同期递增速度。

——58年中没有解决的“吃饱”问题在这10年里解决了。1987年这8户农民家庭后裔共收粮食53320斤(含杂粮),人均只有480斤左右,家家粮食不够吃;1994年8户农民家庭共收粮食总产量为54267斤(不含杂粮),人均占有粮食705斤,分别比1987年增长2%、47%,家家粮食够吃;1997年8户农民家庭共收粮食总产量达57700斤(不含杂粮),人均占有粮食759斤,基本上家家有余粮,分别比1987年增长了8.2%、58%,且人均占有粮食,高于全县农民同期平均水平(全县为726斤)。若再加上长年在外从事劳务的人员省下的口粮,人均占有粮食达到了1000斤。粮食产量的提高,对这8户农民家庭有着至关重要的意义:一是从根本上解决了几十年没有解决的“吃饱饭”问题,使他们的生活发生了根本性转变;二是减少了购买粮食的支出,等于提高了他们的经济收入;三是基本上每户人家都有余粮从事养殖业,使产业结构的调整和大幅度提高现金收入有了前提。

——58年中几乎没有改变的居住环境、生活质量,在这10年里得到了根本性的改变和显著提高。1987年,这8户农民家庭后裔的住房有的是新中国成立前建的,有的是土改时期建的,几乎都是潮湿、阴暗、破旧的土坯房,有的还难遮风避雨。10年后,这8户农家的后裔除1户建于20世纪70年代末的住房只是重新修整外,其余的家庭都普遍盖了一两次新房,人均住房面积达24平方米。他们的房屋有的是砖混结构,有的是土木结构,有一户人家还安上水泵,将山泉水引进了家门。这些住房造价一般要花费二三万元人民币,高的多达七八万元,这在温饱都没有解决的10年前是不可想象的。这8户农民家庭后裔生活质量的提高,前后10年也是无法比拟的。1987年,这些家庭年人均消费肉食3~4斤,最多的不过6斤;1997年,年人均消费肉食达到了30斤,高的有50斤,而且前10年难见的瓶装白酒、啤酒,在这些家庭中随处可见。1987 年，这 8 户家庭后裔共有 8 辆自行车、一台黑白电视机；1997 年，他们共有 17 辆自行车、轻型摩托车 5 部、黑白电视机 7 台、彩色电视机 3 台。10 年前他们家里几乎没有什么家具，穿的多是补丁打补丁的衣服，现在这些家庭都基本添置了新家具，穿的衣服也有突出的变化，花色品种多了，有的衣服、手表在农村还很时髦。10 年前他们人均娱乐费才几毛钱，而且几乎都不看书报，现在年人均娱乐费已增长到 10 多元钱。他们中有的人还订了两份刊物、一份报纸，买了些通俗类文化读物，有的则每天到村委会看报刊。此外，这 8 户家庭的第三代、第四代就读的中小学的教室，已由 10 年前的土坯、破房，改建成了现在通风明亮的砖瓦房。他们中已有 2 名高中生、18 名初中生，适龄儿童入学率已达到 100%，这些比例也远远高于 1930 年的第一代及 1987 年第二代时的情况。

——58 年中与 8 户农民家庭息息相关而又日趋恶化的生态环境、一成不变的生产方式，在这 10 年里得到了根本性的好转或发生了显著变化。“致富先治穷，治穷先治山水田”。在 20 世纪 90 年代初，让包括这 8 户家庭在内的兴国农民深受其害的水土流失问题，终于得到了控制；又经过几年的苦斗，水土流失面积已由 20 世纪 80 年代初的 284 万亩减少到 1997 年的 70 万亩，有林面积由 51 万亩增加到 327 万亩，植被覆盖度由原来的 28% 上升到 71%。8 户家庭房前屋后变绿了，河里、沟里、田里的水变清了。生态环境的变化，穷山恶水被征服，对 8 户农民家庭脱贫有着十分重要的意义。一是河床明显降低，大大降低了汛期洪水对农田作物的危害，也大大减少了抗洪所需的人力、物力、财力；二是山上黄泥由植被覆盖，不再流向农田，使农田肥力上升，为粮食丰产、逐年稳定奠定了基础；三是山上草木多了，蓄水能力增强了，使得农田抗旱能力普遍比前 10 年提高 8 天以上。10 年前一季都保不住的农田，如今三季都能稳产高产。在对 8 户农民家庭后裔的问卷调查中，问及他们周围还有什么最大的变化时，他们都深有同感：路变好了！不要说与战争年代、20 世纪 70 年代比，就是与 10 年前比，他们通往乡政府、县城的村道比过去更宽、更平了，原来只能过自行车的路，现在都能通农用车。更值得一提的是，扶贫路“大京九”铁路的开通，为他们脱贫致富架起了金桥。10 年前这 8 户农民家庭后裔基本上没有看过火车，现在年轻一辈南下广东务工都是乘坐火车，原先要1～2天才能到达，现在7～8个小时就能到达。此外，家庭生产、经营方式已在悄然改变。10年前基本上是自留稻种作田，现在每家每户都是自觉购买良种，这也是粮食取得丰收的一个重要原因；过去养猪基本上用青菜、米糠，现在除用米糠、米饭外，还要花几百元钱购买一定的饲料，这在10年前根本不可能；过去养猪为过年，现在养猪为换钱，商品生产意识大大增强。由于道路的改善，山外的机械化工具也能开进村，如陈昉琼家住的果溪村就停着一部推土机，村民们用来平地建房。这样的庞然大物，这里的村民10年前也仅仅在电影里看过……

尽管这8户农民家庭曾是毛泽东同志的调查对象，尽管这8户农民家庭后裔在10年前仍属贫困农民，但他们没享受比别的贫困户更多的照顾。还是那片蓝天，还是这块红土，这8户农民家庭后裔能够在这10年里消除58年没有消除的绝对贫困，生活环境出现前58年没有出现的新颜，主要原因可归结为三句话：党的政策显威力、思想解放是动力、艰苦奋斗是内因。

旧貌能现新颜，是邓小平消除贫困思想指导和以江泽民同志为核心的党的第三代领导集体对贫困地区、老区亲切关怀的结果。改革开放后的前十年里，我国没有完全消除绝对贫困，贫富差距、经济发展不平衡的矛盾十分突出，邓小平同志非常关注这一问题。在20世纪90年代初，他就指出："什么时候突出地提出和解决这个问题，在什么基础上提出和解决这个问题，要研究。可以设想，在本世纪末达到小康水平的时候，就要突出地提出和解决这个问题。"[①]邓小平同志的这些指示及一系列消除贫困论断，是20世纪90年代中国消除贫困政策的灵魂，其产生的政策效应，推动了包括8户农民家庭后裔在内的千千万万的贫困农民摆脱贫困的阴影。1989年，刚任总书记不久的江泽民同志就来到井冈山老区永新视察，当看到当地群众生活困难，心情十分沉重，指示各级组织要抓紧解决群众的温饱问题。1990年12月，江总书记在《党的十三届七中全会闭幕时的讲话》中指出"经济不发达的省、自治区和地区，也要根据各自特点和优势，积极创造条件发展经济。经济发达的省、市和地区要通过横向联合、技术转让等经济办法，来帮助不发达省、自治区和地区。

这要作为一个重要问题来研究,并逐步形成具体的措施、办法。”在后来的几次全国扶贫工作会上,江总书记总是牵挂着“老、少、边、穷”地区群众的冷暖,强调他们温饱问题不解决,作为共产党人,“寝不安席、食不甘味”。[②]1996 年 9 月,江泽民同志来到兴国县等老区考察并深情地说:“我们任何时候都不能忘了老区人民。”[③]江总书记对贫困群众的深切关怀,不仅极大地鼓舞着老区干部群众与贫困决战,还指导着各级政府、有关部门不断完善扶贫政策,调整扶贫措施,加大“开发式”扶贫力度,给贫困地区脱贫构建最为有效的政策保障。贫困地区各级政府也将压力化为动力,将各项政策转化为具体措施,落实到每家每户。兴国每年都有扶贫工作组、干部进村送温暖,了解实情,动员包括 8 户农民家庭后裔在内的贫困户走出山门,外出分工,还手把手地向他们传授农业、种养业适用技术,帮助进行良种替换,协助有关部门,合理控制农民负担。也正是这些内外力的作用,这 8 户农民家庭从根本上解决了 58 年以来一直没有解决的“吃饱”问题,从而使他们能腾出手来解决“温暖”问题。

旧貌能现新颜,关键在于他们打开了禁锢的山门,走出了自我封闭的世界。小平同志南行谈话后,兴国的干部群众思想又一次得到大解放。在劳务输出方面,兴国通过宣传发动,典型示范,指导服务,有计划、有组织地动员了大批农村剩余劳动力转移到沿海地区、中心城市务工。近些年在省外有六七万人,在本省外县的有 1.8 万人,每年寄回劳务收入在 2 亿元以上。外出务工这一新的风景线,使居住在偏僻山沟里的 8 户农民家庭后裔大为震动。1992 年以前,这些家庭成员没有一人外出打工,而此后每年都有 10 ~ 20 人流动到沿海各地从事有关职业。这一“流动”至少带来了三个方面的变化,加速了旧貌换新颜的进程。一是僵化守旧的思想观念从根本上得到了改变。1988 年调查时,8 户农民家庭普遍存在安贫乐道的观念,这次调查,他们普遍认为应到外面去闯世界,并希望政府部门要多进行这方面的组织工作。随着思想的转变,这些家庭在“吃饱”了的情况下,他们的目光已经转向农业商品生产,这与 10 年前的情况形成了截然不同的对照;二是缓解了人与土地的紧张关系。1/3 的人外出,按年人均口粮 500 斤计算,相当于省下了 1 万斤 ~1.5 万斤口粮,给在家务农的人增加了 200 斤 ~300 斤口粮,在粮食连年丰产稳定的情况下,8户农民家庭后裔粮食不仅够吃,从根本上解决了几十年以来缺粮的“绝症”,而且绝大多数家庭都有余粮发展养殖业;三是迅速地增加了大笔现金收入。1997年这些家庭外出从事劳务收入为73700元,占现金总收入119273元的61%。与10年前相比,仅外出务工这一项收入就比当时总收入19023.9元增加了3.9倍。这些家庭现金收入大幅度增长,不仅直接提高了他们的生活水平,同时也极大地促进了农业和养殖业生产。如与粮食增产有密切关系的农药、化肥的投入,10年前8户农民家庭后裔共承包耕地64.68亩,投入农药化肥资金1690元,平均每亩26.13元。1994年在承包的59.7亩上投入农药化肥资金8890元,平均每亩148.9元,是1987年的5.7倍;1997年在承包的55.2亩上投入农药化肥资金为9010元,平均每亩投入163.2元,是1987年的6.24倍。在养殖业方面,10年前没有一家购买饲料(当时购粮糊口都要借钱),现在除了用余粮喂养家禽生猪外,1997年他们还投资7300元用于购买饲料发展养殖业;10年前他们种田无钱购良种,现在每家每年都要投入一二百元购买良种。此外,现金收入的增长,也使他们的居住条件得到根本的改变。

旧貌能现新颜,离不开江西农业产业化战略的实施和县域经济的快速发展。兴国县委、县政府每年制定农业政策时,都十分注意利用政策导向和激励机制来调动农民的生产积极性,切切实实地保护农民的利益。如对耕地偏少的山区、库区、紫叶岩区,县里规定谁造田归谁所有,三年内免征农业税,验收合格的新生农田每亩补助300元。8户农民家庭后裔这些年都在房前屋后开辟了荒山荒地来种植蔬菜,将有限的责任田种植稻谷和经济作物。如烟叶生产,县里规定每建一座烤房,向农民提供500元贷款,无偿补助200元。为保证农业产业化顺利进行,该县建立健全了县乡村三级农科技推广网,农科技人员发展到760人。县财政每年划出一块资金,保证农技人员工资、福利能按时发放。由于这些措施得力,8户农民家庭近年来在疫情预防、生猪品种改良、杂交水稻种植技术推广、旱床育秧、烟叶生产等农技服务方面受益匪浅。农业产业化经营除了促使粮食连年稳产、丰产外,也促进了产业结构的调整。1987年8户农民家庭后裔的农作物产值占总产值的42.05%,林、牧、副、渔、劳务等产值占总产值的44.13%;1997年则分别为35%和63%,10年来农作物产值下降了7.05个百分点，林、牧、副、渔、劳务等收入则上升了18.87个百分点。兴国县域经济快速发展，牵动了这8户农民家庭产业结构的调整，推动他们迈上消除贫困的快车道。

三、欣喜中的思考：解决温饱只是雄关漫道第一程

这8户农民家庭后裔的经济生活状况在20世纪90年代的转变，是改革开放进程中农村经济快速发展所带来的一个成果。欣喜之中，我们将这8户农民家庭放在中国农民生活质量坐标系上进行比较，用小康生活标准来衡量，我们的心还不能完全安宁，他们同其他一些贫困地区的农民一样，奔小康的路要比当初走出绝对贫困的沼泽更为艰巨，“新貌要更新”需要更强的助动力。

首先，要进一步增收致富阻力重重。近些年来，江西省委号召“在山上再造一个江西”，众多县乡村因地制宜分别建立了果茶、养殖业、蚕桑业、采矿业、水产、加工业等支柱产业，农户每年能从中得到稳定的经济收入。这8户农民家庭所处的地区是人多、田少、山地贫瘠的边远山区，加上资金、技术方面的限制，至今没有形成有市场或有规模的产业，他们只能在有限的耕地和小批量养殖业上做文章，若没有新的政策保障和强有力的扶助措施，要进一步增收难度大。其次，以劳务收入和养殖业收入为主的现金收入在前几年陡然上升后，1998年开始下滑，且缺乏有效的对策。在城市经济转轨过程中，农民劳动力转移受到一定的约束，8户农民家庭成员中的外出打工人员也逐渐回流，这必然要使他们的收入大大减少；近些年出现的农副产品买方市场，导致部分农副产品价格连年下跌，特别是生猪、烟叶、油料等收购价格比往年下跌20%～40%，这对以养殖业为主要现金来源的农户是沉重的打击。再次，8户农民家庭后裔文化教育素质的提高纵向比确实发生了极大的变化，但仍然跟不上时代的步伐。兴国每年都要考取几百个大中专生，本县就有兴国师范这样一所普通中专，但8户农民家庭后裔中至今没有一个是大、中专生，中年人也没有进行继续教育，因而他们在这一点上很难达到小康生活的相应标准。反过来这些缺陷又影响他们进一步掌握、吸收先进的农业科学技术，拉大他们与现代农业的距离，必然影响他们今后的经济生活水平再上台阶。最后，农业生产单

家独户,未与任何经济组织相连。因地域的关系,近些年出现的“公司+农户”很难将他们覆盖,因而抗市场风险能力极低。他们所在的村集体经济基础薄弱,要靠农民自身的力量发展公益事业举步维艰。

8户农户家庭在奔小康路上出现的障碍,基本上是贫困地区已解决温饱的农民中出现的普遍现象,也是十几年来扶贫仍未消除的“顽症”。现在面临新的起点、新的难题、新的情况,我们如果不加以关注,采取对策,任其自由发展,收入中的“马太效应”将更加明显,贫困地区、老区农民奔小康目标的进程将更长。因而,亟待解决的问题是:加强机会控制,为贫困地区创造一个公平竞争的社会环境;充分发挥政府宏观调节职能,对处于不利环境下的农民给予必要的扶持。具体来说,一是进行制度创新,尽快建立财政转移制度。现行的扶贫计划、手段及资金的运用主要方向,是年收入在温饱线以下的绝对贫困户。随着世纪末的到来,剩余的大多数贫困户相继解决温饱,因而原有的一套扶贫举措基本上不再适应,他们和已消除绝对贫困的8户农民家庭后裔等农民一样,很大程度上要靠自己的力量去奔小康。这样就面临一个如何弥补贫困地区环境缺陷,提高比较利益,给这些地区农民一个比较平等的竞争机会及相关补偿的问题。而作为国际通行的反贫困手段之一的转移支付制度的建立与完善是最佳的选择,同时这也是实现国家宏观调控,协调区域经济平衡的一个重要手段。二是强化基层政府行为,加大扶农力度,尤其在政策保障上,逐渐形成和完善扶农政策。当前最紧要的是帮助边远山区的农民劈宽山门,让他们彻底走出封闭的世界,为他们奔小康架设金桥。一方面,要着力实现山区与外部的信息畅通,加大基础设施建设力度,全力推进各级干部、企业界人士、科技人员等走进山门,与农民广交朋友、“包村驻点”;另一方面,要帮助农民走出山门,提供就业信息,调控劳动力转移方向及提供权益保障。在当前农民剩余劳动力转移出现阻滞之时,应采取有效措施和对策,继续寻求沿海、大中城市政府部门的支持。对于已经回乡在乡的农民,应抓紧时机进行技术培训,增强其市场竞争力。三是在推进农业产业化的进程中,除了“产前”、“产中”大力推广有广阔市场的新品种更换,能降耗增收新技术运用外,主要精力应放在“产后”服务上。没有条件进行“公司+农户”、“能人+农户”、“基地+农户”等的地方，应大力扶助“农户 + 农户”的合作社组织，最大限度地促进单家独户生产基础上的农业专业化、商品化、社会化和现代化。四是有必要将“科技扶贫”的含义拓宽，不单是扶贫困地区经济、扶贫困户，同时也应扶这些地区的已脱贫但收入低而不稳的农民。“致富先治愚”，应将农民科技水平的提高列入政府目标考核内容。争取在“九五”计划内达到贫困地区乡村每 10 户有一科技示范户，每 3 户有一科技能人，每一户有一科技明白人的目标。五是国家在加大农业投入，加紧农业保护的同时，对现有的 592 个国家定点贫困县（其中有 105 个老区县）率先建立农副产品风险基金、科技扶农基金、外出务工农民回乡办企业奖励基金、农业保险等，同时将小额信贷扩大到所有有还贷能力、收入低而不稳的农户。以上基金及小额信贷增量资金来源，除国家根据财力补充一定比例外，主要可由这些地区回收“八五”以来扶贫信贷资金中解决。

消除绝对贫困，只是贫困地区农民奔小康征途的第一程。在又过去的 10 年里，《兴国调查》里的 8 户农民家庭后裔，在党的扶贫政策关怀鼓舞和作用下，依靠艰苦奋斗，终于走出了前 58 年没有走出的贫困的沼泽。我们坚信，在以江泽民为核心的党中央亲切关怀下，通过有效的政策保障，贫困地区农民奔小康之路将越走越宽广。在不久的将来，我们再去观察这 8 户农民家庭后裔的生活状况，他们必将同其他农民兄弟一样，进入小康、富裕生活的新天地。我们期待着那一天！

注释：

①《邓小平文选》第三卷 374 页。

②江泽民：《在中央扶贫工作会议上讲话》，1996 年 9 月 23 日。

③新华社深圳 1996 年 9 月 23 日电：“任何时候都不能忘记了老区人民”。

（本文与傅伯言同志合作，本人执笔，原载《江西社会科学》1999 年第 1 期）

反贫困:中国的创新历程与伟大贡献

创新是一个民族进步的灵魂。在历史的长河当中,中华民族进行过无数的创新,为世界文明和社会进步作出了卓越的贡献。在近20年的改革开放进程中,中国绝大多数贫困地区解决了几千年来没有解决的温饱问题,这是中国和世界历史上的奇迹;中国依靠自己的力量大规模地长期进行以扶贫开发为内容的反贫困实践,在世界上是独一无二的。中国以邓小平理论为指导的反贫困伟大实践、制度手段创新、卓越成就,对世界反贫困和人类文明与进步作出了重大贡献。

一、邓小平反贫困理论是指引中国反贫困的光辉旗帜

贫困是一个世界性的重大难题,反贫困是人类社会面临的共同任务,不仅发展中国家存在普遍贫困现象,在发达国家也有相当一部分的人处在贫困线以下。贫困是产生社会问题、影响社会进步的障碍。世界各国都将反贫困作为经济社会发展战略的一个重点,政府行为成为反贫困的主要手段。中国是人口最多的发展中国家,中国的反贫困与其他国家的反贫困比较有其特殊性,它面对的不是那些因不确定因素而带来的短期或暂时的贫困,而是几千年来所形成的长期性贫困,它包括经济制度、社会制度所引起的阶级性贫困和环境不利而引起的地域性贫困。前者随着新中国的诞生和社会主义制度的建立而逐渐消除,因此,中国近20年反贫困的目标主要是要消除那些"个人或家庭

依靠劳动所得和其他合法收入不能维持其基本的生存需求”的贫困，即是消除经济意义上的贫困，而且强调的是绝对贫困。

西方经济学不仅研究发达国家的贫困，同时也从不同的角度、不同的层面研究发展中国家的贫困。就发展中国家经济问题，所形成的发展经济学这门学科，成为当代西方经济学的一个重要分支。这门学科从多数发展中国家的一般社会经济条件出发，研究影响经济发展的因素，试图找出经济发展的相关规律，提出了相应的对策。除此之外，还形成了相当数量的发展与反贫困理论研究成果。在这些学科和理论中，有一些理论可供我国研究和借鉴。但由于西方经济学家世界观、方法论和狭隘的阶级性所限，他们的研究都带有一定的“偏好”，这些学科或理论的科学性和实践性大打折扣，它更不可能成为指导中国反贫困的理论。在国际经济理论，特别是反贫困理论中，没有科学地研究中国的贫困状况和消除贫困的研究成果，完整的、系统的国际反贫困理论就不可能真正形成。

回顾中国反贫困的伟大实践，其理论、制度、手段、形式不断创新，取得的成就令世人瞩目，关键在于它以邓小平反贫困理论为指导。邓小平开创了中国反贫困研究创新的先河，他继承马列主义、毛泽东思想，针对仍处于发展中的中国国情，以超凡的政治气魄、理论勇气和实事求是的科学态度，提出了一系列反贫困论断，这些论断不仅成为中国反贫困理论的灵魂，而且是中国政府确定反贫困指导思想、任务、对象、方式、手段等要素的行动指南，是指引中国反贫困实践的光辉旗帜。邓小平反贫困理论内容丰富，博大精深，具有时代开放性、求真唯实性、全面系统性特征，对中国反贫困理论创新与实践，具有十分重要的历史意义和现实意义，它的创立填补了国际反贫困理论中关于中国反贫困的理论空白，成为国际反贫困理论中科学性、实践性、政治性最强的一个分支，同时也是国际反贫困理论中针对性、指导性最强和成效最大的理论。在中国改革开放初期，他在党内第一次提出“我们现在还很穷”，“我们也不要贫穷的社会主义”，尖锐地指出：“国家这么大，这么穷，不努力发展生产，日子怎么过？我们人民的生活如此困难，怎么体现出社会主义的优越性？”、“农村大多数地区仍处于贫困状态”、“社会主义必须大力发展生产力，逐步消灭贫穷”。这些论断打破了长期以来束缚人们思想的桎梏，为中国反贫困指明了方向，极大地推动了反贫困理论与制度的建立与创新；他强调了中国反贫困主要目标在农村，“因为中国人口的百分之八十在农村，如果不解决这百分之八十的人的生活问题，社会就不会是安定的。工业的发展，商业和其他的经济活动，不能建立在百分之八十的人口贫困的基础上”，“农村不稳定，整个政治局势就不稳定，农民没有摆脱贫困，就是我国没有摆脱贫困。”这些论断确定了中国反贫困理论的主要研究对象，同时也为反贫困战略确定了突破口；他创造性地以超人的胆略提出了反贫困的捷径：“我认为要允许一部分地区、一部分企业、一部分工人农民，由于辛勤努力成绩大而收入先多一些，生活好起来”，然后带动其他地区、其他的人向他们学习，最终“使全国各族人民都能比较快地富裕起来”。这些论断，为中国反贫困战略研究与制定指明了方向；他还提出，第三世界存在的贫困问题是一个国际问题，它事关国际社会的和平与发展，强调：“直到中国发展起来了，制约战争的和平力量将会大大增强。”这些论断为中国反贫困理论创新拓展了更为广阔的空间，同时他还科学地指出了中国反贫困对世界和平与发展的重要意义。此外，他还提出了反贫困要依靠科技和教育，反贫困要长期艰苦创业的论断等等。

邓小平反贫困理论是邓小平理论中的一个重要组成部分。进入20世纪90年代后，以江泽民同志为核心的党中央，高举邓小平理论的伟大旗帜，就反贫困的深入进行作出了许多指示，对中国反贫困提出了更新更高的要求。中国反贫困理论研究与实践进入了新的阶段。

二、保障2.5亿人的生存权奋斗和对世界人权事业的重大贡献

近些年来，西方一些国家打着维护“人权”之名，攻击中国不讲“人权”，不断施加压力，叫嚷中国必须“改善人权状况”，在“人权方面取得足够进展”等等。他们要维护的“人权”是极少数要颠覆中国社会主义制度的人的“人权”，对此，中国政府和人民绝不答应。由于国情的差异，中国和西方国家在“人

权”问题上有着本质区别和根本分歧。几千年来，中国人民处于饥饿、贫困状态，每年有几万至几十万的人因饥寒交迫而死亡。饿殍遍地，民不聊生，这时中国人民的“人权”何在？在近代八国联军的炮火中，在日本侵略者的铁蹄下，中华民族有什么“人权”？中国人民连生存都无法保障，更不要说有发展权、健康权、教育权、参政权。

社会主义制度的建立，是中国反贫困和发展人权事业的根本制度保证。由于环境地域、经济、历史等方面的原因，中国经济显现出不平衡的特征，加上“文革”的影响，在20世纪70年代末有相当部分地区和人口仍处在贫困状态。全国农村没有解决温饱的贫困人口达2.5亿，占世界贫困人口的1/4，农村贫困发生率高达30.7%。其他人民群众生活水平不高，收入低而不稳。因此，实现和保障广大人民群众的生存权和发展权是中国维护人权最基础、最首要的工作，实现全体人民群众“共同富裕”的目标是中国发展人权事业的最重要和最根本任务。

为解决2.5亿贫困人口的生存权和发展权这一最基本的人权问题，消除绝对贫困，中国政府为反贫困构筑了最有利的政策制度空间：一是从中央到地方建立专门的扶贫开发机构，有专门的队伍负责领导、组织、协调扶贫工作；二是从中央到地方划出专门的资金用于扶贫；三是动员组织社会力量参与扶贫。从全过程上来看，中国为保障几亿人的生存权而开展的反贫困实践经历了三个创新阶段：

1. 救济式扶贫阶段（1978～1985年）。此阶段中国农村生产力水平低下，有30%的农村人口连吃饭问题都没有解决，生存受到严重的威胁。因而此时反贫困的形式主要以救济为主，先解决吃饭问题，同时在制度上创新，通过农村经济的全面增长来解决普遍贫困的问题。由于农村联产承包责任制的全面推广和农产品价格的提高，极大地解放了农村生产力，农民脱贫致富的热情空前高涨，维持生存最基本的生活资料粮食和油料连年丰收增产，1978～1984年人均产量年增长率达到了2.8%和14.5%，中国粮食总产量创下了历史记录。这期间农民收入普遍增加，贫困人口下降到1.25亿人（世界银行报告为

0.97亿人)，年均减少1786万人，农村贫困发生率下降到14.7%。这阶段创造了许多历史性的重大成就，是中国农村生存权事业快速发展阶段。

2. 开发式扶贫阶段(1986～1993年)。救济式的反贫困虽然见效快，能在短期内解决贫困人口的生存问题，但时效短，不能有效地帮助贫困地区和贫困户形成自我发展的能力。为此，从1986年起，中国反贫困的策略再度创新，从单纯的生活救济扶贫转变为经济开发扶贫，由建立"输血机制"转变为建立"造血机制"，即立足本地资源，面向市场需要，在国家必要的资金、物资、技术的支持下，启动贫困地区的内在活力，搞开发性生产建设，优化和改善贫困地区和贫困人口的生存与发展空间，缩小与经济发达地区的差距。至1993年，中国的贫困人口下降到8000万人，平均每年减少640万人，农村贫困发生率下降到8.8%，这阶段是贫困人口稳定下降的阶段。4000多万贫困人口能解决生存与发展问题，除了得益于城市改革的连接推动、改革开放的深入发展外，主要还是国家扶贫开发创新策略实施的结果。

3. 扶贫攻坚阶段(1994～2000年)。在绝大多数贫困人口解决温饱后，剩余的人生存权问题的解决成为中国反贫困决战中难以消除的"硬骨头"，扶贫开始进入攻坚阶段。经过历年反贫困后仍然处于绝对贫困的人口，完全处于传统农业的经济均衡和最为不利的自然环境之下，因而发展商品生产、进入市场、摆脱贫困的难度最大。随着反贫困战略的政治性的加强，其策略也开始转变，由原来"地区贫困瞄准"过渡到"农户瞄准"和"人口瞄准"。这阶段反贫困任务异常艰巨：一是剩余的贫困人口贫困程度最深，这部分没有解决温饱的贫困人口人均年纯收入在500元以下，粮食不足，饮水困难，只能进行萎缩性或简单再生产，生存权受到严重威胁，几无自我发展能力；二是生活居住环境极为恶劣，生存空间狭窄，自然灾害频繁，农民科技文化素质很低，反贫困障碍极大；三是这部分人口即使解决温饱，但收入低而不稳，稍遇天灾人祸即刻返贫；四是时间非常紧迫。

反贫困攻坚难度大，中国政府反贫困的决心和力度更大。在邓小平反贫困理论指导下，以江泽民为核心的党中央为反贫困提供了最可靠的政治和领导保障。党的十四大和八届人大反复强调,贫困地区脱贫致富是实现第二步战略目标的重要组成部分,是各级政府的一项重要任务;1994 年制定的《国家八七扶贫攻坚计划》,其宗旨在于提高贫困人口的生产能力,长时期地保障他们摆脱贫困,逐步形成贫困人口的持续发展能力;1995 年 3 月在哥本哈根世界首脑会议上,李鹏同志代表中国政府作出在本世纪基本消除贫困的庄严承诺;1996 年在反贫困进入攻坚的关键时刻,江泽民同志在中央召开的扶贫开发工作会议上强调“扶贫工作任务不管多么艰苦,时间多么紧迫,也要下决心打赢这场攻坚战,啃下这块硬骨头”;1997 年党的十五大要求,“国家从多方面采取措施,加大扶贫攻坚力度,到本世纪末基本解决农村贫困人口的温饱问题”;1998 年《中共中央关于农业和农村工作若干重大问题的决定》强调:“推进农村小康建设,加大扶贫攻坚力度”;1999 年在中央扶贫开发工作会议上,江泽民同志发表重要讲话时指出,全国扶贫攻坚已经到了关键阶段,全党全社会要进一步动员起来,统一思想,坚定信心,坚持不懈地苦干实干,夺取扶贫攻坚的最后胜利……尽管几年来中国经济处于调整阶段,承受着东南亚金融危机的影响,遭受了多次百年未遇的特大洪水及干旱等灾害,但中国维护和发展人权、消除贫困的航船却迎着惊涛骇浪奋勇向前,创造了令世人瞩目的成就,1998 年中国贫困人口下降到 4200 万,农村贫困发生率下降到 4.6%。

回顾辉煌的反贫困历程,我们可以自豪地说,在世界贫困人口每年以 2500 万人的速度增加且高达 13 亿的背景下,中国贫困人口逐年减少,由占世界贫困人口的 1/4 下降到 1/20,这是对国际反贫困、人类社会进步事业的一大贡献。中国政府着力改善贫困地区人口的生存空间,取得的巨大成就在当今世界也是少有的。自 1985 年起至 1998 年,中国贫困地区共修建基本农田 8800 多万亩,解决了几千万人、7500 万多头大牲畜的饮水和 6200 多万亩农田的灌溉困难,新修公路 35 万公里,乡通公路率从原来的 83.9% 上升到 98.6%;架设输变电线路近 40 万公里,乡通电率由原来的 77.8% 上升到 97%。中国政府为解决贫困人口生存权而投入的财力、物力也是举世瞩目的,尽管中国还不富裕,除给贫困地区、贫困人口减免大量税赋外,从 1986 年到

1998年,中央的专项扶贫投入已累计达到1100多亿元,地方政府配套投入为中央投入的1/3,1999年中央扶贫资金高达250亿元,是历年扶贫投入最多的一年。此间,社会各界捐物每年折款30亿元以上。1984年以来,国家还拿出价值250亿元的粮、油、棉、布等日用品,地方政府等量匹配与贫困户投劳相结合,改善贫困地区的基础设施,增加贫困人口的经济收入。目前,中国贫困人口的年均纯收入已由1986年的206元提高到现在的1200多元。

中国反贫困的历程昭示:中国共产党和中国政府是保障中国人民基本权利最坚决、最真诚的维护者,党的三代领导集体高度重视反贫困事业,高度重视人民的生存权与发展权;中国开展的大规模的反贫困实践,千万人走出了贫困的沼泽,实现了历史性的跨越,进展之快、成效之大是举世无双的;中国为推进和发展人权事业,进行了锲而不舍、艰苦卓绝的反贫困,在发展人权事业方面取得了最重要、最伟大的成果,对世界人权事业作出了重大贡献!

三、中国贫困地区发展形式的创新与国际意义

进入20世纪90年代以来,贫困问题成为影响世界和平的一个不安定因素,反贫困正成为一项国际社会的共同行动。1990年制定的《联合国第四个十年发展战略》《联合国第十八届特别会议宣言》和当年在巴黎举行的第二届最不发达国家会议通过的《90年代援助最不发达国家行动纲领》等文件,都把发展中国家的经济持续发展和消除贫困列为国际发展战略的首要目标和国际合作的优先领域。1992年12月22日,第四十七届联合国大会确定每年10月17日为"国际消除贫困日"。1995年3月,联合国在哥本哈根召开社会发展问题世界首脑会议,参加国都在大会上承诺努力消除本国的贫困,通过了《哥本哈根宣言和行动纲领》,并一致同意把1996年确定为"国际消除贫困年"。在世界反贫困行动中,中国的反贫困作出了最大的贡献。世界银行等国际组织一致认为:"中国政府为帮助最落后的农村地区摆脱贫困作出了极大的努力,这种努力比其他许多发展中国家所作的努力要成功得多。"

自20世纪80年代中期开始,中国开始开展的扶贫开发,旨在帮助贫困地

区经济的发展，培养贫困人口的自我发展能力。主要创新手段有：重点发展投资少、见效快、覆盖广、效益好、能持续维持贫困人口生存的种植业、养殖业、加工业；充分利用资源，发展乡镇企业，帮助贫困地区形成发展的"造血机制"；发展劳务输出，实现劳动力资源的有效配置，同时有效地提高贫困户经济收入；加速荒地、荒山、荒坡、荒滩、荒水的开发利用，改善贫困人口的生存空间；对生存条件极恶劣、发展成本极高和不经济的少数村庄、农户实行移民开发。在发展方式创新上：一是依托资源优势，根据市场导向，建立支柱产业，覆盖千家万户，开发具有市场竞争力的商品；二是扶助县乡村兴办龙头企业，"带村帮户"，在改善贫困人口生活的同时，增强县乡村的经济实力，提高贫困地区的自我发展能力；三是发展农业产业化经营及扶贫实体，引导贫困地区与发达地区、大中城市企业联营合作，互惠互利；四是培养专业户，形成生产规模，带动相关的贫困人口生产自救；五是"一户一策"，扶贫项目到户、资金到户，使每个贫困户都有自我发展的机会。在发展能力提高方面：一是向贫困农民传播新思想、新观念。思想观念陈旧是中国贫困地区发展的障碍。为消除这一障碍，在中国政府的努力下，电视、广播、教育等事业在贫困地区得到了迅速发展，为诱导贫困户追求现代生活，激励他们增强脱贫的动力起到了积极的作用；二是各地从教育着手，提高贫困人口自身发展能力。贫困地区长期落后的一个原因在于人口的科技文化素质低下，而素质的提高不是短期行为能解决的，它有一个长期的教育过程，因而发展教育是根本。"扶贫先扶智，脱贫先治愚"、"再苦不能苦孩子，再穷不能穷教育"成为贫困地区的共识，基本普及九年制义务教育、基本扫除青壮年文盲在贫困地区收到了显著的效果；三是实用技术的培训，以灵活多样的学习方式，使贫困户懂科技、学科技。近几年来，在良种良法的推广方面，众多的贫困户受益匪浅。如养猪饲料添加剂、配方施肥、蚕桑工艺、果树种植、高产养鱼、棉织和抽纱等实用技术、工艺的推广，大大提高了贫困人口的自我发展能力。

在中国反贫困手段和方式创新中，对贫困地区的发展起到显著成效的科技推广是"星火计划"、"温饱工程"。"星火计划"是由中国原国家科委组织实施，依靠科技进步，振兴地方经济的全国性科技计划，着重推广水产养殖、草食动物的饲养、水禽家禽的综合利用、山区土特产资源的开发利用、食用菌栽培、发酵技术、粮食深度加工综合利用、农村建筑等先进技术。这些技术一出台，渴望脱贫的贫困户从中看到了摆脱贫困和致富的希望，因而受到了贫困地区的热烈欢迎。该技术已在贫困地区及其他地区全面推广，走出了一条适合中国这样一个发展中国家国情、科学技术与农村经济结合的新路。温饱工程是由国务院贫困地区经济开发办公室牵头、协调，有关部门参加，推广杂交玉米地膜覆盖技术，提高粮食产量，稳定解决温饱的科技扶贫计划。该工程吸收了国外的一些农业新技术，是中国反贫困实践、推动贫困地区发展的一个涉及面最广、投入最集中，效益最显著的项目，它不仅带来了增产增收，而且也进一步促进了贫困地区的科技进步。贫困地区的发展是中国发展的重要构成，其涉及面之广，受益贫困人口之多，困难之大，收效之显著在当今世界是不多见的；其发展方式、手段的创新令世人瞩目，在国际上也引起了强烈的反响。联合国有关人士认为中国贫困地区发展的途径、成功的经验，为发展中国家农村经济的兴旺树立了一个样板。

在中国，贫困地区的发展是一个社会系统工程。在中国共产党的领导下，大批国家机关、群众团体、民间组织、科研单位和人民军队等社会各界尽其所能帮助贫困地区发展，这在世界上也是独一无二的。如国家民政部定点扶持井冈山区，国家科技部定点扶持大别山区、井冈山、陕北，国土资源部定点扶持赣南山区等等。国家计委把扶贫攻坚的内容列入了中国“九五”期间社会、经济发展计划。国家机关等部门、组织倡导的“科技扶贫”、“电力扶贫”、“文化扶贫”、“新闻扶贫”、“教育扶贫”、“智力扶贫”及社会各界资助的“希望工程”、“春蕾计划”更是闻名于海内外。所有这一切不仅大大增强了贫困地区反贫困的力度，加速了贫困地区的经济社会发展，而且还以无可争辩的事实向世人宣告，只有社会主义的新中国才能做到这一切。中国反贫困的成功实践，社会主义制度优越性的体现不仅更加坚定了中国各族人民建设有中国特色社会主义的信念，为推进跨世纪伟大事业增强了思想政治基础，而且对于遭受巨大挫折的国际共产主义运动进一步走向高潮提供了物质和精神力量；为中国成为复兴科学社会主义的坚强阵地和堡垒夯实了基底；为世界上正在建设社会主义的国家和人民反贫困提供了成功的经验。随着第三次科技革命的兴起和迅速发展，社会生产力获得巨大进步，国际分工、国际贸易和国际投资都以空前的速度与规模发展，世界经济一体化，使得各国在经济发展中相互依赖、相互促进、相互制约。中国是人口最多的发展中国家，中国的稳定事关世界的和平。中国反贫困的成功实践，有力地促进了国民经济的协调发展和社会的安定团结，为中国的进一步发展、综合国力的进一步提高奠定了坚实的基础；同时也为中国积极参与国际事务，维护世界和平与发展，在国际舞台上发挥更重要的作用提供了最基本的动力。

1999 年 6 月，江泽民同志在中央扶贫工作会议上强调：到 2000 年，基本解决农村贫困人口的温饱问题。这是我们党和政府向全国人民作出的庄严承诺，这个战略目标必须实现，也完全有条件实现。实现这个战略目标，标志着中国人民将在新的起点上进入新世纪……现在，中央的大政方针已定，任务非常明确，只要高举邓小平理论的伟大旗帜，坚定团结在以江泽民同志为核心的党中央周围，中国人民必定能夺取扶贫攻坚的最后胜利，全社会、全民族将告别几千年来存在的绝对贫困，安居乐业，人类文明史又将写下辉煌的新篇。

注释：

①《邓小平文选》第 2 卷。

②《邓小平文选》第 3 卷。

③《中央财政扶贫》，中国财政经济出版社 1998 年 6 月出版。

（本文原载《江西社会科学》1999 年增刊）

WTO 对贫困地区的影响与对策

1999 年 11 月 15 日，中美两国政府签署了关于中国加入世界贸易组织的双边协议，这意味着中国进入 WTO 持续谈判 13 年之久后终于取得了决定性的成果。中国一旦加入世界贸易组织，标志中国经济发展将进入一个全新的时期，这对不同的部门、不同的产业、不同的地区所产生的影响是不同的。对于贫困地区而言，机遇与挑战并存，压力要明显高于发达地区。为此，我们应采取积极的态度，立足于贫困地区的实际，深入研究 WTO，趋利避害，把握机会，主动应战，才能在复杂的形势中立于不败之地。

世界贸易组织（WTO）成立于 1995 年 1 月，是关贸总协定经过“乌拉圭回合”后建立的作为世界贸易秩序支柱的国际组织。其基本组织是 3 个协议：关贸总协定（GATT）、服务贸易的总协定（GATS）和知识产权协定（TRIPS）。这些协议对于成员国的市场准入、关税、倾销、最惠国待遇等所有贸易事务进行了规范。自关贸总协定生效后的四十多年中，发达国家平均税率下降了 90% 以上，保持在目前的 4% 左右。发展中国家也下降到现在的 13% 左右，这极大地推动了全球贸易和投资自由化进程。

WTO 是经济全球化的产物，是进一步推进经济全球化的制度保证。它对于中国而言，利大于弊是不言而喻的。在带来的“弊”中，主要是对我国的经济带来一定的负面影响，尤其是对我国的农业和汽车工业等产业会带来较大的冲击，而前者又是贫困地区赖以生存的最基础的产业。在中美 1999 年 4 月

10 日达成的《中美农业合作协议》中，中国撤销了对美国小麦、牛肉和柑橘的进口禁令。当年 11 月 15 日，中美两国双边协议约定：中国将农产品平均关税率降到 17%，其中对美国关注的农产品平均关税税率降至 14.5% ~15%，且关税减让要在 2004 年前完成；在小麦、玉米、棉花等大宗农产品上要给予美国更多的进口配额；要在 5 年内逐步取消农产品出口补贴，取消所有进口配额和数量限制；允许私营进口商参与进口经营。

农产品平均关税大幅度的降低，对于贫困地区近二十年来在“种养加”方面形成的扶贫支柱产业而言，面临进口冲击压力的农产品主要有：(1)粮食。因国内市场粮价高于国际市场粮价，中国粮食在国际市场上没有价格竞争优势，一旦价廉质优的进口粮进入，对于以粮为本的一些地区农民来说，“卖粮难”的形势将更加严峻，这方面的收入必然会随之下降；对于缺粮的高山区、库区、滨湖地区来说，购粮的支出将相对减少。但从总体上来说，不利因素要大于有利因素。(2)植物油。油菜籽等原料的国内价格低于国际市场价，因贫困地区油料加工工艺落后、设备老化、出油率低、成本高，目前油料加工业的经济效益低于其他地区。加入 WTO 后，一旦取消植物油进口许可证或实行关税配额管理，油料、成品油的市场压力将会更大。(3)制糖业。在南方的贫困地区，已经形成了甘蔗、甜菜的产业优势，制糖业也是主要财源。由于制糖业从总体上来说科技力量单薄、出糖率低、品质差，因而一直没有国际市场竞争力，国内市场也处在供过于求的境地。在食糖国际市场价格低于国内市场价格的情况下，今后制糖业将面临来自国际市场的压力，这压力还将波及进行原料生产的蔗农。(4)棉花。在中西部的贫困地区，棉花也是农民现金收入的一个主要来源。因劳动生产率低的原因，棉花的国内市场价已经超过国际市场价，而且棉花的进口配额与以往实际进口量相比增加较多。特别是棉花配额率已占到国内产量的 15% 以上，因而受到的冲击不可避免。(5)羊毛。在西部的贫困地区，羊毛生产具有自然和经济优势，但其品质、质量、规模难与澳大利亚等国相比，也将面临国际市场的强大压力。

事情总是一分为二的，加入 WTO 对于贫困地区也有许多有利的因素，具有市场竞争力和出口优势的农产品有:(1)肉产品。猪、牛、羊等养殖业在贫困地区已成为支柱产业,无论是品质还是规模都具有自身的优势,价格低于国内市场,国内市场肉价又低于国际市场,因而价格优势明显。在市场方面,除港澳台外,与中国相邻的日本、独联体国家、印尼以及中东地区国家都有广阔的市场。中国加入 WTO 后,对于贫困地区肉类产品的出口都将提供更为有利的条件。(2)水产品。在地处江湖、水库沿边的贫困地区,近些年来发展了大量的淡水养殖业,目前淡水产品国内市场价低于国际市场价,而 WTO 又将进一步为中国开辟更为广阔的国际市场。(3)水果。在中西部,尤其是在南方,果业开发是扶贫的重头戏。尽管部分水果的品质、保鲜、包装等方面有所欠缺,但从总体上来说,水果的价格优势较为明显。在适度竞争中,如果水果品质能跟上、包装能改善、保鲜技术能过关,那么国际市场的开拓空间将更加广阔。

在去年的中美协议中没有出现类似禁止中国引用 WTO 例外条款的内容,说明中国可以引用专门适应于发展中国家的例外条款,客观上承认了中国所具有的发展中国家的地位。它意味着中国可以享受发展中国家优惠安排、幼稚工业的保护、出口补贴、关税制度的弹性规定,因而农业领域的开发还有一定的缓冲机会。但这并不是说我们可以高枕无忧了,相反应当未雨绸缪,早作准备,及时采取对策。

1. 进行制度创新,加大对农业保护和支持的力度。迄今为止,世界上多数发达国家对风险大、收益率低的农业采取政府专项资金保护或财政补贴等措施。而几十年来我国的政策却相反,即利用"剪刀差"来促使农业对工业的发展作贡献。近些年来这一现状有所改变,但限于经济实力,国家对农业的支持也是有限度的。从总体上讲,中国农业没有改变弱质地位,要迎接 WTO 的挑战,存在着重重的困难。鉴于此,国家应在 WTO 农业框架的规定内,继续加大属于"绿箱政策"(即不引起贸易扭曲的农业政策措施,如农业科研投资、植保、农业基本建设投资、粮食安全储备、自然灾害救济、植物保险等措施)范围内的农业支持。在过渡期内,审慎安排各类农产品的市场准入时间表,建立和完善国家对农业的信贷扶持。尤其要调整农产品的进口政策，制定反补贴及反倾销法，防止国外有补贴的农产品过度地进入我国。对于处于局部的贫困地区而言，在享受国家农业保护政策的同时，应当改变传统的农业管理模式，在基本解决温饱的前提下，实现由原来的追求产量的增长向追求质量和提高效益的转变，使农副产品品种、品质结构尽可能与市场需求相吻合。要加速农业结构调整，针对我国城乡居民生活水平由温饱型向小康型转变的特点，在稳定粮食生产的同时，多产优质粮食作物。同时加速发展具有价格优势的果业、水产业、畜牧业及蔬菜产业，改善农业产业素质，增强贫困地区农业的市场竞争力。

2. 加快农业产业化建设，大幅度提高农业组织水平。中国粮食自给率在1995年已达100%，但一些贫困地区粮食仍然需从外部调入，因而当务之急要提高粮食的自给率。坚持谷物生产的自给自足，在此基础上要以市场为导向，以效益为中心，依靠科学技术的推动和龙头企业的带动，对农业和农村经济实行区域化布局、专业化生产、一体化经营、社会化服务和企业化管理，最终形成工农一体化、产供销一条龙的产业组织形式和运行机制。对于贫困地区而言，最明显的优势是劳动力资源丰富，短缺的是资金这一最为宝贵的资源，因而农业产业化发展的方向不应当为资金密集型产业。即使有充分的资金来源，发展资金密集型产业也是弊多利少，最大的负面影响是容易导致资金对劳动力的替代，降低农村劳动就业率，限制农业劳动力向乡镇企业的转移，促使农产品成本上升，农业发展后劲不足。而应当选择和大力发展的既是劳动密集型产业又是传统产业并具有地域优势的棉花、油料、糖料、畜产品、水产品、水果、蔬菜、花卉等产业，这些产业既有广阔的国内市场，也有容易拓展的国际市场。资料表明，截至20世纪90年代中期，15年间我国对粮食的消费仅上升了7.6%，而油、肉、禽、水产品的消费则分别上升了85%、90%、433%和275%左右。随着城乡居民生活的进一步改善，这些农产品市场潜力巨大。从国际市场看，西方工业发达国家农业优势为劳动力耗费较少的粮食产业，劣势则是其他农产品。因此，油、肉、水产品等产业的市场竞争程度相对要低些，对付

WTO带来的负面影响的能力要更强些。在农业产业化的模式和组织方式选择方向上，不管是"龙头"企业带动，还是主导产业带动，或者是中介组织带动、集团开发带动，其核心都应建成"风险共担，利益均沾"的经济共同体，从而突破传统的农业产业被割裂、多部门"条条"管理体制的束缚；突破分散的小规模农户经营的瓶颈，通过延长农业的产业链条，扩大农户经营的外部规模，走上规模经济之路，形成对付WTO带来影响且有竞争实力的生产主体。

3. 加大科技扶贫的力度，用科学技术来改造贫困地区的传统农业。WTO给贫困地区农业带来的威胁主要为农副产品品质和价格方面的竞争，也就是消费者常说的同等质量下比价格，同等价格下比质量。无论是农产品的品质的改善还是成本的降低，唯一有效的选择是提高农业生产的科技含量。而且前科技对农业贡献率只有30%，这是难以与WTO抗衡的。因而不管是科技兴农还是扶贫，作为政府行为的重头戏应当抓好科技成果的转化、农业高新技术的推广和运用，使科技对农业的贡献率逐步上升，最后达到60%以上。在产前技术应用方面，应当大力推广改土技术。众多贫困地区属于红土壤、盐碱地、石山地地带，土壤沙化、水土流失、肥力下降、土壤盐渍化等仍未得到全面有效的控制。为提高土壤的保土、保水、保肥能力，要进一步进行区域开发和中低产田改造。育种技术在发达国家十分重视，农业良种覆盖率已达100%，而我国还不到90%，在贫困地区则在80%以下，这极大地制约了农业经济的进一步发展。新中国成立以来，我国的粮食作物共培育出五千多个品种或组合，在全国范围内实现了3～5次的品种更换，每次更换使作物产量提高10%～30%。而现在，新品种更换通常要7～8年。针对这一状况，在科技扶贫中，有关部门应当瞄准我国具有国际先进水平的细胞工程、基因工程及分子标记技术所改良的物种，应用生物技术提高贫困地区的农产品产量和质量，这样既能达到科技扶贫的目的，又能加速我国农业生物技术的应用进程。在产中技术方面，针对国际市场对农产品品质的高要求，应在大力发展"绿色农业"（以光合作物陆地种植为特征）、"蓝色农业"（以水生物资源开发利用为特征）、"白色农业"（以微生物农产品工业化生产为特征）的同时，要着重推广高效、低毒、低残留化学农药，加强病虫害预测预报技术的应用。在产后技术和服务方面，除提高贮藏、加工能力外，应大力提高农产品的商品率。农产品商品化既是挑战 WTO 的需要，更是贫困地区经济腾飞的必由之路。以鸡腿为例，以每千克 10 元的鸡为原料，加工成速冻鸡可以增值 0.5 ~ 1 倍，若加工成麦当劳鸡腿鸡块后即可实现增值 2 ~ 3 倍。由此可见，农业产后技术对农业生产具有巨大的"减损增值效应"。

4. 进一步推进农业市场化改革，大力发展信息技术服务业。贫困地区农业经济封闭性强，农产品商品率低，极容易受到外来农产品的冲击。若不采取措施，农业市场化进程将更为艰难。因而在 WTO 缓冲期内，作为肩负宏观调控的政策部门，一方面，应当尽快建立和完善市场秩序和交易规则，制定农产品交易法规，建立主要农产品调节体系和保证价格体系，在不引起贸易伙伴指责的情况下，尽力地支持本地农产品价格的稳定；另一方面，随着"八七"扶贫攻坚计划的完成，国家应当制定新的扶贫政策，促进贫困地区农业市场化的改革。在农业基础设施建设、商品粮基地建设、农业综合开发、扶贫支柱产业的巩固等方面保持强有力的支持，增强抵御市场化和 WTO 带来的各种风险的能力。在要素市场培育方面，要逐步建立农村资金市场，形成国家、集体、民间组织融资投资多元化格局；在农资市场培育方向，应加强管理，控制农资价格的上涨。尤其要在农产品市场建设方向，加快基本建设的步伐。据统计，到 1997 年年底，全国农产品批发市场总量 4038 个，其中城市销地市场 1727 个，平均每个大中城市 7 个左右；农村产品市场 2311 个，平均每个县（市、区）还不到 1 个。贫困地区更少，而且交易设备简陋，配套服务不完备，严重地制约了农产品商品化、市场化。面对 WTO，农业产业结构能否得到有效的调整，产品和生产要素的市场价格信号起着关键性的作用，因为这些信息是决定资源配置的方向、规模和速度的核心因素，是引发产业结构变化和资源配置效益水平的基本动因。据《迈向二十一世纪的中国粮食》研究报告中测算：国内市场发育程度每提高 10%，粮食和蔬菜消费将分别下降 1.0% 和 2.1%，而肉类产品、水果和其他食品的消费将分别提高 3%、2.1% 和 1.9%。由此可见对于粮食优势不明显，畜牧业、果业、水产业等扶贫支柱产业逐渐强大的贫困地区而言，市场的发育对于发展经济、提高本地农民生活质量有着十分积极的意义。在加快具有信息导向的农产品市场建设的进程中，还要大力建立和完善科技、农资、农机、农药、减灾及农产品信息服务网络，弥补几千年来形成的信息辐射、传递及反馈范围小、速度慢致使经济长期滞后等地域性缺陷。贫困地区除主动对接国家、国际信息网、充分利用各种媒体传递经济信息外，政府部门及社会各界都应尽其所能进行信息扶贫，帮助贫困地区增强自我发展能力。

改革开放 20 年的实践证明，改革开放越早的地区，经济发展就越快。随着国家对中西部开发的进行，在 WTO 带来的外资和外在动力影响下，贫困地区只要把握机遇，奋力拼搏，前景必然辉煌灿烂。

（本文原载《老区建设》2000 年第 2 期）

优化江西人才环境的三点建议

江西经济发展不快，是长期困扰省委、省政府和全省人民的头等大事。制约江西经济发展的因素很多，其中人的因素起决定性作用。在科学技术日新月异、知识经济初现端倪的今天，要赶超国内发达地区和世界先进水平，就必须在引进人才、留住人才、充分发挥人才作用方面狠下功夫。本文仅就优化江西人才环境问题，提出如下建议：

一、进一步提高对人才问题的认识

改革开放前，在农产品处于卖方市场、工业品国家统购统销的背景下，农业大省江西与周边省份相比，经济发展的差距并不大，差距真正拉大是在改革开放后的二十来年的时间。究其原因，周边发达省份先占有天时（政策）、地利（沿海），再占有人和（人才流入），现已初步形成经济发展与人才流入的良性循环；江西未得天时、地利，起步较晚，再受人才流失之苦，呈现出经济发展不快与人才外流的恶性循环趋势。如果说 20 世纪 80 年代是否占有天时、地利是各地发达与否的主要原因的话，那么到了 20 世纪 90 年代，在建设社会主义市场经济条件下，人的因素则变成主要原因了。目前，江西省与发达地区的差距，说到底是人才问题上的差距。比如，个体私营经济发展不快与缺乏能人有关，知名品牌和大的企业集团不多与缺乏一支善经营会管理的企业家队伍有关，高新技术产业形不成大的规模与缺乏高精尖科技人才有关，等等。科教兴赣,以人为本,人才问题从来都是个战略问题。全省上下要大造舆论,提高认识,真正形成“尊重知识,尊重人才”的风气。目前周边发达省市都在“抢人才”,江西省更应该有紧迫感。

二、对人才问题要心中有数

一要对什么是人才心里有数。人才是指那些在各种社会实践活动中,具有一定专门知识和较高的技术与能力,能够以自己创造性的劳动,对认识、改造自然和社会作出较大贡献的人。人才不是自封的,也不是可以随意委任的,而是在社会实践中成长起来的。现在社会上崇尚高学历和高职称,但学历和职称不是判断人才与否的唯一标准。没有学历和职称的人,自学可以成才,实践也可以成才。空谈误国,实干兴邦。因此,对于人才的认定,首先要坚持实践标准和德才兼备原则,其次要参考其对经济发展和社会进步贡献的大小。

二要对江西经济发展和社会进步需要哪些人才、需要多少人才心里有数。江西是个发展中的省份,新的世纪随着各项事业的发展需要大量的各种各样的人才。当然,江西的发展不一定要走别人走过的老路,也不一定非得要搞大而全、小而全,必须根据自身的特点和优长,充分利用后发优势,走出一条自己的路子。因此,对人才的需求也就应当有所选择。在这方面要加大研究力度,根据江西省产业结构调整、技术进步和文化教育事业发展对人才的需要,研究和制定5至10年人才战略发展规划。只有这样,才能极大地克服人才工作上的盲目性。

三要对各行各业的冒尖人才心里有数。一个冒尖人才往往代表一个学科的发展方向,或是搞活一片产业,弥足珍贵。抓住了冒尖人才也就抓住了人才问题的“龙头”,各级领导干部心中时刻都要装着冒尖人才。就省领导而言,在全省范围内,要直接掌握50名左右的各行业冒尖人才,要经常与他们联系,了解他们的业绩和需求,帮助他们克服困难和自身的弱点,鼓舞他们的士气,充分发挥他们的作用。各地、市领导对辖区内的冒尖人才也要心中有数,直接掌握20名左右(可与省里掌握的重复)。各县、市也要这样做。这样从上到下，形成一个有利于稳定冒尖人才的网络。

三、切实制定好人才政策

其一，认真总结已有的好的做法，并用制度固定下来。多年来，省委、省政府非常重视人才问题，有关部门和一些地方、单位，为引进人才、稳住人才，也采取了一系列行之有效的措施，要认真加以总结，并用制度固定下来，不因领导的更迭、看法的改变而改变。同时，还要借鉴和吸收其他省市的好做法。比如，上海鼓励大学毕业生自主创业，同时简化外地优秀人才进沪手续；江苏省人事部门对优秀人才简化手续，特事特办，待遇优厚；安徽省委领导表示，要把安徽建成能吸引人才的“磁场”和国内外人才科技成果的“实验场”，为博士到安徽工作办“绿卡”，来去自由。

其二，制定人才政策要立足于亲情和人才的心态、流动的特点。江西是发展中的省份，更加需要人才，潜在机会也更多。在制定人才政策的时候，要理直气壮地宣传“机会机遇论”。要用优秀人才在江西成长成功的典型事例，说明有真才实学的人到江西来是大有可为的，是不会被埋没的。同时还要看到，人才特别是知识分子人才，最珍惜被尊重、受重用，最讲究知恩图报，这方面需求的满足甚至比一时丰厚的物质待遇还重要。人才流动，有去有来，大体平衡，是正常现象。但是有去无来，去多来少就不正常了，就是人才流失了。人才并不都是喜欢“流动”的，之所以“流”，总是有其原因的。把好人才外流的脉，对于江西制定政策具有特别重要的意义。

其三，制定人才政策还要注意以下三个方面：(1)突出重点，重用重扶。对于急需的优秀人才，在工作上，要压担子、给任务、多支持，放心、放胆、放手让他们去闯、去试、去干；在生活待遇上，集中财力全力解除他们的后顾之忧；在感情上，还要予以很好的沟通和联络。换句话说，举全省之力，用好为数不多的优秀人才是做得到的，也是应该做的。(2)制度创新、机制灵活。要建立与社会主义市场经济相配套的人事管理制度，把传统的人事管理调整到整体性人才资源开发上来；打破“家族式”人才管理模式，实行人才共享机制，允许高级专业人才在省内自由流动,为他们发挥所长打开方便之门。(3)加大激励,严格考核。要消除"吃大锅饭"的旧观念,重奖有功人才,允许和鼓励有真才实学的人先富起来。同时,对人才的管理还要严格要求,严格考核,优胜劣汰。

(本文与沈谦芳同志合作,本人执笔,原载2000年1月18日《江西日报》)

关于江西人才队伍建设的意见

科学技术是第一生产力,人才又是科技发展的核心。经济发展的滞后,给江西人才队伍的稳定带来了许多难题,十多年来人才的外流也给江西经济发展带来了较大的影响。面对新世纪的挑战应当将人才问题真正摆上重要位置,采取一切行之有效的措施,加强人才队伍建设,在稳定现有人才队伍的基础上,大力引进人才,从而带动江西经济的发展。

制定具有前瞻性的人力资源开发战略和人才选用标准。在我省现有人才队伍中,高级人才偏少且分布不均衡。要解决这一问题,必须不惜重金从国内外公开招聘优秀人才。从客观条件来说,我们要与外省争人才,的确困难多多,但从长远来看,缺乏人才,江西要缩短与发达地区距离的路将更为崎岖,到时再来引进人才难度更大,成本更高。现在各省掀起了新一轮引进人才的高潮,我们绝不能漠然处之,我们财力有限,不能比实力,但可以努力,"有所为,有所不为"。首先应当确定新世纪江西产业结构和经济增长点,瞄准有可能大发展的自动化技术、新材料技术、生物技术、微电子技术、节能技术、医药新技术、农业新技术等方面科技前沿,由省人事、劳动、科技、社科等部门召集有关专家,制定江西人才引进、储备战略规划,提出引进人才的重点学科、领域及大致规模。在此基础上,由省里拨出专款,用于专业人才的引进,对于需加强的省级、地级科研院所,资金主要由省地财政解决,其余的可由财政、主管部门、用人单位按比例解决。引进人才的标准,应该主要是具有博士学位或具有高级职称的人员，对那些带有国内先进水平的科研成果、有市场潜力的专利技术的人员或学科带头人更应优先引进。

在抓紧引进人才的同时，尽可能在制度上保证用好用活现有的人才。江西要遏止人才外流趋势，留住人才，可以采取以下措施。一是广泛征求高级知识分子的意见，建立快速反应渠道，听取他们的呼声，维护他们的利益，尽力解决他们的合理要求，在“感情留人”方面，我们没有理由比外省差；二是建立“高新技术”特聘科研人员岗位或首席科学家制度，允许自由招人组成项目组，保证足额的科研经费。三是设立“博士后”工作站，吸引各方人才。四是对于企业选中的人才，有关部门应在户口迁移、职称评定、家属安置、子女就学及入股分红等方面尽可能优惠。五是新制定的政策不仅要惠及“新人”，同时也要照顾“旧人”，只要符合政策条件的都应当一视同仁，给予同样的科研条件和物质待遇。六是人事劳动部门、教育部门、科研单位应当掌握我省人才外流的基本情况，注意他们的研究方向和成果，在急需人才与技术时，可以采取借用、借调、客座科研人员、短期合作的办法解决问题。

建立人才竞争机制和激励机制，真正做到人尽其才。一是要进行科研任务目标管理，尽可能进行量化，确立竞争的目标；二是要建立激励机制，使干好干坏、干多干少的收益完全不一样，为竞争提供动力；三是为使竞争有序，应当制定操作性强的考核标准。引入人才竞争机制，使人人都有危机感，从而容易多出成果，多作贡献，形成奋发向上的氛围。

在激励制度的完善方面，可以从以下几点入手：一是分配制度的完善。不能总是“能者多劳”而应当“多劳多得”。将承担的科研任务与收入挂起钩来，这样对一些人才而言，留下来创业的可能性就大大增强了。二是奖励制度的完善。我省的科技进步奖、社会科学成果奖的物质奖励的力度小，挫伤了一部分人才的积极性，应当逐步提高奖金数额，使有重大贡献的科研人员凭“智”致富，这样相应也能稳定人才队伍。三是进一步完善跨世纪学科带头人选拔制度。被选入的人，都要通过合同的形式，规定在本省的最低服务期限，以项目培养人，极利于人才队伍科研水平的提高，也有利于人才队伍的稳定。

江西“物华天宝，人杰地灵”，只要政策措施得当，我们相信，“孔雀江西飞”，人才兴旺的局面终究会到来。

（本文原载《江西通讯》2000 年第 3 期）

新世纪贫困特点与反贫困新战略

到2000年基本解决我国农村贫困人口的温饱问题，是党和政府向全国人民作出的庄严承诺，并向世界作了宣告。从目前消除贫困的进程来看，这个战略目标可以如期实现。但是，“基本解决温饱问题”不等于“完全解决了温饱问题”，巩固消除绝对贫困的成果、推进贫困地区农民奔小康的进程，进而消除相对贫困的任务将更为艰巨。由于新世纪中国农村剩余贫困人口乃至低收入农户的分布、构成、成因与“八七”扶贫攻坚阶段有所不同，社会背景也有新的变化，因此，反贫困的手段、扶贫的战略也应随之改变。

到2000年年底，如果能如期完成解决温饱问题的阶段性任务，在农村仍还有2400万左右不适应参加生产劳动的残疾人、社会保障对象和缺乏基本生存条件的极度贫困人口；有2500万初步解决温饱的人仍需扶助才能巩固扶贫成果；还有3000多万人处在低收入阶段，需要通过扶持引导才能向小康生活迈进。这些数据表明，新世纪贫困人口与“八七”扶贫攻坚阶段的贫困人口既有相似的特征，但又有完全不同的特点，从整体上来看，贫困人口的构成、绝对贫困深化程度、相对贫困的构成较过去更为复杂。

从人类生存基本需要临界点来分析，新世纪贫困一个显著特点是绝对贫困与相对贫困“插花式”共存。在“八七”扶贫攻坚阶段，绝对贫困占主体，随着消除贫困阶段性任务的完成，当时的8000万贫困人口有70%转化为相对贫困，自然形成绝对贫困与相对贫困共存的局面。具体到一个村落，这种现象更为直观。由于个体文化、教育等素质方面差异，解决温饱的进程也不会是同步的，有的家庭早在几年前就解决了温饱，有的家庭则仍处在温饱线以下。就中观层面来看，生存条件极为恶劣的石山区、滨湖地区、自然灾害多发区、高原高寒地区，难以在短短的几年内完全解决生存方面的问题，绝对贫困的消除要滞后于其他环境条件稍好的地区。

从空间的广延性来看，新世纪贫困的另一个特征是区域贫困与个体贫困并存。前者主要是由环境所决定的，后者主要是个体素质差异及机会不均所致。仅从自然人的角度来考虑，区域贫困常常被人简单地视为个体贫困的相加，认为个体贫困消除了，区域贫困也就随之消失了。事实上远非如此简单，整体往往不等于局部简单相加。区域贫困是一个系统工程，除了经济上的量化指标外，还有政治、文化、教育、科技等可支配资源稀缺等测量标准，要比个体贫困复杂。进入20世纪90年代后，贫困地区人口转移性收入大幅度增加，对人均收入的提高起来了重要的作用，但对拉动区域经济贡献不很明显。很多乡村贫困人口虽大幅度减少，乡村经济结构却没有太大的变化，“空壳村”仍占相当的比例。由于转移性收入的不稳定性，乡村一级缺乏稳定的经济支持体系以推动本地温饱型、发展型贫困的消除，同时还无法阻止部分人口“饱而复饥”和“返贫”。在近5年的扶贫开发中，由于战略上偏好于消除个体贫困，反贫困具体措施由原来的“区域瞄准”转向为“个体瞄准”，在个体贫困大大缓解的同时，区域贫困问题显得更为突出。

新世纪初的贫困人口依然还保留原有的一些基本特征。一是集中连片性。主要分布在沂蒙山区、黄土高原丘陵沟壑山区、西南喀斯特山区、东西部接壤山区等18个集中连片的石山区、风沙区、干旱区、少数民族地区、地方病高发区以及库区、滩区，具有十分明显的地域特征；二是分散性。主要分布在远离中心城市的山区，交通不便，信息不灵；三是民族性。即贫困人口集中在大多数的少数民族地区；四是经济收入的不稳定性。除了自然灾害多、自身积累少、经济基础薄弱致使他们经济收入具有很大的不稳定性外，其产业结构“一头沉”（即高达90%的第一产业）制约了经济收入的提高。近些年来，市场风险也加剧了贫困人口收入的不稳定；五是在过去不明显而在新世纪凸显的特征是贫困人口内部的阶层性，这主要是个体差异所致。在20世纪90年代初，有8000万贫困人口在温饱线下，贫困状况大同小异，而经过十年的扶贫，有1/3的贫困人口在前5年率先解决温饱，向小康生活迈进，缩小了与农村其他家庭的差距；在世纪末又有1/3温饱问题基本解决，在正常情况下，一般无衣食之虑。而剩余的1/3的贫困人口中那部分缺乏基本生存条件的极度贫困人口约为500万，是经过历年扶贫难以啃下的硬骨头，与已解决温饱的贫困人口相比，与我们经济发展速度相比，与人民普遍提高的生活水平相比，差距明显拉大，贫困程度加深。

21世纪初的中国农村贫困还将呈现出比过去更加坚韧的"刚性"，具体表现在以下三个方面：一是剩余的绝对贫困人口脱贫难度更为艰巨，还要投入较多的物力、财力。自然资源欠缺问题可以通过移民来解决，而人口素质却不可能在短期内提高，这就从根本上增加了扶贫的难度；二是就处在温饱型贫困群体的人口来说，相当一部分人口是由于转移性收入的增加和"种养加"的发展而解决温饱，但市场风险和自然风险的力度往往要超过扶贫的力度，"返贫"的可能性极大；三是因区域贫困一直没有得到强有力的根除，区域经济不能有效地支撑已解决温饱的贫困人口生活水平逐年提高，发展型贫困的消除没有坚实的基础，整体实现小康生活要比解决温饱任务更艰巨，道路更曲折。

1999年，中央扶贫工作会议强调："扶贫开发是贯穿整个社会主义初级阶段的一项重要任务。下个世纪，扶贫开发还要继续深化，并不断向更高的水平推进。"新世纪贫困状况与过去有所不同，反贫困的方针、途径及制度安排有必要重新筹划。

在战略制定上，新战略应当体现以下几个方面的原则，一是市场化原则。新世纪前十年是我国社会主义市场经济体制形成的十年，扶贫行为与市场机制相吻合，才能从根本上提高行为效率。"八七"扶贫攻坚阶段的经验证明，市场化程度高的贫困地区，产业结构调整效果明显，"三高"农业建立最早，资源优势转化为市场优势带动从事商业生产的农民最多，市场建设、基础设施完善得最好，农民收入增长和贫困地区财政增长最快。二是政府提供公共产品、提供公共服务原则。为了解决“市场失灵”问题，政府应当介入反贫实践，但不是计划经济模式下的包办具体事务，政事不分，而应当转向提供公共产品、公共服务，弥补贫困地区环境缺陷等的宏观调控上。在财政援助方面，应当尽快建立和完善财政转移制度，大力加强基层政府承担事权的服务能力。三是效率优先原则。由于区域环境和个体素质的差异，贫困地区及贫困户不可能同步富裕，同样是有先有后。有的一扶就脱贫，有的是经过20年的扶助仍未脱贫。资金有限性、贫困的顽固性决定了新世纪前十年反贫困应当集中力量，扶助“八七”扶贫攻坚阶段中发展起来的市场化程度高的地区率先富裕起来，扶助商品意识浓的农户率先进入小康生活，然后通过榜样示范、“能人”带动、迁移式扶贫等方式解决那些生存条件差的地区贫困户的致富问题。四是内部激活原则。重点放在贫困人口文化教育科技培训等素质提高上，此外还应继续大力抓好计划生育工作，提高贫困地区的人口素质，彻底改变“贫困—超生—贫困”的恶性循环。

在制度安排上，应以解决区域贫困为主，兼顾个体贫困的消除。在农村贫困人口温饱基本解决后，主要的任务是巩固扶贫结果，从整体上提高它们的经济收入。简言之，是解决“有钱花”的问题，区域贫困的解决应当落实到区域经济的发展上。

在本世纪末的反贫困实践中，主要是采取“瞄准农户”的扶贫制度安排，目的在于尽快解决贫困户的温饱问题。由于贫困农户高度分散，经营规模过小，市场竞争力不强，发展后劲不足。这些数以万计的贫困户要进入社会化大市场，按照市场经济法则进行生产，必须在经营体制上进行改革。基本的路径之一是采取合作制的办法，进行劳动、资金的自由联合，实现农户小生产与社会化大生产的有机结合。无论采取哪种形式，都应遵循“风险共担，利益共享”的原则共同致富。由于贫困户总是弱势阶层，除了提高农民法律意识、增强自我保护能力外，政府应当对各联合体的行为进行监督和干预，防止“强买强卖”损农事件的发生。

在具体途径上，应当将“八七”扶贫攻坚计划向深度推进。在依靠科技进步，振兴贫困地区农业方面，要着重推广一些关键技术。在劳动力转移、缓解人地紧张矛盾方面，除了采取优质服务为贫困户外出“打工”提供方便外，应加强小城镇建设，推动农村城市化进程；应给予更加优惠的条件，大力推动已解决温饱的农民发展个体私营经济，改善贫困地区农业内部结构。

此外，新世纪的反贫困还要坚持可持续发展的原则，这不仅是发展经济的导向，同时也是实践的要求。新产业安排必须建立在与资源、环境保护相吻合的基础上才会有生命力。市场经济是法制经济，反贫困从总体上说属于一种经济活动，因而制定《反贫困法》显得十分必要，应通过法律来规范反贫困行为，维护方方面面的权益，保证反贫困实践朝着健康的方向发展。

（本文原载 2000 年 8 月 30 日《农民日报》）

话说反贫困战略转移

到2000年基本解决我国农村贫困人口的温饱问题,是党和政府向全国人民作出的庄严承诺。从目前消除贫困的进程看,这个战略目标可以如期实现,但是,“基本解温饱问题”不等于“完全解决了温饱问题”。巩固消除绝对贫困的成果,进而消除相对贫困的任务将更为艰巨,为此,我们的反贫困手段和扶贫战略也应随之改变。最近,我们以“新世纪反贫困战略应如何转移”为题,请省社联研究员、《老区建设》副主编罗莹阐述了他的了解。

■在新的世纪,我国农村贫困人口的特点是什么?

罗莹:从人类生存基本需要临界点来分析,新世纪贫困的一个显著特点是绝对贫困与相对贫困的“插花式”共存。随着消除贫困阶段性任务的完成,8000万贫困人口有70%转化为温饱型贫困和相对贫困,自然形成绝对贫困与温饱型贫困、相对贫困共存的局面。按照1995年农村贫困线来划分,年人均纯收入低于530元的贫困人口,属于生存型贫困即绝对贫困,到下世纪初这部分人口大约为2400万人;按照世界银行的划分标准,收入低于全国农民平均收入三分之一的人称为相对贫困,依此标准年人均收入在1200~2000元的农民应属此范围,他们要解决的是“奔小康”问题;而年人均纯收入在600~1200元的农民应当属于温饱型贫困范围。后两部分人口居多,约为5500万左右。

除此之外,新世纪初的贫困人口依然还保留原有的一些基本特征。一是集中连片性，主要分布在集中连片的石山区、风沙区、干旱区、少数民族地区、地方病高发区以及库区、滩区；二是分散性，主要分布在远离中心城市的山区，交通不便，信息不灵；三是民族性，即贫困人口集中在大多数的少数民族地区；四是经济收入的不稳定性。

■新世纪贫困状况与过去有所不同，那么，我们在制定新的反贫困战略时应着重注意哪些问题呢？

罗莹：在战略制定上，应当体现以下几个方面的原则：一是市场化原则。扶贫行动与市场机制相吻合，才能从根本上提高其效率。实践证明，市场化程度高的贫困地区，产业结构调整最明显，“三高”农业建立最早，从事商品生产的农民最多，农民收入和地方财政增长最快。二是政府提供公共产品，提供公共服务原则。为了解决“市场失灵”问题，政府应当通过收入分配、经济措施等纯公共产品的提供，提高区域自我发展能力。在财政援助方面，应当尽快建立和完善财政转移制度，大力加强基层政府的服务能力。三是效率优先原则。由于区域环境和个体素质的差异，贫困地区及贫困户不可能同步富裕，同样是有先有后。资金有限性、贫困的顽固性决定了新世纪前十年反贫困应当集中力量，扶助“八七”扶贫攻坚阶段中发展起来的市场化程度高的地区率先富裕起来，扶助商品意识浓的农户率先进入小康生活。然后通过榜样示范、“能人”带动、迁移式扶贫等方式，解决那些生存条件差的地区贫困户的致富问题。四是内部激活原则。应把重点放在贫困人口文化科技教育培训等素质提高上。

在制度安排上，应以解决区域贫困为主，兼顾个体贫困的消除。在农村贫困人口温饱问题基本解决后，主要的任务是巩固扶贫成果，从整体上提高它们的经济收入。简而言之，是解决“有钱花”的问题，区域贫困的解决应当落到区域经济的发展上。在产业安排上，应当突出发展高效农业，提高抵御市场风险的能力，迎接加入 WTO 的挑战；在产业结构调整上，依据农产品优质化目标，强化质量意识和市场意识。应把大力发展农副产品加工、贮藏、保鲜、包装等农业下游产业作为产品质量提高的重要内容来抓。只有通过建立市场型的扶贫产业覆盖贫困户,才能为他们提供稳定的收入来源。此外,还应加大农田基本建设力度,控制水土流失,增强农田保土、保水、保肥能力,大力推广农业资源保护与增值技术,为发展生态农业打下良好的基础。

■在新世纪反贫困行动中,应采取哪些具体措施?

罗莹:具体说来,在依靠科技进步振兴贫困地区农业方面,要着重推广一些关键技术:如农业工程化技术,推广易学、易用、易掌握的"傻瓜"系列技术;野生资源开发技术,发展绿色食品和特色产业;病虫害防治技术,实行化学防治、生物防治与农业技术措施相结合;"蓝色"水生资源开发技术,大力提高淡水养殖面积和单产水平;种植业栽培技术,提高复种指数、产量、质量及管理技术等。在劳动力转移、缓解人地紧张矛盾方面,除了采取优质服务为贫困户外出"打工"提供方便外,还应加强小城镇建设,推动农村城市化进程,通过抓好乡镇、集镇建设,提高其"积聚效应"和"辐射功能",为贫困户发展商品经济进入市场提供桥梁。与此相适应的是,应给予更加优惠的条件,大力推动已解决温饱的农民发展个体私营经济,从事商业、运输、加工业、建筑业及其他行业,改善贫困地区农业内部结构。在资金扶助方面,除保证原有规模外,应随着贫困户收入的提高,采取国家、集体扶助,个人资金配套的办法,控制家庭消费基金,扩大再生产或发展资金。要加强与国际反贫困组织的协作,争取外来资金、项目,加大反贫困的投资力度。要着力加强生产要素市场的建设,针对贫困地区边远性、封闭性的特点,尽快加强信息网络、信息市场的建设,加快农业信息人才的培养。

(本文原载2000年10月9日《江西日报》新闻话题)

实现小康的启示
——只有党的领导才能使中国走向富强

中国是个文明古国,有着5000年璀璨文明的历史,中华民族是勤劳勇敢的民族,在改造自然、征服自然,与贫困做斗争的过程中,为世界文明与进步作出了卓越的贡献。但在生产资料私有制的条件下,即使在所谓的“贞观之治”、“康乾盛世”,人民的温饱问题也没有得到解决。人民一次次的起义,没有改变受压迫的地位,“人人有饭吃、有衣穿”这最简单的要求也只能是千百年来的美好愿望。

以孙中山为代表的资产阶级革命党人,第一次在中国举起了“振兴中华”的旗帜,推翻了清王朝,结束了中国历史上延续了两千多年的封建帝制。但这一次革命并没有改变中国半封建半殖民地的社会性质,没有解决中国社会的主要矛盾。历史表明,中国的资产阶级及其政党不能担当起领导人民“振兴中华”的历史重任,资本主义不能把人民引向摆脱贫穷,走向共同富裕的康庄大道。新中国成立前夕,当时国民收入只有358亿元,人均66.1元,大约折合美元18元。广大贫苦劳动人民疲于为生活奔波,对精神文化的消费几乎是一片空白,全国人口中80%以上是文盲。医疗卫生条件也极差,全国平均每千人仅有病床0.15张,卫生技术人员0.93人,瘟疫、霍乱、结核、疟疾、麻疹、乙脑等多种流行性恶疾猖獗,人民的生存受到了严重的威胁。

1921年,中国共产党的成立,革命有了中流砥柱,最广大人民的根本利益有了忠实的代表。中国共产党以马克思主义为指导，以最先进、最革命、最富有组织纪律性和团结精神的工人阶级为阶级基础，把全心全意为人民服务作为党的根本宗旨。社会的特点、党的性质揭示了在中国所有的政治集团中，只有中国共产党才有能力代表中国先进社会生产力的发展要求、中国先进文化的前进方向、中国最广大人民的根本利益。

在革命时期，成千上万的先烈面对枪林弹雨，面对敌人的屠刀，毫不畏惧，慷慨赴死，是什么力量使他们铸就了钢铁般的意志，陶冶了他们毫不利己、专门利人的高尚情操？在战争年代，人民群众为我军送粮、送药、送情报，置身家性命而不顾，人民军队打到哪里，老百姓支前队伍的“小推车”就推到哪里，是什么使党和人民群众的关系如鱼水之情，是什么原因使我们党有那么大的凝聚力、向心力？答案只有一个，那就是党代表了中国先进社会生产力的要求，代表了最广大人民群众的根本利益，反映了中国最广大人民群众翻身做主的愿望，因而赢得了人民的拥护。历史证明，中国人民的这一选择是正确的。

新中国成立后，我们党成功地进行了生产资料所有制方面的社会主义改造，初步建立了以公有制为基础的社会主义生产关系，在“一穷二白”的废墟上，开展了大规模的社会主义建设。尽管党在不同的历史时期发生了一些挫折和失误，甚至一些严重的失误，但从总体上来看，在一个几亿人口的大国，比较顺利地实现了如此复杂、困难和深刻的社会变革，不但没有影响和破坏生产力，而且成功地建立起社会主义的政治、经济制度，有力地促进了工农业和整个国民经济的发展，取得了社会主义建设的伟大胜利。新中国的诞生，社会主义制度的建立，为“振兴中华”、人民摆脱贫困、实现小康生活，提供了前提条件和可靠保障。

在社会主义制度建立以后，怎样进一步认识社会发展的动力、性质和科学地把握发展的运行机制，这是执政的共产党人面临的一个新的历史课题，也是社会主义国家长期探索而又未能从根本上得以解决的一个重大的实践和理论问题。随着社会的不断发展，在特定历史背景下形成的过分单一的所有制结构和计划经济体制暴露出明显的弊端，束缚了生产力的发展，也使社会主义失去了应有的活力,影响了人民生活水平的进一步提高。

党的十一届三中全会后,以邓小平为核心的党的第二代领导集体,果断地作出了党的工作重点的转移,指出"社会主义的根本任务是发展生产力",制定了党在社会主义初级阶段的基本路线。邓小平同志强调"改革的性质同过去的革命一样,也是为了扫除发展社会生产力的障碍,使中国摆脱贫穷落后的状态。从这个意义上说,改革也可以叫革命性的变革"。改革开放,是一场革命,它极大地调动了广大人民的积极性、创造性,使社会生产力得到快速的发展,人民生活水平迅速得到提高。

要让人民生活水平提高,邓小平同志用了一个形象化的词,就是要让人民进入"小康"。今天的小康生活标准,不同于封建时代的"田园生活",它是从中国处在社会主义初级阶段这个最大的国情出发的,包括了人均国民生产总值、人均纯收入、人均居住条件、人均营养供给量及教育、文化、卫生等各项指标。也就是说,实现小康生活对于中国人民来说它的意义和内涵是"小康"本身难以涵盖的。尽管各国国情不一,执政党的奋斗目标不同,一般都会对国家的发展作出种种规划,设计一定的实施目标。但是只有中国共产党将全国最广大人民的根本利益放在首位,将全体人民摆脱贫困,实现小康,最终达到共同富裕作为党的奋斗目标。因为共产党除了人民的利益外,没有自己的特殊利益。

在实现小康的历史进程中,邓小平设计了我国"三步走"基本实现现代化的战略目标:第一步,从 1981 年到 1990 年,国民生产总值翻一番,解决人民的温饱问题;第二步,从 1991 年到 20 世纪末,国民生产总值再翻一番,人民生活达到小康水平;第三步,到 21 世纪中叶,人均国民生产总值达到中等发达国家水平,人民生活比较富裕,基本实现现代化。这一发展战略是依据社会主义初级阶段和中国的具体国情提出来的,是符合中国实际且具有中国特色的发展战略。

1995 年,在党的十四届五中全会上,以江泽民为核心的党中央第三代领导集体,根据邓小平的"三步走"发展战略和中国社会经济发展的实际情况,对未来15年社会主义现代化建设作出了新的战略部署:2000年,在我国人口将比1980年增长3亿左右的情况下,实现人均国民生产总值比1980年翻两番,基本消除贫困现象,人民生活达到小康水平,全面完成现代化建设的第二步战略目标,初步建立社会主义市场经济体制;2010年,实现国民经济生产总值比2000年翻一番,使人民生活的小康水平更加宽裕,形成比较完善的社会主义市场经济体制。"九五"计划的胜利完成,我们已经胜利实现了现代化建化建设的前两步战略目标,经济社会全面发展,人民生活总体上达到了小康水平。

如果说,小康曾经是人民的一个梦想,那么是中国共产党和社会主义制度使梦想成为一个实实在在的历史进程;如果说小康曾经是人民憧憬的生活,那么是改革开放和建设有中国特色社会主义道路,使它成为活生生的现实。随着我国社会主义市场经济体制的建立和发展,我国的综合国力和人民生活水平有了大幅度的提高,不仅解决了困扰已久的温饱问题,而且克服了自然灾害、通货膨胀、亚洲金融危机和企业转制等方面带来的种种困难,初步实现了人民向往已久的小康生活。

到1999年年底,全国未解决的贫困人口已从1995年到7000万减少到3400万人,农村贫困发生率下降到4%左右。城乡居民收支稳步增长,个人资产大量增加。1999年城镇居民人均可支配收入达到5854元,比1995年增加1571元;农民人均纯收入为2210元,增加了632元,恩格尔系数即食品占消费总支出的比重不断下降,衣食住行已经从吃饱向吃好,从单一实用向舒适美观和多样化转变。居住条件、交通通信条件不断改善,家电等耐用消费品的拥有量进一步增加。截止到1999年年底,城镇居民家庭住房自有率已经超过70%,农村竣工住宅投资也达到2000亿元以上。全国固定电话和移动电话用户分别达到1.1亿户和4324万户,电话普及率达到13%,其中城市为28.4%。汽车、家用电脑、移动电话、微波炉、影碟机由前几年的几乎一片空白变成新的消费热点,农村百户家庭拥有的大型家具由695件增至761件。在物质生活进一步得到满足的同时,人们的精神生活也得到了进一步充实。居民用于陶冶情操、增进身心健康的文化艺术、健康保健、医疗卫生等方面的支出也稳步增长，用于子女非义务教育和自身再教育的支出大幅度提高。1999 年，城乡居民衣食住用以外的消费支出占消费总支出的比重为 29.2% 和 21.6%。医疗保健事业、生活保障也进一步提高。人口平均寿命 70 岁，居民主要健康指标居发展中国家前列。全国基本普及九年义务教育、基本扫除青壮年文盲的“两个基本目标”基本实现，全国青壮年文盲率降到 5% 以下，每万人口在校大学生已由 1995 年的 24 人增至 1999 年的 32.8 人。“村村通”广播电视工程顺利实施，人口综合覆盖率已经达到 90%。在改革开放短短的二十多年中，中国人民生活水平实现了质的飞跃。

百年光阴，在历史的长河中犹如弹指一挥，白驹过隙。上个世纪之交，八国联军攻占北京，中华民族国破家亡，蒙受巨大屈辱；现在又值新的世纪之交，中国已基本消除贫困现象，人民生活基本实现小康水平，实现了中华民族千百年来的一个夙愿。这再一次证明，没有中国共产党的领导，没有社会主义制度的保障，没有改革开放的巨大动力，就不会有共同富裕的中国，就不会有进入小康的中国，也不会有富强、民主、文明的现代化中国。这是历史的昭示，这是百年巨变的结论。

（本文与傅伯言同志合作，本人执笔，原载《党建》2000 年第 11 期）

反贫困：
新中国对国际社会的卓越贡献

贫困是个历史性的、世界性的问题。20世纪中叶后，国际社会越来越重视反贫困。对于社会主义国家，对于无产阶级政党，反贫困更具有鲜明的政治意义。中国共产党的成立，中国革命有了中流砥柱，翻开了反侵略、反压迫、反剥削、反贫困的壮丽诗篇；经过28年殊死的奋战，中国人民终于翻身做主，铲除了滋生贫困的社会制度根源，人民群众因环境等原因所致的绝对贫困也得到了有力的遏制；改革开放以来，具有中国特色的反贫困，一路凯歌高奏，成就辉煌璀璨。正如江泽民同志在1999年中央扶贫开发工作会上所指出："这20年，是我国经济社会发展最快、贫困人口减少最多的历史时期"；中国"有组织、有计划、大规模地长期开展扶贫开发工作，这在世界上是独一无二的"；"现在，我国农村绝大多数人口的温饱问题已经基本得到解决，12亿中国人民进入和建设小康社会具备了更为坚实的基础。这不仅是中国历史上的奇迹，也是世界历史上的奇迹！"当新世纪钟声即将敲响之际，中国已基本消除贫困现象，人民生活达到小康水平，这是中华民族发展史上一个新的里程碑。在近半个世纪的世界反贫困行动中，有中国特色的反贫困规模最大，力量最集中，成效最显著，不仅为中华民族在新世纪的振兴奠定了坚实的基础，使中国大踏步走向繁荣富强，而且对于世界贫困人口的减少、人权事业的发展、"和平与发展"进程的推进、反贫困经验的总结、反贫困理论的创新等方面作出了卓越的贡献,新中国的反贫困在人类社会发展史上写下了光辉的一页。

一、贫困人口的减少:中国创造了世界历史上的奇迹,为世界反贫困事业作出了卓越的贡献

第二次世界大战结束后,贫困逐渐成为国际社会关注的焦点。1979 年联合国测算,全世界约有 9 亿贫困人口,29 个最贫困国家"都处在生存与灾难的夹缝之中"。二十多年过去后,在全世界经济不断发展、社会财富迅速增加的过程中,马克思《资本论》中所揭示的一边是资本积累,一边是贫困积累的现象活生生地呈现在世人面前:在平均收入方面,贫富国之间相差 74 倍,被联合国列为最不发达的国家从 29 个增加到 47 个,贫困人口增加到 15 亿,且以每年 2500 万人的惊人速度增加。1996 年 1 月 17 日,联合国总部大厅内启动的一座"贫困钟",它以最直观的形式告知人们:这钟的分针每转一圈,地球上就要新增 47 个贫困人口。有关文献显示,在拉丁美洲,每年有 4000 万人死于饥饿,其中 50% 是儿童;在非洲,每年有 500 万儿童饿死,500 万幼儿因饥寒交迫而致残。贫困,使世界充满悲惨。

不合理的国际经济秩序,"让富有的更富有,让贫困的更贫困",严重地制约着人类社会的进步。如何摆脱贫困,成为半个多世纪以来联合国经常讨论的世界性大问题。在 20 世纪六七十年代,国际经济学界形成了发展经济学这一学科,专门研究发展中国家的贫困与反贫困问题。尤其是从 20 世纪 90 年代起,联合国有关会议研究通过了《90 年代援助最不发达国家行动纲领》等一系列决议、文件,把发展中国家保持经济持续增长和反贫困列为国际发展战略的首要目标和国际合作的优先领域。1992 年 12 月 22 日,第 47 届联大确定今后每年的 10 月 8 日为国际消除贫困日;1995 年联合国召开的社会发展世界首脑会议,集中讨论了消除贫困、社会融洽、促进发展的问题,会议确定 1996 年为国际消除贫困年。

联合国等有关国际组织为了争取人类有和谐的生存环境,长期以来不断要求各国采取有效的行动来支持世界反贫困事业。中国是世界上最大的发展

中国家,在世界反贫困事业中具有举足轻重的地位。新中国成立后,从整体上消灭了人剥削人、人压迫人的剥削制度,斩断了产生贫困的一个重要根源。但生存和发展的环境不利、机会不均等、个体素质差异所造成的绝对贫困在新中国成立后的30年中没有得到根除。在1978年,中国农村贫困发生率高达30.7%,贫困人口为2.5亿,约占世界贫困人口的1/4。中国的贫困状况引起了国际社会的密切关注,一些居心不良的人,也借此恶毒攻击社会主义的中国。

历史总是那样地相似。50年前,新中国的诞生,给那些敌视中国共产党和中国人民的人当头一棒。英雄的中国人民用小米加步枪,打败了日本侵略者,推翻了"三座大山",用自己的血肉之躯筑起了共和国的大厦,中国人民终于站了起来;50年后的今天,中国共产党和中国人民,依靠自己的力量,以创造人间奇迹的英雄气概再一次震动世界:中国农村贫困人口由1978年的2.5亿下降到2000年的2000多万,年均减少1000万;贫困发生率由30.7%下降到2%以下,贫困人口比例由占世界贫困人口的1/4下降到1/70。

在当今世界,任何一国贫困人口的多寡,直接关联着世界贫困面的大小,各国贫困的程度都将影响着世界反贫困事业的进程。即使没有国际组织的呼吁,新中国也将一贯地反贫困,因为这是社会主义本质的内在要求,是中国共产党全心全意为人民服务宗旨的具体体现。在世界贫困状况日趋恶化,赤贫人口逐年猛增而且缺少有效对策的状况下,中国反贫困取得辉煌的成果,在20年的时间内减少2亿多贫困人口的事实证明:中国共产党总是代表着中国先进社会生产力的发展要求,代表着中国先进文化的前进方向,代表着最广大人民的根本利益,在社会主义建设的过程中总是能够科学地揭示反贫困的规律,制定的正确路线、方针、政策,总是能受到全体人民的拥护,形成巨大的物质力量和精神力量,解决我国几千年来没有解决的温饱问题。中外反贫困截然不同的结果又给世人以深刻的启示:只有社会主义制度才能保证人民共同富裕目标的实现;只有马列主义、毛泽东思想、邓小平理论的指导,才能解决中国的贫困与发展问题;只有改革开放才能为反贫困提供强大的动力;只有建设有中国特色的社会主义，才能取得中国反贫困的最终胜利，才有力量为国际社会的进步事业作出更加卓越的贡献。

二、人权事业的发展：中国人民生存权的解决对世界人权事业作出了卓越的贡献

在当今世界，人权问题越来越为国际社会所关注。联合国于1948年正式通过了第一部关于人权问题的国际性文件《世界人权宣言》，此后又相继制定了一系列的公约，以促进世界人权事业发展。人权问题虽有国际性的一面，但本质上是一个国家的主权问题。西方国家鼓吹“人权高于国家主权”、“人权无国界”，其目的就是打着人权的幌子去干涉别国的内政，推行霸权主义。世界人权事业不属于某个超级大国、某些利益集团，它属于全世界人民。在世界仍存在霸权主义、强权政治的现实条件下，对于世界人权事业，维护国权是最首要的任务，有国权才能反贫困，才有争取生存权、发展权及其他权利的前提。历经一百多年沧桑的中国人民和爱好和平的世界人民是有血的教训的。在八国联军的炮火中，在日本侵略者的铁蹄下，中华民族生灵涂炭，血流成河，国破家散人亡，生命、家庭、财产都没有保障，那还有什么人权？对于南京大屠杀等劫难中的死难者，发展权、健康权、教育权、民主参政权又从何谈起？国权丧失，在中国的土地上挂出“华人与狗不得入内”的告示，中国人民连起码的人格都没有，人权又如何体现？在1999年北约的狂轰滥炸下，南联盟的民居、医院、学校都毁于一旦，流离失所的难民的人权又如何实现？

国权是第一位的。不屈不挠的中国人民为维护世界人权事业作出了最重要的贡献，西方等国家借人权之名搞的反华议案在联合国遭到一次次的失败，证明全世界人民是拥护这一原则的。对于世界上绝大多数发展中国家而言，在保证国权第一的前提下，生存权、发展权又是急需争取的最基本的、最重要的人权。这两个权利没有解决，其他权利也无法保障，也难以维护国权。只有世界人民的生存权、发展权都有了保障，世界人权事业才能得到真正的发展，而反贫困又是解决生存权、发展权的根本途径。对此，中国反贫困的历程作了

最好的明证。

贫困和人类历史一样悠久。中国古代认为“贫，富之反，穷乏也”，“贫，财分少也”。文史资料对贫困也有生动的记载：“农户阙糟糠，蚕户乏短褐”，多数家庭“腹肌不得食，肤寒不得衣，虽慈母不得保其子”，以致“弃子逐妻，以求口食；拆屋伐树，以纳税钱，寒馁道涂，毙赔沟壑”。到了近代，在“三座大山”的压迫下，中国人民更是处在极度贫困之中，稍遇天灾，饿殍遍野，卖儿卖女的惨景随处可见。历代仁人志士提出许多美好的愿望都没有实现，农民一次次的起义，都没有解决人民日思夜想的“人人有饭吃，个个有衣穿”这个最基本的生存权问题。中国共产党诞生后，它领导人民大众反侵略、反剥削、反压迫、反贫困，成千成万的先烈用血肉之躯换来了民族的独立、人民的解放。新中国的诞生是中国共产党人为争取绝大多数人的人权浴血奋战的硕果，它标志着中国人民受奴役、受欺凌和生存权、发展权无法保障的历史一去不复返了；它也标志着中国共产党领导的以革命的形式反贫困、摧毁滋生贫困的旧制度取得了决定性的胜利。

建立了新中国和社会主义制度，中国人民的人权事业也翻开了新的一页。由于“三座大山”导致中国积贫积弱，由于鸦片战争以来的上百年中，帝国主义强加给中国的战争及连绵不断的内战使中国原本就不发达的经济百孔千疮，1949 年中国人均国民收入为 18 美元，不足整个亚洲平均收入 44 美元的 1/2，不足邻国印度 57 美元的 1/3。此时的中国不仅是一穷二白，而且众多地区社会经济远远落后于时代，有的地方仍处在奴隶社会，甚至是原始公社阶段，以致以解决人与自然之间的矛盾为主的新的反贫困之路异常地难行。地域环境的复杂，社会经济的不平衡，自然灾害的多发，加深了新中国反贫困的难度。此时美国国务卿艾奇逊竟然预言，共产党的政府也解决不了中国人的吃饭问题，中国人民的生存权的保障，只有依靠美国的面粉才有出路。

历史不以人的意志为转移，中国共产党人绝不屈服于任何困难。新中国 50 年反贫困的壮举，人权事业的逐步推进有力地回击了西方敌对势力的种种谬论。在以毛泽东为核心的党的第一代领导集体领导下，通过土地改革、农业合作化道路、粮食统购统销政策等措施,使旧中国留下的极度贫困得到了有力的遏制。在社会主义制度和生产资料公有制的保障下,尽管仍存在普遍性的贫困,但毕竟是依靠自己的力量,以占世界7%的耕地养活了占世界1/4的人口。党的十一届三中全会后,在以邓小平为核心的党的第二代领导集体领导下,在改革开放进程中通过农村经济体制改革、农副产品价格的提高,救济式、开发式扶贫的开展,到20世纪90年代初,在综合国力大大提高的同时,中国农村贫困人口有1.7亿解决了温饱问题,中国人权事业得到快速发展。此后中国反贫困进入攻坚阶段,中国人权事业发展也进入关键阶段。在以江泽民为核心的党的第三代领导集体领导下,通过实施《八七扶贫攻坚计划》,动员全社会的力量,终于在世纪之交时,基本解决了中国农村绝大多数贫困人口的温饱问题,为他们享受其他各项权利创造了有利条件,中国也进入了小康社会。这是中国共产党和中国政府在短短的50年内发展人权事业方面取得的最重要、最伟大的成果。

中国几亿贫困人口温饱问题的最终解决,不仅使艾奇逊的预言再一次破产,有力地回击了西方敌对势力在人权问题上对我国的种种非难,更重要的是这一成果的取得,更加坚定了中国各族人民在中国共产党的领导下建设有中国特色社会主义的信念。中国千百年来没有解决的最广大人民的生存权问题,在中国共产党领导下,在短短的50年中得到解决,再一次以铁的事实证明,中国共产党和中国政府高度重视发展人权事业,并付诸行动来维护和促进世界人权事业的发展;中国共产党和中国政府为保障中国人民的生存权和发展权这一最基本、最重要的人权,进行了锲而不舍、坚苦卓绝的努力而取得的最重要、最伟大的成果,在中国乃至世界的发展史上值得大书特书。中国的人权事业是世界人权事业的重要组成部分,占世界1/4人口的中国人民生存权的解决,是对世界人权事业的卓越贡献,在人类社会发展史上有着十分重要的地位。

三、"和平与发展"进程的促进：反贫困增强了中国反对霸权主义，维护世界和平的力量。中国的进一步发展，对推动国际社会进步的贡献将更为卓越

和平关系到人类社会的发展，发展推动着世界文明的进步。没有和平安宁的环境，任何国家都无法集中精力进行经济建设和实现国家繁荣。20世纪前半期先后爆发的两次世界大战，给人类社会带来空前的灾难。战争导致死亡人数近8000万，军费消耗和直接物质损失达55700多亿元。消除战乱与贫困，实现和平与繁荣是战后世界人民的共同愿望。占世界总人数80%、总面积67%，占联合国成员国80%的第三世界的发展，是世界和平的根本保证。在反对霸权主义、支持第三世界、促进世界"和平与发展"的进程中，中国的作用越来越大，这与中国反贫困的不断胜利、综合国力的不断增强是分不开的。

历史是最好的见证。中国从贫困走向富裕、从弱国发展成为现代化强国的过程，也是中国人民对人类社会的进步发挥愈来愈大作用的过程。从鸦片战争到新中国成立这一百多年里，世界上大大小小的列强都侵略过中国，妄图瓜分甚至灭亡中国。弱国无外交，在一个个不平等条约的勒索下，中国连自己的命运都无法主宰，更不要说在国际舞台上能有什么大的作为。"贫穷备受欺凌，落后就要挨打"，从血与火中过来的民族对此有切肤之痛。新中国的成立宣告了一个新时代的产生，对国际格局的改变产生了重大的影响。中国反贫困的不断胜利，促进了中国社会的稳定和繁荣；综合国力不断提高，制约战争的实力不断增强，为中国筑起了抵御侵略的铜墙铁壁。960万平方公里的神州大地，人民安居乐业，不再是贪婪的帝国主义坚船利炮耀武扬威的地方，不再是任他们宰割的对象，不再有硝烟四起，不再见流离失所的难民，这本身就是对世界和平事业的极大贡献。

现实告诉人们，贫困往往成为一个国家、地区政治动荡、社会不稳定的主要根源。中国的反贫困为亚太地区的稳定作出了最直接的贡献。长期以来中国农村的贫困人口分散在众多的少数民族地区，而这些地区又有相当部分是中国的边疆地区，存在跨国界的民族成分。贫困会积累不稳定的因素，中国的边疆稳定事关亚太地区的稳定,因此,中国政府自始至终都高度重视少数民族地区、边疆地区的反贫困。尽管中国还不十分富裕,但每年都从中央财政中拨出专门的资金扶助这些地区。信贷扶贫资金也着重投向这些地区,这些地区贫困人口的温饱问题也一直是中国反贫困行动的主要目标。经过改革开放20年的反贫困,这些地区的经济有长足的发展,贫困人口减少了98%以上,贫困人口的温饱问题基本解决。反贫困产生了很强的向心力、凝聚力,增强了抵御外来势力渗透的能力,中国边疆地区的稳定得到大大的加强。中国社会的安定、各民族的团结,促进了亚太地区的稳定和发展。随着中国西部大开发战略的实施、美好山川的建设,反贫困将向更深更广的层面发展,东西部差距的缩小,人民向共同富裕目标的迈进,中国对亚太地区、全世界和平与发展的贡献会更为卓越。

人类需要和平,发展是维护和平的有力保障。没有发展,就不可能有真正的和平。在经济一体化的浪潮中,幅员辽阔的中国的发展事关世界的发展。中国几亿贫困人口温饱问题的解决,已进入小康社会的12.5亿中国人民成为硬国力中的重要组成部分,也是世界和平力量的生力军。反贫困和经济的协调发展,大大提高了中国在稳定世界局势、抑制战争力量、维护世界和平行动中的地位。对此,一位世界银行专家高度称赞:“中国只用了一代人的时间,取得了其他国家用了几个世纪才能取得的成就。”中国的发展也是世界发展中的重要组成部分。中国在致力于自身发展的同时,还高举和平、发展的大旗,为支持发展中国家和地区的发展作出了不可磨灭的历史贡献。中国致力于经济发展,致力于贫困人口的消除,而不像有的国家热衷于军事扩张。有人竟然鼓噪“中国威胁论”,其险恶用心不言而喻,目的就是要遏制中国,目的要变“多极世界”为“单极世界”,这只能是一种妄想。

环顾全球,世界经济一体化的趋势不可逆转。在国际经济体系中,不断发展和进步的中国是一个蕴藏着巨大购买力的大市场。仅在“九五”计划中就有2800亿美元的外资进入中国有关行业,众多跨国公司获得了满意的投资效益。中国的反贫困,促进了社会的稳定,为外资企业在中国提供了持续发展的环境;中国人民生活水平的逐步提高,使中国在国际经济中更为活跃,也为世界经济的繁荣作出了特别的贡献。在亚洲金融危机中,“人民币不贬值”起到了擎天支柱的作用。欧盟委员会副主席布里坦曾高度评价中国为缓解这一危机的贡献,他说:“就对未来全球经济的影响而言,在亚洲,或许全世界没有哪个国家比中国更为重要。”众所周知,一个国家币值的稳定,基本上取决于一个国家经济形势和国家政局的稳定。对此,有中国特色的反贫困功不可没。中国的发展和对国际社会的贡献也正好验证了邓小平同志的预言:“我可以大胆地说,到本世纪末,中国能达到国民生产总值翻两番的目标,也就是我曾经跟大平正芳先生讲的达到小康水平,那时中国对于世界和平和国际局势的稳定肯定会起比较显著的作用。”在新的世纪,中国必将更快地发展,对经济全球化的推动将更加有力。

中国地理条件复杂,气候异常多变,发生过的天灾几乎囊括了世界上各种类型的自然灾害。多数灾害时空分布广,发生频率高、强度大,给中国的反贫困带来了层出不穷的障碍。1989 ~ 1992 年,4 年的灾害损失就相当于全球 20 世纪 90 年代平均损失 500 亿美元的 1/4。特别是 1998 年我国发生的特大洪灾,有 3.34 亿亩农田受灾,成灾 2.07 亿亩,直接经济损失达 2551 亿元;受灾人口达 2 亿多人,仅江西一省就有 159 万人被洪水冲得一无所有。这样大的灾情,这样多的受灾人口在中外历史上是前所未有的。在征服这一自然灾害与新发生的贫困作斗争的过程中,江泽民等中央领导多次亲临灾区,各地党政主要领导在第一线指挥调度;人民解放军、武警 36.24 万人、110 多位将军与全国 800 多万干部群众参加抗洪抢险,各地调用物资达 130 多亿元,中国人民用自己的双手描绘了当代世界最为壮观的“抗洪抢险图”,描绘了当代世界最为绚丽多彩的重建家园的画卷,形成了名扬千古的“抗洪精神”。面对这中外历史都罕见的灾情,如果没有中国共产党的坚强领导,怎能迅速消除天灾;没有社会主义制度的有力保障,没有几十年社会主义建设反贫困和发展所积累的物质力量,怎能做到“万众一心,众志成城”?怎能迅速凝聚起这样大的抗灾能量?如果没有战胜洪灾,无力重建家园,几千万的灾民奔向城市,流向边境，像新中国成立前一样逃难“下南洋”、“走西洋”，中国、亚洲，乃至全世界的社会秩序又将会怎样？中国1998年抗洪重建家园这一反贫困和征服自然灾害的斗争，再一次展示了中国人民的大无畏精神，再一次为国际社会的稳定与发展作出了卓越的贡献。

四、经验的总结：有中国特色的反贫困，对世界反贫困事业的技术创新和示范效应的贡献最为卓越

为巩固统治阶级的利益，维护正常的社会秩序，消除不安定的因素，在20世纪，世界上许多国家都采取了一些必要的措施来反贫困。美国30年代的“田纳西河流域开发”，50年代欧共体的“区域政策”，60年代日本的“过疏地区开发”，70年代印度尼西亚的“积丰增收计划”、印度“最低需要计划”、巴西“发展极计划”、泰国“加速农村发展计划”，80年代菲律宾的“K，KK”计划，都收到一定的成效，为世界反贫困事业提供了一些经验。但是，没有任何一个国家的扶贫成效能与中国相比，没有一个国家对世界反贫困事业的技术创新和经验的提供有中国的贡献大。正如前几年在北京召开的国际议员大会上，马来西亚国会议员叶炳汉所说：“在世界很多人还在挨饿的时候，中国已在帮助人民摆脱贫困、提高生活水平，保障人民的基本人权方面获得很大成功。”孟加拉议员卡西姆称中国“为广大发展中国家树立了光辉的典范”。1999年，联合国开发计划署官员罗米罗·加西亚说：“世界上没有其他任何国家像中国一样在扶贫工作中取得如此巨大的成功”，“这一成就在人类历史上是史无前例的”。2000年5月6日，《俄罗斯报》称“中国扶贫成就引人注目，联合国开发计划署驻华代表莱特娜在讨论联合国反贫困报告时称赞，中国在反贫困方面的经验为在这方面取得的成就还不明显的其他发展中国家提供了一个范例。她的讲话在世界媒体中引起了广泛的反响”。

中国的反贫困经验、制度与技术创新有的具有特殊性，但多数具有普遍适用性。推翻“三座大山”，建立社会主义制度，消灭贫困的制度之源；建立在公有制基础上的农村双层经营体制；有组织、有计划、大规模地长期性扶贫；动员

全社会的力量反贫困、区域互助等等，其力度最大，成效最为显著。这些措施只有在无产阶级政党的领导下，在社会主义制度的保障下，才有实现条件，因而它也给世界上其他社会主义国家的反贫困提供了有益的经验。

针对特定的群体、特定区域的反贫困，中国走出了独特的路子，有许多新的创造。特别是道义性扶贫的“希望工程”、“光彩事业”、“春蕾计划”、“幸福工程”、“康复工程”、“烛光工程”、“万村书库”、“手拉手、心连心活动”等都有很强的可借鉴性，有些形式也为相当多的国家仿效。

中国的制度性扶贫是在政府领导下，从实际出发，不断优化，不断完善，配套进行，整体推进的，因而具有很强的针对性、操作性，也易于推广、仿效和借鉴。开发式扶贫，主要通过国家必要的扶持，启动贫困区域的内在活力，优化和改善不利的生存和发展环境，以提高贫困人口的自我积累和发展能力；“财政扶贫”这一制度安排主要通过资源净流入来推动受援区域的技术进步，推动存量资源的有效组合，扩大预期收益以提高行为效率；“信贷扶贫”，实行贷款有借有还、滚动使用的原则，为贫困地区建立稳定收益的产业；“以工代赈”实行救济与建设的结合，与相类似的国际经验比，它具有更高的组织效率；“移民开发”则是通过提供专门的资金，划出专门的地点，接纳生存条件极恶劣地区的移民从事开发；“劳务输出”将缺乏可支配性要素的人口转移到城镇、经济发达地区从事劳务，获得资本、技术等要素的积累。“瞄准个人”，扶助那些难以跟随整体经济发展的人口，使之获得基本的生存、发展能力。

在世界反贫困的行动中，作为政府计划安排最为成功，在短期内使受益面最大并获得国际好评的是中国的《八七扶贫攻坚计划》；科技扶贫则是中国反贫困中最为有效、最有前途的手段，最为国际社会关注和推崇。第三世界多数国家为农业国，生产力水平低，经济发展不平衡，科学技术落后。中国的科技扶贫提供了成功的经验。科技扶贫，其宗旨是运用成熟的科学技术和现代管理科学，增强贫困区域农民的开发能力，大幅度提高区域资源增值能力及劳动生产率，以求得最佳经济、社会和生态效益。科技扶贫的有效性也得到众多的国际组织的好评，尤其是“星火计划”，它使科技与经济实现了最佳的结合，生产商品周期短,取得经济效益快,易于推广。更重要的是它走出将科技转化为生产力,推动以自然经济为主的农村经济向以科技为主的市场经济转变的好路子,这对于发展中国家来说有很强的实用性。联合国的官员也认为这些手段为发展中国家农村经济的发展树立了一个样板,"星火计划"也成为发展中国家官员到中国考察反贫困实践的主要项目。

历史具有继承性,以史为鉴可以少走弯路。很多外国有识之士认为中国这样一个发展中国家,能取得如此卓越的反贫困成就,给人们的启示是深刻的。实际上,中国反贫困的制度创新、提供的经验借鉴,先温饱、后小康的反贫困策略手段等许多文明成果,已被实践检验是成功的,为众多发展中国家起到了典型、样板的作用,有力地推动了世界反贫困事业的进步。这些具有东方特色的文明成果,来自于中国反贫困的卓越贡献,它属于人类文明,属于全世界人民。

五、反贫困理论与制度创新:毛泽东、邓小平、江泽民的反贫困理论,不仅是中国反贫困的光辉旗帜,而且为世界反贫困理论与实践提供具有中国特色的智慧文明成果作出了卓越的贡献

近百年来,人类在反贫困的行动中收获了众多的文明成果。国际经济学理论界就反贫困问题创立了众多的学说,形成了繁杂的理论体系。这些学说、理论,无论其逻辑结构如何严密,论据如何充分、论证如何周详,除具有部分借鉴性外,都不能成为中国反贫困的理论基础,更不可能成为中国反贫困的行动指南。在世界反贫困理论体系中,如果没有指导中国这样一个世界上最大的发展中国家的反贫困理论,这个理论体系再庞大,其内容也是苍白的、不完备的。

中国是文明发展最早的国家之一,中华民族创造了灿烂的中国文化,对世界产生过重大影响,为人类文明的进步作出了突出的贡献。19 世纪中叶,中国的农耕经济基础及封建王朝走过了两千多年的历程,进入到它的末世,帝国主义的侵略加速了它的衰弱破败;中国已由世界上先进强大的文明古国蜕变为一个贫困、落后、任人欺辱的国家。国人的种种理论不能指导中国铲除贫困的制度性根源,纷繁的各路学说不能引导中国人民摆脱贫困和改变悲惨的命运。

中国共产党的成立,使从根本上改变这一状况的反贫困有了坚强的领导力量,勇于创新、富有聪明智慧的中国人民对人类文明进步作出贡献的新局面又重新打开。在新民主主义革命时期,"三座大山"严重阻碍生产力发展,社会制度也源源不断地带来新的贫困。为了使人民摆脱贫困,以毛泽东为主要代表的中国共产党人把马列主义同中国实际相结合,创立了毛泽东思想,取得了新民主主义革命的伟大胜利。在毛泽东关于中国革命理论的体系中,农民问题、工农武装割据问题、土地革命的路线和政策、根据地建设等理论思想,创造性地解决了主要群众是农民、主要任务是土地革命、主要斗争方式是工农武装割据这样一些国际共产主义运动没有解决的问题。提出通过革命消灭剥削和压迫,通过建设社会主义来消灭贫困。这些理论的创造,指导中国革命取得成功,实现了最广大人民的根本利益——翻身做主人,极度的贫困也得到缓解和遏制,也为中国最终消除贫困建立了社会主义制度保障。如果没有毛泽东思想的指导,如果没有新民主主义革命的胜利,如果没有反贫困的制度创新,占全人类四分之一的中国人民不知要在黑暗的社会受多久的煎熬,世界贫困人口将不知要增加多少,动荡的中国将会给世界带来多大的不稳定因素。在毛泽东关于中国建设的理论原则和经验总结中,对国情的认识、经济建设方针的制定、经济体制改革的初步探索、工农业并举、商品生产和价值规律、四个现代化等思想,为遏制和消除中国几千年来存在的绝对贫困,都起到了不可磨灭的历史性作用。在毛泽东晚年,他提出的三个世界划分的思想,是中国支持第三世界的发展、建立国际新秩序、维护世界和平的重要理论基础。

新中国是在推翻半封建半殖民地社会的基础上建立起来的,反贫困的任务异常艰巨。党的十一届三中全会后,针对新中国仍然存在贫穷落后的状况,中国共产党第二代领导集体核心邓小平,以超凡的政治气魄、理论勇气及实事求是的科学态度,提出了一系列反贫困论断,这是邓小平理论的重要组成部分，是指引中国反贫困实践的伟大旗帜。他提出“贫穷不是社会主义”，揭示了新时期反贫困的必要性、紧迫性及重要意义；“改革的性质同过去的革命一样，也是为了扫除发展社会生产力的障碍，使中国摆脱贫穷落后的状态”，提出了新时期反贫困的重要手段——改革，即通过改革不适应生产力发展的生产关系来反贫困；“农村不稳定，整个政治局势就不稳定，农民没有摆脱贫困，就是我国没有摆脱贫困”，他亲自领导下的农村经济体制改革，揭开了新时期中国反贫困的帷幕；“我们坚持走社会主义道路，根本目标是实现共同富裕，然而，平均发展是不可能的”，提出一部分地区和一部分人先富是逐步实现共同富裕目标的捷径，提出了具有重大理论和现实意义的“两个大局”的思想；“实现人类的希望离不开科学，第三世界摆脱贫困离不开科学，维护世界和平离不开科学”，强调科学在人类社会进步和反贫困中的重要作用；“发展是硬道理”和“三个有利于”，是检验反贫困等一切工作的重要标准；“一个公有制占主体，一个共同富裕，这是我们所必须坚持的社会主义的根本、原则”，指出了反贫困的前提条件和要坚持的根本原则；“一个国家要取得真正的政治独立，必须努力摆脱贫困”，提出了反贫困对于第三世界国家的政治独立的决定性作用；“等到中国发展起来了，制约战争的和平力量将会大大增强”，强调中国的发展不对别国构成威胁，相反将为世界的和平与发展作出更大的贡献。

在 20 世纪 90 年代中国反贫困的攻坚阶段，以江泽民为核心的党的第三代中央领导集体，高举邓小平理论的伟大旗帜，在研究新情况、解决新问题的过程中，对中国的反贫困问题，提出了一系列论断，强调大力发展生产力来反贫困，丰富和发展了邓小平理论。在庆祝中国共产党成立 70 周年大会上的讲话中，江泽民同志从宏观上对有中国特色社会主义经济、政治、文化的基本要求作了全面而系统的阐述，为中国进一步反贫困，指明了前进的方向；在党的十四大报告中，他着重从理论上回答了如何建设、巩固和发展社会主义一系列基本问题，指出“贫困地区尽快脱贫致富，是实现第二步战略目标的重要组成部分”，深化了反贫困的战略地位；在 1994 年中央扶贫工作会上，他强调在本世纪末解决 8000 万人的温饱问题，占世界人口 1/4 的中国人民生存权这个最大、最基本的人权问题从此就彻底解决了，科学地揭示了反贫困与发展人权事业的关系；在《正确处理社会主义现代化建设中的若干重大关系》一文中，他提出了反贫困、实现共同富裕的经济协调论；在1996年，中国扶贫攻坚进入关键时刻，他科学地指明了反贫困的依靠力量；1997年在党的十五大报告中，他又一次强调了反贫困、扶贫攻坚的政治、经济意义；1999年，中国农村贫困人口温饱问题基本解决的目标即将实现时，他又提出了扶贫开发长期作战的重要思想……

在不同历史背景下，毛泽东、邓小平、江泽民反贫困理论的侧重点、解决问题的具体方式也不同，但贯穿于他们理论的主线又是一脉相承，那就是全心全意为人民谋利益；理论的逻辑起点、归宿也是完全相同，那就是国富民强、人民共同富裕。他们的理论创新顺应了中国社会发展的根本要求，根植于中华民族优秀文化传统的沃土，着眼于中国的国情，始终洋溢着中华民族求生存、求发展的坚强意志和百折不挠、自强不息、勇于奉献的民族精神。

世界文化的优秀成果、世界文明与进步的历史是世界各国人民共同创造的。毛泽东、邓小平、江泽民的反贫困理论是毛泽东思想、邓小平理论的重要组成部分，也是中国共产党、中国人民集体智慧的结晶，这些理论成果是党和人民在探索怎样建设、巩固和发展社会主义进程中创立的。在当代中国乃至当代世界，毛泽东、邓小平、江泽民对中国贫困的社会制度根源、反贫困的道路、方向、战略、策略、任务、制度保证、动力机制、人权事业、反贫困的国际性地位等一系列重大理论、实践问题，作出的科学判断和精辟的论述，其成效性是史无前例的；它不仅丰富和发展了马列主义，是中国反贫困的旗帜、反贫困政策的灵魂，而且也成为具有东方大国特色的反贫困文化，这些宝贵的文化财富为填补世界反贫困理论的空白作出了历史性的贡献。毛泽东、邓小平、江泽民的反贫困理论还具有求真性、唯实性、客观性、实践性、科学性与鲜明的时代特征，显示出巨大的理论魅力；这些理论转化为现实的生产力，取得反贫困的伟大成果在中外历史上是空前的；这些理论成果以其丰富的内涵、科学的价值、独具特色的理论创新和伟大的成效，在世界反贫困理论、发展经济学及世界优秀文化宝库中的重要地位无可替代。

历史将会永远铭记新中国反贫困对国际社会的卓越贡献。在即将来临的21世纪,中国人民将在以江泽民为核心的党的第三代领导集体领导下,高举邓小平理论的伟大旗帜,把反贫困事业向更高的水平推进,前景将更为辉煌,屹立于世界强国之林的中华民族对国际社会的贡献将更加卓越!

参考文献:

[1]《邓小平文选》第三卷。
[2]江西扶贫开发工作会议历次会议材料汇编。

(本文与傅伯言同志合作,本人执笔,原载《江西社会科学》2000年12期)

新世纪前十年中国反贫困的战略取向

贫困是个世界性的问题,反贫困是社会进步的题中之义。今年,农村贫困人口的温饱问题将基本得到解决,这标志着中国人民将在新的发展起点上进入新世纪。我国正处在社会主义初级阶段,生产力发展不平衡,不可能同步达到富裕的目标,总会有相当部分人处在相对贫困中;由于我国地域的复杂性、经济发展不平衡及个体素质差异等原因,"基本解决"温饱问题不等于"全部解决"温饱问题,仍有2000多万贫困人口只能在下世纪解决温饱问题。新世纪的贫困与传统的贫困既有相同点,也有不同点。明显的特征是贫困呈多样化:绝对贫困与相对贫困并存、区域贫困与个体贫困并存、集中贫困与散居贫困并存、环境制约型贫困与个体能力制约型贫困并存。基于这一点,新世纪前十年反贫困战略的制定,对以下几方面的战略取向应着重研究。

一、市场化取向

在"八七"扶贫攻坚阶段,产生于计划经济体制下的扶贫模式,在市场机制的作用下,行为效率明显降低。最为明显的是在扶贫资源要素的配置方面往往力不从心,扶贫过程中不时出现与政府意图相悖的要素逆向流动,或多或少地抵消扶贫力度。这说明传统的扶贫模式已经不能适应市场经济的要求,扶贫行为市场化的改革是新世纪反贫困战略制定的一个基本要求。

市场化改革的首要任务应当重塑扶贫行为主体。在过去,政府是扶贫的主体,包办扶贫事务,又无法自始至终深入到具体的微观的经济事务之中。技术、资金、物资等资源拥有者在政治与道义力量促使下参与扶贫等经济行为,处在被动之中,"市场压抑"不同程度地存在。动员型的经济活动难以形成竞争,也无法组成合力,扶贫主体处在"虚化"或"错位"境地。扶贫,其落脚点在于开发,主体只能是直接从事经济活动的组织,或直接、间接服务于经济活动的非政府部门。政府职能部门的"挂钩扶贫",只能是主体的附属,属于慈善性和道义性的行为。随着政企分开,政府不再直接管理和经营企业,其经济职能要由主要实行直接管理转向主要间接调控,从主要管理微观经济活动转向主要管理宏观经济活动;从过去分钱、分物、分指标、批项目等繁琐业务转向搞好规划、协调、服务和监督为主的工作,政府"挂钩"也很难解决实际问题。当然这并不是意味着今后政府不管扶贫,反贫困完全由市场调节来进行。事实上政府不作为扶贫主体,其职能要求必须为主体服务;政府不再"包打天下",但必须为"打天下"者构筑适应发展的活动空间。一般来说,贫困地区存在资本边际收益率低、投资比较利益低、人口文化素质低等缺陷。这些缺陷不进行弥补,即使形成了扶贫主体,扶贫行为也难形成。政府只有通过经济政策、财政政策、经济杠杆、法律手段和必要的行政手段、制度创新,促使贫困地区投资的比较利益得到逐步提高,使资金的回报率达到与经济发达地区不相上下,或略低但市场风险小的程度,此时扶贫行为才能完全实现市场化的要求。当扶贫主体对贫困地区的扶助、支持转为互助互惠,由扶助贫困地区转变为开发贫困地区,这样才能最终全面推进贫困地区的经济发展,彻底消除生存型、温饱性及发展型贫困。

市场化改革的重点应当是发挥市场机制对贫困地区开发资源配置起基础性作用。要在稳定完善贫困地区农村双层经营体制的基础上,通过市场调节功能大力促进贫困地区农村土地、资金、技术、劳动力等生产要素合理流通,突破传统农业的局限,使农业从自然经济向市场经济转变,使农业生产与农产品加工、流通环节有机地结合起来,使贫困户从中获得更高的经济效益。市场机制发生作用的条件之一是要有完善的市场体系,而这恰恰是贫困地区的薄弱环节。有资料表明，我国农副产品批发市场在1997年底总量为4038个，其中城市批发市场为1727个，平均每个大中城市7个左右；农村批发市场2311个，平均每个县（市、区）还不到1个。贫困地区更少，且交易条件差，配套服务不完善，严重地制约市场对贫困地区经济的调节作用。要进行市场化改革，必须加快贫困地区流通体制改革，培育市场主体，提高贫困户进入市场的组织程度。在市场体系完善和建立过程中，除加强商品市场建设，为商品交换的实现提供条件外，还要大力发展生产要素市场。金融市场是市场体系的重要组成部分，在市场经济中，资金是在追逐利润中流动的，资金的流动代表了资源的流动，其流向总是经济效益好的地方、产业或部门。鉴于此，国家应当通过货币政策等调控手段，对贫困地区金融市场建设进行必要的政策倾斜，使流向贫困地区的资金回报率不低于别的地区，不但能留住本地资金，更要能吸引外部资金。技术与信息是极为重要的资源，对贫困地区反贫困、发展经济具有不可低估的作用。但长期以来，这方面的市场几乎为零，近年来也没有得到应有的发展，这在很大程度上影响了科技扶贫的作用力。在新的世纪，资金、科技、信息等要素是反贫困的根本依托，只有大力发展相关市场，才能有条件使技术、信息转化为生产力，才能发挥资金“第一推动力”的作用，从而促进新世纪贫困地区技术进步和社会经济的发展。

市场化改革亟待解决的一个突出问题是发挥市场机制的导向和调节功能，根据价格、利率、工资等市场信号的起伏波动，优化和调整扶贫产业结构。经过近15年的开发式扶贫，贫困地区形成了较大规模的扶贫产业，这是贫困人口解决温饱的主要财源。目前存在的问题主要是产业的起点低、规模小、科技含量不高、缺乏市场竞争力，以致发展后劲不足。滨湖地区的“退耕还田”、林区的“禁止伐林”都给已解决温饱的农民带来新的问题。中国将要加入WTO，对农业的影响，都将给各层次贫困人口带来各种压力和冲击。进入新世纪后，仍需坚持走开发式扶贫之路，产业规划、项目安排都要在新的高度上运作。实践已经证明，无论是现有产业结构的调整还是新产业的规划和建设，都应当遵循“以市场需求为导向，走生态农业之路，做好‘三高’农业文章，提高扶贫产业科技含量，求得最佳经济效益”的基本思路来确定扶贫产业的发展目标。只有跟着市场这只“无形的手”来调节生产，通过新的产业安排这只“有形的手”优化经济结构，才能为贫困人口建立稳定的收入来源，以最终消除贫困。在战略制定中，尤其要突出发展具有广阔市场前景，又能与WTO带来的压力相抗衡的“生态农业”、“效益农业”及“可再生资源型加工业”，逐步实现扶贫产业由“自然资源开发型工业”向“农业资源加工型工业”转变。在相当长的时间里，贫困地区立足于自身的资源，借助于国家的“贴息贷款”，发展了相当数量的小林场、小煤矿、小水泥、小炼油、小造纸等自然资源型小企业，相当部分都因污染环境、破坏生态平衡、产品质量低劣、生产安全隐患大、项目重复建设、没有市场竞争力而被市场淘汰或由政府强行关闭。在滨湖地区，不注意自然风险，“低水”种养，结果是年年投资，年年遭灾。深刻的教训昭示，新世纪发展贫困地区工业必须与环境协调，只有走可持续发展之路，扶贫产业才有无限的生命力。

二、政府主导取向

新世纪反贫困战略的市场化取向并不意味着排除政府的作用。市场机制的启动，基于微观经济主体对自身近期、局部利益的追求，且又是事后的调节，因而具有自发性、盲目性和滞后性的缺陷。为了解决“市场失灵”问题，发挥政府的主导作用非常必要，这也是对市场化取向的有益的事前补充。就反贫困，促进区域经济发展来说，只有在政府介入的前提下，才能实现市场化改革的要求。

西方国家政府介入反贫困的方式主要是：一是福利制度，主要防止贫困不再恶化，穷人更穷，它被视为一个安全网，为那些社会的弱者、失去劳动能力和遭到意外困难的人提供最基本的生活保障；二是采取经济计划行动来反贫困，通过拨付专款，授权于社会某个机构或经济组织，通过对贫困人口教育培训、项目贷款资助等来提高贫困人口脱贫能力，政府对整个过程进行监督；三是制定区域开发政策，给予特殊的优惠政策，提供公共用品，通过政策的效力来拉动社会经济组织开发贫困区域，从整体上发展贫困地区经济。

我国处在社会主义初级阶段，不可能像西方一样实行高标准的福利制度来反贫困，况且西方的福利制度也存在种种缺陷。但这并不等于不能实行一些有针对性的福利措施，西方反贫困的一些具体措施也可借鉴。在新世纪，政府介入的基本方式有以下几个方面：

1. 重建财政转移制度。通过财政资金在各级政府间，特别是中央政府与地方各级政府间的一种再分配形式，解决一些地方政府财政收入能力与其支出责任不对称的问题，也达到政府为全社会提供大致“均等化”的公共服务目标。目前的财政转移支付与国际上通行的转移支付很不一致，也难以适应实践的要求，存在种种问题。尤其是中央对地方的税收返还以 1993 年为基数，无区别地承认各地区的既得利益，没有从根本上触动地区间财力分配不均的问题，也就难以体现政府公共服务大致均等的原则。

对于反贫困而言，重建财政转移支付制度要考虑到两点：一是不仅有中央政府对省一级政府的转移支付，而且还必须有省对市县一级的转移支付。因为在事权划分上，对反贫困责任的履行及相关服务主要是由基层政府承担，只有提高其财政收入能力，才能承担相应的支出责任。就目前来说，基层地方政府自有财政收入在全部财政收入中所占的比重很低，基本上是“吃饭财政”，而中央政府如省级政府则集中了较大比例的财政收入，因而财政转移制度的建立要以一般性转移与支付为重点；二是要加大专项转移支付的力度，且在资金用途上要严格限定，基本上用于中央委托的事务，特别是要集中用于优化贫困地区生存与发展空间，提升其与发达地区竞争能力。

2. 制定区域开发政策，振兴贫困地区经济。英国采取这一举措，为缓解贫困取得了很大的成功。它采取工业证书颁发、多种形式的补贴、奖励，以及对营业费用的补助等作为促进区域经济发展的手段，鼓励企业迁入，并更多地使用选择性财政援助。中国实施这一政策有着良好的基础。在改革开放后，中国逐步扩大规模实施了农业综合开发，作为一项系统工程，对农村劳动力进行再分工、生产要素再结合、产业结构的再构造起到了很好的效果。农业开发以发展多种经营、乡镇企业、农产品加工为突破点，增加了农民收入；通过改造中低产田，开发荒山荒地荒水，保证了开发区的粮食产量快速增长；它还加速了劳动力的转移，促进了农业产业结构的优化和效益水平的提高，改善了地方财政。

农业综合开发在消除温饱型、发展型贫困方面作出了极为重要的贡献，不足之处在于它的覆盖面积太小。它选择的是“潜力大、见效快、效益好”的区域作为开发目标，多数边远山区还没有纳入开发范围。囿于资金的限制，新世纪的区域开发政策也不可能全面开花、同步推进，只能与农业开发总体战相配合，逐渐扩大开发范围。过去农业综合开发主要集中在标准农田的建设上，那么新世纪区域开发政策则应扩大到其他基础设施建设、生态环境保护上来。同时，应大力推进农业社会化服务体系的完善和发展“龙头”企业、农副产品加工基地，带动分散的贫困户进行商品生产。

如果将农业综合开发作为政府介入的手段之一即区域政策的基础，同样也有一个市场化政策的问题。由过去的政府包办转变到制定政策，依靠“政策诱导”的道路上来。作为市场主体的科技院所、企业及其他个体私营组织，都是具有自身利益的自然人或法人，必须自主经营、自担风险、自负盈亏、自我约束，并依据成本与收益的比较来判断各种行为的利弊，决定投资方向。要让这些市场主体进入比较效益低的贫困地区，必须有“政策优惠”，保证它在一定补贴的前提下进行生产和扩大再生产并获得本行业的平均利润。同时还应建立一个支持系统，它包括：政策系统，进行“政策诱入”，协调各市场主体之间的关系；管理系统，主要解决程序和实施政策的一系列问题；监督系统，对区域政策的全过程进行监督。

3. 保留和完善卓有成效的福利措施、税赋优惠措施，提高服务水平，扩大社会流动性。以工代赈是一种福利措施，但又区别于一般的救济，其本质属性在于救济与建设相统一，它是受援对象通过参加必要的社会公共工程的建设而获得赈济物资或资金的一种特殊救济方式。这种政府介入方式在新世纪仍具有很强的效用，首先，它直接面对受援对象，只要有劳动能力，便能通过劳动,无风险地获得相应的资金或实物。这种方式成效十分显著,而且覆盖面大;其次,以工代赈的“工”主要是以加强贫困地区的基础设施建设为主,使贫困人口的生存空间、区域经济发展空间得到改善,为增强其自我发展能力夯实基础;最后,有利于刺激消费,扩大需求。近几年来我国处在通货紧缩时期,工农业商品买方市场出现,如动用积压的工业产品来以工代赈,不仅可以使贫困人口受益,而且可以增加城市就业机会。在税赋优惠方面,过去通过减免税赋,使众多的贫困人口保持了稳定收入的增长,但减税既有时间性也存在不公平的现象,因为在贫困人口中收入也有高低,收益也不均等。在此方面,可采取国际上较通行的负所得税法来给予补助。也就是说由政府根据不同地区的情况,确定一个“收入保障额”,在个人收入为零时,政府按“收入保障额”给予补助,在大于零而小于一定数额(如贫困线、最低生活保障线)时给予某种补助,但这种补助是递减的。在扩大社会流动性方面,主要是指劳动力的流动,政府应在信息提供等方面提高服务质量。

此外,政府介入反贫困还必须有法可依,政府干预还须借助法律手段。社会主义市场经济是法制经济,反贫困属性也要求对市场经营主体的权益进行保护。在西方,为反贫困服务的《济贫法》已出现了好几百年。1601 年,英国伊丽莎白女王颁布《济贫法》,确认国家有解决贫民问题的责任。进入 20 世纪后,西方许多国家都相继制定了许多相关法律来规范反贫困行为。在依法治国、建设社会主义法治国家的过程中,制定国家《反贫困法》显得十分的必要。只有建立反贫困的法律机制,才能使反贫困行为更为规范、更有效率。

三、内部激活取向

内部是相对于扶贫外部组织而言,主要是指贫困地区的组织、群体与个体。激活,主要是指对反贫困行动的参与性的提高。在 20 世纪 80 年代,实行的是救济式的扶贫,贫困人口被动地接受外部的扶助,自然参与性不高,也就是通常说的“等、靠、要”思想严重。在开发式扶贫阶段,由于贫困群体仍普遍存在“发展观念淡薄”等非理性行为,加上扶贫利益诱致型机制尚未建立,也只得实行动员型的参与性反贫困实践。内部不活、主体意识不浓、参与性低下直接制约着扶贫效率的提高，新世纪反贫困实践应当着重解决这个问题。

1. 组织行为的强化。组织是指乡村基层党政组织，它们是反贫困实践的具体承担者和领导者，其思想意识、决策行为直接影响着内部的活力。组织行为所表现出来的热情、活力、创造精神、开放意识、参与意识是内部动力机制形成的基础。组织行为要得到强化，一是要提高组织的有效性和协同性。这里的协同主要是指乡村党政组织成员之间协作共同努力的意愿和行动，有了协同，组织就有一种强烈的向心力和凝聚力。为此，必须抓好党员的宗旨教育、乡村干部的政治理论教育，要用邓小平理论来武装他们的头脑。二是要进行乡村干部世界观、人生观和价值观的培养。要使他们成为艰苦奋斗，勇于进取的模范；学习理论，运用科技的模范；执行政策，遵纪守法的模范；精于攻坚，脱贫致富的模范。这样的组织行为是能够教育群众、引导群众和鼓舞群众的。三是要有严格的组织规范。这是由道德规范、集体意识和管理制度相互作用而形成的行为规范。道德意识是软约束，制度是硬约束，两方面相结合才能优化组织行为。四是要有监督机制，保证组织行为朝着反贫困的目标迈进。除了组织内部自身监督外，更要加强群众监督。组织行为得到有力的强化，反贫困的战斗力必然会大大提高。

2. 群体意识的优化。群体指的是追求共同的目标和利益而由两个以上的人所组成的相互影响、相互作用、相互依赖并有一定行为规范的人群结合体。在这里，群体就是整体上的贫困人口。群体意识的优化在于培养三个意识。一是市场意识。市场是连接贫困地区、贫困人口与外部世界的桥梁。贫困人口生产的商品在市场出售后，其私人劳动才能转化为社会劳动，劳动耗费才能被补偿，获得了盈利，其生产才能发展。因而，市场本身也是一种反贫困的手段。外部援助力量得到最充分的释放，也需要以市场意识为依托，否则受援对象参与性也将大大降低。市场意识的培养途径有外部力量的思想动员、乡村干部及先富者的榜样示范、扶贫产业市场化的影响等等。贫困人口市场意识大大地提高，必然会转化为极大的反贫困物质力量。二是科技意识。贫困地区落后，科技薄弱是根本的因素。贫困群体科技意识的培养除了抓好启蒙教育，送技术上门，使他们成为科技明白人外，更要大力加强农业科技网络建设，加大适用技术的推广力度。三是法律意识。通过普法教育，提高贫困群体的民主意识、参政意识和法律观念，使之能依法办事，正确行使民主权利，自觉履行应尽义务。在权益受到侵害时，能通过法律手段来维护自身的合法利益，彻底摒弃非理性行为。

3. 个体素质的提高。贫富差距的形成，个体素质差异是一个重要的原因。有相当多的贫困属于个体能力制约型贫困。区域贫困、发展型贫困的消除，对个体素质提出了更高的要求。治贫先治愚，消除精神贫困与消除物质贫困同等重要。在这个问题上，新世纪仍要从根本上遏止"越穷越生，越生越穷，越穷越读不起书，越读不起书越穷"恶性循环现象；"基本扫除青壮年文盲，基本普及九年制义务教育"的"双基"工作应从深度和广度上下功夫；还要通过宣传发动，典型示范、弘扬艰苦创业的精神，使贫困人口的潜能得到发挥。

此外，战略制定还应突出国际化的原则。要扩大贫困地区与国外反贫困组织的交流，借鉴他们的经验。我国现在推广运用的"小额信贷"扶贫方式就源于孟加拉国，成效十分明显。要积极争取世界银行、亚洲开发银行、联合国粮农组织及有关慈善机构的援助，尽力形成新世纪反贫困的最大合力。

（本文原载《江西社会科学》2000 年增刊）

技术创新与江西传统农业的改造

传统农业的改造,是农业发展及现代经济发展理论中的一个极其重要的理论与实践课题,其本质在于如何实现农业现代化。其基本要求是用现代工业装备农业;用现代科学技术武装农业;由掌握现代科学技术的劳动者从事农业;用现代科学的经营体系管理农业和实现农业的可持续发展。加快对江西传统农业的改造,加快农业现代化的步伐,是新世纪江西经济发展的关键所在。

一、传统农业的理论分析

传统农业,是建立在自给自足基础上的一种封闭式的生产体系,农业生产所需要的各种生产要素完全由农业生产系统内部提供,农业生产的产出也主要用于满足农民自身消费的需要。用著名经济学家、诺贝尔经济学奖获得者舒尔茨的话说就是:“完全以农民世代使用的各种生产要素为基础的,生产技术没有任何重要改变的,效率低下的农业可称为传统农业。”

传统农业是人类农业史上一个重要阶段。在这个阶段,主要的生产工具是铁木制农具,以人畜力作为动力,实行手工劳作,生产者根据累世相承的经验和技能,组织和从事农业生产活动。舒尔茨在他的《改造传统农业》一书中,把发展中国家的传统农业定义为一种特殊类型的经济均衡状态。作为这种特殊类型的经济均衡状态,必须满足三个基础条件:(1)技术状况保持不变;(2)持有和获得收入来源的偏好和动机状况保持不变;(3)这种状况保持不变的持续时间足以使获得收入来源的农业要素的边际偏好和动机,同作为一种对持久收入流投资的这些来源的边际生产力以及接近于零的纯储蓄达到一种均衡状态。而且,他认为技术停滞是传统农业最基本特征。所谓技术停滞是指在一个贫穷的农业社会里,农民世世代代都同样地耕作和生活,播种同样的作物,使用同样的生产要素和技术。传统的农业中劳动力充裕,资本稀缺,生产规模小,农民素质较差,在这种情况下很难找到适宜的替代技术来促进技术从停滞转为进步。西方现代农业技术是不适宜直接运用到发展中国家的传统农业的,原因有:一是发展中国家农民的资金匮乏,这些技术无法在缺乏资本、缺少规模效益的条件下使用;二是这些技术也很难与低素质的劳动力相结合;三是这些技术得以发挥的条件,如农业科技站、农技传媒、农业基础设施等在多数发展中国家并不具备,使得农民对新技术缺乏了解。所有这些限制了新技术的采用,使发展中国家技术长期得不到发展。

另外,采用新技术的高风险也是使农业技术长期停滞不前的原因之一。传统农业技术虽然生产率不高,但它们的保险系数大。因为传统农业技术是经过农民祖祖辈辈使用过和改进过的,重复使用熟练的技术比采用新的不熟练技术要有把握得多。发展中国家的农民绝大多数都处在生存水平线上,他们的目标不是寻求利润最大化(相应风险也大),而是生存机会的最大化和风险的最小化,以避免饥饿的降临,这限制了农民采用新的技术。美国农业发展经济学家梅勒对此作了这样的论述:“传统农业被这样一种观点所支配:它们强调生存和维持现状,而不是改善和提高其现有的地位。传统农业的两个特征坚定了这种看法:第一,由于缺乏系统的研究和试验,创新要冒很大的风险。所以,传统农业中有许多新思想很可能演变为陈腐的观点,结果是传统农业地位的丧失而不是提高。第二,由于农民的收入很低,他们在得到最低的物质需求之前经受不起生产的剧烈下降,因而对创新失误的惩罚中很严厉的。”,“在一定时期内,保守主义的经济优势往往变成了一成不变的宗教束缚和其他文化特性。这种事情一旦发生,即使研究能减轻失败的风险,要人们改变行为去

积极创新也仍然是困难的。”（约翰·梅勒著:《农业经济发展学》第231页,北京:农村读物出版社,1988年5月）

技术停滞对农业发展造成了严重的后果。虽然传统农业技术是保险的,但是这些技术具有生产率低的缺陷。一方面,传统农业的土地生产率很低,因为用传统技术种植传统的作物品种与用现代技术种植改良的品种相比,单位的产出要低得多;另一方面,农村中存在着大量剩余劳动力使得农业劳动生产率很低。农民的收入不是由边际生产率决定,而是由平均生产率决定,每个家庭成员共同分享有限的生产成果,否则,他们中有人就会遭受饥饿的危险。由此可见,传统农业中技术停滞不前产生的后果,就是农业生产率的低下和贫穷。因此,要改造传统农业,首要的是必须推进农业技术创新。

二、传统农业改造的战略选择

对于传统农业的改造,我国理论界也有较多的理论。如“现代农业基础产业论”,认为农业必须由单纯的国民经济基础作用向现代经济重要产业转变;“农业和非农产业协同发展论”,要求现代工业为农业提供丰厚的物质基础及装备,并向食品工业延伸,推进农业工业化,促进农村第一、第二、第三产业的协同发展;“持续农业发展论”,宗旨在于正确处理发展与环境的关系,保证农业现代化过程中实现资源的永续利用和社会、经济、环境的协同发展。这些理论对于江西传统农业的改造都具有一定的指导意义,从根本上来说,根据江西的实际,战略选择应当侧重于农业的技术创新。

农业技术创新,其实质就是农业技术进步的过程。所谓农业技术进步,是指一个固定数量的农业资源能生产出更多的农产品,或者说,一个既定数量的农产品只需比以前更少的农业投入。由于大多数发展中国家可供开垦的荒地已基本用尽,靠增加土地投入提高总产量的可能性很小,所以依靠技术进步提高农业产量和劳动生产率对农业的发展就是决定性因素。从发达国家传统农业改造的经验看,农业技术进步主要有两个方向:一是以生物和化学技术为主的技术进步,例如动植物品种的培育和改良,化肥、农药的发明及施用方法的改进等;另一个是以机械技术为主的技术进步,例如与农业机械化相关的工具机的发明和改进等。前者是为了节约土地而进行的,可称之为土地节约型技术进步,其结果是农业土地生产率的提高;后者是为了节约劳动力而进行的,可称之为劳动节约型技术进步,其结果是农业劳动生产率的提高。当然,这两者不是截然分开,而是相互联系、互相促进的。

对经济发展过程中的农业技术进步问题,现代经济理论作了充分的研究。早在20世纪50年代,尽管发展经济学忽视了农业的积极作用(之所以出现这种现象,主要是因为受到了刘易斯的“二元经济发展模型”、普雷维什的“贸易条件恶化论”和赫希曼提出的“不平衡发展战略”的影响),但一些发展中国家政府和发达国家的援助机构从事了一些致力于增加农业产出和农民收入的活动。一些政府官员和农业经济学家认为,只要把发达国家的农业技术移植到发展中国家,后者的农业生产就会迅速增加。农业技术从发达国家向发展中国家扩散的主要媒体,是由美英等发达国家组织的“社区发展计划”。20世纪50年代大约有60多个发展中国家推行了社区发展计划,但由于各种实际的限制因素,特别是制度的不配套,很多推广项目并没有使农业产出大幅度增加,社区发展计划未能解决很多国家的粮食短缺问题。实践表明,促进发展中国家的农业技术进步,单靠引进发达国家的已有的技术是不行的。20世纪70年代初,速水佑次郎和拉坦通过对日本和美国的不同的农业技术进步过程的研究,提出了“诱致性技术进步(Induced Innovation)理论”(又称“诱导的技术变革模型”)。他们认为,农业生产对于技术的需求,取决于特定经济中生产要素的相对稀缺性;历史上有多种农业技术进步道路,具有不同要素禀赋的国家应该有不同的农业技术选择,一个国家选择何种技术进步的道路才能促进农业生产率和农业产出的迅速增长,要根据该国的资源禀赋状况而定。如那些劳动力丰富而土地资源稀缺的国家(如日本),应该走以生物和化学技术为主的技术进步道路;而对那些劳动力稀缺而土地相对丰富的国家(如美国)而言,选择走以机械技术为主的技术进步道路则是最优的。当然,也有专家指出,资源禀赋制约农业技术进步方向,这是事情的一方面;另一方面,资源禀赋状况是可以变化的，这种变化又在生产要素价格比例上表现出来。因此，原来适于发展农业机械化的国家，在新的资源结构条件下，将同时发展生物化学技术，如美国；反之，原来侧重发展生物技术的国家，在新的资源结构条件下，将同时发展机械技术（安希及:《农业技术经济》1996 年第 4 期第 1 页）。

对传统农业改造中技术进步的规律，经济学家进行过经验分析和理论概括。一般认为，在一国的经济现代化进程中，农业现代化主要是农业技术和装备的现代化，要滞后于工业现代化和科学技术的现代化。原因在于，现代农业所必需的物质技术装备大都来自农业之外，诸如农机、化肥、农药、兽药、温室、地膜等物质技术都来自非农产业部门。只有在工业和科学技术有了巨大发展之后，农业才能实现现代化。这就证明了马克思在一百多年前曾经提出过一个论断的正确性，他说，农业发展到一定阶段，“从自然形态来说，农业已不存在于它自身内部。它自身的生产条件和作为独立部门的这些条件是存在于农业之外的。”（《马克思恩格斯全集》第 46 卷第 2 册第 19 页）。不仅如此，工业化还通过上述方式促进农业劳动生产率不断提高。一方面，大量农业劳动力从农业中解放出来；另一方面，工业化自身的发展及其国民经济各部门的推动，又大量地创造着各种新的就业部门与岗位，工业化对农业剩余劳动力的吸纳为农业内部生产关系的调整及土地制度的变革创造了前提。由此可见，传统农业技术要发生根本性变革，必须与工业化相结合。

三、现阶段江西农业的主要问题所在

新中国成立以来，特别是十一届三中全会以后，我省农业取得了很大的发展，不仅解决了全省人民的温饱问题，而且还从粮食、资金、劳动力等方面支援了国家的工业化和兄弟省（市）的经济发展。从现实情况看，1999 年，江西的机耕面积占耕地总面积的比重为 44%，每公顷耕地用电量为 1476 千瓦/小时，每公顷耕地化肥施用量为 511 公斤（折纯量）。此外，农药、农膜、除草剂也得到较为广泛的应用。与常规技术使用相映衬，多种经营有了长足的发展，农业商品率有较大提高（64%），农民的市场意识逐步增强，农业产业化经营

初见成效。这些都足以说明,江西农业早已不是完全意义上的传统农业了。它其中许多现代农业因素正在成长,但是,整体上传统的、落后的农业仍占支配地位,传统农业改造的任务还十分艰巨。

1. 二元经济结构的特点十分明显,城乡差别不断拉大。1978 年全省农业人口占总人口的比例为 86.5%,而 1999 年却仍然高达 78.6%。从世界范围来看,1994 年的资料显示,低收入国家有 72% 的人口居住在农村地区,中收入国家是 39%,而高收入国家只有 23%(郭熙保:《经济发展:理论与政策》第 5 页,中国社会科学出版社,2000 年)。从这一资料的对比就可以看出,到目前为止,江西仍然属于一个二元结构十分明显的落后地区(1998 年全省人均 GDP 为 4418.95 元/人,只有全国平均水平的 69%,排在全国的第 22 位)。1978~1999 年,全省农民人均纯收入年均增长率为 6.1%(扣除物价因素),2000 年全省农民人均纯收入为 2135 元,城镇住户可支配收入与农民人均纯收入的比值已由 1978 年的 2.17:1,扩大到 2000 年的 2.40:1。

2. 在农业内部,传统农业的生产工具和耕作方法还在广泛使用,农业劳动生产率和科技进步贡献率还十分低下,人力资本开发重视不够。目前,我省虽然不同程度地使用了化肥、农药、农机机械以及高产良种等现代农业生产要素,但是许多生产方法和工具仍然停留在传统水平上。例如,锄头、木犁、水车、扁担、箩筐等工具,以及播种、除草、收割、脱粒、运输等作业方式,在 1000 多年前就已存在,但在已经进入 21 世纪的今天,江西农民还在广泛地使用。另外,根据测算,1999 年全省科技进步在农业增长的贡献份额只有 40%,而发达国家早已达到 70% ~80% 的水平。改革开放以后,我省培养了大量的农业科技人员,但目前有一半以上的流到非农部门,使得全省每万名农业人口仅有 4 名农业科技人员,比全国少 50%。同时,广大农民的科技文化素质没有实质性提高,仍然倾向于依照传统或经验方式去组织生产经营,人力资本的稀缺并未根本转变(人多并不一定人力资本多)。

3. 工业化滞后,来自农业部门之外的要素投入,还远远不足以改变农业的落后面貌。由于我省还处在工业化初期阶段(而全国处于工业化中期加速阶段),工业不发达,在农业方面的投资,特别是农业利技方面的投入十分有限,影响了我省传统农业改造的进程。以财政农业支出占财政总支出的比重为例,由1980年的22.2%,降到1994年的历史最低点11.9%,1999年才提高到18.7%。由于投入不足,1999年全省每公顷耕地农业机械总动力为3.739千瓦。其中,大中型拖拉机动力为每公顷耕地0.097千瓦(全国1998年为12千瓦),与美国、加拿大、英国、法国以及日本等发达国家基本实现现代化时的9.3千瓦(1940年)、10千瓦(1950年)、29千瓦(1948年)、16.6千瓦(1955年)、12.7千瓦(1967年)相差很大。

4. 全省农业发展阶段尚未完成由生存农业向混合(多样)农业的转变。在人们的期望中,往往希望改造传统农业以后就可以过渡到现代农业,其实这种期望是不切实际的。正如发展经济学家托达罗所说:“单一地依赖经济作物可能比纯粹地维持生存的农业更危险,因为价格波动增加了不确定性。”(迈克尔·P·托达罗:《经济发展》,中国经济出版社,1999年)所以,从传统农业向现代农业过渡中,一定会经过这样一个混合阶段。在这个阶段,主要农作物粮食已不再在农业生产中占据优势,因为新型经济作物或动物,如水果、蔬菜、畜类等已被引入,新的生产活动充实到每年的正常农闲季节中。但我省农业发展阶段尚未完成由生存农业向混合(多样)农业的转变。据统计资料分析,1999年我省粮食作物的播种面积仍占农作物总面积的60.4%,粮食作物产值仍占种植业(主产品)产值的54.2%,种植业产值仍占农业总产值的51.7%。

通过理论分析,以及对我省农业发展阶段的基本判断,我们认为:面对全球信息化、经济一体化的浪潮,江西的传统农业改造,要走综合改造之路(即“综合改造论”)。所谓对传统农业进行综合改造,就是要以农业技术创新为核心,以农业制度创新为保证,以市场化改革为动力,通过推进工业化、城市化,来加快第二、第三产业的发展和剩余劳动力的转移;通过改善农业和工业的贸易条件,来逐步建立农业与非农产业良性互动的机制。

四、对新世纪江西传统农业改造的相关建议

我省农业五十多年的发展历程证明：技术进步越来越成为打破资源条件对增长束缚的有力手段。建立在技术进步之上的农业发展，无论在深度还是广度上，都为各种资源向物质财富转变及其效率的提高创造了更多的机会，技术进步已成为农业发展的主要推动力。因此，对江西传统农业进行综合改造的关键，还在于农业技术创新。

在新的科技革命、全球信息化、经济一体化的浪潮的冲击下，21 世纪世界农业科技的发展将出现超前性、渗透性、竞争性和创新性等四大新的趋势，农业和农业科技都将进入一个新的发展时期。根据世界农业科技发展趋势和我省的省情，21 世纪江西农业科技的发展需要实现四个转变，即：劳动密集与技术密集结合，逐步向知识密集转变；手工劳动与半机械化、机械化相结合，逐步向自动化、信息化转变；用地与养地相结合，逐步向高产优质高效集约化、科学化经营转变；传统农业技术与现代农业技术相结合，逐步向现代农业转变。从而大幅度地提高资源利用率、劳动生产率、投入产出率和经济效益，建立起具有江西特色的农业技术创新体系。

在推进农业技术创新、加快江西传统农业改造问题上，西方经济学家和我国理论工作者都已给出了许多有益的启示。在借鉴前人研究成果的基础上，结合我省的具体省情，我们认为，具有江西特色的农业技术创新的基本方向应该是：以信息技术为先导，生物技术与机械技术并重，用现代信息技术来改造农业的行业弱势，用现代生物技术提高单位土地的产出水平，用现代机械提高农业的装备水平，用现代科技提高农民的经营管理水平。特别需要指出的是，保证农业科研投资水平、改善农业科研与技术推广条件、完善农业科研成果的扩散机制、提高农民的科学文化素质，是加快农业技术创新的基本前提。为此，我们提出如下政策建议：

1. 强化农业科学技术的研究和开发，为农民技术需求创造技术供给。受自然条件的影响，农业技术创新带有鲜明的地区特点，组织并投资本地农业科

研,开发出适应当地条件的农业技术是各地政府的重要职责。首先,要加强对农业技术创新的资助强度,明确政府在农业科研投资中的主体地位。政府成为农业科研投资主体并在宏观上对农业科研活动进行全方位的组织和调控,是纠正市场失效,保证和维持农业科研活动社会化最优水平的必然选择。政府应根据《农业法》《科技进步法》的有关内容,在财政预算中进一步明确规定农业科研投资的规模及增长速度。根据国内学者的研究,20 世纪 80 年代中期农业科研投资占农业总产值的比重,世界各国的平均值为 1%。发达国家为 2%,发展中国家为 0.5%,我国 1985 ~ 1994 年为 0.3% 左右,而 1999 年仍然只有 0.12%。考虑到我省的经济状况,目前这一比例可确定为 0.5% ~ 0.8%。为了达到这一水平,当务之急是把近来政府对农业科研予以重点投资的做法,通过制度化的方式稳定下来。其次,要改革农业科研资金筹集机制,积极开拓多种资金渠道,目前重点要做的是,制定有利的税收和价格政策,鼓励企业对农业科研活动进行投资,实现"公司 + 农户 + 基地"的农业产业化经营组织结构的转变,把农业科研机构也融进农业产业化经营的组织体系中。再次,要理顺农业科研资金的管理体制,调整农业科研资金的配置格局。主要是实行农业科研资金的归口管理,改变资金的分配方式,提高农业科研资金的投资效益。

2. 努力形成有效的技术扩散机制,逐步完善社会化服务体制建设。首先,强调科技成果的市场导向和整体观念。科研机构要充分了解目前农民的分化现象及需求层次,研制出适用于不同地区、不同部门、不同产品及不同类型农民的适用技术,提供综合的信息咨询服务。按照现代市场营销学的观点,农业科技成果的内容应当包括核心产品、形成产品和延伸产品三个层次,今后农业科技成果转化过程中要特别注意开发形成产品和延伸产品,通过综合服务来提高农业科技成果的价值。其次,要拓宽农业推广的内容,提高推广人员的素质。只有拓宽推广内容,才能拓宽市场,更好地满足用户的需要。这就要求广大人员具备更高的素质,需要对推广人员的职前与职后培训系统化、规范化、制度化。再次,改革人事制度,完善多元化的推广组织。通过人事制度改革促进人才的合理流动，在人事、职称、工资、考核及奖励上形成一套健全的机制，使科技人员特别是基层推广人员能安心工作。同时，要把其他的有关组织有机地结合起来，既能发挥各自的优势，公平合理地竞争，又能相互合作，形成网络。最后，要积极探索适宜不同类型农业科技成果的推广扩散的运行机制。对一些物化程度高、产权容易界定的农业硬技术成果，可以全部或大部分推向市场，实行有偿服务；而对一些公共性的农业科技成果，如粮棉油等大田作物的栽培技术、节水技术等，在短时期内不宜全面推向市场，可采取政府扶持和市场机制相结合的方法，使国家、成果持有单位、技术推广单位和成果使用单位都获益。

3. 加大对农村人力资源的开发，强化农民的技术创新能力。无论是信息技术、生物技术，还是农业机械的运用，归根结底要靠熟练掌握现代化技能的新型农民来推动。我省农民科技文化素质较低、吸收运用先进技术能力不强的现状严重阻碍了农业科技成果在农村的推广应用，因此，必须依靠政府推动和市场引导，大力发展多形式、多渠道的农民科技文化教育活动，促进农村社会的全面进步。首先，要调整现有农村教育结构，增加对农民职业教育、业余教育、短期技术培训等方面的投资，提高农民的文化素质。其次，要用立法手段规定乡镇企业应提取一定比例的工资金额（如1%），建立“职工培训基金”，创办各种层次和类型的培训中心，对现有乡镇企业家和职工进行文化和技术培训，使农民文化、技术素质都有所提高。再次，要根据《义务教育法》的规定，通过增加农村教育投资，改善教学设施和教师待遇，提高师资水平，加强基础教育，提高农村后备劳动力资源的素质。

4. 加强国内外合作与交流，积极引进先进的农业科学技术。由于我省是一个欠发达的农业省，农业科技的发展，必须加强同国内外科技合作与交流，不断引进国际、国内先进技术。过去的二十几年中，我省先后引进了地膜覆盖，水稻旱育稀植、抛秧、薄露灌溉等先进实用技术，为提高全省农业综合生产能力、促进农业科技进步发挥了重要作用。今后，无论是我省传统农业的改造，还是现代农业的发展，都必须继续引进、消化与吸收国际、国内先进的农业科学技术,特别是需要引进我省急需的、增产潜力大的、经济效益好的、见效快的、覆盖面广的实用农业技术,以提高我省农业科技进步水平,缩小与国内先进省(市,区)的差距。当然,在引进的同时,必须结合我省省情,加强消化、吸收和创新,攻破一些关键技术,并加强示范与推广。

5. 建立和健全政府对农业的宏观支持保护制度。目前,我省农业还没有完全摆脱单纯从事动植物生产的传统状态,这种单一的农业生产部门,如果没有政府的支持保护与宏观调控,在市场竞争中必然处于"弱者"地位,从而导致农业发展的不稳定性。因此,首先要根据中央的有关政策,改善《农业法》《基本农田保护条例》等自然资源保护法律制度的实施机制,尽快制定和完善确保农村土地承包关系长期稳定的实施办法。其次,要建立健全财政、信贷、保险等支农制度,加强农田水利基本建设,推进农业科技进步,逐步增加对农业自然灾害的补贴,以提高农业的生产力水平和抵御自然风险的能力。再次,要努力完善农产品风险、储备、价格等支持制度,保障主要农产品的社会供给,切实保护农民的根本利益,充分调动农民的生产积极性。最后,要加快建立农产品市场信息预测、发布制度,定期为农民提供农产品供求信息,稳定农业生产。

(本文与余欣荣同志合作,原载《江西社会科学》2001 年第 9 期)

对江西发展绿色食品产业的思考

绿色食品指用特定生产方式生产，经检测与认定，使用特定标志的安全、优质、营养的食品。最近，在江西省委提出的经济发展战略中，已将绿色食品产业放在了优先发展的位置。这不仅是适应国内外市场的需要，更重要的是提高江西农副产品竞争力，迎接加入 WTO 的挑战的需要。

一、有利条件

WTO 制订的“绿色壁垒”对进口食品的安全、卫生的要求甚严，生产“绿色”标准的食品才能在国际市场上有竞争力。江西，由于它所具有的地理要素和拥有的资源，使之具备了很强的比较优势。

1. 从绿色食品的特征要求来看。绿色食品在本质上属于有机农业的产品，需要投入较多的劳力、畜力，因而具有劳动密集型性质，这正好能将江西农业的部分劣势转变为可利用的优势。从总体上看，江西农业仍属传统农业，相当多的农村很少用人工合成的化肥、农药，基本不用生产调节剂和牲畜饲料添加剂。由此可见，江西传统农业未得到有效改造的部分恰恰为绿色食品产业的发展提供了低化学投入的生产体系。

2. 从生态环境看。江西水陆生态系统相对独立，东、南、西三面群山环绕，内侧丘陵广亘，中北部平原坦荡，整个地势从外及里、由南而北，渐次向北部的鄱阳湖倾斜。这一独特的地理构造成为一道屏障，阻挡了污染的空气、酸雨的侵入;鄱阳湖是中国(大陆)最大的水源、清澈无污染的淡水湖,随着退田还湖等生态保护措施的实行,生态环境将更佳。此外,省内8条主要河流水质基本良好,绿化率达60%左右,居全国第一;江西属内陆工业欠发达地区,工业污染程度轻,水土流失防治面积在南方诸省中处于领先水平。

3. 从农业资源看。江西属于亚热带湿润气候,年平均气温16.2℃~19.7℃,降雨量年平均1341.4~1934.4mm,光照年平均1473.3~2077.5h,具有发展多层次农副产品的优越气候条件。1999年,全省有耕地面积300万hm^2,67%旱涝保收,水资源总量1422亿m^3,居全国第7位;全省可供开发的生物资源品种达5000种。

4. 从发展趋势看。江西是最早开发绿色食品的省份之一。到2000年年底,全省已经形成了较为规范的管理机构和服务体系,已经开发绿色产品86个,其中AA级产品4个,2000年绿色食品销售收入12亿元,出口创汇1500美元;江西经农业部批准的"中国之乡"称号的乡镇就有50多个,他们也开始关注"绿色"化生产方式。2001年5月,经中国绿色食品发展中心批准,在江西省农业科学院成立了"中国绿色食品发展中心绿色食品产品质量南昌定点监测中心",这必将大大推动江西绿色食品产业的发展。近期江西省委提出:江西要实现在中部地区的崛起,要以工业化为核心,大力推进农业产业化、农村工业化、城市化,着力发展面向沿海地区的优质农副产品基地,突出发展绿色食品产业。这有力的政策支撑,为江西绿色食品产业的发展带来了最佳发展的时机。

二、几点思路

当今世界,绿色食品正逐渐成为消费主流。随着中国(大陆)进入小康社会,人民群众对绿色食品的需求也正在扩大。资料表明,上海、北京有80%以上的消费者希望购买绿色食品,国内现已至少形成200亿元以上的绿色食品市场需求。绿色食品不仅适应了国内外市场发展趋势,而且也是提高农产品市场竞争力,在WTO框架下获得更多好处,有广阔发展前景的产品。

1. 抓好产业布局,形成绿色食品产业带、产业区,使之成为新世纪江西农业主干体系之一。在资源优势、区位优势及产品价格优势的基础上进行产业布局、产品安排是绿色食品产业发展的一项基础性工作。要用 1 ~ 2 年的时间,科学划分绿色食品生产区域,确定主要的绿色食品及原料生产基地,在此基础上尽力形成品牌产品。随着城市居民膳食结构逐步优化,今后动物蛋白和其他营养素的需求将增加,而饲料生产基本上还没有按"绿色"化要求生产,它势必影响畜牧业的"绿色性"。它的产业布局应纳入环境保护,走可持续发展之路。

2. 紧密结合农业产业化,形成优势品种,抓好品牌产品。江西粮、棉、油、茶叶、水产、畜产、麻、甘蔗等品种近几年的产量在全国居中,有一定的规模优势,但在国内市场中价格优势一般,"好的不多,多的不好"。只要突出"人无我有,人有我优"的战略,完全可以做到"好的更多,多的更好"。赣南脐橙是最有发展前景的优势品种,目前仅脐橙一项占全省水果总量的 1/5,如果在 10 年内达到 120 万吨,则能成为全世界脐橙主产区之一。现在应当创品牌,在土壤环境、加工包装、储运销售抓"绿色"生产达标和质量控制。茶叶,江西现有面积 5.8 万 hm^2,占全国总面积的 5.25%,出口量为 1 万吨左右,占全国总量的 5%。主要问题是"绿色"标准难达到,关键在于要以"大鄣山茶"为榜样,按照"绿色"标准进行生产,同时大力开拓国际市场。生猪、禽蛋、蜂蜜、白莲、肉牛、淡水产品,也是江西具有资源优势的产品,应当有选择地建立高质量的生产基地,按要求生产,其他的可以列入监测和储备项目。药材,最能发挥江西山地、绿化率高等优势,国外大力生产"洋中药",国内扩大传统名优中药规模,也给江西带来了发展机遇,近期应当扩大名贵品种的种植面积,加大销售力度。种植业中的粮棉油等大宗农产品目前成本高,收益低,可适当调减,转化为发展名优蔬菜,有选择地发展一批市场看好的绿色蔬菜。

3. 在推进工业化进程中,发展绿色食品加工业和龙头企业。绿色食品到餐桌,离不开加工业。国外农副产品加工比例在 60% 以上,加工食品占消费总值的 90% 以上,中国(大陆)在 30% 以下,江西更低。目前,江西每 1 元的农业产值中只有0.18元的食品工业产值,加工业的落后严重制约了农业资源的发挥。江西食品加工业不发展,绿色食品产业就难以做强。在发展重点上,除对现有的基础原料加工业进行技术改造外,要大力发展方便食品、营养保健食品、传统食品、休闲旅游食品、出口食品等一批市场前景好的产品加工业,并按绿色标准,高起点地建设好,将绿色食品加工业作为江西加工业的发展重点和突破口。江西目前发展势头良好的绿色食品,都有龙头企业牵引,它一方连着市场,另一方连着绿色食品基地,风险共担,利益共享,辐射作用遍及分散的农户。因而,在发展加工业的过程中,有必要扶持培育更多的能带动绿色食品产业的加工龙头企业。

4. 利用WTO的共同规则,拓宽国际市场,带动绿色食品产业的发展。加入WTO后,中国将与其他WTO成员国一样享受140多个国家的最惠国待遇,这无疑也给江西绿色食品产业走出去提供了新的机遇。从整体上来说,中国(大陆)农产品价格高于国际市场价格的20%~70%,已无价格优势,在农产品价格补贴、农资补贴、出口补贴被排除在"绿箱"政策之外后,如果农资价格上涨,农产品降低成本难度更大。对江西而言,困难虽一样但优势仍有,即生态环境优越。发展绿色食品产业正是充分发展了这一优势。对那些已符合绿色食品标准的鲜活产品,必须严格按绿色食品标准要求加工,同时尽快申请国际认证,领取通向国际市场的"通行证"。江西AA级的"大鄣山"茶获得欧盟有机食品监督机构(BOS)的认证证书后,可以进入140多个国家,出口量由1997年的2t上升到1999年的500多t,列全国第一。"大鄣山"茶何以纵横天下,奥秘在于它源自生态环境优越的婺源——被誉为中国农村最美的地方,采取无污染、无药残、无激素、纯天然的生产工艺。创出品牌,创新营销方式,肯定会有更多的绿色食品走出国门。目前要重点解决的问题是提高外贸企业与绿色食品生产基地的关联度,大力培养农产品出口商务人才。

三、支持措施

农业发展的基本经验是一靠政策、二靠技术、三靠投入,这同样也是绿色食品产业发展的前提条件。绿色食品产业起点高,对生产工艺、环境要求的标准和投入相对也会高些。因此,绿色食品产业要有大的发展,支持措施应跟得上。

1. 观念转变后,统一行动是关键。1992 年经国务院批准成立了"中国绿色食品发展中心",各省市区也相继成立了绿色食品办公室,进行绿色食品标志登记。截至 1999 年年底,全国开发了 1300 多种绿色食品,监测和保护了 260 多万 hm^2 的农田、草场和水面,共有 742 家企业的 1360 个产品使用了绿色食品标志,绿色食品方兴未艾。现在的问题在于一些省市绿办设在农垦局里,而农垦局在体制改革后不属政府职能部门,很难形成应有的权威。为适应绿色消费形势和迎接 WTO 挑战,除"绿色标准"外,有关部门又相继制定了"无公害农产品标准"。笔者认为,这几个标准从本质上基本一样,国家应当归并为一个标准,并与国际标准接轨,以免造成多头管理、重复检测等混乱局面。

2. 目标确定后,政府服务要跟上。绿色食品产业(含生产、加工、销售等环节)具有投资见效慢、周期长等常规农业所包含的弱质特征,其生产者多半是抗风险能力低、分散经营的农民。但绿色食品产业还有与常规农业具有本质不同的特征,即:对生产环境、生产方式和加工工艺有特定的标准,它要求的很多条件是生产者无法创造的。特别是生态环境的监测和保护问题,只有政府行为才能解决。目前,各地都把绿色食品产业作为农业发展的首选目标,都制定了相应的战略,紧随其后就应建立环境与发展综合决策机制,在宏观上解决因产业结构调整或产业布局不合理带来的外部经济问题,微观上要解决过去或今后管理不善给环境带来的污染和破坏;要通过建章立法,把环境保护纳入企业的经营管理要素之中,在绿色食品产业中率先推行可持续发展影响评价标准,科学地衡量绿色食品产业对国民经济与社会协调发展的贡献率;在政策导向上,对有利于环保的工业新技术、新工艺,农业的绿色化肥、生物防病虫方法要实行有力的倾斜,为绿色食品产业创造最适宜的发展环境。

3. 科技为先导,关键在于找出切入点。目前,国内外市场需求的诱导因素已由过去单纯的量转变为数量、质量和安全统一体。而质量和安全的控制主要还是依赖于科技,找出切入点是至关重要的。江西目前一些农产品有量的优势,但市场份额不高,主要原因在于科技含量低,大路货多。解决这些问题可在三个方面先切入:一是产前的切入。首要在于优质品种的引进、优势品种的选择。引进的是国外名特优品种,选择符合市场需要的传统名牌、特色产品;二是产中的切入,要用符合绿色食品的生产方法、生产标准来生产;三是产后的切入,抓好加工、贮藏、包装直到餐桌各环节都符合绿色食品的要求。同时,各环节都应进行严格的检测。目前在建的面向东部沿海地区优质农副产品基地,应当先对其生态环境进行检测,确定是否符合绿色食品生产标准,不然设施一旦建立,产品不符合要求,也就难以进入沿海地区及国外市场。对那些符合标准的环境,也要定期进行检测,采取必要的保护和控制措施。

总之,绿色食品产业的建设利在当代,功在千秋,很有必要对之进行前瞻性的研究。未雨绸缪,防范可能出现的风险,这对于推动绿色食品产业的发展具有重大的现实意义。

参考文献:

[1]编委会.新中国五十年的江西[M].北京:中国统计出版社,1999.
[2]陈万金.21世纪中国农业[M].南昌:江西科学技术出版社,1998.

(本文原载《福建农业学报》2001年第16卷)

关于建立江西省东乡野生稻保护区的建议

江西东乡野生稻分布在北纬28°14′,东经116°36′,海拔47.6米的红壤小低丘地区,总计面积70多亩,是迄今为止我国乃至全世界地理所处位置最北的普通野生稻。它的发现,引起过国内外植物学家、植物育种家的极大关注。东乡野生稻蕴藏着丰富的抗病虫及抗各种不良环境的抗性基因,尤其是其耐寒性极强,在冬季平均最低温度1.3℃,极端最低温度-12.8℃的严寒条件下均可忍受不死;生长最低温度的下限罕见,越冬翌年2月下旬至3月初萌发,较正常露地播种期提早25~30天,能在10℃下萌发生长;抽穗开花期耐寒性强,9月初始穗开花可持续开花至元月上旬,不怕寒露风。

生物技术将是21世纪的核心技术。随着农业生物技术的快速发展,东乡野生稻越来越显示出它的巨大魅力,仅就其抗寒基因的利用,就具有世界性的惊人价值。如水稻低温冷害是世界性的问题,它不仅是我国北方地区和寒带国家水稻种植的难关,也是南方水稻主产区常见的天灾,我国每年因低温冷害损失稻谷30万吨~50万吨。若能将东乡野生稻的抗寒基因导入栽培稻中,以上问题基本上能迎刃而解,且还将大大促进水稻高产稳产性,大大向北推进水稻种植的地域。同时,若在滨湖地区提前直播,便能提前收获,避开洪灾的侵袭;若能利用其耐寒性,转育成强耐寒的核不育系和恢复系,筛选出越年生水稻新品种,实现水稻生产一次播种,多次多年收获,也能降低水稻生产成本,同时还会带来良好的生态效益。比如稻田免耕法得到应用,水土流失现象将会得到有力的遏止。更重要的是,多年生水稻杂种优势利用得到实现,那些强优组合种植后的禾蔸越冬,次年萌发再生,它将比三系和二系杂交水稻有着更强的生命力。

在世界水稻种植中,旱、瘠、螟虫、矮缩病等都是千百年来难以有效避免的灾害。目前国内外在转基因抗病虫、抗除草剂等方面取得了突破性的进展,但其负面影响、不确定因素没有完全排除。而东乡野生稻的抗病虫基因的利用,通过常规杂交转育与生物技术相结合,无任何负面影响。如果东乡野生稻所具有的有利基因得到全面利用,那么对我国节水农业、无公害农业、避洪农业、可持续农业的发展,将具有开创性的历史意义。

1978 年东乡野生稻被发现后的 23 年中,江西省农业科学院的专家、学者对其保护和研究进行了卓有成效的探索,并取得了一批具有国际前沿性的研究成果。一是对东乡野生稻进行了全面的濒危现状调查,取得了大量宝贵的第一手资料,建立了东乡野生稻 1 亩简易保护区;二是将东乡野生稻发现的 3 处 9 个居群中提取样本 252 个,进行异位保存;三是通过多年的实验摸索,提出了“双重低温加压选择法”并进行耐冷性筛选与鉴定,大大提高了抗冷育种的效率;四是通过多年杂交选育出“4913 - 1”等一批耐冷的多年生水稻新品系,并获得耐冷性近基因系,这些品系抗寒性强,米质优,其中“4913 - 1”在 1999 年作晚稻单作种植,平均亩产 333.5 公斤;2000 年作再生早稻种植,平均亩产 370 公斤,割后又作再生稻亩产 122 公斤;五是在东乡野生稻有利基因的利用研究上进一步地丰富了抗冷育种的理论基础。今年 1 月 6 日,该项研究通过了省内外专家鉴定,认为它已达到国际领先水平,为野生稻优良基因的进一步开发利用奠定了基石。

东乡野生稻被学术界称之为“野生植物熊猫”,具有重大的利用价值显而易见。因经费等方面的限制,东乡野生稻缺乏有效的保护,面积已从发现时 3 ~4 公顷减至 0.1 公顷,原生地群落已由最初的 9 个,减少到目前的 3 个,其中一个群落只剩 20 多株野生稻,濒临消亡。这一状况也引起了国务院、省政府有关领导和新闻媒体的关注。我们现在要做的是在加大东乡野生稻保存、保护力度的基础上，对大自然情有独钟给江西留下的这一宝贵资源大力进行研究、开发利用，使之造福于人类社会。这对于江西农业生物技术发展实现重大突破，对于我国乃至世界水稻种植史翻开新的一页都具有十分重要的现实意义。在此，针对建立保护区的有关问题提出如下建议：

1. 尽快建立“江西东乡野生稻保护区”，为争取国家级保护区的建立而创造条件。二十多年来，省农科院对东乡野生稻的研究，主要依靠有关的课题经费资助开展研究。要想取得新的突破性的成果，使之产业化、商品化，目前科研投入的现状是难以支撑的。据有关方面的信息，国家将投入30亿元左右的资金用于国家级保护区的濒危动植物、自然景观等方面的保护。若建立了东乡野生稻省级保护区，那么两年后就可申报成立国家级保护区，一经批准，不仅可以争取国家及方方面面的有关资金，保护和开发利用东乡野生稻，而且也有利于扩大江西的影响，因为它将是中国乃至世界唯一的野生稻保护区，它定会吸引更多的省外专家等各路人才对之进行研究，推动江西高新技术特别是生物技术的发展。目前成立省级保护区的基础条件已经具备，需要的是各级领导及方方面面进一步重视，采取切实可行的措施，使保护区建设能早日实现。

2. 将东乡野生稻有利基因的研究作为江西省农业科研“获奖工程”、“院士培养工程”的重大项目。回顾近些年我国科学技术的发展历程，无论是科技进步奖等奖项的获得，还是院士的推出，地域优势、行业特色、专业水平都起着决定性的作用。就江西农业科技而言，因对自然现象的重大发现、发明创造等获奖异常困难，相比较而言，具有获奖可能性的是推广先进的科技成果，完成重大科学技术工程计划、项目这方面的成果。因而，有关部门在资金、政策倾斜上应着重于科技进步奖的获得，这也是“有所为、有所不为”原则的体现。目前二系杂交水稻育种方面具有获奖的可能，但很多省市都有相当多的专家在搞，最后花落谁家很难说得清楚。而东乡野生稻是我省得天独厚的资源，又有相应的研究力量和基础设施，只要引起足够的重视和更多投入，完全有可能取得具有国际、国内领先的科技成果，并使之产业化、商品化；完全有可能获得很难用数字计量的经济效益、社会效益。在此领域,无论是“获奖”还是产生院士都有较大的潜在的可能性。

3. 将东乡野生稻的有利基因的开发利用作为即将建立的省级农业高新技术产业开发区的一个重点项目。21 世纪,减灾技术的运用、环境保护是经济发展中需重点考虑的问题。我国有 2/3 的农田属于干旱、盐碱、红黄壤与中低产田,迫切需要包括生物技术在内的科技来提高粮食产量和降低农业生产成本,提高农业比较利益。近些年来过度使用农药、化肥,不仅给环境带来一系列的问题,而且因残留农药引起中毒的事件时有发生,已成为不容忽视的社会问题。鉴于此,丰产、优质、安全和符合可持续发展农业的农作物新品种的选育与推广应作为开发区建设的一个主导项目。若能在无公害农业、节水农业、避洪农业、免耕农业等方面培育出新的优良品种,那么,不仅能将江西省的农业生物技术推到一个前所未有的新高度,而且对于现代农业的建立将起到不可低估的作用。对于东乡野生稻基因的开发利用,可先考虑对于我省农业发展具有重要推动作用,且具有世界性价值的以下三个方面的研究:①抗冷基因的利用;②抗病虫基因的利用;③抗旱基因的利用。在此过程中,还应注重向成果专利化、产业化、商品化的方向推进。

4. 打破“围墙”,实现多门类、多学科、多专业的联合,优势互补,分工合作,协同攻关,使东乡野生稻基因利用研究有飞跃性的发展。知识创新是发展我国生物技术的灵魂。目前我国的生物技术跟踪国外的多,依赖国外的多,基因工程所需的仪器、试剂、工具酶乃至基因本身都要依赖进口。尤其是基因,它是今后国际生物技术竞争的焦点,谁拥有基因的专利,谁就拥有主动权。东乡野生稻包含病虫害抗性和非生物逆境的耐性基因、胞质雄性不育基因,是水稻耐冷优异种质资源,这方面的研究成果,完全可以成为独有知识产权的生物技术。目前,江西省生物技术的研究力量及设施主要分布在南大、农大、科学院、农科院等科研院校,就省财力而言,任何一家单位在相当长的时期内难以达到“兵强马壮”、“大而全”的资源配置状况,而雄厚的科研力量、完善的科研设施是包括生物技术在内的科技发展的前提。现实的道路选择之一是将省内外各方力量组合在一起，互通有无，联合攻关，那么对于人才优势的发挥、设备利用率的提高都是有利的。对于东乡野生稻的合作，其纽带可以通过重大课题安排、招标等办法，规定至少应以几家协作单位的方式将有关力量联合在一起，明晰责权利，同时规定应共同研究、互用设备、共享技术成果，按贡献大小获得回报。

5. 如囿于财力无法对东乡野生稻的基因利用进行全面深入的研究和开发，则应进行保护与维持性的研究。高投入、高风险、高回报是高新科技的特征，不可能每一个项目都是百分之百的成功。为使东乡野生稻的研究能继续下去，又不冒太大的投入风险，可将这一项目作为农科院即将建立的省级作物遗传育种重点实验室及省科技厅“十五”建设的重点实验室之一的“水稻生理及遗传育种重点实验室”的专题研究项目，每年给予必需的研究经费，以保持该项目研究的连续性。在实验室具备一定条件时，向省内外有关研究人员开放，也让其他有兴趣的同行对此进行研究。人才虽不能为我所有，但只要能为我所用，得到有价值的成果，对国家、单位及个人都是有利的。国家级自然保护区评审委员会副主任、复旦大学生物多样性科学研究所所长陈家宽教授对东乡野生稻的研究有着很大的兴趣，他表示在东乡野生稻省级保护区成立后，要在江西设立相应的研究室，组织专家来赣合作攻关，并会尽力帮助我们申报国家级保护区。此外，我省还应积极创造条件，在农科院设立博士后流动站、工作站，进行“候鸟式”的科研，这样不仅有助于该项目的研究，同时也能使科研信息交流多一个途径，多一个互相学习的机会。

（本文与陈光宇、陈大洲同志合作，本人执笔，原载2001年10月10日《内部论坛》）

江总书记走访过的8户农家生活变迁及启示

（一）

自1989年以来，江泽民总书记多次来到江西视察。他每一次深入农村，都要走访农户，与一些贫困户亲切交谈，鼓励他们艰苦创业，脱贫致富。十多年中，江总书记走访过的农户和亿万贫困户一道相继解决了温饱问题，迈上了致富奔小康的大道。

——遂川县珠田乡山口村农民李先陂家。1989年10月15日，江总书记来到他家，与李先陂同坐一条板凳，拉开了家常。江总书记亲切地问李先陂家有多少人，年总收入是多少，有哪些收入来源，粮食是否够吃？问得十分仔细。临别，江总书记还握着他的手，祝愿他家“万载兴隆”。这一天，是李先陂家永生难忘的一天。此后他们记住总书记要发展生产、甩掉贫穷的嘱托，大搞农副业生产。1994年记者到他家采访时，当年李先陂一家的总收入就超过7500元，比1989年翻了一番，成为“八七”扶贫攻坚起步前就解决了温饱农户中的一员。

——永新县高桥乡莲花村农民贺天祥等3家。1989年10月17日，江总书记来到他们家中。当听说该村农民人均收入只有312元，许多群众还没有解决温饱时，江总书记对在场的县乡干部说，不能总这样穷下去，要想办法摆脱贫困。5年后，该村粮食产量就超过60万斤，蚕茧产量410多担，生猪出栏600多头，农民人均纯收入达到1338元，比5年前翻了两番多。全村农民年收入超万元的有20多户，买了电视机的有141户，有的农户还买了汽车、拖拉机，成了运输专业户。其中贺天祥家产粮7000多斤，农副业收入超万元。

——信丰县大塘埠镇长岗村农民肖承忠家。1996年9月19日，江总书记踏进了右腿严重残疾的农民肖承忠家的大门。肖承忠向江总书记汇报，当年他家承包了10亩山地，还利用秸秆氨化养牛9头，养鸡500只，年底全家人均收入将达3000多元，成为解决温饱后迈上致富路的一家。江总书记听了十分高兴，称赞他是“残疾青年的榜样”。

——信丰县同益乡马路坑村农民施崇友家。1996年9月19日下午，在炎炎的热日下，江总书记来到施崇友家承包的脐橙园。听说施家承包了1000多亩果园，每年创产值达900多万元，已为国家交税50多万元的情况后，他十分高兴地说：“实行家庭联产承包责任制和统分结合的双层经营体制，把广大农民的积极性调动了起来。否则，山还是荒山，哪会有今天这样巨大的变化?”

——瑞金市叶坪乡禾仓村农民曾绍贵家。1996年9月20日，曾绍贵家热热闹闹，欢声笑语不断。江总书记一行来到曾绍贵家做客，鼓励他要勤劳致富。此后，他家奔小康的劲头更足。富有商品经济意识的曾绍贵一边种植效益比较高的经济作物，一边搞起了水果贩运，成为远近闻名的运输大户。1997年，他还被乡村评为“勤劳致富标兵”。去年他家纯收入达1.5万元，拥有住房300多平方米，家中彩电、摩托车、冰箱等家用电器一应俱全。

——永修县立新乡车溪村村长杨长技家。1998年9月，江总书记第二次亲临江西抗洪第一线，在慰问防守大堤的军民后，又顶着浓密的大雨，看望了无家可归的受灾群众。在防洪大堤上，江总书记叮嘱杨长技要带领全村村民克服天灾带来的困难，从一贫如洗的困境中站起来重建家园。一年后，他家和其他受灾户一起搬进了政府资助下建的移民新村。2001年5月，笔者来到他家，坐在砖混结构楼房的客厅里，听他说起了家里的新变化。因退田还湖，他家种植业收入少了，但在政府的引导下，利用家在城郊的优势进入第三产业，与过去比副业收入大幅度增加，全家人均收入已过2000元；已分家的大儿子家人均收入已过3000元，总收入都比搬家前翻了一番以上，而且再也不用担心洪水灾害了。

（二）

以上8户农民是江总书记走访过的众多农户中的一部分。他们与亿万贫困户解决温饱问题的历史背景、政策环境、奋斗历程也基本一样。从他们走出绝对贫困的轨迹中，我们可以观察到中国反贫困实践的艰辛和辉煌；从他们摆脱千百年来不能解决温饱的阴影，走向建设小康生活的大道，我们可以得到一些深刻而又实实在在的启示。

——包括8户农家在内的亿万贫困户解决温饱是邓小平理论指导的结果。新中国成立后，以毛泽东为核心的党的第一代领导集体，率领全国各族人民建设社会主义取得很大的成就，亿万农民当家做主，生产力有了很大的发展。因政策等方面的偏差，在20世纪70年代末，农村还有2.5亿人没有解决温饱，8户农民就在其中。党的十一届三中全会后，邓小平第一次在我党历史上明确提出“贫穷不是社会主义”的论断，成为中国政府制定反贫困政策的核心和灵魂；他还指出“农村大多数地区仍处于贫困状态”、“社会主义必须大力发展生产力，逐步消灭贫穷”，这些论断不仅统一了党的各级组织的思想，而且直接推动了中国反贫困理论与制度创新；他还强调：“因为中国人口的百分之八十在农村，如果不解决这百分之八十的人的生活问题，社会就不会安定的。工业的发展，商业的和其他的经济活动，不能建立在百分之八十的人口贫困的基础之上。”“农村不稳定，整个政治局势就不稳定，农民没有摆脱贫困，就是我国没有摆脱贫困”，这些论断直截了当地确立了中国反贫困的主战场，拉开了农村扶贫的帷幕；他创造性提出了反贫困的捷径“我认为要允许一部分地区、一部分企业、一部分工人农民，由于辛勤努力成果大而收入先多一些，生活好一些”，然后带动其他地区、其他的人向他们学习，最终“使全国各族人民都能比较快地富裕起来”。

在20世纪90年代中国反贫困进入攻坚阶段时，以江泽民为核心的党的第三代中央领导集体，高举邓小平理论的伟大旗帜，在研究新情况、解决新问题的过程中,强调大力发展生产力等来反贫困。在庆祝中国共产党成立70周年的大会讲话中,江总书记对有中国特色社会主义经济、政治、文化的基本要求作了全面而系统的阐述,为中国进一步反贫困,指明了前进的方向;在党的十四大报告中,他着重从理论上回答了如何建设、巩固和发展社会主义等一系列基本问题,指出"贫困地区尽快脱贫致富,是实现第二步战略目标的重要组成部分",深化了反贫困的战略地位;在1994年中央扶贫工作会上,他强调在本世纪末解决8000万人的温饱问题,占世界人口1/4的中国人民生存权这个最大、最基本的人权问题,从此就彻底解决了,科学地揭示了反贫困与发展人权事业的关系;在《正确处理社会主义现代化建设的若干重大关系》一文中,他提出了反贫困、实现共同富裕的经济协调论;在1996年中国扶贫攻坚进入关键时刻,他考察京九沿线贫困地区和革命老区,强调解决农村贫困人口的温饱问题,关系到"九五"计划目标的全面实现,关系到有中国特色社会主义的优越性和党在人民群众中的威信,不仅是一个经济问题,也是一个政治问题。要求领导干部讲政治,对贫困地区来说,最大的政治莫过于首先保证让老百姓吃饱穿暖;在1997年党的十五大报告中,他又一次强调了反贫困、扶贫攻坚的政治、经济意义;1999年,中国农村贫困人口温饱问题基本解决的目标即将实现时,他又提出了扶贫开发长期作战的重要思想……江总书记关于反贫困的一系列重要思想,丰富了邓小平理论,它转化为政策效力和现实的生产力,对于包括8户农民在内的亿万贫困人口摆脱贫困起到了巨大的推动作用。

在邓小平理论的指导下,我国政府逐渐提出反贫困战略和加大扶贫开发力度。包括8户农民在内的2.5亿贫困人口是邓小平理论指导下扶贫开发政策的直接受益者,像施崇友家也就是从扶贫资金投入后起步的;杨长技家靠的是移民建镇专款重建家园的;肖承忠家是依靠科技扶贫发家的;李先陂、曾绍贵、贺天祥等都享受过减免税收、扶贫资金帮助等优惠措施。他们的家乡能用上电、通上公路等都是扶贫资金、物资投入的结果;他们和亿万贫困户一样在20世纪末解决温饱,发生新的深刻而又巨大的变化证明,邓小平理论一经群众掌握,就会变成消除贫困的巨大的物质力量。

——包括8户农民在内的亿万贫困户解决温饱又一次证明中国共产党是“三个代表”的实践者。中国共产党是马克思主义理论武装起来的无产阶级政党,从它诞生之日起,除了工人阶级和最广大人民群众的根本利益外,没有自己的特殊利益,是全国各族人民利益的忠实代表。毛泽东同志指出:“全心全意地为人民服务,一刻也不脱离群众;一切从人民的利益出发,而不是从个人或小集体的利益出发;向人民负责和向党的领导机关负责的一致性;这些就是我们的出发点。”邓小平同志告诫全党:“中国共产党的含义或任务,如果用概括的语言来说,只有两句话:全心全意为人民服务,一切以人民利益作为每一个党员的最高准绳。”江泽民同志在党的十五大报告中强调:“建设有中国特色社会主义全部工作的出发点和落脚点,就是全心全意为人民谋利益。”全心全意为人民服务,是我们党的根本宗旨,是共产党员的根本价值取向,也是我们党区别于其他政党的根本标志。

在社会主义现代化建设时期,实现“三个代表”,实践党的宗旨,就是要把经济建设搞上去,要从根本上消灭贫困,达到共同富裕,满足人民不断增长的物质文化需要。由于我国各种经济、自然、生产力水平、社会成员劳动技能等差别的存在,以及这些差别综合作用形成收入分配的不均等,决定各区域经济不可能齐头并进,不可能同时、同步、同等程度地消除贫困。因此,以邓小平为核心的党的第二代领导集体实施“让一部分人一部分地区先富起来”的决策,其目的在于让先富起来的地区和人产生极大的示范力量,带动后富的人,逐步走向共同富裕。

自20世纪80年代起,国家开始实施东西部先后协调发展战略。从整体战略上来看,是这样实施的:根据区位优势发展,按照地区发展程度集中资金、在空间上不平衡地推移发展,利用发展极带动周围地区经济发展。通过地区间的财力技术等转移尽快发展欠发达地区,最终实现地区间经济发展的平衡。实践证明,这一战略不仅推动了我国经济的发展,同时也直接牵动和间接推进了贫困地区经济的发展。就从贫困地区剩余劳动力转移、贫困户纯收入的增加这一点上来说,这一战略实施所带来的贡献是巨大的,8户农民中就有相当部分从中受惠。

在此同时，党中央并没有因"先富"战略实施而忽视贫困地区的发展。相反，从此展开了中外历史上前所未有的，有计划、有组织的大规模地扶贫开发。为使贫困地区人民群众尽快摆脱贫困，走上富裕之路，党中央、国务院制定了一系列有关的方针和政策，对于解决贫困人口的温饱问题，起到了关键性的作用，受到了亿万贫困户的热烈拥护和国际组织的高度评价。它统一了全党的思想，使各级党委、政府列入议事日程，并采取领导负责制的方式将责任落实到人；它引起了社会各界的高度重视和积极参与，为贫困地区的经济发展注入了强大的外力；它带来了一系列优惠的措施，使贫困地区直接受益，使贫困户增强了摆脱贫困的内能；它激发了贫困人口参与扶贫开发的主动性和创造性；它引起了国际有关组织的注意，提供了一些较多的物资和资金，增强了扶贫开发的力度。

代表先进生产力发展要求、代表先进文化前进方向、代表最广大人民根本利益，这三者是密切相关、辩证统一的整体，体现了社会主义的本质要求，贯穿其中的是代表最广大人民的根本利益，这是"三个代表"的出发点，也是"三个代表"的落脚点。而代表最广大人民的根本利益，最根本的一条是通过正确的理论、路线、方针政策，以及先进的制度、有效的机制，将人民群众的力量和智慧凝聚起来，动员和组织人民群众为自己的根本利益进行有效的奋斗。包括8户农民在内的亿万贫困户解决温饱问题得出了两个最基本的结论：党的路线、方针、政策是指引中国扶贫开发的光辉旗帜，它实现和满足了最广大人民的根本利益；绝大多数农民解决温饱，进入小康生活的历程说明中国共产党是以马克思主义为指导，自觉地和忠实地做到了"三个代表"。

——包括8户农民在内的亿万贫困户解决温饱是社会主义制度优越性发挥的结果。贫困是个历史性和世界性的问题，为巩固统治阶级的利益，维护正常的社会秩序，消除不安定因素，世界各国都会采取一些手段来遏制贫困。联合国等国际组织也一直关注着世界贫困问题，采取必要的措施来帮助一些国家扶贫。但近20年来，从整体上来看，世界反贫困的结果一直是事与愿违，被联合国列为最不发达的国家从原来的 29 个增加到目前的 47 个，贫困人口以每年 2500 万人的速度增加，目前高达 15 亿。与此形成鲜明对照的是，中国的反贫困却是一路辉煌。全国农村在 20 年中有 2.2 亿人解决了温饱，贫困人口占农村总人口的比重从 1978 年的 30.7% 降为 2000 年的 3% 左右，在这样短的时间内，包括 8 户农民在内的亿万农民解决温饱在中外历史上是前所未有的，它又一次证明只有社会主义制度才能保证消除贫困和人民共同富裕目标的实现。

它保证了扶贫开发有计划、大规模行动的持续性。共同富裕是社会主义的本质。在建设有中国特色的社会主义进程中，中国政府高度重视贫困人口温饱问题，解决这个最基本的人权问题，始终把广大农村和自然环境恶劣地区的贫困人口的脱贫、少数民族地区的发展作为一个社会问题，一个关系到区域经济协调发展、社会全面进步，民族团结，政治、社会稳定的全局性、战略性问题来解决。而中国的扶贫与西方国家扶贫重要差异是，我国的扶贫和脱贫具有强烈的政府色彩，这也是中国经济发展不平衡和贫困地区特征所要求的。大多数贫困地区财政收入低，公共投入和基础投入严重不足，远离经济中心地区。如果按发达地区的自然条件衡量，相当多地区都被认为是不适合人类生存的环境。为解决这部分地区群众的温饱问题，依靠经济的全面增长的带动是一个方面，更重要的是政府将这些特殊群体作为直接扶助对象，有针对性、有计划地扶贫，消除贫困的效果自然十分显著。

它保证了政府意图有实现的条件。国家及地方政府尽力为贫困地区提供诸如教育、卫生、社会基础设施、特别援助等公共产品和公共服务，弥补因自然资源禀赋、经济基础等方面的缺陷，缩小与发达地区的差别，提高他们的生存与发展能力；与此同时，国家制定扶贫政策，各级政府及部门配合国家的产业政策及扶贫意图，通过财政转移、税收政策、金融支持等措施，引导、诱入外部资金、人才、技术、物资进入贫困地区，扶助贫困户发展生产、解决基本生活需求和生活质量问题。以省为主的扶贫责任制也是具有中国特色的扶贫方式，它强化了扶贫的效能。《国家八七扶贫攻坚计划》等决定：扶贫开发实行以省为主的首长扶贫责任制，中央的各项扶贫资金在年初一次下达到各省区市，实行扶贫资金、权力、任务、责任“四个到省（区、市）”。

它强化了国家财政的扶贫职能。中国是世界上最大的发展中国家，国家财政在经济发展、资源配置方面承受着巨大的资金压力。但是，在共同富裕这一本质特征的导向下，国家财政集中体现了党中央和国家意志、政策。20年来，国家财政通过财政分配和再分配的制度安排使贫困地区及贫困人口的收益预期得到了根本的改善，从而大大提高了扶贫开发的行为效率。与世界各国相比，中国甚至可以说是直接利用财政手段减缓贫困投入最大、成效最为显著的国家之一。在国家财力不断增强的同时，财政安排的专项资金也在不断增加。2000年来中央各项扶贫专项资金达到了300亿元，与1980年的8亿元相比增加了近40倍。20年间，中央扶贫专项资金累计达到了1680亿元。按照中央要求的配套比例，地方政府的扶贫投入的力度也逐年加大。为使贫困户能尽快解决温饱，在20世纪90年代后，扶贫开发由注重区域经济发展转向突出扶贫工作到村到户，要求每个贫困县都要逐村逐户调查了解贫困状况，摸清底数，实行县建簿、乡造册、户立卡，做到工作到户、项目到户、服务到户、效益到户。

它为抵御天灾筑起牢不可摧的长城。我国地理条件复杂，气候异常多变，发生过的天灾几乎囊括世界上各种类型的自然灾害。年均损失500亿元~600亿元（以1990年物价折算），20世纪90年代自然灾害所致的损失相当于全球经济损失的1/4。多数灾害时空分布广，发生频率高，强度大，直接破坏了人民群众的生存、生产环境，使众多的群众成为贫困户，一些贫困户更贫困，一些脱贫户快速返贫。为此，20年来防险抗灾一直是中国反贫困的一大内容。防险抗灾的一次次成功，又充分体现了社会主义的优越性。1998年我国发生的特大洪灾，全国有3.34亿亩农田受灾，成灾2.07亿亩，直接经济损失达2551亿元，受灾人口2亿多人，仅江西一省就有159万人被洪水冲得家贫如洗。这样大的灾情，这样多的受灾人口在中外历史上是前所未有的。在征服这一自然灾害、与新发生的贫困作斗争的过程中，江泽民等中央领导多次亲临灾区,各地党政主要领导在第一线指挥调度;人民解放军、武警36.24万人、110多位将军与全国800多万名干部参加抗洪抢险,各地调用物资达130多亿元。8户农民中的杨长技家是这一特大洪灾中受灾户之一,他亲眼目睹了抗洪救灾的动人情景,也最切身地感受到了社会主义制度优越性的温暖。他家重建时,领到了国家补助1.5万元,大大超过了自己几十年向国家交纳的农业税。他和身边的群众都真诚地说,交给国家的,最后还是我们自己的。他们也深深地感叹,如果不是社会主义制度,他们都要成为无家可归的"灾民"。

它产生了巨大的向心力,凝聚社会各界力量参与扶贫开发。扶贫开发是一项宏大的社会系统工程,需要全社会的支持、多方联动才能取得实效。在共同富裕这社会主义本质与奋斗目标的引导下,从20世纪80年代中期起,社会各界的帮扶由原来的81个增加到1999年的138个,中央各部委、群团等先后派出3147名干部到贫困地区挂职扶贫,直接投入资金44亿元,帮助贫困地区引进国内外资金105亿元;各省市也开展定点扶贫,仅1995~1999年,各地先后派出4.6万余名干部到贫困县、村挂职扶贫,直接投入资金和物资87.62亿元;帮助引进各类扶持资金102.68亿元,开展扶贫项目两万余个。与此同时,社会各界开展了"希望工程"、"万人培训计划"、"光彩工程"、"智力支边"、"春蕾计划"等活动。社会各界的帮扶,使包括8户农民在内的亿万贫困户又一次切身感受到了社会主义制度的温暖,激发了脱贫致富的内能,转变了守旧的思想观念。社会主义中国扶贫的卓越成就也引起了国际组织的高度重视,在扶贫领域的中外合作中,世界银行与我国的扶贫合作投入最大,目前世界银行援助总规模达6.1亿美元,覆盖9个省区,91个贫困县,800多万贫困人口。

——包括8户农民在内的亿万贫困户解决温饱的辉煌成就说明,有中国特色的扶贫开发之路是中外历史上最成功的。中国的贫困地区分布具有鲜明的区位和地理特点,许多贫困地区自然条件恶劣,生态环境严重失调,深山区水土流失严重,西北地区干旱缺水,岩溶地区缺土少水,江南红壤地区贫瘠,华北贫困地区常年受旱、涝、盐、碱的危害。经过历史的积累,形成了相互交织、相互制约的多因素综合性贫困,不仅表现为与发达地区在经济总量、发展动力、生产效率、收入水平等方面的差异，而且在人的思想观念、文化程度、教育科技等方面也存在很大的差别。这8户农民和别的贫困户一样不仅生活在经济不发达地区，而且科技文化水平也是较低的。针对这种状况，中国的扶贫开发起步就具有自身特色：以政府干预为主体，以发展援助政策为前提，以财政信贷资金为引力，以社会力量及国际援助为辅助动力多层次、多角度地来清除历史堆积的致贫因素。这与西方国家以民间机构扶贫、国际援助组织指导的模式根本不同。

8户农民所在地都是国家重点扶持或扶持过的贫困县、贫困乡，每年都得到过国家财政、信贷资金及物资的扶助。改革开放20年来，他们的生存空间不断得以改善，道路、交通、饮水、灌溉、电力照明、市场建设及税赋的减免都使他们直接受益，增强或间接地提高了他们自我发展能力。瑞金市从1985年起开始每年派大批机关干部驻村担任村干部，抓剩余劳动力的输出、产业开发和基础设施建设；8户农民中的贺天祥所在的村，自1990年起就有县机关干部和科技人员组成的县、乡扶贫工作组，按照江总书记的要求，自带被褥、自办伙食，进驻莲花村引导农民转变传统的生产方式，推广农业科学新技术，帮助农民创办股份制企业，发展养殖业、运输业。在工作组的帮扶下，几年内，该村的主要农产品已实行良种化，产业结构也得到了调整。国家国土资源部（原地矿部）承担了赣南地区定点扶贫工作，仅1987～1996年10年先后派出100多名机关干部，采取一年一轮换的驻点扶乡，累计投入资金4300多万元，实施扶贫项目282项，无偿地给地方提供矿产资源112项（其潜在价值4090亿元），帮助安排农村剩余劳力3000多人，其扶贫项目98%集中在安远、瑞金等10个老区贫困县。

国家的扶持、社会力量等的支援所形成的合力，不仅有效地抑制了贫困问题的扩展，而且为贫困地区经济发展创造了必要的环境和条件，在很大程度上弥补了环境不利、自然资源禀赋、经济结构单一等的缺陷，为亿万贫困人口获得必要的收入来源、生活质量提供了基本保证，这些外部力量推动了《国家八七扶贫攻坚计划》如期实现。但是，外因是变化的条件，内因是变化的根据，外因通过内因起作用。包括8户农民在内的亿万贫困户解决温饱的历程也证明,没有农民自身积极地参与、没有自力更生的精神支柱,他们的温饱问题是难以解决的。8户农民中的肖承忠,2岁时患小儿麻痹症,右腿落下了严重残疾,他没有一味地“等、靠、要”,而是自立自强来与贫困决战。1994年冬,他利用世界银行扶贫贷款和积蓄承包了11亩荒山种植脐橙,在树下套种花生、大豆,两年后建起了“一座山头一幢房,一片果园一口井,一池沼气一栏猪”的“猪—沼—果”立体生态农业庄园。1996年他家的脐橙首次挂果,达1400公斤,养猪出栏45头,加上鸡、兔等农副业收入,家庭人均纯收入达3600元。这年9月19日江总书记“沿京九、看扶贫”来到肖承忠家,参观了他家的果园,细心地询问了生产情况,还关切地细问到了他的腿。最后,江总书记和他一家合影留念并嘱咐他富了不要忘记带领乡亲共同致富。此后,肖承忠也是这样做的,他把自己掌握的种养技术毫无保留地传授给众乡亲。榜样的力量是无穷的,残疾人能这样干,其他的人还有什么说的?在肖承忠的带领下,全村210户农民上山种果树,建沼气池,发展“猪—沼—果”生态农业,全村1500多亩荒山成了花果山。长岗村也开始从贫困中出来,向致富路前进。

改革开放20年中,中国扶贫开发历经救济式扶贫(1978~1985年)、开发式扶贫(1985~1994年)、攻坚式扶贫(1994~2000年)三个阶段。8户农民都是在开展开发式扶贫后逐渐解决温饱的,这说明摆脱贫困只能建立在生产力发展的基础上,没有贫困地区自身经济实力的增强,不培养贫困户自我积累和发展能力,单纯依靠生活救济是不能从根本上摆脱贫困的。施崇友家所处的安远县地理位置偏僻,基础设施薄弱,在20世纪90年代初,该村人均耕地只有5分,山地面积有340多亩。他把摆脱贫困的道路选择在山地开发上,在国家扶贫资金作“引子”的启动下,办起了股份制果园。早在1992年,他家人均纯收入就在2000元以上。在江总书记到他承包的果园视察时,他家所在的村成为该县解决温饱的先行村,他们创造的开发形式也在全县推广。

开发式扶贫是中国贫困地区解决温饱的最佳模式,这一方式改变了过去平均分配资金存在的种种弊端,由分散救济向集中开发转变。一是在资金的使用上,变无偿为有偿和无偿相结合,并把各方面的资金聚集起来,按项目投放,项目合乎要求则立项扶助,否则就不能上马;二是将政府行为与贫困户摆脱贫困的强烈愿望、巨大的创造性、无穷的力量密切融合在一起,形成巨大的发展能量;三是将有限的国家扶贫资金与贫困地区的资源优势和劳动力优势结合在一起,符合经济发展的规律,效能十分明显;四是资金的有偿性在一定程度上抑制了"花钱买懒惰"的恶习,增强了贫困户的商品经济意识、市场意识,提高了资金的使用效率,促进他们学科技、用科技,降低生产成本,提高商品的竞争力;五是开发式扶贫宗旨要求产、加、销各环节相连,因而培植了一批龙头企业,推进了贫困地区的农业产业化经营。

包括8户农民在内的亿万农民解决温饱是有中国特色的扶贫开发的硕果,中国扶贫开发所带来的伟大变化也引进了国际社会的高度重视。1999年5月,世界银行、联合国开发计划署在对中国扶贫开发进行研究之后,在题为《中国农村战胜贫困》的研究报告中指出:中国的扶贫取得了"全面的成功","自1978年开始实施内容广泛的农村经济改革以来,中国在解决绝对贫困问题上取得的成就举世公认。"2000年5月16~18日,国务院扶贫开发领导小组办公室、世界银行、联合国开发计划署、亚洲开发银行联合在北京召开"21世纪初中国扶贫战略国际研讨会",联合国开发计划署署长马克·麦洛奇·布朗委托驻华代表柯斯汀·莱特女士致辞称"中国在省与省之间、部委与部委之间建立了一套扶贫的制度框架,这一框架由国家预算中的专项资金支持,有着明确的政策措施。中国的这一成就为发展中国家甚至整个世界提供了一种模式。"亚洲开发银行副行长彼特·H·沙里温说:"中国的扶贫工作的许多经验值得其他国家学习。中国在扶贫领域取得的成就在亚洲首屈一指。"世界银行副行长麦茨·卡尔森认为:"中国过去20年扶贫取得的成就深刻地影响着国际社会。"

(三)

包括8户农民在内的亿贫困户解决温饱只是扶贫开发、实现共同富裕的一个阶段。今年5月25日,江总书记在中央扶贫工作会议上指出:"进入新世纪,我国扶贫开发事业进入了一个新阶段。实现国家‘八七’扶贫攻坚计划确定的目标,是一个阶段性的胜利。下一个阶段的扶贫开发,要向更高水平迈进。”在这样的发展前景中,8户农民和亿万农民向小康迈进过程中遇到了同质的问题:收入如何再提高;怎样抑制返贫;贫困地区社会、经济、文化等的建设要有新的进步;公共产品提供的效率要进一步提高等等。解决这些问题最根本的要靠发展。新世纪与上世纪的扶贫既有联系,又有不同之处,有必要在《中国农村扶贫纲要(2001~2002年)》的指导下,对包括8户农民在内的亿万贫困户的发展问题进行研究。

——强化政府干预的力度。这是经验的总结,也是贫困地区再发展的前提,目前最主要的是要加大财政转移的力度,解决贫困地区政府财政收入与其主要责任不对称的问题。财政转移支付制度不仅要有中央政府对省一级政府的转移支付,还应有省对市县一级的转移支付;财政扶贫资金不仅要用于中央、省委托的事宜,也要用于优化贫困地区生存与发展空间,提升其与发达地区竞争的能力。此外,还应保留和完善过去卓有成效的福利措施、税赋优惠措施和社会化服务体系。

——拓宽扶贫开发之路。农业产业化经营是农民致富之路,而农业综合开发又是以此为宗旨的。它作为一项系统工程,对农村劳动力进行再分工、生产要素再结合、产业结构的再构造起到了很好的效果。拓宽的范围有二:一是覆盖面的加大;二是综合开发内容增多。农业综合开发要尽可能涵盖贫困地区,尽可能辐射到每一个贫困户和低收入农户,尽可能提高贫困地区农副产品的市场竞争力。

——加大科技扶贫的力度。科技进步是经济发展的决定因素,是贫困地区启动的“后发”优势。科技扶贫应着重体现在以下三个方面:物化科技成果的应用,包括提高良种的使用率、农业工程机械的装备;耕作模式的改良、农产品加工及降耗增值技术的推广;农民科技文化素质的提高与实用技术的掌握。在未来的10年内,科技扶贫应根据受援地域的实际将现有的科技成果组装配套,通过农业综合开发、农业科技成果推广、扶贫项目等渠道来推广和应用。

还应通过扶贫培训、能人示范等形式，争取每一户有一个科技明白人。

——构建企业间合作的政策空间。企业是贫困地区的税源，扶贫开发的主渠道，承担贫困户增收的重要载体。目前贫困地区的企业竞争力不强，资源优势难以发挥。应按照《中国农村扶贫开发纲要》所要求的“在互利互惠的基础上，推动企业间的合作和共同发展”。企业是市场的主体，它依据成本与收益的比较来确定投资行为。贫困地区要眼睛向外制定相关政策招商、安商、扶商，推动各种形式的合作，更重要的是国家应给贫困区域更大的政策自由度，构架适宜扶贫合作企业长远发展的空间，保证进入贫困地区的企业不因比较收益低而无利可图。

——发展与国际组织在扶贫开发领域的合作。解决中国的贫困问题要靠我们自己，但争取发达国家及国际组织对中国的支持，将推动扶贫开发的进程。除扩大合作范围，争取更多的“软”、“硬”国际组织贷款外，国家要为贫困地区设立专门的款项，用于国际项目的资金配套。贫困地区应总结经验，更加适应国际组织的管理程序和惯例。更重要的是要科学论证立好项目，精心策划管好项目，使每一个项目都经得起检查，都能达到预期的效益，都能获得国际组织的好评。

江总书记走访过的8户农家在亿万贫困户中有一定的代表性，观察他们的生活变迁，我们能直观地把握中国扶贫开发一些历史轨迹；研究包括8户农家在内的亿万贫困户解决温饱的历程，我们能对一些事实有更深的理解。再过10年，经过新阶段的扶贫开发，我们对他们再观察，我们的启示会更多更深。

参考文献：

[1]江西历年扶贫开发文件汇编。

[2]《邓小平文选》第三卷。

（本文与傅伯言同志合作，本人执笔，原载《江西社会科学》2002年第1期）

WTO对江西农业的影响与对策

中国加入WTO后，受冲击最大的是农业。农业是江西目前的主导产业，在传统农业未得到有效改造的背景下，随着关税壁垒的削减，农副产品参与国内外市场竞争的难度在加大。我们现已跨入WTO的大门，要做的是如何将负面影响降到最低，在过渡期内“强身健体”，提升全省农副产品的市场竞争力，在国内外贸易中得到应有的利益。

一、基本判断

WTO对中国农业影响最大的是两个协议：一个是1995年1月1日生效的《乌拉圭回合农业协议》，一个是1999年4月10日达成的《中美农业合作协议》。两个协议在市场准入、出口补贴、国内支持、卫生及动植物检疫、反倾销标准和保障措施实施标准等方面进行了明确的规定。

市场准入方面，要求我国非关税措施关税化，农产品平均关税下降到15%。而过去除粮棉油实行非关税壁垒外，对其他农产品进口征收50%~100%的关税。

出口补贴，中国不再对农产品出口保持或给予任何补贴，而过去几年内对农产品出口等补贴约为年均270亿元。

国内支持，我国同意将农产品补贴限制在农业总产值8.5%以内，过去的出口、价格支持、农业生产资料等补贴不在“绿箱”措施以内。

以上规则与承诺将对我国的农副产品市场、政府宏观调控、农业生产、农民收入与就业等产生较大的影响。

二、WTO 对江西农业的主要影响

江西省农业处在现代化初始期，在 5～10 年内得到的利益不会很多，而受冲击的影响不能低估。

1. 宏观政策的弱化。农业是弱质产业，过去政府十分注意对农业进行宏观调控。在 WTO 框架下，政府干预农产品市场的力度会大大削弱。尽管农产品补贴允许全国每年从过去的 270 亿元增加到 480 亿元，即使投入有大的改善，但它的大头只能投向科研、基础设施、技术推广等方面，其效能短期内难以发挥，而农业负保护的刚性在短期内难以弱化。因此，市场对农业的调节作用更为明显。江西传统农业比重大，初级产品多，市场化程度低，农业生产的风险系数将有所提高。

2. 对农产品市场份额的挤占。江西近两年的农产品商品率为 65% 左右，在全国居中等位置。一般来说，商品率越高，产量在全国的位置越前，则意味着市场份额越高。1999～2000 年江西主要农产品产量占全国比重在 2%～3.5%，70% 的农产品位置在 10 名之后（见表 1）。这说明江西农产品的市场占有量中等，在国外优质农产品涌入，挤占国内市场的形势下，扩大市场份额的难度加大。

表 1　江西主要农副产品产量占全国的比重　　单位：万 t

项目	1999 年				2000 年			
	全国产量	江西产量	比重（%）	位置	全国产量	江西产量	比重（%）	位置
粮食	50838.6	1732.7	3.41	12	46217.5	1614.6	3.49	12
油料	2601.2	94.4	3.63	10	2954.8	96.7	3.27	10
棉花	382.9	6.3	1.65	10	441.7	6.8	1.54	9
麻类	47.2	1.4	2.97	9	52.9	1.6	3.02	8
甘蔗	7470.3	172.0	2.30	5	6828.0	136.8	2.00	6
烟叶	246.9	1.7	0.69	18	255.2	1.8	0.71	18

续表

项目	1999年				2000年			
	全国产量	江西产量	比重(%)	位置	全国产量	江西产量	比重(%)	位置
蚕茧	48.47	0.30	0.61	16	54.76	0.33	0.60	15
茶叶	67.59	1.71	2.53	11	68.33	1.57	2.30	11
水果	6237.64	70.39	1.13	21	6225.15	42.34	0.68	23
水产品	4278.48	127.12	2.97	11	4122.41	122.12	2.96	11
畜产品	9346.1	224.4	2.40	16	8946.1	237.9	2.66	15

注:依据2000年、2001年《中国统计年鉴》整理而成。

3. 对农产品市场竞争力的削弱。近10年内,由于我国农副产品生产消耗的水电、燃料油、农药、化肥、种畜的价格不断攀升,以致我国农副产品国内价格已经高于国际同类产品价格20%~70%,基本丧失了商业竞争力;江西除牛肉、猪肉、蔬菜、果品在近期低于国际市场价外,大米、玉米、大豆、棉花、食油、白糖、小麦、水产品的市场价格均高于国际市场价格许多(见表2)。

表2 近期中外主要农副产品现行价格比较 单位:元/t

项目	世界价格	中国价格	江西价格	中国与世界差价百分比(%)	江西与国内差价百分比(%)	江西与世界差价百分比(%)
大米	1326	1722	1850	29.86	7.43	39.52
玉米	718	1376	1240	91.64	-9.88	72.70
大豆	1411	2452	2460	73.78	0.33	74.34
棉花	6686	9400	7400	40.59	-21.28	10.68
豆油	3078	4912	3267	59.58	-33.49	6.14
菜籽油	3598	4125	4800	14.65	16.36	33.41
花生油	5525	7950	7800	43.89	-1.89	41.18
棕榈油	2217	5580	3600	151.69	-35.48	62.38
白糖	1829	3700	3908	102.30	5.62	113.67
猪肉	51831	14070	13020	-72.85	-7.46	-74.88
牛肉	31860	14370	17530	-54.90	21.99	-44.98
小麦	1058	1106	1150	4.54	3.98	8.70
水产	5790	6045	6395	4.40	5.79	10.45
蔬菜	3100	2190	1337	-29.35	-38.95	-56.87

续表

项目	世界价格	中国价格	江西价格	中国与世界差价百分比(%)	江西与国内差价百分比(%)	江西与世界差价百分比(%)
果　品	6427	4180	3340	-34.96	-20.10	-48.03

注:1. 按人民币兑美元 828.93:100、英镑 1217.48:100、欧元 751.88:100 的汇率计算;

2. 水产主要指鲤鱼、鲢鱼、草鱼、鲫鱼等,蔬菜主要指大白菜、西红柿、黄瓜、青椒、芹菜等,果品主要指甜橙、西瓜、苹果、鸭梨等;

3. 以上价格对比根据农业部信息中心资料整理而成。

在农药、化肥、农用柴油等投入不属于直接补贴的“绿箱”措施时,又将会导致农业生产成本提高。为此,要提高农产品的国内外市场竞争力,降低农产品成本的任务艰巨。

4. 对农产品外贸出口的阻碍。1999 年江西出口农产品的数量占全国的比重,除生猪为 10.7%、大米为 22.5% 外,活家禽、冻鸡、蔬菜、橘柑橙、大豆等都在 1% 以下;冻猪肉、水产品、天然蜂蜜、苎麻在 1% ~4% 之间,从整体上看农产品出口竞争力不强。江西省大米出口市场份额较高,但主要是低价米、陈化粮有竞争力。同期沿海粤、沪、闽、浙、苏、琼进口大米 13.9 万 t,占全国进口量的 83%,这说明江西省大米不能适应沿海市场。如果优质米价格再下调,将威胁江西省低价米的竞争力。从宏观方面来看,不利因素也在增多,中国是农产品生产大国,各国应对我国的有效方法是加高“绿色壁垒”,这样,对江西省农产品“绿色化”生产要求将更严;受西方国家经济衰疲的影响,外贸形势严峻,且我国对外贸易依存度高达 44%,是美、日的一倍多,出口导向措施效应有可能因政策调控而递减;出口补贴失去也会使外贸及生产基地的出口积极性下降,外贸阻力也更大。

5. 江西省对“绿箱”措施承接力不强。WTO 所允许的“绿箱”补贴,占农业补贴的 2/3 以上。能进“绿箱”的措施有:农业科研资助、农业基础设施建设、粮食安全储备、自然灾害救济、区域开发等等。除科研外,其他资金补贴国家会有相应的标准。而农业科研一块,更多的会采取课题、招标等竞争性的办法进行。若是这样,江西省农业科研立项受实验条件、科研队伍、前期业绩、开发能力、配套资金等方面的制约，除非特殊照顾或近些年有大的改观，否则我们能争取到的资金在全国排位还会在中后。此外，据世界银行估计，在中国入世的前5年，进口农产品只能占领5%的中国市场，而且主要是沿海市场，这对我们发展优势农副产品基地也提出了新的挑战。

三、应对WTO挑战的几点建议

1. 在产业布局上，将重心由田地密集型的种植业向山地密集型的种植业、劳动力密集型的养殖业转变。江西省种植业占农业总产值的一半，而多数农产品又没有价格优势，经济效益低下，而最能发挥劳动力低成本优势和光、热、水资源优势又具有价格优势的养殖业、果业的规模又小，这说明我们还没有跳出"以粮为纲"传统农业的生产格局。但这一转变不是简单地"跟风式"地转变，因为劳动力密集型产业是整个中国农业抵御WTO具有比较优势的产业，而且沿海地区在农业产业化中已先行了一步。江西省要跟上，关键在于"人有我优"地突出资源禀赋战略。在全省面积中，山地占36%，丘陵占42%，岗地、平原、水面占22%，资源优势在山、水之中；更重要的是江西省工业化程度低这一缺陷又转变为大气、土壤、水面污染，因而在布局上，指导原则是："绿色"、特色是根本，果业、养殖业是支柱，优势产品是目标，优质农副产品生产向优势地区集中是方向。

2. 过渡期内将农产品加工业、流通业作为优先发展战略。江西省农副产品多半是鲜活和初级产品，从整体上降低了市场竞争力，加大了流通业的经营风险，也为农业产业化带来了障碍。1999年，全省农副产品加工企业只有1364个，仅为上海的48.2%、江苏的23.9%、浙江的26.9%、福建的64.2%、山东的32.2%。这一状况显然不能适应增强农业市场竞争力的要求。国外农副产品加工、储藏比例在60%以上，其中水产品、柑橘在70%以上，而我国在30%以下；国外农副产品加工食品占消费总值的90%以上，我国为25%，江西省比例更低。由此可见，江西省农副产品的生产不管是要占领海外市场，还是顺应我国食品消费的新趋势，都要求加工业有大的发展。为此，在推进农业产业化过程中，要集中财力，按照大（带动面大）、外（外向型）、高（附加值高）、新（新技术）和多（多种所有制）的原则，优先发展农副产品加工业和营销业。

3. 实施“绿色”农业战略，着力培植优势品种。江西省的粮棉油在量上有优势，但从总体上看，品质差、成本高，现在就没有价格将优势，若农资失去补贴，粮棉油要形成价格优势将更难，所以还应进一步调低种植面积并提高良种率。而最能发挥资源优势又有竞争力的产品是生猪，目前有价格优势，且在加入WTO后，国家“放饲料，保口粮”，饲料价格将下降，抵消劳动力价格等可能上涨的成本，生猪生产将依然保持原有的竞争力。江西省的关键在于对生猪品种改良，实行“绿色”化生产，扩大出口面。江西是淡水资源大省，我国淡水产品养殖量占世界总量的70%，加入WTO后进入我国的水产品主要是海产品，因而江西淡水产品仍能保持竞争力，要解决的是产品科技含量低、大路货多、生产经营分散等问题。江西抵御WTO的希望在山，但目前水果产量只占全国产量的1.13%，排在20多名后，因而在扩大名优水果种植面积的同时，应抓加工、保鲜、储藏等薄弱环节。蔬菜是我国最有竞争力、比较效益最高的产品，江西目前有量的优势，占全国比例的4%，排在前10位，但品种差，出口量只占0.5%。应走品种“引进”之路，在产前缩短与国内外的差距，扩大国内外市场看好的特色菜种植面积。药材是江西省具有原材料生产优势的品种，加入WTO后，“洋中药”与中药竞争将更为激烈，这又给有生产原料优势而有一定加工优势的江西带来了发展机会，应着重增加名贵品种种植面积，抓好“绿色”环境保护和建设。此外，我国还是茶叶、白莲、苎麻、蜂蜜、羽绒、禽蛋生产的出口大国，这些品种又多是江西省具有资源优势的品种，要做的文章还是品质提高和营销能力的增强。

4. 着力提高农产品出口量和科技支撑力。近几年来江西GDP占全国比重2%以上，而进出口商品总值占全国的比重在0.6%以下，这说明江西省经济外向性低。要利用WTO的共同准则，扩大江西省优质农副产品的出口量。在出口补贴失去，进口关税降低时，可采取“以进补出”等办法来扶持外贸企业和基地。

农业科研和推广的投资在 WTO 允许的“绿箱”政策内。江西省农业科研应通过科研体制改革,在方向上重新定位,将 80% 以上的力量集中到为江西服务的应用开发上来;在引种、育种、绿色化饲养与防疫、设施农业、淡水养殖、栽培及贮藏、保鲜加工等关键技术方面有大的突破,以直接服务于江西省优质农副产品基地建设和农业产业结构调整。现在提倡的“产学研”,省内外、跨行业相结合,有利于组成优势互补的“省队”,提高争取国家资金项目的竞争力,但应尽快建立相应的运行机制、利益分配机制,抓好知识产权的保护工作。

(本文原载《农业科研经济管理》2002 年第 1 期)

关于优质农副产品基地建设的思考

最近，我省提出要以大开放促大发展，进一步优化环境，努力使江西成为沿海发达地区产业梯度转移的承接基地、优质农副产品供应基地、劳务输出基地和沿海地区群众旅游、休闲的"后花园"。要建立的优质农副产品供应基地，不是传统意义所指的某一商品生产基地、国家定点生产或按计划生产农副产品的基地，而是在市场竞争的格局中，扬长避短，以质取胜，面对沿海发达地区群众消费需求、外向型企业原材料供应的农产品生产基地。为建好基地，根据江西目前的实际，借鉴省外的经验，我想有以下几个方面应引起注意。

1. 着力抓好"两个布局"。一是利用区位优势，抓好农副产品品种的布局。要以沿海市场及国际市场为导向，根据不同的资源优势、生态条件来确定种养品种，着力发展"名、优、新、特、稀"产品；对于已形成品牌的优势农副产品，尽力做大做强。目前，我省农副产品从总体上来说"好的不多，多的不好"，要改变这一状况，逐步达到"好的更多，多的更好"的目标，应以农副产品品质优质化为核心，下决心淘汰低质、低产、"大路货"产品，花大力气引进推广优质品种，在产前缩短与国外同类农副产品的差距，以适应沿海市场对农副产品的品质优良、品种多样性、生产安排的快速反应等要求。因为基地供应对象的确定性，区位优势的发挥在一定程度上比资源优势更重要，所以在布局中，有必要使传统名优产品或有竞争力的产品向优势地区集中，优势地区向铁路、高速公路、省道与交通主干线周边地区集中，形成优质农副产品产业区，争取在3～5年内建成一批有较强市场竞争力的现代优质农副产品基地，并使之成为我省21世纪效益农业的示范基地和主干体系。二是要抓好农副产品加工业布局。农产品的深加工不仅能延长产品的产业链，提高附加值，而且也是提高农副产品质量的一个环节。但长期以来，我省的农副产品多半是鲜活原料产品和初级产品，且不分拣分级，使农副产品降低了整体质量。这一状况也与我省农副产品加工业落后相关。鉴于此，在抓基地建设时，应当将农副产品品种布局、加工业布局作为薄弱环节来抓，将过去"种—养—加"转为"加—养—种"的格局，这既是沿海市场的呼唤和我省"工业化战略"的要求，也是防止过去"一哄而上"、简单重复、结构模式普遍雷同现象的再度发生的需要。

2. 重点促进"两个提高"。一是传统农副产品市场份额有大的提高。与沿海和周边省市比较，目前我省传统农副产品在总量上没有突出优势，只有大米出口占有较高的份额。沿海地区是优质米的主要市场，我省大米的品质能适应国际市场低质低价要求的部分需要，但不能适应沿海市场优质高价、中价米市场的需要；从每一劳动力生产的主要农副产品来看，我省有相对竞争优势的是猪、牛、羊肉和粮食，而棉花、油料、水果、蔬菜、花卉则一般。这些产品在未来相当长时期内，是我省农业生产的拳头产品、基地生产的主要产品、沿海地区的主要消费品和工业原材料。因而基地建设要"扬长避短"，以优势产品为主干，促进传统农副产品的生产由高产型向优势高效型转变，以专业化为纽带，促使优势产品上规模，以"名、特、优、新、稀"为方向，提高产品的竞争力，以加工、深加工为依托，实现产品的深度开发和多次转化增值，通过"基地＋市场"来提高农副产品在沿海及海外的市场份额。对于在沿海及海外有一定竞争力的品牌农副产品，在提高技术含量、附加值的同时，也可通过"市场＋基地"来形成地域性的规模优势。二是无公害农副产品的种植面积和品种数量有大的提高。江西有80%左右的国土无污染，极利于发展在21世纪有广阔前景的"有机"、"绿色"食品。我省有良好的农业资源优势，但多数农副产品还是按传统的模式进行生产，没有考虑如何按照特定的生产方式生产。有很多产品在质上达到了绿色食品的指标要求，却没有向专门机构申请认定，以致我省绿色食品的数量与丰富的资源不相称。绿色食品是无污染环境下的产物,符合可持续发展的根本要求,同时也是快速进入沿海市场的准入证。有资料表明,绿色食品仅在上海一地就有 300 万以上稳定的消费群体,在北京 80% 以上的消费者希望购买绿色食品,沿海地区及大城市蕴藏着极大的市场空间。为了能多占领这些空间,我们基地建设要打好“绿色牌”,既要注意绿色食品生产面的扩充,也要促进生产单位绿色食品品种产出量的提高。

3. 努力实现“两个突破”。在省财力有限、农民积累有限的背景下,建设基地,首先应当实现农业利用外资有大的突破。农业利用外资不仅能解决基地资金从哪来的问题,又可引进新的管理技术和国外名、特、优、新品种。在基地引进农业外资过程中,我们还应多注意如何多引进台资。随着两岸加入 WTO,我省与闽台的合作前景将更为广阔。在这样的机遇面前,我省的优质农副产基地建设,要将赣闽台农业科技合作与交流、招商与经贸洽谈作为一个重点来抓。一方面,要利用江西的资源及劳动力成本低等优势,制定“农业特区政策”,完善台资等外商投资的软硬环境,在政策许可的范围内,对外资来建基地、投资农业实行比外省更灵活、更优惠的政策,着力降低外商的投资成本。另一方面,是科学技术对基地的贡献率应有大的突破。基地不仅要供应优质农副产品,同样也应成为我省现代化农业的示范基地。现在沿海市场及国际市场农副产品的竞争已从过去单一的以价格竞争为主,转变为以质量、技术含量和价格为主的全方位竞争。因而,基地的定位应为具有技术优势的现代农业基地。建设优质农副产品基地是我省农业发展的重要目标,为其提供有力的科技支持,将科技转化为现实的生产力是农业科研院所义不容辞的责任。农业科研机构应组织力量,找准切入点,在课题立项、技术转化与应用等方面围绕基地建设来开展。目前我省农业科研投入较低,除了要增加财政投入,建立多元化投入格局外,现行的投入方向也应有所调整,尽可能将有限的投入集中于研究、开发及科技成果产业化上。对一些场馆、基础设施可通过市场化等方式来进行。此外,农业科研机构也应有更加开放的眼光,加大与国际和省外有关组织、科研部门的合作力度,利用我们的地域优势,借助他们的人才、资金,走共同发展之路。对于基础性、公益性项目主要争取国家有关资金来进行,省级农业科研费用集中用于区域性、开发性、应用性、市场性的项目,特别是能直接服务于优质农副产品基地建设的项目。

4. 建好“两个产业形态”。从现实来看,基地建设方向有二:一是建好产品型的农业形态,包括优势常规农业、绿色食品农业、设施农业。其中,设施农业应作为农业攻关工程来抓。设施农业又称为工厂化农业,它运用工程技术手段和工业化生产方式,为动植物生产提供最适宜的生长环境,使其在最经济的生存空间内,得到最高的产量、品质和经济效益。根据目前的实践经验,应当大力发展日光温室、连栋大棚及中小拱棚及配套设施。设施农业、绿色食品农业能在有限的土地上生产出更多更优的产品,应为基地建设的主要内容。因为这一基地不仅要能供应沿海居民的日常生活所需,同时也能为其加工业、外贸提供原材料和商品,利用他们的优势,进入国外市场或占领更多的国内市场。二是服务型的农业形态,直接为沿海及我省城市建设的绿化事业服务,提供优质树苗、草皮、花卉等。为建好沿海群众来江西观光、休闲的“后花园”,优质农副产品基地建设还可与休闲农业、旅游农业的发展相结合。

5. 尽快强化“两个监测体系”。随着我国人民生活基本实现小康和在新世纪全面建设小康社会,人们对食品质量及品质的要求越来越高。一要农副产品品质优,营养丰富和风味口感好;二是对加工质量要求高,拒绝滥用食品添加剂、防腐剂、抗氧化剂、人工合成色素;三是十分关注食品有无农药残留、重金属污染和细菌超标。在这样的市场背景下,我们的基地建设,除通过农副产品质量监测体系来控制和提高农副产品的质量外,还要关口前移,对生产环境的质量进行控制。只有良好的、无污染的生态环境才能生产出合格的绿色食品,基地建设不仅要建立在环境质量经过检测为优良的地域,同时还应定期进行检测,防止生产过程带来新污染。

(本文原载《理论导报》2002 年第 3 期)

德国的经济增长方式转变分析

实现经济增长方式的根本转变，是我国建立比较完善的社会主义市场经济体制过程中的一项战略性任务。德国（本文指原西德）能成为经济大国，经济增长方式的转变起到了决定性的作用，因而研究其转变的路径及政策选择对我国现在正在做的事情极有现实意义。

（一）

德国是一个经济高度发达的工业化国家，1997 年 GNP 为 23195 亿美元，仅次于美国和日本。在 20 世纪 90 年代，德国工业产值占 GDP 的 39%，农业 1%，第三产业近 60%。德国工业门类多，以机械、化工、电子、汽车等为支柱，产品有一半以上销往国外，多数工业产品规模居世界前列；农业虽不占国民经济的主导地位，但其猪肉、牛肉、粮食产量居欧盟首位，大麦、黑麦、甜菜产量居世界第二、第三位；对外贸易是德国经济的主干，1998 年进出口贸易总额 10063 亿美元，居世界第二位；德国的交通现代化程度高，公路网密集程度居世界第二位，铁路、内河航道的发达也在世界前列。德国现有人口 8200 万，其中城市人口比重为 87%，城市化水平高，大城市数量少，中小城市高度繁荣。德国是一个后起的资本主义国家，国民经济发展也曾因第一、第二次世界大战战败的打击跌入低谷，但在第二次世界大战后竟能在废墟中崛起，创造世界“经济奇迹”，其中原因值得深思。

19 世纪初，德国还是一个封建专制的农业国，100 年后，德国已建立资本主义市场经济,1889 年工业产值占 GNP 的 37%,第一次超过农业;1913 年上升到 45%,农业降到 23%。1870~1913 年,德国工业增长了 4.26 倍,年均增长率为 3.9%,成为欧洲的资本主义强国。但是,第一次世界大战后,与 1913 年相比,德国工业生产下降了 43%,土地丧失 1/8,部分重要资源为协约国所控制,经济退后了 30 年以上。令人吃惊的是,德国在战后利用国外贷款及劫后余存的工业体系,用 5~10 年恢复到了战前的经济水平,再度成为世界经济强国。1945 年第二次世界大战后,德国经济又完全崩溃,与战前相比,工业生产下降了 2/3,国土丧失和被瓜分,在很多人眼中,德国已没有什么希望了。但是,10 年过去后,世人再次大惊,1950 年德国工业又恢复到第二次世界大战前的最高水平,为 1936 年的 113%,再度进入欧洲经济大国之列。

20 世纪 50 年代到 20 世纪 70 年代初期,德国经济快速增长,实现了粗放型——半粗放型——集约型经济增长方式的转变。1952~1965 年是高速发展期,主要依靠活劳动、资源和资本的增加带来高产出。1950~1954 年就业人数增长 28%,劳动生产率为 72%;1955~1959 年就业人数为 30%,劳动生产率为 70%;1960~1964 年就业人数为 13%,而劳动生产率为 87%。由此可见,在后期劳动未增反减,而劳动生产率却大幅度提高,科学技术和人的智力逐步起到替代资源投入的内涵式扩大再生产的作用。1952~1965 年,德国的 GNP 和工业生产的年均增长率分别高达 9.8% 和 7.9%,而同期劳动要素投入增加的贡献率为 21.85%,资本要素投入增长的贡献率为 22.48%,综合要素生产率提高的贡献率为 55.66%,尽管还未达到集约化所要求的综合要素生产率至少达 60% 的标准,呈半集约化状态,但却高出美国 9 个百分点。1965~1969 年,德国就业人数变化为 -14%,而劳动生产率却高达 114%,综合要素生产率提高的贡献率已超出 60%,德国科学技术进步对经济增长的贡献率已超过劳动投入和资本投入总和的 50% 以上。在此同时,通过技术改造,其传统工业如采掘、加工、机械设备现代化程度为 62.3%,农业集约化程度也在 50% 以上。由此可见,德国已完全实现了经济增长方式的转变。1970 年,德国主要经济指标已居世界前列,GDP 为 1877 亿美元,仅次于美、日;人均 GDP

为3158美元,仅次于美国;国民收入为1669亿美元,列世界第四,人均国民收入列世界第二;进出口贸易总额为640亿美元,占世界比重的12.2%,居世界第二,黄金外汇储备占全世界比重的15.2%,居世界第一位。此后,德国经济集约化程度不断提高,1980～1993年德国GDP年均增长速度为2.6%,居发达国家第二位,全要素产出的贡献为81.5%,居世界最高;全要素投入的贡献仅为18.5%,居发达国家最低。德国成为第一个低投入、高效益增长国。

（二）

德国经济在20年左右的时间内实现经济增长方式的转变,离不开优越的环境支持。战后西欧一片废墟,英、法、德、意主要国家工业品产量只有战前的70%,农业产量为60%,依靠自己的力量是难以振兴经济的。于是,他们要求美国给予援助。美国出于地缘政治和控制西欧的目的,接受了西欧的请求,提出了援助“欧洲复兴计划(马歇尔计划)。自1948年到1951年底(提前1年完成),共向西欧16国提供了131.5亿美元的援助,其中90%为无偿贷款,10%为低息贷款。德国等四国受援金额占总额的66%。在这输血式援助下,德国同时进行货币改革,经济复兴最为突出,5年内恢复到战前水平,10年内主要经济指标超过英、法,居资本主义世界第二位。

欧洲共同体的建立,为德国经济增长方式的转变提供了适宜的土壤、气候。德国等国虽在20世纪50年代初经济得到恢复,但因国土、资源、能源的限制以及原依赖的殖民地提供原材料和市场这一渠道被堵死,打破壁垒、互惠互利显得特别的需要。同时,资本的进一步国际化也使各国经济相互依赖,推动了西欧各国的联合。1950年,法国外长舒曼提出建立以法、德为核心的欧洲煤钢联营计划(舒曼计划),到1967年1月欧洲共同体正式成立的18年间,德国与西欧各国进行经济联合,政策上协调,特别是美国核保护伞下军费开支低等有利因素为德国经济增长方式的转变装上了助力器。

然而,环境的优越只是外因,能对经济增长方式的转变起决定性作用的在于德国的政策选择与支持条件的建立,在于德国发奋图强的民族精神的支撑。

1.科技为杠杆。第二次世界大战前,德国经济迅猛发展走的是资源高投入(煤、钢、油)高产出的道路,20世纪50年代后的20年的发展则是建立在科技进步和逐步转变经济增长方式的基础上。1961~1965年,德国科研投资增长率为119%,年均增长率为22%;1961~1968年增长率为200%,年均增长率为17%。1950~1970年,德国中小学、职业学校人数增长了3.16倍。科技、教育的高速发展使德国物化劳动大大节约,完全改变了德国的经济增长方式。在科技投入方面,德国政府财政直接扶持服务于经济新技术开发。对能发挥本国长处的电讯、数控、固体物体就重点补助;对产业升级的重化工业、汽车、电子等直接由国家承担费用;对落后的技术如数据处理、集成电路等,国家也重点资助。德国80% R&D经费用于电子电器、化学、机械制造和汽车制造这高附加值的四大工业部门。高投入促进了科技的大发展,科技的发展又推动了高新产业的形成和传统产业的改造。

2. 始终以工业化战略为核心。19世纪中叶德国的科学革命推动了工业的高速发展,用了40年的时间,终于在20世纪初完成了英国一百多年走过的工业化道路。工业强国一直是德国人的共识。20世纪50年代起,德国每年都大量进行固定资产投资,1956~1970年工业投资占固定投资总额的比重最低为24.3%,最高为37.7%。15年中,有13年在31.2%以上,居美、英、法、意等国之首。投资强度如此之高的原因在于国家干预经济,并采取税收优惠,加速折旧、直接财政拨款、设立投资基金等措施来增大投资强度。与此同时,由于科学技术的进步,又促使了固定资本的更新和工业结构的高速,形成了装备水平高、资本有机构成高、市场竞争力强的重型机械、精密机械、化学仪器、塑料等新兴产业,取代了耗能高、物耗高、低附加值的传统煤钢工业的主导地位,推动了经济增长方式的逐渐转变。

3. 以规模效应为目标,促进农业集约化经营地位。德国20世纪50年代前的农业总体上来说仍属于传统农业,在工业化战略下,德国对农业的投入减少,以致农业发展后劲不大。1950~1968年,德国总投资中第一、二、三产业所占比例比重分别为5.85%、33.74%、60.41%。这一投资取向加速了工业和中小城市建设,为转移农业人口扩大了空间。1950年农业占GDP的比重为

10.7%,就业人口占总人口的24.6%,1970年则分别下降到3.4%和8.5%,农业人口的转移,导致了土地集中和规模经营。1949~1960年,拥有20公顷以上的农场年均增加495个;1960~1970年,年均增加4464个。大农场的比重1949年为34.2%,1979年上升到50.9%。土地的集中为科技等要素的整合、效率的提高、农产品成本的降低铺平了道路。在农业集约化过程中,德国制定了一系列政策措施,以工补农及产品结构调整,以致农业现代化水平不断提高,成为世界上最大的农产品出口国之一。

4. 以商品出口为动力发展外向型产业。欧共体建立后的关税同盟推动了成员国贸易的扩大,又联合抵制了共同体以外的商品输入。在这有利的背景下,德国充分利用本国的比较优势发展外向型的高附加值的重化工等产业,多数产品50%以上外销;进口则是原料、农产品等价值低的产品。1950~1959年德国对中东、近东出口增加4.3倍,1957~1959年对非洲出口增加一倍。1949年德国出口贸易总额为10.3亿美元,排在美、苏、英、法、印度等国之后;1960年上升到114.2亿美元,居美国之后;1970年为341.9亿美元,居世界第二位,且把苏、英、法等国远远地甩在后面。进出口贸易从1952年起至现在,年年顺差。快速发展的对外贸易和优良的进出口产品结构也直接推动德国经济增长方式的转变,出口高附加值的产品,进口低附加值的产品,使德国经济结构不断优化,实力不断增强。

(三)

我国正处在经济增长方式转变阶段,借鉴国外的经验,取长补短是十分必要的。从德国所走过的路,我们至少可以得到以下启示:

1. 充分发挥政府的推动作用。市场经济并不排斥政府的宏观调节作用,特别是在经济增长方式转变时期,尤其需要通过直接资助、产业政策、信贷政策、基础设施建设等手段推动经济增长方式的转变。德国政府在20世纪50年代后期不断采取干预经济的措施,如币制政策、对大垄断企业的税收优惠、加速折旧、直接财政拨款等都加速了主导型工业的崛起,通过内涵式技术进步来改造传统工业。在1948~1971年,60%左右的资金投向新建改造基础设施和固定资产,40%作为补贴、参股投向私人企业。农业通过价格政策、财政补贴等措施来发展大农场;对出口公司在税收、贷款、保险等方面予以各种优惠,增强其出口产品的市场竞争力。历届政府都将“价格水平稳定、较高的就业水平、国际收支平衡、适度的经济增长”四大经济目标纳入施政纲领。政府的干预和调节为建立高效的经济结构,为工农业现代化提供了良好的发展环境。

2. 在建立科技支撑体系方面,“引进吸收”与“自主创新”同时并举。不论是战前还是战后,德国的科学技术一直在世界前列,但从未忽视引进国外的先进技术,只要技术居世界先进水平或能赶上世界先进水平就大力引进,加以消化、仿制、吸收。德国进出口贸易一直顺差,只有技术贸易保持逆差,收入同支出之比大致为1:3。这一点值得我们注意。我国近年来科技投入占GDP的比重一直在0.5%~0.7%,而德国在1962年就达1.2%,1970年为2.1%,1986年为2.7%,1994年为2.9%,在20世纪90年代我国平均每万人口中拥有的科技人员数大约是德国的6.9%。德国R&D费用40%来自国家,60%来自企业,用于企业技术创新开发费用约占全部经费的70%,资助高校科研15%,资助高校外的科研与开发机构15%。我国建立多元化的科研投入格局,任重道远,它需要一定的经济社会条件。因此,在经济增长方式转变期间,政府财政投入应当占主流,不断提高R&D占GDP的比重,以保证“引进”、“创新”战略的实施,同时也应制定相应的诱导措施,推动企业成为科技创新的主体。

3. 利用WTO的共同规则,努力扩大出口。出口贸易不仅是经济增长的支柱,也是推动经济增长方式转变的动力。德国之所以成为世界进出口贸易的巨头,除优化出口企业产品结构和扩大生产资料的规模外,欧共体和原关贸总协定的积极影响极大。我国2001年对外依存度为44%,虽高于美、日等经济大国一倍多,但主要是出口纺织服装、土畜产品、食品、抽纱、轻工、医药等原料等附加值、科技含量不高的产品。这对于转变经济增长方式有一定的作用,但明显低于出口高新尖技术所发挥的效能。我们现已加入WTO,应当在保持原有比较优势产品出口的同时,优化出口产品结构。大力发展外向型的IT业就是一个选择。目前我国IT产品出口增长虽快,但92%左右的产品是来料加工和进料加工，国家有必要把IT列为出口战略首选产业之一，给予政策倾斜，增强其产品的市场竞争力。同时外向型企业和外贸企业也要加快改革步伐，改善产品结构，进一步扩大外贸市场。

此外，德国在发挥国有企业独特作用、发展第三产业、加强基础设施建设、充分利用市场竞争机制等来促进经济增长方式的转变都有许多可借鉴之处。

参考文献：

[1]仉建涛，等.经济增长方式比较[M].经济科学出版社，1999.

[2]中国社科院世界经济研究室.世界经济统计简编[M].生活、读书、新知三联出版社，1983.

（本文原载《企业经济》2002年第3期）

发展物流业　支持工业化

现代物流业是国民经济发展的动脉和基础产业，其发展程度是衡量一国综合国力和现代化的重要标志。缺少物流业的支持，工业化就很难实现；没有现代物流业，也就不会有经济的现代化。目前，江西现代物流业仍处在起步阶段，它的发展对江西实现中部崛起及经济现代化具有举足轻重的战略意义。为此，应抓住机遇，适时推进，营造环境，提升物流业整体水平。

1. 抓紧制定现代物流业发展战略。《中共中央关于“十五”计划的建议》提出要着重发展物流业；国家有关部门将发展物流配送中心列为重点鼓励发展的产业，相当多的省份已经依据本省实际确定了现代物流业的发展目标。在这样的形势下，我省应尽快成立相应的领导协调小组，委托有关部门进行前期调研，或采取重大课题招标等办法进行相应的研究和规划。从产业布局来看，要确定一种战略或规划来主动引导物流业有序发展，避免自发、盲目和无序发展。

2. 借鉴国外、省外经验构建开放性的现代物流业。现代物流业本质上是国际化和开放性的产业。我省除应借鉴国外、省外现代物流业先进的经营理念和管理模式外，应有比省外更优越的软环境，以更优越的政策措施吸引国内外物流企业进入，同时也应积极鼓励本省现有的物流业与外省及境外的物流业联姻，加速我省国内外物流服务市场一体化的进程。2002 年 10 月，金润物流中心在南昌落户，投资规模达 8 亿元，这是一个良好的开端，但仅此是远远不能适应工业化要求的。应借鉴外省港口引进外资的成功经验，吸引外资参与航空货运设施及快件分拨中心建设，形成空港物流集散中心，水运、港口、码头应当成为引进外资的一个重要领域。此外，传统的资源型物流企业应通过建立现代企业制度、中外合资及联合营运的办法进行整合和功能重组，并通过市场的力量，逐步形成核心物流企业。

3. 在推进信息化的过程中构建现代物流体系。实践证明，没有信息就没有物流，没有完善的信息化网络作为支撑就没有现代物流体系。国外先进的物流企业已经借助商品代码、数据库及其他信息技术，通过运输网络合理化和销售网络系统化，使整个物流系统实现了管理电子化，进入了网络技术和电子商务为代表的信息化阶段，物流、商流、信息一体化趋势更加明显。2001 年以来，江西外向型经济成分不断提高，外资企业越来越多，这些企业为节省成本费用、缩短订货周期、提高资金利用率及经济效益，逐渐要求物流业提供专业化、社会化、现代化、系统化的配送服务。近几年来我省电信业每年投资近 20 亿元，建成了包括光纤、数字微波、程控交换、移动通信、数据通信等多种功能的公用通信网，为建立物流信息系统奠定了基础。在今后的几年内，我省可以由省政府发起并牵头建立一个统一的、安全的“物流信息网络中心”，与海关、商检、港口、空港、铁路局、公路运输企业、集装箱码头等部门、企业联网，逐渐提供货运信息数据传输、电子定舱、电子报关、信息发布与交换等服务，实现信息资源共享。

（原载《江西通讯》2003 年第 2 ~ 3 期）

物流业应为江西在中部崛起提供支撑

现代物流业是国民经济发展的动脉和基础产业，其发展程度是衡量一国综合国力和现代化的重要标志。缺少物流业的支撑，工业化就很难实现；没有现代物流业，也就不会有经济的现代化。目前，江西现代物流业仍处在起步阶段，它的发展对江西实现在中部崛起及经济现代化具有举足轻重的战略意义。

随着我省工业化战略的推进，工业企业的数量、规模和“物”的流动量将急速扩张，工业的发展对物流业的依存度也越来越高。就工商企业产品竞争来说，不仅存在价格、质量、品牌及售后服务的竞争，同时也存在企业产品供应链之间及对市场快速反应能力之间的竞争。“物”难进出，或进出时间长，或运费高必将成为经济发展的阻力。我省物流业目前还较弱小，信息化程度低，不仅不能满足现代工业日益盛行的“零库存”、“增值”服务及“准时供应系统”等要求，也难以形成大流通和通过集约化的经营为我省工业产业水平提高形成外部的一个推动力量。由此可见，现代物流和现代工业犹如经济发展的两个轮子。

从 20 世纪 90 年代以来，我省物流量呈上升趋势，南昌昌北机场建成使用后，民航货运量的增长速度加快；铁路运量有一定的增长；公路、水运的增长速度较慢。总的来说，我省物流业还难以适应物流增长的需要，尤其是公路运输。国内外实践表明，公路运输成本低、方便、灵活、快捷，在物流配送中服务方便和中间环节少，能做到门对门服务。

在中部地区货运量的比较中，江西除水运指标值高于山西、河南两省外，铁路、公路的货运量处在最后一位。此外，2000年的社会货运周转量在中部地区也是处在最末位，只是安徽的61%、河南的42%、湖北的60%、湖南的61%、山西的74%。

若用现代物流业的标准来衡量，江西至今还没有一家现代物流企业。“江西长运”是我省第一家物流业上市公司，其主营业务为货运、客运，功能较为单一。其余的物流业分散，缺乏关联，难以形成整体合力和竞争力。就公路货物运输来看，大部分车辆为散户所有，用最原始的服务方式抢食原本不大的物流市场，通过恶性竞争来争取业务，在运输价格低于成本时，靠超载来维持生存。由于江西物流业没有核心企业，因而就产生不了强有力的带动力和联动效应，导致江西物流业资源分散和整体水平不高。

目前，我国沿海地区物流业开始进入综合物流阶段，相当于西方发达国家20世纪七八十年代水平，江西的物流业基本上还处在原始阶段，即实体分配或工厂物流阶段。制造业以生产车间为中心，原材料由内设仓库提供，产品由本厂或交通部门运送。因信息化的滞后及产业布局、运输网配置方面的原因，对流运输、重复运输、倒流运输、过远运输等不合理现象仍很普通；空车行驶运力配置不当、运输路线选择不当的情况比比皆是。物流资源的浪费不仅降低了物流业的经济效益，同时也增加了服务对象的生产成本。

江西实施“大开放”战略为江西现代物流业创造了前所未有的发展契机。如错过这一机会将会使江西物流业与外省的差距拉大，今后追赶的难度也将增加，更重要的是最终无法为工业化提供应有的支撑。因此，提升物流业整体水平应为江西现代物流业发展的基本方向。

1. 抓紧制定江西现代物流业发展战略。《中共中央关于“十五”计划的建议》指出：要着重发展物流业；2001年3月，国家经贸委联合有关部门发布了《关于加快我国现代物流发展的若干意见》的通知；国家计委等部门也将发展物流配送中心列为重点鼓励发展的产业，相当多的省份已经依据本省实际确定了现代物流业的发展目标。在这样的形势下，我省应尽快成立相应的领导协调小组，委托有关部门进行前期的国内外调研，或采取重大课题招标等办法进行相应的研究和规划。

2. 借鉴国内外经验构建开放性的现代物流业。封闭是江西物流业的一个特征，在实施“大开放”背景下，无论我省物流业采取什么样的发展模式，物流业的开放都是题中之义。从现代物流业本身来看，它本质上就是一个国际化和开放性的产业。在具体措施上要以优惠的政策吸引国内外物流企业进入我省，同时积极鼓励我省现有的物流业与外省及境外的物流业联姻，加速我省物流服务市场一体化的进程。此外，还应争取国家有关方面的支持，促进我省大型物流基础设施放开股权限制吸引外资进入。昌北机场是我省第一个现代化民用机场，2003 年有可能开辟 2 ~ 3 条国际及地区航线成为国际空港，这为江西物流业的开放及国际化带来了新的机遇。我省应借鉴外省港口引进外资的成功经验，吸引外资参与航空货运设施及快件分拨中心建设，形成空港物流集散中心。我省水系完整但港口运量偏小，水运、港口、码头应当成为引进外资的一个重要领域。传统的资源型物流企业应通过建立现代企业制度，采取中外合资及联合营运的办法进行整合和功能重组，并通过市场的力量，逐步形成核心物流企业。

3. 在推进信息化的过程中构建现代物流体系。实践证明，没有信息就没有物流，没有完善的信息化网络作为支撑就没有现代物流体系。国外先进的物流企业已经借助商品代码、数据库及其他信息技术，通过运输网络合理化和销售网络系统化，使整个物流系统实现了管理电子化，进入了网络技术和电子商务为代表的信息化阶段。近几年来我省电信每年投资近 20 亿元，建成了包括光纤、数字微波、程控交换、移动通信、数据通信等多种功能的公用通信网，为建立物流信息系统奠定了基础。在今后的几年内，我省应建立一个统一的、安全的“物流信息网络中心”，与海关、商检、港口、空港、铁路局、公路运输企业、集装箱码头等部门、企业联网，提供货运信息数据传输、电子定舱、电子报关、信息发布与交换等服务，实现信息资源共享。现在 EDI 信息技术很成熟，设备也容易解决，建立这样一个信息平台技术难度不大，而问题的关键在于协调和组织，政府部门应担负起这项工作。

4. 构筑适应于现代物流业发展的政策环境。党的“十五”大以来，江西交通基础设施建设总投资规模完成218.86亿元，2001年达63.13亿元，2002年将达109.4亿元，发展环境日益看好。我省是否建设“第四方物流”——物流园区，建在何处，建多少，建多大规模值得研究。吸引国内外物流企业进入我省和培养我省骨干物流企业，整体推进物流产业发展是摆在我们面前的任务。应制定有关的产业政策和配套措施，吸引外资进入物流业，促进我省原有的物流业由传统型向现代化方向发展；重点培育具有地域运输服务和城市配送体系的现代运输业、高水平的仓储业。政府职能部门应成立现代物流业领导机构，协调现代物流业的建设工作，进一步放宽物流业市场准入限制，吸收更多的民间资金投资现代物流业基础设施建设。对于投资回报周期长的物流园区的物流企业，应在土地使用费及税收上给予大力扶持。

（本文原载《科技广场》2003年第2期）

加大我省农业科研投入的政策建议

一、政府作为农业科研投资主体的重要性和长期性

由于农业科研具有的非排他性和非竞争性等“准公共产品”的基本特征，在市场经济条件下，必然会出现“市场失灵”和“搭便车”现象。无论是在市场经济高度发达的西方国家，还是在发展中国家，尤其是农业比重比较大的国家，即使到了20世纪90年代初期，私营企业和其他市场主体都不可能为农业科研提供足够的投资，而必须由政府承担农业科研投资的主导作用。同工业品相比，许多农产品市场（尤其是粮食）的开放程度较低而且需求弹性小，农业科技进步所带来的农产品产量和品质提高，往往导致农产品价格的下降，农业科研成果的主要受益者是消费者而非生产者。尤其值得重视的是，当工业化进程达到一定水平时，加强对农业的支持与保护，是世界各国共同的现象。而在现行WTO框架下，容易引起农产品贸易扭曲的以各种补贴为主的“黄箱政策”，以及其他各种非关税壁垒，将严格受到限制直至全部取消，而包括增加农业科研投入在内的“绿箱政策”则不受到限制。这就要求在相当长的时期内，必须由政府作为农业科研投资的主体，并通过政府的税收政策来促进农业科技事业的发展。

我们强调政府是农业科研投资的主体，并不否定非政府部门在农业科研领域的重要作用。相反地，在发达的工业化国家，非政府公共投资农业科研的

比例从20世纪70年代的低于40%上升到目前的接近50%;发展中国家在过去的20~30年中也几乎从0提高到现在的5%~20%。但是,非政府部门对农业科研投资有一系列前提和条件。首先,农业技术的知识产权制度必须得到保障。否则,即使有很高的科研投资内部回报率,也难以吸引企业资本流向农业科技产业。这就要求政府在建立健全有效的知识产权保护制度之前,必须承担起农业科研投资的主要责任。其次,企业对农业科研投资具有很强的选择性和局限性。农业和农业科技的特征决定了许多农业技术不但难以物化,还兼有社会公益功能。目前,私人和企业对农业科研的投资主要集中在农用化学品(化肥和农药)、食品加工、农业机械和农作物杂交种子等领域。我省农业科研系统最主要的研究领域是农业的产中技术,要使农业企业投资以产中技术为主的科研活动,难度相当大。在同一领域,政府与私人对农业科研的投资内容也有明显的区别。一个典型的例子就是对育种的研究,非杂交育种技术及种子开发各国都几乎无例外地由政府财政承担,而私人或企业则侧重于知识产权容易保护的杂交种子、技术和市场潜力较大的主要农产品。第三,投资农业科研的企业要有雄厚的经济实力。在大多数发展中国家,私人对农业科研投资比例比发达国家的要少得多的主要原因有两个:一是知识产权健全程度的差别,二是发展中国家缺少科技产业化所依赖的大型农业企业。

二、我省农业科研投资现状分析

1987~1995年,我省农业科研投入呈现快速增长的趋势。按省科技厅、省统计局的统计资料分析,全省农业科研经费收入由4112.2万元增长到24884.7万元(现价),增长了7.07倍,年均增长率为25.24%,扣除物价上涨因素后,年均增长率为11.55%;其中政府财政拨款经费收入由1703.0万元增长到4450.9万元,年均增长率为12.76%,扣除物价因素,实际增长率为0.43%;开发创收经费由1782.2万元增长到14378.0万元,年均增长率为29.82%,扣除物价因素,实际年均增长率为15.63%。但从20世纪90年代中期以来(即“九五”期间),我省农业科研投入却呈现急剧下降趋势。按国家农业部科技教育司的统计资料分析，全省农业科研单位经费收入由1996年的17333.0万元下降到2000年9804.5万元，年平均下降13.28%，除了1999年为26005.0万元外，其余各年均逐年减少。其中政府财政拨款由2302.1万元增加到4700.9万元，年均增长率为19.54%，扣除物价因素实际年均增长率为18.98%；而开发创收收入由17333.0万元下降到5103.6万元，年均下降了23.67%，扣除物价因素实际年均下降了24.02%。特别是与全国中部地区其他省相比，1996～2000年我省政府农业科研投入总量排名居倒数第二位，明显处于较低水平。

目前这种农业科研投资强度和农业科研投资水平，已经对我省农业科研活动和农业科技储备量产生了许多不良的影响。一是农业科研人才流失现象十分严重。全省从事农业科研课题的人员总数由1987年的1396人下降到2000年的405人，减少了991人，减幅为71%，即使留在单位工作的科研人员，从事科研工作的时间也大为减少。二是全省农业科研课题研究经费和事业经费严重不足，影响着农业科研事业和科研单位。以1987年计算，1987～2000年全省农业科研课题研究总经费下降了49%，年均减少了5%。2001年全省农业科研单位人均财政拨款经费占有量仅为1.2万元，远低于全国农业科研单位人均3万元左右的平均水平。若考虑离退休人员，人均年事业费占有量就更低，全省农业科研单位面临着严峻的生存与发展的危机。三是农业科研成果的数量与质量均出现大幅度下降。由于农业科研工作存在一定的滞后期，农业科研经费投入的下降虽然不会马上对农业生产力产生立竿见影的影响，但这种影响必将在今后几年逐渐体现出来。

三、加大我省农业科研投资的政策建议

1. 建立以政府投资为主、以企业投资为辅的农业科研投资体制。在现阶段，农业科技的知识创新体系的主体是政府的公共研究部门，或以政府的公共研究部门为主；农业技术创新体系的主体，在今后相当长的一个阶段内还将是政府的公共研究部门；企业何时能成为农业技术创新体系的主体，应依赖于农

业科技制度创新体系的建立和完善，以及与科技体制改革相关的各项配套制度的改革进程。

2. 切实加大我省农业科研的投资强度。要建立新的农业科技创新本系，确保“科技兴农”贯彻实现，农业科研的投资强度要从现在的0.37%逐渐上升到1.0%以上。其中政府的投资要占农业科研总投资的50%以上，科研单位的创收及其他非政府部门的投入接近50%，即财政拨款对农业科研投资强度必须高于0.5%。政府的投资要占农业科研总投资的50%以上，是因为农业知识和技术创新两个体系建设的责任在今后相当长的一段时期内不是企业，而是政府及政府的公共研究部门。实际上这样的政府投资强度还不到目前世界平均数的一半（1.12%），更远远低于发达国家政府财政对农业科研的投资强度（2%～4%）。要实现农业科研投资强度达1.0%以上（其中政府拨款达到0.5%以上），现在最困难的并不是开发创收及非政府部门的投入，而是政府的投入。因为这意味着政府对农业科研的投入要在现在的基础上提高3倍左右，而且以后每年的增长还得同农业国内生产总值保持同步。其实从实际投资的数量来讲，政府将农业科研投资的财政拨款部分提高3倍是可以做到的。以江西省2001年为例，政府对农业科研投资的财政拨款金额只有8864.5万元，提高到3倍水平，也只有2.66亿，占财政支出的0.938%。这个数据低于全省财政总支出的1%，仅为当年财政用于粮油、棉花、肉食等农产品价格补贴支出（18.65亿元）的14.26%。逐渐减少政府在农产品市场干预上的费用，转变政府对农业投资的支出结构（从市场到科技），优化政府对农业财政支出的投资效益，加大政府对农业科技投资的力度。

3. 对各种农业技术和科研进行明确的分类，根据农业及科技产品特性确定不同的投资政策。政府必须对各种农业技术按产品类型、技术类型、“公益性”程度、技术产权在市场上可保护的程度、技术的发展潜力和投资的经济和社会回报情况进行科学、系统地分类。在此基础上，确定哪些产品中的哪些技术从知识创新到技术创新在目前应当也只能由政府的公共研究部门和技术推广部门承担，哪些产品的哪些技术可以推向市场由企业承担，而另一些则可以由公共科技部门与企业和社会共同承担。这种分工又是动态和发展的，它随农业科技创新条件的变化而变化，投资政策的改革（政府和非政府投资比例）必须分步骤地进行。

4. 加大农业科研领域的对外开放和招商引资力度。一是通过政策诱导，逐步建立多元化的投资格局；二是农业科研立项、经费筹措等方面，要用招商引资的理念来争取方方面面的资金，利用我省的资源优势、环境优势、市场优势，广泛利用外资，借船出海，共同发展。

5. 制定配套政策和制度保障，加快农业科研体制改革的步伐。为了确保农业科技体制和科技投入模式改革顺利进行，尽快建立高效的农业科技创新体系，国家还必须出台一系列相关政策和制度保障。这包括被精减人员的工作安排和社会福利保障系统的建立，确保科研人员及科研单位的合法权益，建立和健全知识产权制度，改革现有的人事管理制度，制定农业科研产业化发展与农业科技企业的优惠政策，建立增加农业科研投入的有效机制等。为了确保各种政策能得到贯彻执行，还必须建立一套有效的监督机制。

（本文与吴罗发同志合作，原载于全省政府系统优秀调研文集《决策之基》，2003 年江西人民出版社出版）

“山上办绿色银行，山下建优质粮仓”对策研究
——“山上办绿色银行”篇

目前江西的森林覆盖率及竹林、油茶等种植面积均居全国第二位，但也存在森林树种质量不高、产业结构不合理、生态效益和经济效益不明显等问题。江西省委、省政府提出的“山上办绿色银行”和“希望在山”等战略目标，是为落实科学发展观，进一步发挥江西农业比较优势，促进江西经济社会可持续发展的正确选择。这一战略的实施对于调整我省农业产业结构、提高农业经济效益和增加农民收入都将起到积极的推动作用。

一、“山上办绿色银行”的基本内涵

“山上”指与山岭丘陵相关的生态、生产资源，主要包括：农业（主要指花卉、茶、桑、果、中草药等）、牧业（狩猎业、生态养殖业等）、林业（人工造林、林产品等）等第一产业资源；矿产资源采掘业、木竹材采运业 、制造业（锯材、木片加工业，人造板制造业，木制品业，竹、藤、棕、草制品业，矿产、林产化学产品加工制造业，造纸及纸制品业等），其他（电、煤、水、建筑等）等第二产业资源；流通业、物业和社会服务业（主要指旅游业等）等第三产业资源。“山上办绿色银行”是指通过对“山上”资源的科学合理开发，充分利用其生态和经济功能，促进相关产业持续协调稳定发展，既确保生态安全又能提高资源的产出率、经济效益和增加农民收入的战略行动。

二、“山上办绿色银行”的制约因素

1. 林业产权制度方面

首先是集体林地所有权主体虚置。目前林地划分为“责任山、统管山和自留山”,多数责任山不缴承包款,很多农户把责任山当作“私有山”,宁愿闲置不用,也不愿让别人开发;其次是林地产权的各项权能边界不清晰。所有权的不明确使所有者不能很好地行使对土地经营的监督和管理,或随意干预和侵占经营者的利益,也使农户对未来收益缺乏稳定的预期,难以形成长期投资意愿;第三是缺乏规范的林地流转制度,减少了投资者参与流转的积极性,影响了林地资源的开发利用。

2. 产业整体质量方面

虽然江西总体环境质量较好,森林覆盖率达59.7%,但由于江西的成土母岩大多数为花岗岩和红砂岩,以森林植被为主体的国土生态安全体系尚未完全形成,现有的森林质量也不高,这表现在低产林、针叶林面积大,森林资源质量较低,整体生态功能脆弱,因此,抗逆水平较低。

3. 产业发展速度方面

近年来江西全省林业总产值连年大幅度增长,2004 年达到 307 亿元,连续两年进入全国十强之列。但与浙江、江苏等省相比,江西林业总产值仍然偏低,与森林资源大省的地位不甚相称,“山上”产业结构现仍处于产业初级阶段。2002 年,江西林业产业结构中三产的比重分别为 57.8%、39.6%、2.6%,第一产业的比重高于第二产业,第三产业的比重最小。林产工业中高附加值林业工业,如人造板、林产化工和造纸及纸制品业产值较为落后,林产品中花卉等产品发展不足,尤其是旅游业的比重低。

4. 社会化服务体系方面

一是服务机构数量有限,服务机构布局不够合理;二是资金短缺,设施薄弱,技术手段落后,林业社会化服务组织现有的基础设施和技术手段已远远不能满足当前林业生态建设和林业产业发展的需要;三是人员素质不齐,人才流失现象较为严重;四是管理体系尚欠优化。

三、"山上办绿色银行"的相关建议

1. 深化林业产权制度改革

一要坚持"多予、少取、放活"的方针,进一步明晰林地的使用权和林木所有权,放活经营权,落实处置权,确保收益权,调动广大林农以及社会各方面参与林业建设的积极性,保护好森林资源和生态环境;二要坚持权益平等,公开、公平、公正地进行林业产权制度改革;三是对纳入改革范围的山林,重点是明晰产权,减轻负担,放活经营,规范流转;四是把握好改革的时间、步骤和方法;五是加快实施林业分类经营改革、管理体制改革、林业行政综合执法改革、林业事业单位人事制度改革和企业改制步伐,严密关注林区社情动态,积极化解各种矛盾和纠纷,加大财政转移支付力度,建立健全林农负担监督机制,确保林农负担不反弹,加快金融信贷、木竹市场和行业协会等服务体系建设,提高社会化服务水平;六是要加快完善林业法规、政策体系,取消有碍搞活经营的限制性措施,改革林业管理方式;要切实加强林政管理,确保森林资源安全,建立重大森林案件的应急处理机制,加大对乱砍滥伐的打击力度。

2. 增强森林生态屏障功能

一是加强生态公益林的保护和经营管理,提高生态安全功能。要建立生态公益林档案,为经营管理决策提供依据;根据生态公益林的不同主体功能,实行分类经营管理,使其发挥最佳防护效益;要制定和落实生态公益林的效益补偿制度,多渠道筹措保护资金;二是加强鄱阳湖水系生态防护林工程、野生动植物及自然保护区建设工程。应充分利用现有路、渠、堤、岸及农田田埂,有规划地栽培防护、用材为一体的速生丰产林,形成以防护林体系为主体的、多林种组成的、新的森林生态系统。在加强自然保护区建设的同时,应努力做好自然保护的宣传教育,大力普及有关的科学知识,广泛建立保护自然资源的"志愿者"组织,激发全社会关心、爱护自然保护工作;三是加强城市林业建设,打造园林生态城市。城市林业的定位就是创造"繁华中的宁静、品位和优雅”。要实现这个定位,必须使城市森林面积达到城市面积的20%~30%,并错落有致地进行布局。森林的品种结构应以本地的优良特色树种为主体,乔、灌、草、花一起上。

3.科学合理发展“山上”产业

一是建设优质高产的商品林基地。在经营组织上,兴办多种形式的经营实体,在投资形式上,主要是经营企业实体自行承担集资和贷款,各级政府在信贷方面给予优惠政策,在采伐管理和利益分配上,要有更多的灵活性。要因地、因林制宜建设各类商品用材林基地;要调整布局好商品林基地。山区(山地)的商品林基地建设,应以速生丰产用材林为主,其中选择林地条件和林木生长较好的地段培育大径级用材或特种用材,珍贵树种比较集中的地段培育珍贵用材林基地,新造杉木林应推广“陈山红心杉”种源,毛竹较多的地段,采用垦复扩鞭的方法培育毛竹丰产林基地。丘陵地区的商品林基地建设,适宜建设工业原料林和果木经济林基地;平原区及“四旁”的商品林基地建设,适宜于培育速生丰产的短周期工业原料林,这也是大幅度扩展江西省森林资源总量的希望所在。商品林基地建设的关键是要有龙头企业带动,建设一个高效的龙头企业,就能带动一个区域的商品林建设。

二是发展新型的林产工业。以调整林产工业的结构为切入口,对安排就业人员少、经济效益不高、不利于“三生态”林业发展的林产工业企业,应坚决取缔。同时依托资源优势、技术优势、市场优势,扶持一批科技含量高、资源综合利用率高、经济效益高、环保设施好的新型林产工业企业。应优先发展以人工林为原料、具有较高科技含量和产品附加值的木、竹浆造纸,改造并提升各类人造板及其深加工、林产化工等产业。政府部门要积极推进“产、学、研”结合,鼓励企业与科研院所联合开发,提高林产工业的科技含量。

三是开发种苗、花卉、绿色食品产业。发展重点为:培育城市绿化种苗,为大、中城市特别是沿海大、中城市绿化提供相宜的大苗;培育商品林基地建设、退耕还林工程优质树种的种苗,在种苗生产中,应该加强种质资源的保护意识;高起点、大规模地进行开发独具特色的花木种质资源,尤其要注重利用、培育、引进园艺技术人才，打造精品、品牌花卉。江西要建成“后花园”，自然离不开花卉。首先要瞄准“后花园”这个大市场，占领这个大市场，这是江西花卉产业发展的起码要求。此外，还要重点开发油茶、竹类系列食品及保健品、野生淀粉、蔬菜及果品、野生植物汁液饮料和天然香料等。要注重集团开发，形成规模、形成系列、打造名牌。

四是发展“山上”生态旅游产业。树立大江西旅游观念，构建生态旅游整体产品优势，把避暑休闲、人文瞻仰、寺庙朝奉、自然风光游览、科普教育、湿地观鸟、科学考察、登山探险等新老旅游点组成优势互补的“联合舰队”，形成旅游观光的整体优势；旅游区还要创自己的品牌特色，加强促销力度，把国内外的市场消费主体引进江西，形成一个外销市场；要实施政府主导，制定相配套的法规，理顺保护与开发、管理部门与经营部门以及管理者之间、经营者之间、管理经营者与当地居民之间等各种关系，协调旅游与文物、宗教、城建、林业等部门之间的利益关系，打破地方所有、部门所有、条块分割，发挥市场对生态旅游资源配置的基础性作用；要加强从业人员的管理和培训，除继续实行导游员持证上岗制度外，还应加强其生物、生态、环境等知识的培训。专项特色旅游还可考虑聘用专业对口的专家、学者做导游；要适度、合理、科学地开发生态旅游资源，合理划分功能区，完善生态旅游景区内部设施，构建良好的生态型环境和“绿色”景点，按照“区内旅游，区外服务”的原则，定期对旅游区的大气、水、土壤、噪音等进行监测，并采取相应的措施加以改善，使生态旅游可持续发展。

五是大力发展“山上”果业。实现“山上建绿色银行”，果业要成为支柱产业。继续巩固和实施“南橘北梨”工程，并稳步推进“东枣西桃”工程；在品种结构上，坚持“以一个为主，三个突出”的调整原则，即：以柑橘类为主，突出发展特早、早熟品种，突出发展补充水果淡季品种，突出发展出口创汇品种；在具体的发展思路上，要加快优势产区建设，形成区域特色——赣南以发展脐橙、甜柚为主的栽培区域；“三北”（赣东北、赣西北和赣北）以发展早熟梨为主的栽培区域；赣西奉新、宜丰、武宁等县以发展猕猴桃为主；赣中（即吉安、抚州）

以发展南丰蜜橘、椪柑和早熟甜柚为主的栽培区域；浙赣铁路沿线(22个县、市)以发展新余蜜橘和大果型枇杷为主的栽培区域。要加强良繁体系建设，为果树生产提供优质无病毒苗木；要加大实施科技兴果战略力度，推行果业发展标准化、无公害生产；要扶植龙头企业，积极推进产业化经营，实施品牌策略，积极开拓市场；要用工业化理念发展果业，延长果业产业链；要创新果业经营机制。制定优惠政策，鼓励下岗工人和农民投资或承包荒山、荒地、荒坡，从事果业开发；要多方筹措资金，增加基础设施建设投入。

六是发展"山上"生态畜牧小区。小区建设要充分利用荒山、荒地、果园等建设生态畜牧小区，避开交通主干线和村庄等人口密集区，按照"统一规划、合理布局、规模适度、相对集中、人畜分开、综合利用"的思路，充分考虑水源、交通、防疫、生态等环境因素，制定具体的建设方案，分步实施。要做到科学、规范，减少资源耗损和避免对环境的污染。畜禽养殖小区的建设，可以采取"五统一分"的办法，即统一设计、统一建设、统一供种、统一防疫、统一销售、分户经营，做到一区一品。各类小区必须具备一定规模，建立防疫制度、消毒制度、引种制度、学习制度等管理规程。推行标准化无公害养殖，加强质量监测，生产无公害畜产品。

4. 加强林业社会化服务体系建设

一是对于那些不具备或者不适合以有偿服务方式自我发展领域的人员工资纳入各级政府财政预算。二是全方位、多渠道、多层次地增加对林业社会化服务体系建设的投入。国家在安排林业基本建设投资时，应划出一定比例用于乡镇林业站、林业种苗站、森林病虫害防治站等方面的建设。财政部门要安排一定比例的林业事业费用于完善服务设施，要有一定数量的周转金，用以支持林业社会化服务体系建设。三是切实加强育林基金的使用和管理，支持林业社会化服务体系建设。一方面，各级林业主管部门应适当集中育林基金，用于调剂到林业社会化服务体系建设资金有困难的地方；另一方面，在育林基金的使用范围上，提高森林保护和林业科技推广方面的比重，搞好林业生产的基础工作，为林业生产应用高科技奠定基础。四是强化服务体系人才队伍的建设。林业社会化服务效益取决于服务质量,服务质量取决于人员的素质,因此,要使林业社会化服务体系健康发展,不仅要多方面吸引优秀人才,还要加强对现有服务人员的职业培训,提高他们的专业素质。五是引导成立有关行业自律组织(如行业协会),通过行为自律来促进市场秩序的进一步规范。六是对林业社会服务体系中具备自我发展能力的领域,国家要制定特殊政策,扶持其尽快发展。

参考文献:

[1]新华网江西频道. 江西山区大有希望 六院士纵论"希望在山"[EB/OL]. 2005-04-16.

[2]董新春,陈世洪. 江西省林业产业结构分析与比较[J]. 林业经济问题, 2005,25(3):189-192.

[3]江西省林业厅. 江西省林业改革与发展的新篇章[J]. 江西林业科技, 2005,(1):1-4.

[4]中国江西网. 江西将打造全国果业大省[EB/OL]. 2005-05-09.

[5]江西省畜牧兽医局. 畜禽养殖小区建设意见[M]. 2003.

(本文与戴天放同志合作,原载《江西农业学报》2005 年第 4 期)

科技:农业发展的第一推动力

科学技术是新时期农业发展的第一推动力。科技创新、科技进步和科技推广服务的力度决定着我省农业再上台阶的速度和总体目标实现的程度。要将农业的资源优势转变为经济优势,促成农业内部强势产业的形成,提升我省农产品的市场竞争力,推进工农业协调发展和"三农"工作实现新的跨越都离不开科技力的支持。"五个在"目标要完美实现,"希望"在科技,"潜力"发挥需要科技,"重点"突破应依赖科技,"后劲"迸发要借助科技,"出路"拓宽也离不开科技。

对江西农业上新台阶和农民致富贡献份额的大小,是检验科研部门工作成效高低的根本标准。挖掘我省现有农业资源增产增效的潜力,提高单位物质投入的产出比,研究江西农业综合生产能力的进一步提高,破解江西"三农"工作中的关键性问题等都是农业科研人员的神圣使命;满足"五个在"的科技需求,实现科研与农业在更广领域、更深层次、更宽角度地顺畅对接是科研部门管理者时刻不能忘记的主题。

作为我省农业科研体系重要组成部分的省农科院,要抓住当前的有利时机,在农业开创新局面过程中大有作为,在大有作为中发展自己,在发展中努力打造出一批名所和优势学科,培养出一批名家;应努力使省农科院的科研、开发和管理的整体实力、科研竞争、成果转化率、服务"三农"的效力都有明显的提高,形成"科研——服务——更强的科研——更好的服务"的良性循环,为正在“爬坡”的江西农业提供强拉力和大推力。

思路确立后，关键在行动。为此，省农科院将“要我做”的要求尽快转化为“我要做”的行动，在“五个在”的目标中找准自己的工作位置。要创新科研管理运行机制和管理方法，使科研、转化、推广、服务方式与农业生产、农民的要求、农村的乡情更吻合，科研切入“三农”所急需解决问题的方向更准确，科学技术与千家万户的结合更长效。要在科研开发成果的应用性、高效性、可靠性、先进性、低耗性等方面重点突破，为“五个在”的实现提供一批关键性技术和新技术。同时还要发挥省农科院既有硬科学又有软科学的优势，着重研究“五个在”的目标实现的难点、重点及其他必需的支持条件，为领导机关决策服务。要更紧密地保持与农业行政职能部门、农业院校的联系，在科研、推广、培训三个方面的优势互补中发挥省农科院更独特的作用，要更主动、更自觉地与他们探索服务“三农”的新方式、新途径，使支农、助农、惠农的行动更长效；还要更开放地与市县农业科研部门合作攻关、合作服务，使省农科院开门办院之路更宽广。加快省农科院科研创新体系的建设，瞄准国家和有关部委的项目，争取更多的项目来强化省农科院创新体系，通过新老项目的实施使省农科院优势学科达到国内前沿水平；盯住“五个在”实现过程中带来的各种机遇，不断引进、消化、吸收院外先进技术和院内成熟技术的装配，增强创新体系的应用性；辨清市场形势，抓住有利商机，选择附加值高、市场前景好的科研成果尽快物化、转化，增强创新体系的市场性。

（本文原载《当代江西》2005 年第 5 期）

学习力是领导者必备的能力

一、学习力是领导能力构成的基础

党的执政能力建设是一个非常复杂的系统工程，需要从执政素质、执政能力、执政艺术等多方面努力。但要实现这些目标，最基本的任务是必须提高干部的“学习力”。

“学习力”是源于新的管理理念的一个有别于一般学习的概念，是指学习主体学习的动力、毅力、能力以及学习的创新力的综合体现。“学习力是学习的总量、质量、流量、增量的综合效应”，它比我们通常理解的一般意义上的学习概念具有更广泛、更深刻的涵义。它强调终身学习，认为学习是人们的一种生存方式；强调能力的提升，认为“学习不仅要掌握知识，而且要善于开发能力，开发智慧，生成理智”；强调学习与工作的融合，认为学习是工作的重要要素，学习就是工作，工作也是学习；强调团队学习，认为学习不仅是个人行为，而且是一种组织行为。学习力最核心的内涵是学习的创新力，“学习力是最可贵的生命力，学习力是最活跃的创造力，学习力是最本质的竞争力”。

党的执政能力最主要的是通过各级领导干部的领导能力体现的。领导能力的形成、提高与运用是一个相互联系、不可分割的不断循环的复杂过程，它是领导者通过后天的学习与实践锻炼，形成必备的领导者素质，进而综合作用构成（或内化为）领导能力，再经过领导实践通过领导艺术具体运用和体现出来。在领导实践中，领导者不断学习、摸索、总结、积累、升华，从而使领导素质不断提高，领导能力不断增强，领导艺术不断完善。如此循环往复，交融贯通，构成一个良性的提高过程。在这一不断循环过程中，学习力始终处于基础性地位，它渗透在循环的每一个环节，影响着循环的各要素，决定着循环能否正常进行下去。

二、学习力是一种重要的领导能力

当今世界，以信息化为特征的知识经济时代进程不断加快，无论是企业、政府及各种社会组织，还是国家都面临着前所未有的环境变化所带来的强大的竞争压力。国与国之间的竞争是综合国力的竞争，一般认为，综合国力的竞争归根到底是人才的竞争。根据最新管理理念，"唯一持久的竞争优势，是具备比你的竞争对手学习得更快的能力"，人才的竞争最终还将归结为学习力的竞争。因为知识更新换代的速度越来越快，一个人或一个组织，只有不断地学习，才能保证不落后于形势的发展，不被时代淘汰。人才也是一个动态的概念，具有时间的局限性，一个学习力不高的人，今天可能是某方面的人才，明天可能就不是了。只有不断适应形势发展，提高自身学习力的人或组织，才能保持自己的竞争优势，从而立于不败之地。

我们党一贯重视全党的学习，"每当革命和建设发展到一个重大转折时期，全党面临新的形势和任务的时候，更是特别强调加强学习"。党的中央领导集体在革命和建设的各个时期都把学习作为一项重要的任务摆在全党面前。毛泽东、邓小平同志等老一辈无产阶级革命家，每当谈及领导工作和提高领导能力时，都提出学习的问题。江泽民同志更是把学习放在第一位来强调："学习问题，关系到广大干部自身的进步，关系到国家民族的兴衰和社会主义现代化事业的成败。我们全党全民族都必须有这个共识。"据有关材料统计，江泽民同志从 1999 年到 2002 年，光讲学习、学习、再学习有据可查的就达 17 次。以胡锦涛同志为总书记的中央政治局紧扣时代主题，连续二十多次举行集体学习，思考解决我们党和国家面临的国际国内重大问题，从而保证了我国社会主义现代化事业顺利进行。这种把学习与领导融为一体的领导方法，为我们树立了榜样。我们党对学习的重视和倡导，直接推动了全民族的学习，如20世纪80年代就提出“学习化中国的概念”，到21世纪初，提出“学习型社会”的目标，兴起了建设“学习型社会”的热潮。这不仅使党和政府的领导力得到较大的提高，而且也使领导环境得到了优化。党的十六大根据“三个代表”重要思想的要求，正式把“形成全民学习、终身学习的学习型社会，促进人的全面发展”列为全面建设小康社会的奋斗目标后，党的十六届四中全会又进一步提出：“重点抓好领导干部的理论和业务学习，带动全党的学习，努力建设学习型政党。”对此，我们要充分认识到，今天提出创建“学习型社会”和“学习型政党”，是时代的需要，是国际竞争的客观要求，也是提高党的执政能力的需要。我们处在新科技革命日新月异的发展中，信息网络化和经济全球化正在深刻地改变着人们的生产方式、生活方式、交往方式和思维方式，同时也必将影响到我们的执政方式。科学执政、民主执政、依法执政是新的形势对我们党执政方式的客观要求，这对我们党的执政素质、执政能力、执政艺术都提出了更新更高的要求。我们必须很好地解决重视和提高自身的学习力问题，使自身的执政素质、执政能力、执政艺术适应当今世界深刻变化和激烈竞争的形势，在国际竞争中始终处于主动地位，以应对时代的挑战，永葆党的先进性和活力。

（本文与肖争明同志合作，原载《当代江西》2005年第11期）

“山上办绿色银行，山下建优质粮仓”对策研究
——“山下建优质粮仓”篇

一、“山下建优质粮仓”的内涵简析

江西是我国13个粮食主产区之一，粮食产业是其农业的主导产业，新中国成立以来从未间断过粮食调出，为国家粮食安全作出了巨大的贡献。江西省委、省政府提出的“山上办绿色银行，山下建优质粮仓”之战略目的是为了加快江西农业现代化步伐。而“山下建优质粮仓”的核心是：充分利用我省“山下”丰富的粮食生产资源（土地、光、热、水）优势，在不断提高和稳定粮食产量的基础上，优化粮食品种结构，发展粮食加工业，促进粮食生产实现优质化和产业化。在强化粮食综合生产能力的同时，提高粮食产业的竞争力，使之成为农民增收的稳定来源。

二、影响“山下建优质粮仓”战略实施的主要因素

（一）市场因素的影响

市场因素的影响主要包括价格、成本、消费者偏好、国内外贸易等对我省粮食产业发展的影响。

1. 粮食需求弹性较小。内敛型蛛网波动规律揭示，一旦粮食供给增多，便会导致价格下降。

2. 种子、化肥、农膜、燃油等农用物资价格上涨较大。农民种粮成本增量大于粮食价格上升和国家补贴所带来的收益，粮农收入也会降低。

3. 食品消费结构已发生较大变化。消费者偏好优质、绿色、保健等方面的粮食及其制品，一般的"大路货"需求下降，如不及时调整粮食品种结构和加强粮食的加工转化，粮食市场风险定会形成。

4. 我国粮食已形成"北粮南运"格局。北方粮食竞争力增强，对我省粮食市场份额挤压力增大；国际上，我省粮食价格较大幅度地高于国际粮食价格，不利于江西粮食进入国际市场。另外，我省粮食品质和营销网络都处于弱势，不利于粮食产业的国内外竞争。

（二）生产要素因素的影响

1. 土地因素的影响。一是耕地面积不断减少。2003 年与 1990 年相比，耕地面积减少 10.36%，使"优质粮仓"的建设面临严峻的形势。二是土地撂荒仍然存在。由于农民外出打工多、农转非、水源不好、生产资料价格高，土地撂荒在不同的地方仍然不同程度地存在，特别是冬季撂荒现象比较普遍，以致农业种植面积下降，但这一趋势在 2004 年有所遏制。三是土壤肥力逐年下降。随着化肥施用量日益增加，绿肥种植面积和农家肥使用逐渐减少，土壤肥力有所衰减。四是农业用地经营规模小。虽然近年来出现了不少"种养大户"，对土地实行规模经营，但就全省来说，农户土地经营规模仍然较小。据调查，目前全省有 88.1% 的农户耕地经营规模在 $0.6hm^2$ 以下，其中经营规模在 $0.2hm^2$ 以下的占 29.19%。

2. 劳动力因素的影响。一是农村劳动力相对过剩。江西农村劳动力资源总数现有 1552 万人，平均每个劳动力可耕地面积仅 $0.135hm^2$，有 600 万剩余劳动力需要转移。庞大的劳动力数量与有限耕地之间的矛盾，使不少劳动力长期处于闲置状态，这不利于实现土地的规模经营和提高粮食生产效益。二是劳动力素质较低。据统计，2003 年江西农村劳动力中小学文化程度及以下的劳动力占整个劳动力的比例高达 40.27%。特别是随着农村青壮年劳动力外出打工的增加，出现了"老人"农业、"妇女"农业现象，导致农业劳动生产率低下。三是劳动力从事农业生产的积极性不高。当前农民种粮积极性提高主要是政策因素所致,随着政策效应的衰减,其积极性也会逐步消退;农民从事农业生产的收入不如非农业生产或外出打工,比较收益低会挫伤农民的种粮积极性;随着化肥、农药等农业生产资料价格上涨,粮食涨价收入被抵消,农民生产积极性也会受到影响。

3. 资本因素的影响。一是政府投资不足。目前江西现有水利设施大部分是四十多年前修建的,由于维护不足,有效灌溉面积持续减少。尽管近年来江西启动了不少水利设施建设工程,但从总体上来说,因投资不足,水利建设速度赶不上其折旧速度。同时,在粮田地力建设、农技推广方面的投资也显不足。二是集体和农户投入动力不足。由于农村土地承包制及其经常性的"小调整",农村集体与农户进行农田水利、培肥地力等建设积极性不高,难以组织群众开展农田水利基本建设,农户对土地不但投入少而且过度开发,导致农业整体抗灾能力不强和土地产出率下降。三是民间资本进入阻滞。由于土地承包制的稳定性和粮食比较效益低,工商业资本进入粮食生产领域较少;加上国家对粮食加工流通等方面的管制,私营粮食流通和加工企业受干扰,影响民间资本进入。

4. 技术因素的影响。一是粮食生产技术的制约。农技推广经费不足,农技推广网络不完善,农业科技人员不足、专业知识老化,给许多科技试验、示范和推广带来不利影响。部分外出务工的农村青壮年劳动力,被迫在农忙时返乡耕种,农业规模化经营和农业结构调整受到影响。二是粮食加工转化技术的制约。我省的粮食加工企业大多建成时间早,由于得不到充足的信贷资金,无法进行技术改造,装备、工艺都比较落后,适应不了市场对高品质、多品种粮油商品的需求,也影响了粮食的产业链延伸和增值。

(三)制度因素的影响

1. 支农资金投入结构不尽合理。直接用于流通环节的补贴过高,用于建设性的支出比重不高,用于农民可以直接收益的中小型基础建设的比重较小。一些关系农业发展全局的基础性、战略性、公益性项目,如农林产品品质改良、重大病虫害控制、社会化服务体系等缺乏足够的投入保障。

2. 金融制度导致资金投入不足。主要表现为：邮政储蓄系统只存不贷，分流了农村本已有限的资金；商业银行在农村没有分支机构，不能为农业生产“输血”；政策性银行的资金投向受到严格限制，也不可能直接为农村经济提供很多资金支持；农业保险在农村基本是空白。农业生产风险基本上由农户自己承担，现在真正为农业生产提供直接金融服务的只有农村信用社，农村金融服务势单力薄。

3. 农业生产社会化服务体系不健全。生产领域的社会化服务体系亟待加强。流通领域的社会化服务体系不利于农业生产，一是粮食流通体制问题，粮食风险基金由县级财政配套，而地方财政难以兑现；二是粮食主产区和主销区的仓储平衡困难；三是农业生产资料供应价格上涨，质量难以保证。

三、“山下建优质粮仓”的对策

（一）增强粮食产业整体素质

1. 立足现有耕地的保护和改造，提高粮食综合生产能力。农村基层土地部门应本着“节约土地”的原则，引导农民利用荒坡旧宅基地建新房；按照“谁破坏、谁复垦”的原则，加大土地整理复垦补充耕地的力度，强化对灾毁农田、废弃公路、小煤窑、小砖窑占用耕地的复垦，确保耕地占用补充平衡；农业综合开发投入的新增资金要安排一定的比例用于中低产田改造、建设高标准基本农田、搞好“沃土工程”建设、加大土壤肥力调查和监测力度、建立耕地质量动态监测和预警系统、推行有机肥综合利用与无害化处理和培肥地力；要在尊重和保障农户拥有承包地和从事农业生产的权利的基础上，适度推进土地规模经营。

2. 劳动力转移与提高劳动力素质并重。一是促进农村剩余劳动力的转移。应在发展农村第二、第三产业，推进小城镇建设，引导农村劳动力有序流动和城镇就业的同时，适应产业结构升级和提高竞争力的需要，搞好农民转业转岗以及培训工作，引导农村剩余劳动力向第二、第三产业转移。二是大力发展农村教育事业。通过加强农村义务教育，为提高农民的文化素质奠定基础；

通过发展农村职业教育，建立多渠道、多层次、多形式的农民技术教育培训体系，组织农民学习先进实用技术，提高农民的科技水平。

3. 加强农业基础设施的建设投资。各级政府要在稳定现有各项农业投入的基础上，将新增财政和固定资产投资向“三农”倾斜，加大对农业基础设施建设的投入力度。如可依据土地开发整理专项规划，从新增建设用地有偿使用费返回部分和土地出让纯收入中，提取一部分资金专项用于小型农田水利建设、中低产田改造和高标准基本农田建设。发挥财政资金的引导作用，组织农民参与直接受益的农业基础设施建设和管理。同时，鼓励和引导社会资本参与农业基础设施的建设和管理，逐步建立多层次、多元化、多渠道的农业基础设施建设投入新机制。

4. 提高粮食产业的科技贡献率。一是要制定提高全省粮食综合生产能力的技术方案，内容主要包括：加大农业技术研究与开发的投入力度；加快农业科技投入的环境建设；研究推广农业适用新技术，突破一系列技术“瓶颈”等。为保证粮食新品种、新技术的推广，应尽快恢复“粮食生产技术改进费”的专项资金和使用范围。二是提高粮食加工技术和经营管理水平。运用先进信息技术，实现管理信息化、决策科学化；运用先进技术改造粮食仓储，实现储藏科学化，降低粮食损耗率；运用先进工艺设备改造传统粮食、油脂、饲料、粮油食品加工业，通过精深加工显著提高粮油资源利用率和加工成品率；适应居民生活方式与食物结构转变的发展趋势，研究、发展主食品工业化生产方式，并实施主食厨房工程；建立和完善粮油质量检测体系，运用国家制定的科学标准监督粮油质量，指导生产、引导消费、服务流通，实现质量标准化。

（二）增强粮食产业的市场适应力

1. 通过市场行为进一步完善粮食优质优价政策，以有效引导和拉动粮食产业结构的合理调整，有效促进粮食市场优化资源配置的基础性作用。

2. 培养一批粮食生产、加工、贸易龙头企业。各级政府应增加对龙头企业的投入，支持农业产业化基地建设、科研开发和技术服务，对重点龙头企业实行多方面的优惠政策，促进龙头企业增强实力，推进龙头企业和农民的利益关系更加协调化。

3. 培育粮食中介组织。在农户与国内外市场之间培养中介组织，积极支持农民发展辐射面广、带动力强的各种形式的联合与合作，通过农民的合作组织来给农民服务，保证农民及时掌握最新的市场信息，跟上市场的步伐。

4. 加快农村信息体系建设，为农民、粮食购销企业提供适时适用的信息服务。首先，要健全价格信息服务组织，形成传递快捷的信息服务网络；其次，要加强价格信息资源的搜集、整理、研究开发，把国内外最有价值的价格信息提供给农民和企业；第三，要做好市场需求调查，通过科学的市场分析，让农民与企业及时了解市场动向，为扩大江西的粮食产品销售与出口创造条件。

5. 建立和完善粮食市场体系，有规划地发展和建设粮食批发市场，规范市场交易行为。特别是要构建 1 ~2 个现代化大型粮食交易市场，提高粮食交易效率，降低交易成本，吸引市场外农户变自行分散交易为集中交易，使江西粮食市场更好地与国内外市场对接。

6. 促进粮食加工、转化与增值。一是各类粮食购销企业要发挥掌握“粮源”的优势与粮食加工、饲料生产、食品加工、粮食零售和种养殖等企业联合，扩大加工面，深化加工度，将粮食大量转化为加工品，开发成批量、系列化的粮食加工精品，塑造出大批有特色的“名牌”、“名品”，以满足多元化的消费需求。二是积极发展农区畜牧业，通过小额信贷、贴息补助、提供保险服务等形式，支持农民和企业购买、繁育畜禽良种，通过发展养殖业带动粮食增值。三是加大发展粮食加工营销企业速度。通过贷款贴息、投资参股、税收政策等措施，支持粮食主产区建立和改造一批大型农产品加工、种子营销和农业科技企业。

7. 抢占国内粮食销售制高点。抓住国内销区实行粮食市场化改革的机遇，与国内粮食主销区建立稳定的粮食购销关系。通过优质优价等措施先行抢占国内市场，加大销售力度，按市场需求组织生产，稳定拓展销售市场。

8. 与广大农民建立新型粮食产销关系。粮食收购企业通过与农户签订订单，一是从过去“农民种什么，就收购什么”转变到“市场需要什么，就引导农民种什么”；二是农民知道为谁生产，粮食卖给谁，什么价钱，心里踏实，不用为“卖难”发愁。

（三）完善江西粮食产业发展保障制度

1.健全法律和执法体系。粮食主产区应争取国家制定《粮食综合生产能力保护法》，创新粮食丰欠调节措施及调节方式。地方政府应制定补充性农业支持政策，引导形成具有特色的农业产业结构；组织实施保护粮食综合生产能力的各项法规政策；粮食部门要组织协调好粮食供求，对粮食市场进行监控，在非常情况下依法干预市场；各级农业部门应实施国家农业支持政策，跟踪分析实施效果，加强技术指导和服务；财政部门要保证农业支持资金、粮食风险基金等的及时足额到位，并检查、监督资金使用。

2.深化农村各项制度的改革。一是深化农村税费配套改革。建立健全党政主要领导负总责的农民负担监管机制，强化农民负担监督，防止农民负担反弹，积极探索农业税取消后的乡镇工作新机制，进一步转变乡镇政府职能，化解乡村债务。二是深化粮食流通体制改革。继续深化国有粮食企业产权制度改革，提高国有粮食企业竞争实力，充分发挥其粮食流通领域中的主渠道作用。在鼓励有资质的粮食购销者和用粮企业直接向农民收购粮食的同时，完善储备和吞吐调节制度，正确引导市场粮价走势，保持粮价的合理水平，保护农民种粮积极性。三是加快农村小型基础设施产权制度改革。农户自建或自用为主的小型工程，产权归个人所有，由乡镇人民政府核发产权证；对受益户较多的工程，可组建合作管理组织，国家补助形成的资产归合作组织所有；对经营性的工程，可组建法人实体，实行企业化运作，也可拍卖给个人经营；对业主开发建设的农业基础设施要给予扶持，并规范其收费标准和服务行为。四是深化土地征用制度改革。按照保障农民权益、控制征地规模的原则，明确界定政府土地征收（用）权和范围，完善土地征收（用）补偿机制，提高补偿标准，改进分配办法，妥善安置失地农民，并为其提供社会保障。五是改革和创新农村金融体制。进一步深化农村信用社改革，加快机制、体制、产品和服务的创新，发挥其农村金融的主力军作用。明确金融机构在县及县以下机构、网点新增存款用于支持当地农业和农村经济发展的比例，引导县及县以下吸收的邮政储蓄资金回流农村。在完善运行机制基础上强化农业发展银行的支农作用,增加支持农业和农村发展的中长期贷款,拓宽业务范围。培育竞争性的农村金融市场,探索建立更加贴近农民和农村需要、由自然人或企业发起的小额信贷组织。扩大农业政策性保险的试点范围,鼓励商业性保险机构开展农业保险业务。六是搞好农业生产资料供应和市场管理,继续实行化肥出厂限价政策,控制农资价格过快上涨,严厉打击制售假冒伪劣农业生产资料等坑农、害农行为。

参考文献:

[1]蒋和平.我国不同类型地区发展现代农业模式和对策研究[A].“十一五”期间农业和农村经济发展重大问题前期项目研究[C].2004.

[2]江西省农业厅.江西优质农产品区域布局规划[EB/OL].江西农业信息网,2004.

[3]傅建春,邱建旺,方勇,等.对农村土地流转问题的探讨[J].重庆交通学院学报(社科版),2005,(2):42-44.

[4]张兆飞,黄国勤.江西保护性耕地的现状与分析[J].中国农学通报,2005,(5):374-376.

(本文与戴天放同志合作,原载《江西农业学报》2006年第1期)

“新农村”建设的思路与对策

在党的十六届五中全会审议并通过的《中共中央关于制定国民经济和社会发展第十一个五年规划的建议》中，提出要建设社会主义新农村。“建设社会主义新农村”作为一个系统的、完整的概念，被列为国民经济和社会发展的首要任务并出现在党的文件中，在党的历史上还是第一次。对于这样一项事关中国发展全局和9亿农民福祉的伟大行动，我们务必领会其精神实质，尽快实现“三农”工作的战略性转变，着力推进江西农村经济社会的快速发展。

一、“社会主义新农村”新在哪里

“社会主义新农村”不是一个纯粹的新概念，过去也曾经提出过，而且在我省已有新的实践。它是统筹城乡发展、调整城乡利益分配格局、调整国民收入和财政支出结构、实施“以工补农，以城带乡”战略、解决“三农”问题和建设农村小康社会等新农业政策的目标、方向和相关政策选择。按照《决议》对社会主义新农村的构想和要求“生产发展、生活宽裕、乡风文明、村容整洁、管理民主”，我认为社会主义新农村主要“新”在以下三个方面：

1. 从战略实施行动来看：新的指导思想——科学发展观，将贯穿新农村建设的全过程；新的社会背景——经济社会发展进入“黄金发展期”和“矛盾凸显期”；新的经济基础——综合国力和人民生活水平上了一个新的台阶，人均GDP超过1000美元；新的历史进程——进入了“以工促农、以城带乡”的发展阶段;新的政策目标——将采取与过去不同的综合措施改变农村整体面貌;新的发展要求——加快农村全面小康建设步伐,农民的生活质量要有根本的改善和提高;新的发展趋势——要实现城乡互动协调发展,由现在的城乡二元结构逐步向城乡一体化演变。

2. 从目标要求来看:农业的内质和市场竞争力得到新的强化;农民的就业能力和就业水平有新的提高;农村科技文化教育水平有新的进步;农村创业环境和整体面貌有新的改变;农业支持与保护政策有新的内涵;农民收入增长有新的动力机制;农业经济和农村社会管理有新的制度创新;农民的精神面貌和农村社会风气蔚然一新。

3. 从行动的结果来看:新的理念——政府解决"三农"问题的思路、农民的思维方式都与过去不同;新环境——农业的基础设施、农村的创业环境、农民的生产和生活方式都有大的改变;新农民——科技文化教育及就业素质有大的提高;新财源——农民增收有新亮点,增收的长效机制已经形成;新农庄——经过科学规划、改造、新建的村容村舍各具特色;新风尚——农村的精神文明、政治文明有大的发展。

二、新农村建设面临的艰巨任务

改革开放以来,江西农村发生了历史性的深刻变化,但从整体上看距离农村小康社会的目标要求还有较大的差距:一是不高,即农业的市场竞争力、开放度、比较收益和农民收入不高;二是偏低,农业工业化、农村城市化水平和工农业联动程度偏低;三是无序,即农村建设无规划、层次低,乡村农居布局零散、脏乱;四是薄弱,即农村的基础设施和村级经济基础薄弱;五是陈旧,即农民的生产方式、生活方式变化不大;六是不齐,即农民的科技文化教育水平整体素质不高,还参差不齐;七是不快,农村社会发展尤其是农民的社会保障的构建步伐还不快;八是不强,农业保护和支持力度不强。也正是存在这些不足,才要加快农村全面小康建设步伐;也正是存在这些差距,"三农"问题仍是我们工作的重中之重。

三、新农村建设的基本原则

新农村建设的内容很广，是一项艰巨的系统工程，应坚持农业工业化与农业现代化并重；政府推动与农民发动同步；自上而下与自下而上并举；“点状”推进与“扇面”发展同时兼顾；农民科技文化素质提高与农村面貌的改善同时并举；农业产业内质提高与工业化的外部同步推动；农业工业化、城市化与农村生态环境的保护并重；政策创新与农村创业环境的构建相结合等原则。

四、对新农村建设的几点建议

新农村建设是社会主义建设的一项历史性任务和历史进程，事关农村小康社会的建设，事关和谐社会的实现。随着我省大开放主战略的进一步推进，工业化、城市化进程的不断加快，新农村建设的基础越来越扎实；随着新农业政策投入的强度不断加强，2000多万农民中蕴藏的巨大能量必将进一步得到激发，这都为我省新农村建设奠定了坚实的基础。我们不仅要有明确的战略目标、实施措施，而且还要有科学的行动和强有力的政策支撑，才能保证新农村建设的顺利。

1. 要站在全省的战略高度，精心制订好新农村建设的总体方案，作为全省新农村建设的行动指南。新农村建设既是解决“三农”问题的政策设定和战略性转变，更是深化农村改革、发展农村公共事业、改造传统农业，实现农业现代化，增加农民收入，进而实现城乡一体化的具体行动。这样一项重大的历史任务，不仅涉及农村的方方面面，而且还要触动到农村深层次的问题；不仅要提升农村、农业在整个国民经济中的地位，而且还要调整城乡利益分配格局；不仅要加大农村公共物品的提供，而且还要着力提高农民的内质。因此，应当尽快制订一个包括实施重点、发展阶段、配套措施、资源配置、考核监督等方面进行总体部署的指导方案，保证社会主义新农村建设全面进行能开局顺利，稳步推进，并形成一浪高过一浪的高潮。

2. 新农村建设要以发展新产业为核心，使农民增收致富有保障，以支撑起真正意义上的新农村。新产业并非抛弃现有的产业另起炉灶，而是通过科技进步来提高农业各产业的市场竞争力；通过提高农业产业化程度，壮大龙头企业，延长产业链，提高农产品的附加值；通过发展非农产业，拓宽农民就业门路。当前主要应围绕已形成的支柱产业、特色产业，按照"一个产业、一个思路、一套实用技术、一套扶持措施"的办法，做大做强这些产业，通过对农村主导产业、区域特色产业、非农产业等进行发展规划和逐步实施，来开辟新的产业。

3. 要在开始全面推进的同时，先进行重点突破，建好一批具有聚合力、吸引力和示范性作用的中心镇、中心村。我省农村农居点多、面广，各地经济基础有所不同，因此，全面推进不等同于同步进行。应从实际出发，循序渐进，先把基础条件好、农民积极性高的地域作为建设的重点，建出特色，取得经验后，以此为典型来带动其他地方进行仿效和跟进，走以点带面、点面结合的路子。在条件不成熟，特别是多数群众意愿不强时，应着重于教育、引导，不搞强迫命令和大包统揽。

4. 要按"科学规范、合理布局、因地制宜、分类指导、逐步到位"的要求，抓好新农村建设的规划。这里所说的规划，不仅仅是农舍村庄建设的规划，而是一个大规划，除了村容村貌、道路、交通、饮水等生活设施的规划外，还应包括农村产业素质的提高、科教普及推广、文化娱乐、医疗设施等建设的规划。从某种意义上来说，农业的内质、农民的内质的改善比农村外表外貌的改善更为重要。对于村舍农庄的建设，应特别要抓好中心村镇建设，打破低水平建设的怪圈，尽量避免有新房无新村现象的发生。

5. 要形成新农村建设的多元化投入机制。如果单单依靠农民自身力量来进行新农村建设是不可能的，而完全依靠国家来进行也是不现实的。只有"公"(财政、社会力量的投入等)、"私"(农民自有资金投入)结合才能使新农村建设落到实处。"公"、"私"投入领域应各有侧重，前者主要是作用于基础设施建设、农村科教文卫等公共物品的建设和生态环境的治理与保护，后者主要用于村容村貌的改善和农业生产的投入。要通过税收优惠、价格补贴、资金配套等有效措施降低农村公共物品、准公共物品、非公共物品的提供及农业投入风险，以吸引更多的市场主体参与到新农村建设中来；可通过提供物资、投入分担、以奖代投等办法来提高农民投资新农村建设的积极性。

6. 注重特色，实行差别政策，不能搞“一刀切”。在对村镇进行规划设计时，基础条件好的中心村可以高起点、高标准，条件差的村镇的规划也要适度超前，同时要坚持以人为本、人与自然和谐相处的原则。就村舍农庄的规划来说，应力求形式多样，各具地方特色，可以是城市社区式，也可以是生态农庄型。对于交通便利的中心村镇，可以设计为集贸市场式；旅游资源丰富的地方，应注意与景点相协调，既可设计为生态休闲度假庄园，也可设计为分散村落式的。尤其对一些具有历史文化积淀或产生过历史名人的村庄，应进行保护性建设，保持原有风味，建成名人村或历史文化古村。总之，要尽力做到各具风格，新颖大方，经济实用。

7. 城市郊区、工业园区、经济开发区的周边农村要率先突破城乡二元结构，率先实现城乡一体化，在新农村建设中发挥示范作用。这些地域基本上都在近郊或交通要道旁，信息灵，基础设施好，富余劳动力转移多，非农产业有一定的发展，应当成为新农村建设的示范点。这些示范点起步快，建得好不仅有利于起到典型带动作用，而且也能优化工业园区、经济开发区的招商环境。招商环境好，既能吸引外商的进入，又能更多地吸纳农村富余劳力，更能为新农村建设提供更多的建设资金。

8. 新农村建设要鼓励人口、村庄适度集中，注意土地的节约和绿水青山的保护。从长远目标和城镇化的趋势来看，应通过政策鼓励等多种办法，推动村庄和居住人口应适当集中，这有利于土地的节约和农村公共物品的提供。新农村建设原地改造和易地新建都应尽可能不占用耕地良田，如果举村易地新建，原来的村落所占土地应尽可能复垦，或作为发展养殖业、加工业的基地，尽量减少“空心村”、“空心房”的存在。在农业基础设施建设和农田的“田园化”中，要注意与生态环境相协调，尤其要通过农业标准化生产来减少化肥、农药对土壤和水源的污染，通过新农村建设来控制生活污水、畜禽排泄物对环境的污染。

9. 全面推进文明村镇创建活动，塑造农村新风尚。通过基础设施建设来美化、净化村容镇貌，尽快改变现在农村的脏、乱、差现象；通过倡导健康、文明、科学的生活方式，创造一个积极向上、人心向善、安定有序、精神生活丰富多彩、人与人及人与自然和谐相处的社会风气；积极引导和教育农民遵纪守法、提高修养、崇尚科学、移风易俗，造就一代既有较高思想道德素质又有一定专业技能、文明守法的新型农民。

10. 在新农村建设中科学技术的应用主要应侧重以下三个方面：一是绿色农业的发展。建立外向型农业和提高农业竞争力，是我省农业发展结束爬坡进入坦途的必由之路。而要走好这条路，控制农业生产成本和保证农产品优质、有机、符合绿色食品标准是前提条件。因而，应把建立资源节约和环境友好型农业作为科技投入的重点，通过标准化生产和采用绿色农业生产技术和农业资源的循环利用来减耗增效和控制环境被污染的程度，尽量避免农业生产"外部不经济"现象。要在用循环经济理念指导农业发展的基础上，推广资源节约、能量合理利用和技术，利用可循环再生的资源替代不可再生资源，如太阳能、水电、农家肥等，尽可能利用知识投入替代物质投入，建立新的农业增长模式，着力提高农产品商品率、市场占有率；二是要通过教育培训、典型示范、媒体宣讲等办法来大力提高农民对实用技术的掌握，使每个村都有一大批科技种田能手，每户都有科技明白人。除此之外，在中心村镇特别要注意非农技术的培训，大力提高45岁以下农民在非农领域的就业能力；三是在新农村的建设和管理体系上应力求科学、高效，用科学技术来推动农村社会的进步，通过科学规划来提高新农村建设的起点，通过科学的组织实施来实现建设模式多样化、特色化。

（本文原载《求实》2006年第1期）

对南昌城市建设的观察与思考

城市是自然的物质和社会相互作用、紧密结合的复合有机体，其最基本的特征有：人口集中，居民以非农产业人口构成为主，经济辐射力强，是区域经济、政治、文化的中心。进入20世纪以来，城市在经济社会发展中的地位不断上升，对经济社会发展的推动作用与日增强。近年来，作为江西省会的南昌的城市建设已成热点，这也在一定程度上反映出南昌在江西经济社会建设中的重要地位。

一、近几年南昌城市建设的观察

江西要实现在中部崛起的目标，南昌能否率先崛起是关键之一。回过头来观察南昌城市建设的轨迹，有很多亮点值得我们去注意。

——规划便是财富。城市建设是利在当代，功在千秋之业，具有前瞻性，经得起历史的考验是其本质。从南昌城市建设规划的指导思想来看，起点高、目标远大、操作性强是基本要求。从规划的具体思路来看，也有很多创新之处。比如，对江西的区域经济发展具有辐射和支撑作用是南昌的主要城市功能，都市繁华、人民和谐安居是南昌城市建设的归宿；“规划先行、拉开框架、打好基础、组团开发、滚动推进、政策引导、市区联动、市场运作、互为补充、丰富功能、协调配套”是南昌城市建设的基本方针；区域扩散与人口聚集并重，经济规模扩张与工业化兴市同行，基础设施改善配套与生产要素聚集紧跟，经济增长与生态安全协调“友好”共存,政府推动与社会参与及“一江两岸、一核五片、沿着赣江、两头延伸、多点多组团推进”,以及在发挥中心城市“增长极”集聚功能的同时,又能增强市县镇联动互相策应的辐射效应是南昌城市建设的基本策略。从目前南昌城市建设的实践轨迹来看,半小时南昌“经济圈”极化效应和扩散效应已初现端倪;南昌与周边省市的“六小时经济圈”已经形成,且辐射范围涵盖到4.5亿人口的南昌都市圈已极大地舒展了南昌的发展空间,将从不同的方面带动更为广阔的区域经济的发展。

——南昌是个“大南昌”的概念。南昌应成为江西经济要素的集散地和辐射力量之源泉,这一要求与南昌城市功能和服务能力的高低紧密联系相关。研究南昌城市建设的规划和实践,还可以看出它的思路大气和远见卓识:如把建设的格局放在全省、中部甚至全世界的大环境来考虑;放在承东接西的地位来考虑;放在把南昌建成京九沿线和长江以南的一颗明珠的要求来考虑;放在对接长、珠、闽,融入全球化来考虑;在空间集聚和扩散功能设计时,把南昌与长三角、珠三角、闽东南三角区的资源共享、功能配置、空间优化等要素涵盖在里面;作为江西的核心城市,把促进江西城乡一体化、吸纳农村富余人口的转移及在江西率先崛起作为重要战略目标。

——产业集群与城市建设齐飞是南昌城市建设的基本理念。城市建设的目的之一是促进经济的发展,它也是经济发展环境的基础。聚集规模经济也是现代经济发展的产物,与城市发展的步伐紧密相随。世界各国城市发展的历史证明,城市工业化、人均国民收入的增长与城市建设呈正相关的关系,没有经济建设作支撑就可能有城无市;同样,城市发展的过程也是产业结构不断升级的过程。近几年南昌正在打造中部地区的“现代制造业”基地,进行生产要素重整,产业链布局优化,目的之一就是通过城市产业结构升级来推动城市的发展和转换城市发展模式。因为,产业集群和城市建设都是优化投资环境的手段,都是增强经济辐射力、带动力的发动机。如果这些硬力量的推动力能进一步增强,南昌工业化和城市发展将对第一产业、第三产业产生新的衍生需求,使南昌的产业结构升级、优化的演变进程明显加快。

——最优的软、硬环境是南昌城市的核心竞争力。城市竞争力是多种发展因素综合形成的整体实力，它表现为集聚资源、提供产品和服务的能力，是城市经济社会综合发展能力的集中体现。南昌城市建设有一个理念很切合南昌的实际，那就是南昌的城市规模不一定要"大"，而应在于"优"，它不一定要成为方方面面的主角，重要的是方方面面都要有特色，要有比较优势。从硬环境方面来看，南昌的基础设施、区位优势、科技水平、资本积累、产业基础、劳动力构成等既有优势也有劣势，它能体现出的核心竞争力在于它蕴含着较大的发展空间、市场空间和南昌综合商务成本低、劳动力资源质优价廉而且供应稳定、产业配套便捷等比较优势的紧密结合，能为各类产业、企业市场竞争力的增强起到"孵化器"的作用，这种作用表现出的能力和提供的机会就是南昌的核心竞争力所在。另外，南昌核心竞争力不是单一的、分割的某一方面的分力，而是综合的、有机融合在一起的合力。南昌有2300多年的历史，有着深厚的文化积淀，是赣文化的聚集高地；吃苦耐劳、和谐包容是赣文化的特色，是现代企业精神所需的基本要素，也是形成核心竞争力中的经济社会秩序力的文化基础。从实践来看，南昌近年来的制度创新、管理创新、开明开放战略实施，"成本最低，效率最高，回报最快，信誉最好"等制度环境的再造，形成了一道独特的风景线为四方投资者所青睐。政治文明、精神文明的建设，与硬环境结合在一起，形成了有南昌特色的吸引、争夺、占有、控制、转化各种资源的能力，即南昌城市核心竞争力。2002年，台湾地区最大产业公会之一的台湾区电机电子工业同业公会将南昌列为D级"暂不推荐"，而两年后公布的《2004中国大陆投资环境及风险调查》却将南昌列为A级，成为"极力推荐"的城市，是中部地区唯一进入该调查A级行列的城市，综合指数与大连市并列第11位。2005年再获"极力推荐"城市殊荣，综合指数前进1位。这一事例，也是南昌核心竞争力的凸显和表现之一。

——"魅力南昌"的建设使之具有独一无二的不可复制性。南昌具有"吴头楚尾、粤户闽庭"的战略地位，过去南昌是兵家必争之地，如今则是企业家等各路能人看好之域。如何使南昌更具魅力、更显特色？研究南昌城市建设的规划和实践，还可看出它的其他要求：南昌市的城市建设应着眼于吸收、挖潜、创造新南昌文化，丰富南昌文化底蕴，使南昌更能彰显鲜明的城市个性、独特的城市风格，处处飘逸出独有魅力和向心力；在物质文化建设上，以“八一文化”为主线展开的场馆改扩建工程，以“亲水”文化为主线进行内外湖（河）疏浚、清淤和美化，以市政文化为主线铺开路，给排水、住宅等城市布局和建筑等都在成为南昌市对外交流和沟通的媒介，从而折射出南昌新的性格和精神特征；在软环境建设方面，以“三项创建”为主体的进行制度文化建设，以“五大文明工程”创建活动为龙头进行精神文明建设，通过实施“文明南昌行动计划”来提高南昌的城市品质和城市文化水平。周恩来总理曾说过，假如你是一位仙女，从天上飘飘而下，睁眼观望，应当能立即辨出眼前是北京，或广州，或纽约，或巴黎……如真如周总理所说的那样，我们相信不远的将来，南昌与日增厚的文化内涵，越来越鲜明的南昌风格也能让仙女一眼辨出，这就是美丽的花园似的英雄城——南昌。

二、目前南昌的优势和不足分析

南昌作为中部内陆城市，具有不可复制性、不可仿制性和历史渊源的是“英雄城”这一金字品牌。南昌还是新四军的诞生地，新中国的重要军工基地。南昌既是新民主主义革命中的英雄之都，也应是社会主义市场经济建设过程中的英雄城。水是经济的命脉，是人类生存的根本条件。“亲水”是人类文明的基本特征，但不是每个地方都有条件能“亲水”，不是每座城市“亲水”程度能与南昌媲美。“亲水”是南昌永具魅力之处。所以，“八一”军事文化和“亲水”文化的有机结合是别处不可复制的南昌城市品牌优势。此外，英雄城还有其他优势：不可替代的区域地位——南昌是京九线上唯一的省会城市，是中国唯一与长三角、珠三角、闽东南三角区距离最近、相毗邻的省会城市；不可忽视的发展空间——差异化政策所形成的南昌城市竞争力，有比较优势的投资环境所形成的“磁场”效应日益增强；不可不注意的市场优势——南昌是中部地区辐射周边多个省会城市的市场中心距离最短、连带中小城市最多的省会城市之一;不可相比的低成本投资优势——综合商务成本低,产业聚集能力强,生态环境优越;不可低估的发展能量——蕴藏在人民群众中想发展、谋发展、比发展、同发展的合力,为南昌提供了持续发展的永恒动力。

由于历史等方面的原因,南昌还存在以下不足:与发达城市比,经济总量盘子不大是最大的不足;与沿海城市比,经济要素流动和聚集的强度还有较大的差距;与周边的中心城市比,创新功能优势还不十分明显;与一些历史名城比,城市文化的个性还不特别鲜明;与国际大都市比,城市的主导功能还未真正形成;与南昌经济发展的态势比,社会发展的态势要滞后些。

三、对今后发展的相关建议

城市是社会生产力发展到一定阶段的产物,是人类社会文明进步的结晶,也是人类进入文明时代的标志。城市的发展既能促进生产力的发展,又受生产力发展水平的制约。近几年南昌的建设以立足蓄势储能、持续发展、“打基础、谋长远、增后劲”为指导,发展战略的实施在某种程度上既是一种选择,同时也是一种放弃,选择的是务实、科学和着眼未来,放弃的是浮躁、幻想和急功近利。如果说过去的几年更多地侧重于规划、布局、打基础,注重外延性、框架性、速度性,处在准备阶段,那么今后则要进入率先崛起,注重质量性、内涵性、整体性城市现代化发展的新时期。在这一时期要实现建成“军事文化——生态城市”(花园城市)等战略远景目标,必须坚持以科学发展观为指导,实现战略模式创新并采取科学的行动。在此,提出相关对策和建议:

1. 城市定位:建成中国唯一的独具特色的“八一军事文化——生态城市”。

2. 实现途径:继续做好“两篇文章”,加快区域经济中心和文明花园城市的建设。

3. 优先增强三力:南昌城市综合竞争力、南昌对江西经济的支撑力、南昌现代化的城市亲和力。

4. 着力实现四大转变:城市建设由单一中心、空间拓宽到多中心网络式和完善城市功能的转变;城市经济增长由数量模式向效益模式及产业由“南昌制造向南昌创造”最终目标的转变;城市竞争力的提高由注重经济力到更注重综合实力的转变;城市建设由政府主导型向市场力量推动型的转变。

5. 全力进行五大战略创新:制度和发展战略创新,发展空间战略创新,科技兴市战略创新,城市功能提升战略创新,城市管理人本化、法治化战略创新。

6. 有较好基础的六大建设达到新的高度:开放型经济体系的建设、创新型人才高地的建设、南昌特色的城市文化建设、现代城市管理体系的建设、区域综合创新的环境建设、学习型政府和学习型城市的建设。

此外,在实施以上六大工程建设的基础上实现新的宏伟蓝图:财富南昌——实现经济更大发展、更大跨越;聚财南昌——“四最”的投资福地的扩展;绿色南昌——可持续发展力的再强化;和谐南昌——经济社会发展更协调;文明南昌——精神文明高度发展;信用南昌——诚实守信南昌新形象更突出;法治南昌——经济社会管理法治化程度更高;平安南昌——人民生活质量明显改善、城乡居民安居乐业、政通人和、社会环境更加稳定。

（本文原载《江西行政学院学报》2006 年第 1 期）

企业技术创新的风险与管理

风险是客观存在的,其不确定性的实质在于它不随人们的意志发生和不发生。我们所熟知的风险基本上可以测定和管理,并能通过一些经济技术手段将它转移和分散,只不过是测定结果的准确与否和管理手段的优劣都会导致风险发生的结果呈现程度不同的差异。企业技术创新是一项潜在的高效益、潜在的高风险并存的科技研究活动,其风险管理的目的就是要对潜在的、可能发生的或正在发生的意外损失进行评价、衡量和处置,将各种不利的后果减小到最低的限度。

一、企业技术创新的风险评价

企业的技术创新不仅包括产品创新、工艺创新、经营创新、市场创新、知识创新与科学发现的方方面面,同时还包括战略创新、决策创新、组织创新、制度创新等企业经营内外环境构建的各个领域。一般的企业技术创新都要经历研究阶段、中试阶段、商品化或产业化阶段。在这三个阶段,由于人们对未来行为的决策及客观条件的不确定性引起的后果使预期目标发生偏离,因而其存在的风险特性也不一样。①从风险发生的原因来看,自然风险对企业技术创新的影响较小,而包括行为、经济、政策风险等在内的环境风险则可能伴随企业技术创新的各阶段;②从风险的性质来看,企业技术创新风险主要是既有损失又有可能获利机会的动态风险,少见只有损失机会而无可能获利的静态风险;③从承受能力来划分,企业技术创新基本上是可承受的风险,但在实践中也有技术创新风险生成后超过企业所能承担的最大损失额以致企业衰败的实例;④从风险的对象来区别,企业技术创新所遭遇最多的是经济损失这一类风险,而研发人员疾病、伤残、死亡所带来的人身风险或个人违规、违纪风险使企业技术创新难以进行的现象少有。可见,企业技术创新的最大风险就是投入没有回报,或投入大、回报小等类型的经济损失。由此再细分,产生经济损失的风险主要有:技术创新主体的装备设施不完善、物质投入跟不上、人员梯队结构不合理及科研能力欠缺等所带来的技术风险;由于成果先进性、完备性不足等主客观条件的制约使创新的技术不能由潜在生产力转化为现实生产力而发生的产业化风险;创新的技术在转让过程中受客观条件的制约,使接受方难以实施所造成的商品化风险;创新的技术在进入科技市场或物化技术进入有形市场后,不被市场所认同而形成的市场风险。

企业技术创新与投资项目有很多共同点,都具有一次性或固定性特征,一旦进行难以更改。在效益分析方面,都要对各种不确定性因素的影响进行分析;在风险分析方面都可借助数学工具对可能出现的各种状况发生的可能性进行判断,都要对市场需求、技术的先进性和可靠性、资金的充足性和及时性、配套设施的完备性及技术力量的强弱程度等风险因素进行评估。事实上,企业技术创新所面临的风险远远不止上列诸种,但也不是每一个企业的技术创新过程都存在如此多的风险因素。所以,只能通过技术手段择其最主要、最可能出现的风险因素来评价。

企业技术创新的风险评价往往又包含在项目投资中,相对来说,企业技术创新风险评价要比项目投资风险评价牵涉的问题少一些。但这并不等于说企业技术创新的风险评价不重要,因为企业技术创新的方向是否正确,同样关系到企业的兴衰。通常对企业技术创新的风险评价依据技术创新的工程量大小、投入多少及企业的规模来确定采用哪种方法进行评价。由项目评价人员或个别专家进行估计的主观评价法、经10~20位熟悉该行业技术创新风险因素的专家经验分析而形成结论的专家评价法或用数学工具——概率分析法、通过收集整理分析历史上所发生的有关数据资料和专家依据自身经验的判断，建立相关的数学模型，处理变量之间的关系得出结论，都是惯用的风险评价方法。如产品创新、工艺流程创新的先进性评价涉及的产量与损失额的估计，因其存在线性关系，则可用一元线性回归方程 $Y = a + bX$（X 表示产量，a、b 是参数，Y 是损失额）进行预测。企业技术创新影响的因素很多，风险和收益之间存在一定的对称关系，在实践中则更多地采用风险评价模型或图表进行分析，通过对风险与收益的比较来判定企业技术创新的可行性。

由美国阿尔柯拉克公司开发的帕西菲柯（Pacifico）模型是通常采用的技术创新风险收益评价模型。

$$FR = \frac{P_t \cdot P_c \cdot (B - C) \cdot L}{K} \cdots\cdots\cdots\cdots\cdots\cdots (1)$$

式中 FR——风险收益指数、P_t——技术成功概率、P_c——商业成功概率、B——年销售收入、C——年成本费用、L——技术寿命期、K——技术开发、生产和市场开发投资总额。在该模型中我们可以看出，风险收益指数与技术成功概率、商业成功概率、税前利润、技术寿命期成正比，与技术创新的投资总额成反比。

安索夫（Ansoff）模型则选择了更多的分析因素。

$$FR = \frac{(M_t + M_b) \cdot B \cdot P_t \cdot P_m}{C_d + J} \cdot S \cdots\cdots\cdots\cdots\cdots\cdots (2)$$

式中 FR——风险收益指数，M_t——技术优势指数，由对技术的评价确定，M_b——商业优势指数，由对市场竞争力的评价确定，B——技术寿命期内的净收益估计，P_t——技术成功概率，P_m——市场成功概率，C_d——技术开发及技术投入使用的生产投资，J——利用原有设施分摊的费用，S——技术项目与企业总体战略的符合度。

由（1）、（2）式中可看出，计算技术创新的风险指数所选择的有关指标都是关键性指标，多数指标及概率又是通过专家的经验或凭主观推断而获得。因而为提高风险评价结果的科学性、准确性，在专家的选择、专家调查的路径、有关数据的定性分析、概率计算、关键变量的取舍等诸多方面都要进行精心的选择和设计，以求减少风险评价中的主观性，增强客观公正性。

二、企业技术创新的风险管理

企业技术创新过程，同样也是风险管理的过程。在经过对潜在的风险与损失进行准确、科学的识别和对损失可能发生的频率、损失的严重程度加以估计和预测后，采取针对性强的风险控制技术来消除隐患或在风险生成后将可能发生的损失降到最低限度就是风险管理的根本目的。风险管理得当不仅有利于企业技术创新进程顺利，同时也能减少不必要的损失，减轻企业投入负担，有利于增强企业技术创新的可行性、适用性，从根本上增强企业的竞争力。风险管理与控制技术主要有：风险回避、风险减轻、风险隔离、风险转移、风险结合、风险自留等种种手段，但就企业技术创新这一独具特色的系统工程而言，更多地使用风险减轻、风险隔离、风险结合和风险转移等手段。

——风险减轻。主要是指在风险损失发生前，采取有关措施减轻或消除损失发生的直接原因和间接原因；损失发生后，采取各种措施减轻损失或危害。在技术创新启动前对创新的过程进行科学的论证，是风险减轻的基础。如集成创新，首先就有必要对现有的或引进的技术的可行性、适用性、可靠性及成果转化、商品化等可能发生的风险因素进行分析，同时找出经济上合理的预防措施，使创新方案再设计得更完善，资源配置更优化；如原始创新，除进行以上风险因素评估外，更多的在于技术的先进性、完备性、市场需求等进行论证。在实践中，一些企业进行产品创新或工业流程的改进完成后，企业的竞争力并没有明显变化，一个主要的原因是其创新的先进性、完备性并不具备，其立项时所要求达到的先进性只不过是比企业原有产品或生产工艺先进，而在同行业中并非领先。这种技术风险属“先天性”的，是由于论证不科学而导致的。企业技术创新风险控制中容易忽视的另一个问题或“误区”是对创新技术应用性的论证不完备，往往研究能形成成果，期望的成果也能开发出来，就是难以转化应用，成果商品化、产业化程度低。究其原因，其根本在于项目立项前忽视了市场因素及技术接受方的条件、配套设施的可行性分析。涉农的一些工业产品、装备或新技术常常存在这些问题。

——风险隔离。这是指针对所面临的风险因素进行空间与时间的分离，使某一个事故的发生不会同时引起所有资源的损失，以达到减轻风险损失的目的。风险隔离会增加所要控制的风险控制因素的数量，可能会增加一些管理费用。但根据大数定律，这种控制手段会减少风险的损失。跟随和模仿型技术创新是企业技术创新战略中常见的一种。从技术创新的历程来看，发达的美国工业在起步时跟随模仿过欧洲国家的先进技术；二战后的日本又是通过模仿美国而实现工业崛起的。跟随和模仿型技术创新的优势在于风险较小、投资少和见效快，弱点是企业易被动地处在劣势地位，市场份额扩大的空间少，有一定消化吸收开发能力的企业常走这一技术创新路径。这种创新路径的各种风险既存在于技术模仿阶段，但更多的是存在于技术转化阶段和进入市场后。对前者而言，风险因素主要是能否改进、创新和保持技术的先进性，对后者主要考虑是否会侵权和市场的适应性问题。这类的风险对策研究应分为两大部分，针对可能出现的风险损失制定相应的应急计划。有必要在此强调，在跟随模和模仿型技术创新风险管理措施中，合理付费是减少风险的最好对策，但很多企业不愿采用，总是抱着侥幸的心态忽视这一点，结果往往是为了减少较小的财产损失反而引来更大的诉讼、停产、罚款等风险。至于技术转让的风险隔离则应考虑更多的来自需求方面信息不对称、技术力量薄弱、硬件设施和配套能力差、对新技术的漠视及经营环境不佳等因素，有针对性地提出相应的对策，将技术转移的风险逐个消除或降低。

——风险结合。这与风险隔离相反，是通过增加风险单位的数量来提高预防未来损失的能力。企业通过与其他组织的合作，将技术创新可能面临的相同的或不同的风险单位集合起来以求达到降低风险的目的。对于技术创新难度大、跨度宽、投资多的项目采取合作开发的战略，有利于分散一般的风险（如技术不确定性所致的技术风险和市场上的替代品、价格、质量、消费者心理预期、市场成长迅速等不确定性所致的市场风险），而同时又能获得率先的市场空间和高利润。当然，对于合作的各方除要共同应对以上风险外，同时还要面对的是不能独占技术、合作结束后各方可能成为强有力竞争对手的潜在风险。因此,合作前谨慎地选择合作伙伴,用合同规定好双方的权益,防范任何一方在技术创新过程中可能出现侵犯他方权益的行为,这些都是行之有效的办法。通过技术创新合作开发的办法能有效地使用风险结合这一风险控制工具,但在技术创新合作过程中,各方都可能实现技术跨越、技术替代。而原有技术的成长中断,又有可能产生新的风险:如有形资产提前报废、因新技术改造而使企业停产、新品推出挤占了原有产品的市场空间、员工的结构性过剩、原有管理体系的失效,等等。对于这些内在、新生的风险因素又必须使用风险隔离等手段来控制。由此可见,风险控制手段在企业技术创新过程中的使用不是一成不变的,有的领域单独使用,有的层面又要组合使用。

——风险转移。这是最为常用的风险控制技术,主要通过契约或合同的形式将损失的财务负担和法律责任转移给其他经济组织,以达到降低风险发生的频率和缩小其损失程度的目的。事实上,企业技术创新的风险发生最终都会以资金损失为表现形式,因而为减少技术创新风险,适当地将一些风险损失机会与损失后果转由他方承担也是风险管理的惯用做法。风险转移有三种常见的方式:一是将风险源转移出去,如技术转让就是将市场风险转让给了受让方;二是保险转移方式,对一些难以控制而又必须面临的灾害性风险就可采取向保险公司投保的办法来转移风险。如工程露天作业技术、地下采掘业新技术的中试、农业科研的示范推广项目及有可能遭受自然风险的科研人员的人身安全保险等;三是非保险转移,如争取政府设立的风险投资基金、风险投资公司的投资、银行的风险投资等。

参考文献:

[1]林义. 风险管理[M]. 成都:西南财经大学出版社,1990.
[2]吴贵生. 技术创新管理[M]. 北京:清华大学出版社,2000.
[3]王文松. 现代咨询方法与实务[M]. 北京:中国计划出版社,2003.
[4]罗雍. 融资风险管理研究[M]. 南昌:江西高校出版社,1995.

(本文原载《企业经济》2006 年第 6 期)

江西新农村建设中新产业发展问题研究

建设社会主义新农村是新的历史时期党中央从中国特色社会主义事业发展的全局出发确定的一项重大决策，是全国农村的一项重要工作。从理论和实践上看，社会主义新农村建设必须以经济建设为中心，以增加农民收入为核心，以发展生产为首要任务，而三者的共同基础是培育好长期、稳定增收的产业。如果没有持续健康发展的产业支撑，农村的和谐稳定、农村经济的发展、农民收入的增加、农村教育卫生文化等社会事业发展将成为无源之水，农村人居环境难以根本改善，农村健康、文明、和谐的新风尚难以形成和持久，农村民主政治的发展将会受到制约。

一、农村新产业的内涵及其在新农村建设中的地位

所谓农村新产业，是指在社会主义新农村建设过程中，那些具有较好的资源禀赋和发展基础，符合农业结构调整方向和产业区域布局，具有较强的市场竞争能力，能够带动其他相关产业发展，并可以成为新的经济增长点的新型农村产业。农业产业化的形成、传统农业产业质的提高、主导产业链的延伸、“一村一品”产业的建立、观光农业的发展等都属于新产业的范畴。这些产业的建立或形成规模，有利于转移农村富余劳动力，推进农民就业，加快农民增收和农村各项事业发展。

1. 发展新产业是增加农民就业的新路

农村剩余劳动力包括农村中没有就业的人口和没有充分就业的人口。其

中,没有充分就业的人口是指由于耕地面积的限制,单位劳动力资源没有得到充分发挥的人口。如有的地区,单位人均耕种土地不足0.5亩,对于一个成年的劳动力来说,这点土地显然是不够的。根据我们另一项研究成果表明,随着农业科技进步和农业机械化水平的不断提高,1996~2004年江西省农村剩余劳动力总体上呈迅速增加之势,从1996年的54.6万人到2004年的597.6万人,增加了543万人,这远远大于相关部门的统计数字。实际情况表明,只有大力发展农村新产业,才有可能从根本上解决农村剩余劳动力问题。一般来说,农村新产业大部分是劳动力密集型企业,具有规模小、数量大、劳动力要求数量多和劳动力素质要求低等特点,吸纳就业的要求相对较低,适应江西农村现阶段劳动力的素质水平,具有较强的吸纳劳动力的能力;同时,农村新产业的产生和发展可以动员民间资金的投入,为农村经济的发展注入新的活力,从而推动城镇化建设和农村服务业的兴起,以进一步扩大就业领域,有效地转移农村富余劳动力。从目前的新农村实践来看,农村新产业已成为农村经济的重要支柱和农村剩余劳动力转移的主要渠道。通过发展农村新产业,农民可以"离土不离乡"、"进厂不进城"而得到安置。

2. 发展新产业是加快农村各项事业建设的基石

从农民增收的构成看,一般的种植、养殖业由于受自然和市场的制约,具有较大的不稳定性,时常出现增产不增收的现象。而现有的高效农业和农民务工工资性收入已成为农民增收的主要渠道。根据统计资料表明:2005年,以上两项收入分别占当年江西农民纯收入的36.59%和40.38%。农民的工资性收入,一靠农业产业化经营,二靠乡镇工业发展,三靠外出务工。从实践看,无论是高效农业、龙头企业还是加工业集群,对农民增收都起到了巨大的推动作用。当前形势下,农村贫困、增收乏力的最主要根源在于农村产业不多且产业结构不尽合理。因此,要摆脱贫困、加快发展,就要在农村经济结构上体现区域特色,凸显优势产业,最终形成区域经济的核心竞争力。

3. 发展新产业是改善农村面貌的内在动力

建设社会主义新农村,必须统筹城乡经济发展。统筹城乡经济发展,一个重要、实质性的措施就是要在城乡发展具有差异、互补和衔接的产业分工体系。农村地区在相对落后的情况下,要主动与城市进行产业分工,大力发展与城市经济具有差异、互补的产业,使农村的生产体系在市场经济的基础上与城市衔接,城乡经济在生产环节实现一体化。新农村建设的主体是农民,但由于收入水平的限制,单靠农民自身无法完成新农村建设,单靠财政扶持也是不现实的,应依赖于全社会的力量。在多元化投入格局下产生的农村新产业是农业外力和内生力合成的载体,与农村、农户关联度高,是市场动力推动的产物,必将成为统筹城乡发展、改善农村面貌的新动力。

4. 发展新产业是优化农村经济结构的根本要求

建设社会主义新农村,“生产发展”是前提,只有在生产发展的基础上,才有可能实现“生活宽裕、乡风文明、村容整洁、管理民主”。发展生产必须要有雄厚的产业基础和强大的产业支撑。如果离开农村地区的产业发展进行新农村建设,就可能导致新农村建设泡沫化、虚拟化、空心化。在建设新农村进程中,如果不努力构筑崭新的产业结构,实现从量的扩张到质的飞跃,生产发展必然步履艰难。近年来,江西农业结构虽然发生了变化,但传统种植、养殖业占农村经济收入比重仍很大,村域经济很明显的一个现状,是农业产业化水平低,新型工业化程度不高,现代服务业发展十分缓慢。因此,加快建设新农村,就要从根本上改变传统农业的发展格局,改变弱质与低效产业的经济结构,发展劳动力密集型产业,开发劳动力密集型产品,延长产业链,在产业建设的不断升级中,使广大农民逐步变成产业工人。

5. 发展新产业是壮大乡镇经济实力的中坚力量

随着农村税费改革的逐步深入,不少乡镇政府已日益清醒地认识到培植主体税源的重要性和紧迫性,但这需要一个过程,短期内大部分乡镇依然难以摆脱无税可征的困境。工业化、城市化是经济发展、社会进步的重要标志。从经济发达地区的发展历程看,要发展经济、培植税源、壮大实力,无一例外地要走工业化道路。建设新农村,促进生产发展,同样也要走“以工兴镇”道路。如果农村工业化还是按照过去“村村点火、处处冒烟”的模式,必将步入死胡同。江西省目前一些经济实力较强、财政收入较高的乡镇,都是通过培植农村新产业发展起来的,因而大力发展农村新产业,可壮大乡镇经济实力,促进农村经济迅速发展。

二、江西农村产业的发展阶段和特征分析

1. 1949～1978 年:有所改善,发展曲折艰难

新中国成立之初,党和政府一直强调发展农村产业,早在国民经济恢复时期和第一个五年计划时期,就开始着手发展农村产业。随着国民经济的全面恢复和发展,历史遗留下来的农村产业发展不合理的状况开始有所改善。但从 1958 年以来,受"左"的错误思想和自然经济思想的影响,受经济体制和生产力发展水平的制约,江西农村产业发展曲折艰难。加之人口大量增加所造成的粮食需求压力,促使农业生产走上了"以粮为纲"的轨道,经济作物和林业、畜牧业、副业、渔业没有得到应有的发展,第二、第三产业尤为落后,到 1978 年,江西整个农村经济结构中,第一产业(农业)总产值占 71.8%,第二产业(工业、建筑业)占 26.1%,第三产业(商业、饮食业、运输业)占 2.1%;在农业总产值中,种植业产值占 76%,林牧副渔业只占 24%;在种植业内部,粮食作物产值占 79.4%,经济作物产值只占 7.5%。

2. 1979～1989 年:逐步调整,比例稳健提高

农村改革以来,江西农村产业进行过一些调整,初步改变了长期以来形成的农业以种植业为主、种植业以粮食为主的农村产业结构,开始出现了农林牧副渔全面发展,农工商综合经营的好势头。到 1989 年,江西农村第二、第三产业已分别上升到 31.9% 和 8.6%,第一产业的比重下降到 59.5%。在农业总产值中,林牧副渔业产值已上升到 44.7%。在种植业内部,经济作物比重上升到 11.3%。农村产业的这些变化表明:其不仅发挥了各地优势,提高了经济效益,而且为城市提供了大量农村产品和服务,开拓了农村市场,协调了工农业的发展,促进了农村经济向专业化、商品化和现代化发展。

3. 1990～2001 年:急速变革,结构日趋完善

20 世纪的最后 10 年是江西农村产业具有重大意义的变革时期,表现出更多的开放性、有序性、多样性和集约性。种植业按市场需求和比较效益原则,调整了产品和品种结构,实现了更高的资源配置和经济效益。2001 年,江

西劳均农业总产值、劳均农业增加值和劳均农业商品产值分别为8086元/人、5177元/人、5412元/人;以经济效益、生态效益、社会效益相结合的山江湖工程取得阶段性成果,特色农、林、牧、渔各业均初具规模。2001年分别达6.8%、28.6%和13.2%。种植业向"粮经饲"三元结构转变;畜牧业向家庭经营规模化、产业化方向发展,特别值得一提的是,畜牧业产值在1995年超过粮食作物产值,成为农业中的第一大产业;乡镇企业技术水平、规模效益和产品档次均有所提高,以商品流通、信息和技术服务、人才培养为中心的第三产业大大发展,社会化服务体系进一步健全。1996年,江西省乡以上建立各类农副产品加工企业已达7000多个,非农产业从业劳动力412万人,占江西省乡(镇)劳动力的26.63%。2001年,农村集市贸易市场为2035个,成交额达到14.4亿元。乡镇企业的崛起,推动和加速了农村第二、第三产业的发展,有力地促进和推动着农村产业的调整,农业在农村经济中的比重迅速下降,种植业在农村中所占份额也不断下降,结束了农业、种植业占绝对优势的历史。

4.2002年至今:不断突破,创新后劲十足

进入新世纪以来,江西在调整农村产业结构的过程中,把大力发展农业产业化经营和劳务输出作为发展农村经济乃至整个国民经济的一个重要增长点来抓,并取得了突破性进展。一是以15家国家级和100多家省级龙头企业为骨干、280多个市级龙头企业为主体、大批中小企业为基础的农业产业化龙头企业群体已经形成并日益壮大,成为促进农村产业结构调整的中坚力量和带动农民增收的重要支柱。二是以赣南脐橙为主的果业基地、以草食动物为主的畜禽基地、以环鄱阳湖地区为主的水产品基地等十大优质农产品基地建设渐成规模,形成了一批布局相对集中的区域特色主导产业基地。三是以实施农村劳动力转移培训的"阳光工程"为抓手,大力组织农村劳务输出,2004年跨省劳务输出超过500万人,居全国第三位。这时期,也碰到了许多新矛盾、新问题,主要是粮、经济作物争地、人畜争粮、鱼米争水。为了解决"三争"矛盾,江西大力组织实施了农业综合开发项目,抓好农业基础设施建设,努力提高农业综合生产能力,从而拓展了农业结构的调整空间,提高了农业生产的整体水平和综合效益,增强了农业发展后劲,有力地推动了农村各业的协调发

展。江西这几年在确保粮食稳定增长这个重点的前提下,大力调整和优化农村产业结构,使农村各业得到了全面、协调发展,农民收入大幅度提高,并且使农村经济、城乡经济产生了良性循环的效应。为了进一步发展农村经济、增加农民收入,大力推进现代农业建设,着力发展高产、优质、高效、生态、安全农业,拓展农业产业化经营,发展农村第二、第三产业,引导农村富余劳动力向非农产业和城镇有序转移,建立起农民增收的长效机制。

从江西农村产业发展的历史变化和现状可以看出,农村产业结构尚未从旧模式中完全摆脱出来。因此,江西农村产业发展必须进一步优化,并且在全省农村产业发展不断优化的同时,还应建立起各具特色的农业区域结构,尤其是根据不同地区农村的资源优势和社会需求特点,重点发展具有较强的市场竞争能力、能够带动其他相关产业发展、可以成为新的经济增长点的新型农村产业,通过生产力的合理布局,以实现充分、合理利用资源的理想目标,进一步加快全省新农村建设步伐。

三、新农村新产业发展的措施建议

1. 宏观方面

(1)要用新观念来引导新产业发展

提升思想认识,更加深入、准确、全面地认识新产业在社会主义新农村建设中的作用和功能,牢固确立农业仍旧是支撑国民经济发展的基础产业的思想;全面确立农业是增强城市功能,提高城市经济承载能力的重要基础的观念;重新确立农业是促进社会经济协调发展,人与自然和谐共存的重要保障的全新理念。

(2)要用政策来支持新产业发展

既要用足、用活现有政策措施,又要结合本地实际,制定出台一系列支持农村产业发展的优惠政策,在信贷、用地、办证、技术、人才等方面予以重点扶持,着力构建农村产业建设的政策扶持体系。一要从资金上给予政策支持。制定农村产业建设融资办法,采取农村产业发展基金、贷款贴息、政府参股、申报项目、招商引资等办法解决农村产业建设的资金问题。二要从技术上给予政策支持。积极开展科技培训,有针对性、有重点地进行主导产业技术培训和推广。聘请技术专家,培训技术人才,鼓励技术创新,增强农民自主创新能力,使农民既做新品种、新技术的实施者,又成为新品种、新技术的研发者和推广者。三要从人才上给予政策支持。用好用活乡土人才,支持、鼓励大学生回乡回村参与农村产业建设,动员和吸引有能力、有技术、有实力的在外务工人员回乡创业;重点扶持一批具有创业能力的大户和能人,着力培养一批农村致富带头人,使其成为社会主义新农村建设的中坚力量;探索从县乡选派能人到农村去领办产业或直接到乡镇企业去工作。四要从发展环境上给予政策支持。转变政府职能,为农村产业发展创造诚信的法制环境、高效的服务环境、宽松的经营环境、规范的税费环境、稳定的治安环境。

(3)要用项目来支撑新产业发展

项目是发展新产业的有效载体和重要支撑,搞好项目建设,能够有效培植产业,壮大财源,加快发展,必须高度重视农业产业化项目建设。一要科学谋划项目。紧紧抓住机遇,准确把握国家和地区产业政策投资方向和市场走势,立足自身产业特点和资源优势,搞好项目调研工作,做到实施一个项目,培植一个农村支柱产业,带动一方经济发展。二要积极争"跑"项目。筛选、储备一批符合国家产业政策、具有广阔市场前景的农村产业重点项目,认真做好项目的可行性研究、包装、申报和推介工作,积极争取上级支持。三要抓好项目实施。把项目建设作为目标管理考核的主要内容,建立项目实施责任制,把项目实施责任明确到领导,分解到部门,落实到责任人,确保项目实施的质量效益,确保项目建设环境廉洁、透明。

(4)要用科技投入来优化新产业发展

一要制定科技兴业规划。通过引进先进科技,加快传统产业技术改造升级,加强对新产业建设的科技投入和科技服务,走资源深加工、精加工的道路,提高产品的市场竞争力。要跳出农业抓农业,在第二、第三产业上做文章,生产名、优、特、新农产品,实现产、加、销一条龙。二要加强科技人才队伍建设。全方位地培训科技人才和农民,提升科技人才队伍整体素质。对从事农村产业建设的科技人才设立绩效挂钩奖,根据任务完成情况和技术措施落实情况实行以绩定酬。设立科技兴村贡献奖,做到奉献与报酬的有机结合。三要创建农业科技示范园。大力推广普及科学技术,优化农村产业。

(5)要用市场化来推动新产业发展

一要强化市场意识。树立能人意识、竞争意识、风险意识,适应市场经济要求,坚持走经济以民有为主,企业以民营为主,事业以民办为主,投资以民间为主的民营化道路,以民营经济领跑县域经济。以培育名牌、打造名牌为抓手,对创牌企业,特别是精、深加工企业进行重点扶持,着力打造一批具有自主知识产权、技术含量高、市场占有率高的农产品知名品牌,以品牌拓展市场。二要以市场为导向优化资源配置。市场需要什么产业就建设什么产业,什么产业能使农民增收就支持什么产业,促进生产要素向优势产业、优势企业集中,大力发展具有乡村特色和比较优势的农村支柱产业。三要发展农村经济合作组织。以新产业为纽带,积极探索和发展农村专业协会、专业合作社等新型经济合作组织,改善生产营销服务,延伸农业产业化链条,提高农民进入市场的组织化程度,破解分户经营条件下壮大产业规模、优化生产布局的瓶颈制约,增强农村产业抗风险能力。四要完善产品销售网络。切实抓好乡村市场建设,重点发展好农产品专业批发市场。加强道路基础设施建设,畅通销售渠道,实现产销对接,使产品全部变成商品,增加农民收入。

2. 微观方面

根据实际情况,按照合理配置资源,将传统产业进行改造,将新兴产业做大、做强的思路,江西省农村新产业发展的基本要求是:在稳定粮食产量的同时,大力提高其投入产出比;提高农产品优质品种和优质产品的比重,大力提高其产业竞争力;通过发展优质高效农业,大力提高优势产业的比重;实现农业和农村经济的比较合理的区域分工和布局,大力提高农业的可持续发展力;促进农村第二、第三产业的发展,大力提高农村资源的利用率。

(1)粮食、水产、畜牧、园艺产业的发展思路

江西省是水稻生产大省,总量位居全国第二位。从2004年以来,粮食总产连续3年创历史最高水平。尽管如此,江西发展粮食生产的潜力仍然很大,可从“水利工程”、“沃土工程”、“种子工程”、“植保工程”、“转化工程”五个方

面做优。

江西淡水资源丰富,淡水面积占全国的9.3%,有着全国最大的未受污染的淡水湖——鄱阳湖,且污染程度低,水质较好,水面的开发利用具有巨大的潜力,具有发展水产品得天独厚的条件。水产新产业遵循扩大养殖面积、拓宽水产品种、改善养殖方式的方向发展,可以高产、优质、多样化。

江西省畜牧产业中牛、猪、家禽饲养具有比较优势,其新产业发展方向是大力推进畜牧业集约经营和扩大家庭规模养殖,并建立现代化的饲养场,培育良种,逐步实现养畜业的现代化。在稳定发展生猪生产的同时,发挥江西山多、草多、湖多、洲地多、饲料来源极为丰富等资源优势,建立优质肉牛基地、优质奶牛基地、优质畜牧、优质水禽生产示范基地,努力促进节粮型的畜牧业和饲料报酬率、蛋白质转化率高的禽类业的发展,使畜牧产业大力走向养殖基地化。

近十多年来,以蔬菜、水果、花卉、茶叶为主的园艺产业在江西省得到快速发展,江西赣南脐橙、婺源有机茶、安义绿色蔬菜、南丰蜜橘等园艺产品很受国际市场的欢迎。循着"大开发、大发展"的思路,继续推进"南橘北梨,东枣西桃"战略。发挥江西山清水秀、生态环境好,非常适宜发展外向型无公害高效经济作物的资源优势,抓好高标准的生态园艺区建设。着力提高国际市场竞争力,促进知名品牌国际化,努力占领国内外市场。与此同时,充分发挥林业的多种功能,按照"希望在山"的思路,把林业产业做强,面向国际市场实施品牌化战略。

(2)农产品加工业应提升技术,形成优势产业

江西农产品资源十分丰富,发展优势明显,但与这种优势地位不相称的是江西农产品加工业大多是初级加工,二级或多级加工很少,农产品加工业整体落后。江西省农产品加工企业数量并不少,但众多的企业弥补不了这样一个缺陷:农业加工企业小而不全,数量众而不优,零散混乱不能形成规模。科技含量低、小打小闹的企业产生的效益本来就不那么理想,又哪来资金扩大规模实行现代化管理,走一个良性循环之路。另外,种植业和农产品加工业也常出现矛盾的状态:由于各自种植或加工能力有限,加工业难以做到"生产什么、加工什么",种植业也无法跟上"加工什么、生产什么"。从而使农产品转化率

一直偏低,这也使得江西省农业产业无法形成产业链,或产业链不长。因此,第一,在技术不足的状况下,必须创造优良的投资环境,吸引国内外资金和技术,迅速提高江西省加工水平,而且,政府要加大科技投入,增强农产品加工企业自身的竞争力。第二,针对“小而散”的情况,选择优势行业重点扶持规模大、创汇多、效益好的企业,构建与之配套的上下游企业,在一定的区域内形成“雁形”企业集群。第三,发展信息网络,开拓国际市场,在利用现有的各种全国性综合市场、区域性专业市场、地方特色商品小市场的良好基础上,推动江西农产品加工业市场,利用农产品加工产业的带动作用、特色农产品的拉动作用、农产品的区位优势,逐步建立江西“省内——国内——国际”三位一体的大市场。

(3)不断扩展农村服务业的服务内容

农村服务业是指服务于农业再生产和农村经济社会发展,通过多种经济形式、多种经营方式、多层次多环节发展起来的一大产业,是现代服务业的重要组成部分。农村服务业作为农村产业的主要组成部分,它的繁荣和发展对拉动农村经济,增加农村就业机会,增加农民收入都有十分重要的作用。加快农村服务业发展,构建完善的现代农村服务体系,必将大大推动社会主义新农村建设。而目前江西省农村服务业发展还很滞后,在农村产业结构中,服务业比重仍较低,主要集中在一些传统的、低水平的交通运输业和商业、饮食服务业。2006 年农村产业结构中,第一产业的比重为 26.9%,第二产业为37.4%,第三产业比重为 35.7%,而农村居民年均生活消费支出中,服务性支出仅占 28.5%。同时农村社会化服务体系还很不完善,一些地区在乡镇机构改革中涉农服务断档。所以应着重加大农村沼气、农业实用技术培训、劳动力转移培训、农民科技书屋、乡村清洁工程示范的实施力度,扩展农村服务业的内涵和外延,形成支撑农村经济发展的新兴产业。

(4)乡村旅游业科学规划,适度开发

江西乡村旅游资源丰富,自古以来就是物华天宝、人文荟萃之地,不仅有风光秀美的名山大川、江河湖泊,更有一代代先辈辛勤耕耘留下的丰富的文化遗产。很多年前江西就有一些乡村开发了以欣赏田园风光、感受地方风俗、品味特色农家饭菜为主要内容的旅游活动，不仅丰富了旅游业的内容，扩大了旅游容量，而且直接带动了农村产业结构的调整。但从目前的总体状况来看，尽管江西乡村旅游呈现方兴未艾的发展趋势，但其特色化、规范化、规模化水平低，品牌意识差，存在重开发、轻保护的现象，也是不争的现实。将乡村旅游业作为一项新的农村产业发展，应对乡村旅游的开发进行科学规划，在保护生态资源的前提下进行适度开发；要以生态游、民俗游、农家游等农村特色游为主线，精心设计好乡村旅游产品，极力推动农业传统产业与旅游业实现良性互动；尤其是新的旅游项目开发要将景区与服务区进行分离，在源头上控制好污染源，对于因游客日益增多的民居游景区，应采取资金投入多元化等措施，开始着手进行小型的污水和垃圾无害化处理。

参考文献：

[1]江西省农业厅.江西新农村建设若干问题研究[M].北京：中国农业出版社，2007.

[2]徐金星.发展现代农业 建设新农村——新农村建设百村调研报告集[C].南昌：江西科学技术出版社，2007.

[3]刘战平，蒋和平.现代农业是新农村建设的基础工程[J].农业现代化研究，第27卷第5期.

[4]柯炳生.加快推进现代农业建设的若干思考[J].农业经济导刊，2007，(2).

[5]张晓山.发展现代农业——社会主义新农村建设的首要任务[J].前线，2007，(4).

[6]陆远如，刘战平.论新农村建设促进城乡协调发展机理与机制[J].求索，2006，(10).

[7]陈映.新农村建设中城乡统筹发展的农村公共产品供给[J].求索，2006，(10).

（本文与吴罗发同志合作，原载《江西社会科学》2007年第12期）

加快江西产业结构优化升级的思考

《中共中央关于制定国民经济和社会发展第十一个五年规划的建议》中指出:"必须保持经济平稳较快发展。发展既要有较快的增长速度,更要注重提高增长的质量和效益。"决议还再次强调加快经济结构的战略性调整,促进产业结构优化升级。国内外的实践表明,一个国家或地区的产业结构合理与否、优化程度如何决定着经济发展的速度、质量和效益。

一、当前江西产业结构的主要特点

近年来,江西省委、省政府围绕加快江西经济发展,提出了一系列战略构思,随着这些思路不断贯彻深入实施,江西产业结构出现了新的变化,呈现出第一产业比重逐步低,第二、第三产业比重逐步提高的新趋势。总的来说,目前江西产业结构具有以下三方面的特点。

1. 工业主导型的产业结构已经形成。2006 年,江西省生产总值中三次产业的比例为 17.0∶50.2∶32.8,与 2000 年相比,第二产业比重提高 15.6 个百分点,其中工业增加值占生产总值的比重达到 39.1%,位居三次产业首位,对生产总值的贡献率达 55.4%,年均增长 16.3%,发挥了带动经济增长的主动力作用。制造业是推动工业的主要动因。2005 年,江西省规模以上制造业完成增加值 725.4 亿元,占江西规模以上工业的 82.2%,占江西 GDP 总量的 17.9%,分别比 2001 年提高 6.4 和 5.4 个百分点。在制造业内部,支柱产业支撑作用突出。自 2003 年江西省着力培育壮大六大支柱产业以来,目前已初步形成了以汽车、航空及精密制造、特色冶金和金属制品、中成药和生物制药、电子信息和现代家电、食品工业、精细化工和新型建材为主要支撑的工业产业体系。2006年，六大支柱产业完成工业增加值703.5亿元，总量占规模以上工业增加值的60%，实现销售收入2670.7亿元，占64.0%；实现利润120.4亿元，占62%；实现利税281.5亿元，占66.4%。在投资领域，工业投资比重大幅上升。2006年，江西省城镇工业投资完成1004.0亿元，占城镇投资的比重由2000年的30.9%提高到38.4%，一批重大工业项目相继投产，工业生产能力显著增强。

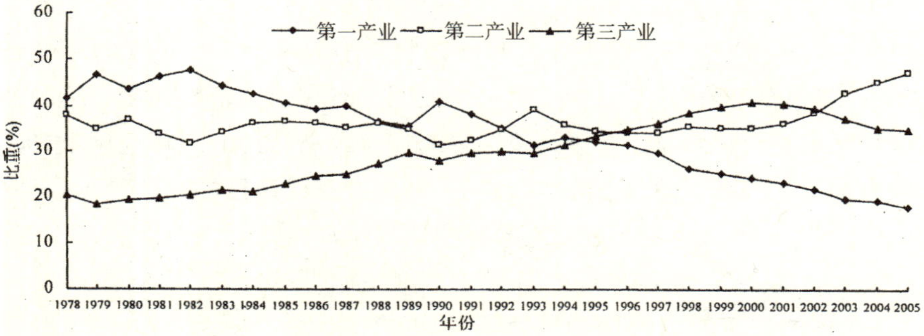

图1　江西省产业结构变化情况

资料来源：根据《江西统计年鉴》(2006)整理。

2. 农业综合生产能力稳步提高。在加快工业化进程中，江西省的农业基础地位不但没有削弱，而且有所加强，并成为全国越来越重要的优质农产品生产基地。2004年，江西省粮食总产量180.34亿kg，比上年增产35.31亿kg，增长24.3%，单产252 kg/667m^2，实现了总产量、增产量、增长幅度和单产水平“四个超历史”；农业出现多年来少有的好形势，2005年、2006年粮食产量再创历史新高，分别达185.4亿kg、190亿kg。在粮食生产发展的前提下，棉花、油料、烟叶、茶叶、苎麻、水果、蔬菜等主要农产品产量均有不同程度的增长。“十五”时期，江西省农业总产值年均增长4.9%，比“九五”高1.2个百分点。农业结构调整进一步优化。农业（种植业）增加值比重由2000年的

52.1%下降到2006年的45.3%，林业、牧业比重分别由8.1%、23.9%上升到8.5%、30.0%。在农业发展和结构优化的基础上，江西省形成了一批各具特色、具有品牌效应和产业集聚力的优势农业产业群。

3.第三产业总体水平不断提高。2006年，江西省第三产业增加值1513.5亿元，2000年以来年均增长9.5%，交通运输、仓储及邮电通信业，批发和零售贸易、餐饮业两大传统行业得到了强劲发展。其中交通运输、仓储及邮电通信业年均增长11.0%，占第三产业比重由23.8%上升到24.3%，批发和零售贸易、餐饮业年均增长11.4%，所占比重由22.3%上升到24.8%。新兴行业中，房地产业所占比重由2000年11.0%上升到2005年12.5%，2006年由于受宏观调控影响，所占比重有所下降，比2000年下降了3个百分点。金融保险业有所调整，所占比重由11.4%下降到4.9%，其他服务业发展加快，上升了3.8个百分点。

这一时期，江西产业发展出现了两个重要的趋势，一是园区经济作用凸显，产业形成新的增长极。江西工业园区的起步阶段是在20世纪90年代初，经过十余年的发展，自2001年始，进入了快速发展阶段。2006年末，江西省入园工业企业达6740家，工业园区增加值737.44亿元，相当于规模以上工业增加值的56.4%，完成的销售收入、利润、利税分别比上年增长57.2%、49.8%、43.1%，安置从业人员123.9万人，比上年末新增17.7万人。工业园区经济区成为江西重要的增长极。二是外资规模迅速扩大，产业的外源动力增强。2006年，江西省外资直接投资项目982个，实际使用金额28.1亿美元，均列中部六省第一位，实际使用金额在全国的位次由2000年的第21位前移至2005年的第10位。2000～2006年，累计使用金额达106.1亿美元，比1984～1999年的累计之和增长2.9倍。外商投资占全社会固定投资的比重由3.4%上升到7.3%。日本五十铃、铃木、东芝、达能，德国麦德龙，美国福特、百事可乐、麦当劳等具有“世界500强”投资背景的国际大公司纷纷来江西投资。投资项目覆盖面广，既有轻工、纺织、机械、化工等传统行业，又有光纤电缆、光学、计算机集成电路、电子信息等高新技术产业。外商投资成为江西产业发展新的外源性动力。

二、目前江西产业结构存在的主要问题

从江西产业结构的演变过程看，其三次产业结构的变动趋势逐步向结构高度化演进，符合产业结构变动的一般规律。江西产业结构在不断得到优化升级的同时，与全国平均水平相比，与东部发达地区相比，还存在很大差距。

1. 产业层次较低。从三次产业结构看，2006 年，江西第一产业占 GDP 的比重高出全国 4.9 个百分点，与中部其他省份比，比湖北高 2.3 个百分点，比山西高 8.3 个百分点，比安徽高 0.3 个百分点，说明江西农业占 GDP 比重大的传统产业结构色彩仍然很重。农业中，种植业和粮食比重大。2006 年，种植业占农业总产值的比重和粮食占种植业的比重分别为 45.3% 和 50.1%。江西第二产业低于全国平均水平，说明江西的第二产业特别是工业发展还很不充分，这也是江西经济落后的症结所在；工业中，比重较大的多数行业属于产品差异性小、附加值低的初级产品。通过区位商分析，2005 年江西省区位商大于 1 的行业主要是有色金属矿采业、医药制造业、烟草制品业、有色金属冶炼及压延加工业、水的生产和供应业、木材加工及木、竹、藤、棕草制品业、非金属矿物制品业、黑色金属冶炼及压延加工业、交通运输设备制造业、黑色金属矿采选业、化学纤维制造业等行业，这些行业除医药、烟草等少数行业外，多数为初级产业。虽然第三产业略高于全国平均水平，但它是建立在农业人口比重大、城市化水平低、工业基础薄弱这样一个省情上的，是在第一、第二产业发展不够快的基础上的一种相对的高，是没有工业化充分发展支撑的虚高。而且，第三产业比重虽然较大，却是以传统的流通和服务业为主，为现代工业服务的金融、通讯和信息产业相当薄弱，现代化水平不高，尤其是生产性服务业发展缓慢，现代物流、电子商务、金融证券、旅游度假、教育培训、中介服务、医疗保健、文化娱乐、休闲健身、社区服务等发展不足。再从三次产业演进的过程看，江西三次产业结构演变发生过三次重要转折：1993 年，江西产业结构发生历史性转变，第二产业比重首次进入第一位，呈二、一、三层次；1995 年，在第二产业比重继续位于第一位的情况下，第三产业比重超过第一产业，产业结构有了新变化，呈二、三、一层次；1996 年，第二产业比重落后于第三产业，

三次产业排列为三、二、一层次。但与全国平均水平相比，江西第二产业超过第一产业比全国晚23年，第三产业超过第一产业比全国晚10年。

2.产业关联度较低。从工农业看，江西农业资源丰富，但由于产品的深加工度不够，工业与农业原料基地的产业链尚未真正形成，农产品转化增值率偏低。从工业内部看，一是由于以采掘业、原材料和粗加工为代表的重工业资源密集型特征明显，在发展过程中，与轻工业关联度不高；二是产业相对零散，企业之间缺乏有效的分工协作，大企业难以发挥规模优势，中小企业向“专、精、特、新”专业化协作方向发展不够，产业配套能力差，无法扩展和延伸产业链，难以形成产业集聚效应。

3.产业效益较低。2005年，江西省全员劳动生产率18065元，低于全国平均水平6079元，只有全国的74.8%。效益低的原因主要是第二产业效益不高，其第二产业全员劳动生产率只有31448元，低于全国平均水平17796元，仅占全国的63.9%。其中规模以上工业企业全员劳动生产率102394元，低于全国水平23381元。从经济效益指数看，2006年，江西省规模以上工业经济效益指数为174.67，比全国低17.52个百分点。

4.产业规模较小。2006年，江西规模以上工业企业5333家，大、中、小企业的比例是0.67∶8.26∶91.07，大型工业企业数比重比全国水平低0.27个百分点。年销售收入200亿元以上的大型工业企业只有2家，100亿元~200亿元的只有3家。在2006年中国企业500强中，江西仅有7家企业入围。从反映规模的企业平均现价产值、企业平均实现销售收入、企业平均实现利润等主要指标看，江西均低于全国平均水平。

5.产业竞争力较弱。从市场占有情况看，江西工业产品在全国拥有的市场份额普遍较低，2006年，江西工业产品在全国的占有率为1.33%，低于工业增加值占全国的比重。在《中国统计年鉴》所列的34种主要工业品中，2004年江西主要工业品占全国同类产品比重超过本省人口比重的品种，只有2种。高新技术产业规模偏小。2006年，江西高新技术产业增加值达162.3亿元，仅占全部工业增加值的8.9%，其中规模以上工业高新技术产业增加值只有广东的6.3%、浙江的36.7%。

三、产业结构对江西经济增长影响的实证分析

根据江西产业结构的特点及存在问题以及《江西统计年鉴》的相关数据，运用 Cobb - Douglas 生产函数，通过统计软件进行回归分析，可得产业结构变化对经济增长贡献的计量模型（见方程 1）。

通过方程（1）可得出，1978 ~ 2005 年江西省第一、二、三产业产出量各增长 1%，分别会导致国内生产总值增长 0.3516%、0.4146% 和 0.2764%。三大产业对 GDP 的产业贡献排名为二、一、三，但相差不大，看不出强有力的经济增长点。

$$lnY = 0.9658 + 0.3516lnY_1 + 0.4146lnY_2 + 0.2764lnY_3 \quad (1)$$

（16.8724） （18.7758） （16.2278） （9.0706）

$R^2 = 0.9998 \quad DW = 1.185$

为了更加具体地分析产业结构包括产业内部结构调整对经济增长的影响，把占据第二、第三产业较大份额的工业（29.86%，Y_{21}）、建筑业（9.04%，Y_{22}）、交通运输仓储邮电通信业（8.37%，Y_{31}，简称交通邮电业）、批发零售贸易餐饮业（8.00%，Y_{31}，简称商贸餐饮业）以及金融保险业（4.00%，Y_{33}），加上农业（Y_1）代入模型进行回归分析，得到方程（2）：

$$lnY = 1.6576 + 0.3580lnY_1 + 0.2029lnY_{21} + 0.3556lnY_{22} + 0.0073lnY_{31} + 0.0317lnY_{32} + 0.1287lnY_{33}$$

（10.148）（9.039） （2.777） （6.530） （0.349） （1.724） （3.130）（2）

$R^2 = 0.999 \quad DW = 1.258$

对总产出影响较为显著的有农业、建筑业、工业、金融保险业。方程（2）表明，除农业外，建筑业对总产出的产出弹性最大，且其所占份额不到 10%，因而其单位贡献率也最高，这可能是由于江西省正处于工业化初期，基础设施投资不断加大所决定的；工业在 GDP 中虽然由于其较大的比重，但单位产出对总产值的拉动（即产业弹性）并不如预期中的理想。这可能与江西目前“轻的太轻、重的太重”不合理的工业内部结构，以及国有工业企业比重过大，进而影响了整个工业经济效益有关，进一步说明江西在加快工业化进程、推进产业结构优化升级进程中，还要重点解决工业内部结构和国有经济成分过大等

现实问题。

四、加快江西产业结构优化升级的对策

1. 推进产业技术升级。重点是加快传统产业改造和大力发展高技术产业。加快以信息技术为代表的高新技术和先进适用技术的扩散和渗透,提升传统产业的技术装备水平、生产工艺水平和产品质量水平。冶金工业,运用高技术装备勘探、采矿和选矿作业,加快冶炼加工技术进步,推广应用资源综合利用技术、节能技术、清洁生产技术、自动控制技术和在线检测技术。机械工业,以推广高精密度数控技术、数显技术、微电子技术为重点,加大行业技术装备改造力度,大幅度提高企业技术装备水平。石化工业,推进使用新型催化、新型分离、节能及环保技术,提升化工新材料、农用化学品、精细化工、生物化工的产业技术水平。建材工业,运用建材新技术和新工艺,增强新型聚合物、玻璃及玻璃纤维复合材料、新型墙体材料研发加工能力。陶瓷工业,加快窑炉改造,扩大燃气利用,推进原料标准化,提升陶瓷成形技术水平。纺织工业,加快信息技术、机电一体化无梭织机等新技术、新工艺在棉纺、麻纺、针织等方面的推广应用,重点开发高仿真、抗静电、抗菌、防紫外线的新型功能性纤维,提高 CAD 设计打板技术在服装行业的应用。食品工业,加快先进加工技术和工艺在农产品深加工和功能食品制造领域中的应用,重点推广基因工程技术、真空浓缩技术、冷冻干燥技术、微波技术、膨化挤压技术。加快高技术研发、孵化和产业化,力争在电子信息、生物医药、新材料、航空航天、计算机软件等重点领域取得新突破。实施新型显示工程,重点推进液晶覆硅和高清晰液晶显示产品生产规模化,加快硅衬底半导体发光材料与器件产业化、大功率芯片照明应用。实施集成电路工程,推进晶圆生产和集成电路设计制造。实施生物医药工程,重点发展基因工程治疗药物、可降解医用高分子材料、血液制品。实施新材料工程,重点发展稀土发光材料、电子陶瓷材料、高分子复合材料、铜精深加工材料、多晶硅光伏材料。做大软件产业,培育壮大软件研发企业,大力发展网络平台软件、嵌入式软件、信息化应用软件,积极开拓软件外包业务,建设南昌软件基地。

2. 加快产业区域结构调整。产业区域结构调整要基于江西省不同地区的实际情况，充分考虑生产力水平的多层次性、所有制结构的多样性，以及地区经济发展的不平衡性，因地制宜，发挥比较优势，有计划、有重点地推进。要消除各区域产业之间的过度竞争和重复建设，按照各区域的战略定位，充分发挥各自的比较优势，协商制定科学的产业结构政策。不同地区要善于利用自身的条件，形成高新技术产业与传统产业，资本、技术密集型产业与劳动密集型产业互补发展的良好格局。树立全局观念和整体的意识，按照经济的内在联系和资源合理配置的要求，统筹规划省内的产业结构调整和重大建设项目的布局。鼓励优势企业突破地域的局限，进行跨地区的资产重组，迅速壮大企业规模，发展跨地区大型企业集团。在具体操作层面上，一是充分发挥江西现有工业园区的产业集聚作用，加大投资力度，加快建设步伐，积极发展块状经济。建立健全以市场运作为主的开发机制、以完善服务体系为重点的协调推进机制，推进工业园区土地集约化经营、产业链式化延伸、项目集群式组合、资源循环式利用。提高工业园区投入强度，提高工业园区产出水平，提高工业园区产业集中度，培育发展特色工业园，提高工业园区的产业配套水平，积极承接外来企业联动转移配套，引导民营经济自主创业配套，推进国有企业改制转产配套，因地制宜建设产业配套协作区。加快形成规模大、综合竞争能力强的成长型工业园区。二是遵循生产力布局规律，以产业为纽带，以交通干线为主轴，加快形成若干定位明确、优势突出、错位发展的经济增长带。重点是抓住时机加快昌九工业走廊建设，发挥省会南昌人才、科技优势和产业带动作用，积极利用九江沿江港口辐射作用，联动发展沿线城镇和工业园区，把昌九工业走廊建设成为产业集群式发展、内外资呼应、大中小城市功能互补的产业密集区，加快长江岸线开发，实行统筹规划、整体布局，发展壮大石油化工、汽车机械、冶金建材产业，加快培育船舶制造、数字家电、现代物流产业，形成沿江产业带。

3. 加快产业组织结构调整。优化产业组织结构，要在继续鼓励发展大企业、大集团的同时，积极扶持在行业中有竞争优势的中小企业，构建和完善以大企业为主导、大中小企业专业化分工、产业化协作的产业组织体系。一是以市场为导向、以资本为纽带、以核心企业为龙头，培育大而强的龙头企业。鼓励工业龙头企业通过收购、兼并、控股、联合等多种方式实行低成本扩张，增强核心竞争力和辐射带动力。把建设大项目作为发展大企业的重要途径，把科技创新和技术进步作为提升企业核心竞争力的中心环节，加快形成一批规模迅速扩大、拥有自主知识产权的龙头企业。到2010年，争取江铜集团年销售收入超300亿元，新余钢铁、江铃集团、九江石化、萍乡钢铁、昌河集团超200亿元，新增5家超100亿元的企业。并通过这些企业自主地实施技术创新、管理创新、组织创新、产品创新和企业信息化，带动产业整体素质和竞争力的提升。二是实行抓大放小和抓大扶小相结合的原则，以市场为导向，发展一批“专、优、特、精”中小企业，充分发挥中小企业在活跃城乡经济、吸纳就业、满足市场多样化需求等方面的作用。放宽市场准入，加大政策扶持。汽车、冶金、机械制造、石油化工等行业，着力在产业延伸、产品配套和生产流通等方面，发展与龙头企业联系紧密、优势互补、分工协作的中小企业。食品加工、建材、纺织等行业，充分利用江西丰富的特色农产品资源和劳动力资源，培育引进一批资源加工型、劳动密集型中小企业。三是要加快建立健全中小企业社会化服务体系和中小企业融资担保体系，重点扶持建立区域性的中小企业服务中心，积极为中小企业的发展提供信息咨询、管理咨询、技术指导、人才培训以及融资担保等多种服务，切实减轻中小企业负担，进一步提高产业的竞争活力和发展水平，为中小企业发展创造更有利的发展环境。

4. 继续实施国有企业战略性调整。企业是产业结构调整的主体，优势企业代表着区域产业结构调整的变动方向。优势企业的扩张对区域产业结构的调整具有极强的带动作用，要把培育和发展超强企业，作为产业结构调整的重中之重。江西产业结构能否实现跨越式升级，归根结底取决于超强企业的培养和成长速度，这是产业结构调整的主线和中心环节。发展新兴产业，做大优势产业，做强支柱产业，都必须以培育和壮大超强企业为根本基础，特别是要把培养“小巨人”企业作为首要目标。目前江西产业结构的主体仍然是国有企业，必须继续实施国有企业战略性调整，推进国企重组和改造。一是国有企业之间相互开放，以优势企业为龙头带动企业资产重组，实现优势互补，整体搞活。二是国有企业对非国有经济开放，吸收多种所有制成分参与国有企业改革，增强国有经济的活力和控制力，使国有企业的技术、品牌、人才、设备等优势与非国有经济灵活的机制相融合，造就全新的市场竞争主体。三是国有企业对外省企业开放，吸引外省大企业参与企业改革，实施强强联合。四是国有企业对外资开放，通过引进外国先进的技术、经营管理方式以及资金等嫁接国有企业，以促进机制转换，提高管理水平，拓宽市场空间，推动改革深化。

5. 大力发展非公有制经济。近年来江西省非公有制经济快速发展，2007年1～9月，江西国有及国有控股企业完成增加值317.7亿元，增长13.5%；非国有企业完成254.9亿元，增长43.6%，增速比国有及国有控股企业快30个百分点，对江西工业增长的贡献为65.5%，拉动工业增长15.1个百分点，占江西工业的比重为44.5%，同比提高5.2个百分点。其中私营企业完成126.2亿元，增长51.9%，其增幅居各经济类型企业之首。今后在推进产业结构优化升级中，仍要重点鼓励和引导民营经济加速发展，在国家法律法规允许的范围内全面赋予民营经济参与市场竞争的平等权利，在市场准入、企业开办、土地使用、信贷税收、上市融资、进出口贸易等方面，让非公有制经济享有与公有制经济同等待遇。支持具备资质的私营企业参与政府采购和工程招标，建设和经营基础设施，投资举办教育、文化、卫生等生产。鼓励非公有制经济与国有和集体企业改制重组。建立健全非公有制经济的创业指导、融资担保、技术开发等服务体系，建立健全投融资信息发布制度，发展规范的非国有企业咨询中介机构，引导非国有企业进行产品和技术创新，使非公有制经济发展成为加速工业化进程的生力军。

6. 深化市场经济体制改革。要通过进一步的深化改革，规范市场经济的运行机制、优化市场秩序，从而形成产业发展的良好环境，保证产业结构调整政策的有效实施。一是优化市场秩序，实现有效的市场竞争，以市场的完善和发展增强地区产业政策实施的推动力。二是加快企业改革步伐，增强企业活力，提高企业经营运作的市场化程度，使企业成为真正的市场竞争主体，提高企业对产业政策信号反应的灵敏度，使产业政策对企业的作用能够有效实现，达到地区产业政策目标。三是通过法律手段为产业结构调整的实现提供有力保障，使产业的发展步入法制化轨道。

参考文献:

[1][美]西蒙·库兹涅茨. 各国的经济增长[M]. 北京:商务印书馆, 1999.

[2]毛林根. 产业经济学[M]. 上海:上海人民出版社,1996.

[3]李悦,李平. 产业经济学[M]. 北京:中国人民大学出版社,1999.

[4]周振华. 现代经济增长中的结构效应[M]. 上海:上海三联书店,上海人民出版社,1995.

[5]郭克莎,王延中. 中国产业结构变动趋势及政策研究[M]. 北京:经济管理出版社,1999.

[6]王岳平. 中国工业结构调整与升级:理论、实证和政策[M]. 北京:中国计划出版社,2001.

[7]赵彦云. 宏观经济统计分析[M]. 北京:中国人民大学出版社,1999.

[8]李悦,孔令丞. 我国产业结构升级方向研究——正确处理高级化与协调化的关系[J]. 当代财经,2002,(1):46-51.

[9]胡大洋,吕珊珊. 论区域产业结构优化升级的测度[J]. 区域经济,2005,(10):36-37.

[10]王爱民,宋辉,韩景元. 河北省产业结构升级影响因素定量分析研究[J]. 河北科技大学学报,2005,(1):78-82.

[11]胡杰荣,王向东. 国际产业转移与我国产业结构升级[J]. 产业经济研究,2005,(3).

[12]杨爱萍. 近年来FDI对中部地区产业结构的影响分析——以江西省为例[J]. 科技广场,2005,(7):57-59.

[13]杨波,王静. 江苏省制造业利用外资的产业结构升级效应实证分析[J]. 产业经济研究,2004,(6):34-39.

[14]徐梦沽,夏敏,瞿忠琼. 江西省产业结构对区域经济增长影响的实证分析[J]. 江西农业大学学报(社会科学版),2003,(2):12-15.

[15]封明,戴发文. 江西产业结构问题的分析与思考[J]. 企业经济,

2002,(12):204－205.

[16]史焕平,刘子英.江西产业结构分析及支柱产业的选择[J].华东交通大学学报,2004,(3):5－9.

[17]王芳.江西产业结构与就业结构的相关性分析[J].统计与决策,2004,(1):66－67.

[18]叶燕,邓涛,程贵孙.江西三次产业结构比较与优化发展[J].企业经济,2003,(11):136－138.

[19]易培强.产业结构调整升级要处理好几个关系[J].广播电视大学学报(哲学社会科学版),2001,(1):31－34.

[20]董玲,牛冲槐.正确处理九个关系是山西产业结构调整的关键[J].工业技术经济,2001,(2):22－25.

(本文与吴罗发同志合作,原载《江西农业学报》2008年第1期)

中国农村经济体制改革30周年的回顾及启示[①]

从新中国成立初期到改革开放期间，为建立社会主义国民经济，党中央确定了计划经济体制下优先发展资金密集型重工业战略。这一时期我国农业和农村经济虽取得了历史性进步，但受“左”的思想束缚，生产关系偏离生产力发展实际，农民积极性受到极大影响，农业发展缓慢甚至一度停滞，2.5亿农民生活在贫困线以下，我国农村和农业生产出现了众多深层次的问题，同时也影响到工业和城市的发展。

一、土地政策改革阶段（1978～1984年）

中国农村经济体制的改革是以十一届三中全会和1979年通过的《中共中央关于加强农业发展若干问题的决定》为起始标志的，核心内容虽是要稳定人民公社体制，并指出“不要分田单干，不要包产到户”，但在一定程度上肯定了土地所有权和使用权两权分离的积极意义。1984年制定和实行取消人民公社，并在全国范围内推广以家庭联产承包责任制为开端的新的土地政策。此外，该政策对于难以单独承担的生产环节，集体经济组织应为农户提供必要的服务，这既发挥了集体经济的优越性，又调动了家庭经营的积极性，并为农村市场经济的发展构造了微观基础；在分配制度上打破平均主义，实行“交足

---

① 该文系2007年度国家社会科学基金《农村政策对构建我国和谐新农村的影响研究》（编号：07BSH047）的阶段性研究成果。

国家的，留够集体的，剩下都是自己的”农村分配格局，明确了国家、集体、个人的权责利，将农民的收入同劳动成果挂钩，很大程度上体现了按劳分配。农业税征收随着产量的增多，税率下调，农民负担有所减轻。农村集体经济经营体制改革、家庭联产承包责任制的富民政策取代了人民公社时期“平均主义”的分配政策。家庭联产承包责任制还明确了农村土地政策安排的大方向，实现了农村土地所有权和使用权的分离，改变了“一大二公”人民公社时期土地所有权与使用权全部集于集体，凝固土地市场流通的土地政策。

这段时期是我国农村改革与发展的“第一黄金时期”，但随着家庭联产承包责任制的深入推广，政策的边际效益呈递减趋势，其弊端逐步显现。分户承包土地规模小，难以形成规模效应；农民只拥有土地使用权，产权模糊不清，抑制了农民投资的热情，同时土地无法顺利流转不利于土地资源的充分利用和规模经济的形成。而且，很多农村地区受自然条件、地理位置、基础设施和农民自身资源禀赋等条件限制，未能直接受益于农村经济体制改革，农村政策仍需进一步全面改革发展。

二、农产品流通和乡镇企业发展政策改革阶段(1985～1991年)

在我国农村经济改革进入全面发展阶段前，计划经济体制下的农村政策的变化主要集中在土地所有制关系和粮棉油等主要农产品生产和销售两方面。随着统购统销制度的解体，我国农村政策改革进入了农村经济社会全面拓展时期。

1985年1月，中央坚持以市场为导向，形成了以市场调节为主的农产品价格形成和流通体制，取消了实行长达30年之久的农产品统购统销制度，逐步放开了大多数农产品经营项目，农产品价格由主要靠国家统一定价转变为主要由市场定价，国家继续逐步减少定购产品的品种和数量，实行定购统销和议购议销双轨并行，向粮食市场化过渡。此后，1986年中央“一号文件”、1991年第十三届八中全会通过的相关文件都对此作了明确指示，国家对农副产品价格也全面放开。农产品价格的改革又一次极大地调动了农民的生产积极性，由此带来粮食连年丰收也在一定程度上缓解了城乡粮食供应紧张的矛盾，基本解决了中国农产品的供求矛盾问题,使长期受缚的农村商品经济活力得到了解放。同时期,国家为了稳定农林粮生产的比例协调问题,开征了农业特产税。

伴随农业生产效率的提高,农业剩余劳动力增多,农民发展非农产业的愿望增强,1985年,中央下发一号文件"对乡镇企业实行信贷、税收优惠,鼓励农民发展采矿和其他开发性事业"。这项政策的出台又极大地激发了各地农民大办乡镇企业的积极性,从根本上突破单一集体经济所有制结构,出现了公有制和多种经济成分共同发展的格局,农村剩余劳动力减少,促进了农民的增收,农村经济结构发生了重大变化。

三、巩固稳定农村政策阶段(1992~2002年)

进入20世纪90年代,农村经济开始全面向市场经济转轨,中央农村政策形成以稳定和完善原有政策的指导思路。

稳定坚持家庭联产承包责任制的土地政策。1993年"家庭联产承包责任制"被列入《宪法》范畴,成为国家一项基本经济制度。同年11月,中央又发布了关于将到期后耕地承包期再延长30年的决定。1998年8月《土地管理法》修订通过,第一次使"土地承包经营期限为30年"的政策有了法律保障。2002年8月《农村土地承包法》的通过,标志着土地政策向法制化转变的实现,充分体现了党中央现阶段稳定土地政策的决心。实行国家宏观调控下的粮食市场调节,向粮食购销市场化改革迈进。同时,为了促进农村发展,我国出台了一些要求农民自身缴纳的费用,如三提五统,提出了依靠农村自身获得发展。

坚持把稳定发展乡镇企业作为农村经济发展的一个重要突破点。1997年实施的《乡镇企业法》明确规定了国家设立乡镇企业发展基金,对乡镇企业实行人才、科技扶持和税收、信贷优惠政策,把我国乡镇企业发展带入依法经营管理的新阶段,是乡镇企业发展史上的里程碑。

这一时期农村政策还有许多亮点,如允许多种经济成分共存发展,从国家高度"以公有制经济为主体,允许并鼓励其他经济成分适当发展"上升到"以公有制为主体，多种所有制经济共同发展的基本经济制度"，科学判断了"其他经济成分"的合法地位；重视科技教育在农村发展中的作用，强调科技与农业发展的关系，把科教兴农作为农业发展战略，强调农业的根本出路在科技、教育，农村人才培养、农业教育、农业科学研究等方面，大力促进农村科技发展已取得了显著效果；农民收入有了一定幅度增加，农产品供给由短缺转向供求平衡，农业综合生产能力显著提高，使长期以来农产品短缺的状况得到极大改善。

这一时期，在农民生活有所改善的同时，农民的负担也日趋严重。农民除要交纳农业税之外，还要承受农业特产税以及一些变相的税费负担。加上农业比较效益低下的问题没有得到有效地解决，农民进行农业生产的积极性受到很大的约束。

四、农村政策深化改革时期(2002 年～)

进入 21 世纪后，二元结构下的收入差距、城乡差距、工农业差距和农村内部贫富分化的格局成为 21 世纪初中国农村社会的主要问题。在经过 20 多年的改革开放之后，我国的综合国力显著增强，国家财政实力不断增强，财政收入稳定增长的机制已经基本形成，2002 年农业税占国家财政支出的比重仅为 1.9%，农业税占国家财政收入的比重不断下降，工业化发展逐步走向了资本和知识密集型，综合国力增强，工业发展已不需要依靠传统农业的资本原始积累，中国已进入到了工业反哺农业、城市支持农村的新阶段。

这一时期党中央又调整了农村政策，出台了一系列带有强烈惠农色彩的中央一号文件和建设社会主义新农村的系列政策，总体上对农村和农业发展实行"多予少取放活"方针。为支持农村税费改革的实施，中央财政还对因减免农业税而减少的地方财政给予必要的专项转移支付补助，农民负担普遍减轻。随着国家支农力度的进一步加大，2004 年起连续出台三个农村"一号文件"，以增加农民收入为首要目标，围绕农村税费改革开始了新一轮的农村综合改革。2004 年，国务院下发《关于做好 2004 年深化农村税费改革试点工作的通知》，要求在 5 年内取消农业税的总体部署。2005 年，国务院下发《关于

2005 年深化农村税费改革试点工作的通知》,规定对扶贫工作开发重点县实行免征农业税,全面取消牧业税,对部分省份下调农业税税率。2005 年,十届全国人大常委会第十九次会议通过全面废止 1958 年《农业税条例》,在中国延续 2600 多年的农业税征收宣告结束。2005 年 10 月,党中央通过了制定第十一个五年规划的建议,规划中提出了建设社会主义新农村,解决“三农”问题,促进我国农村和社会发展,还指出新农村建设是我党工作的重心,通过 20 字方针扎实推进新农村建设。

我国新农村政策历时几年的实践,总体朝着预定的目标前进,但也或多或少地出现了一些新问题。2007 年,党的十七大报告花了大量篇幅对新农村建设进行了专节论述,延续了开展新农村建设的有关政策精神,将多数政策权威化,把新农村建设放在更为广阔的背景中,鼓励遵循新农村建设的客观规律,坚持新农村政策创新,解决新农村建设中出现的问题。

五、几点启示

我国农村体制改革必须坚持以邓小平理论和“三个代表”重要思想为指导,全面贯彻科学发展观和党的十七大精神,继续坚持“生产发展、生活宽裕、乡风文明、村容整洁、管理民主”的指导方针,形成以政府为引导、以农民为主体、以政策为规范、以市场运作和以科技支撑为推动力的全民参与的运行机制,保证新农村建设持续开展的正确方向,实现新型和谐农村。

1. 政治上。党的各项农村政策都是通过县乡各级政府下达落实到农户,县乡村机构的职能定位,很大程度上对新农村建设起着关键性作用。一方面,在并村撤乡、精简机构中,要建立严格的乡镇编制制度,将村民自治扩大到乡村自治,提高办事效率;另一方面,要通过竞争机制选择优秀的大学生到乡村任职,强化县乡村职能机构人员办事能力,要对乡镇工作人员加强思想教育和职业道德修养,真正树立为人民服务的意识,真正理解党的政策,有效推动政策的下达。

2. 财政上。要改革财税制度,构建财税支撑体系。改革地方税收机制,扩大地方税收留成比例,保证农村公共事业的建设,使农民和城市居民享受平等的待遇。公共财政要保障县乡机构运行成本(工资、管理费用),提供基层政府提供公共服务的财政保障能力。重点形成以县为主的支农资金整合,完善财政支农资金监督管理制度。对乡村债务形成的历史原因进行分析,有选择性地偿还债务。由国家承担的债务和由乡村承担的债务采用灵活方式偿还,有步骤地利用政府偿债基金、部分公用土地竞价拍卖等方式化解乡村债务。

3. 公共事业上。要形成"以财政资金为主导、以农民投资投劳为主体、社会资本广泛参与"的新农村建设模式。提高农民素质和参政意识,培育新型农民。抓好农村基础设施建设,对农村已存在的基础设施按照"谁投资、谁拥有、谁受益、谁负责"的原则,在责、权、利相统一的基础上,建立农村基础设施管护的产权改革的长效机制。推进小城镇建设,创新户籍制度,消除农民身份歧视。加快落实完善土地流转制度,落实土地延包政策,稳定和完善土地承包关系。适当提高支付给被征地农民的补偿费标准。加大农村公益事业发展,改革社会保障和福利制度,健全和规范管理农村社会保障的机构运行,巩固新型农村合作医疗制度、新型农村基本养老保险制度和农村最低生活保障制度。对农民参与社保,其个人缴纳小部分费用,省级财政经费承担一部分,国家承担剩余部分,形成国家、地方与农民三方共担的社会统筹互济模式。

参考文献:

[1]吴家庆,陈利华.改革开放以来中央农村政策的创新及启示[J].湖南师范大学学报,2006,(11):5-8.

[2]蔡昉.农村改革以发展生产力为根本目的[J].改革与理论,1999,(10):8-9.

[3]姚晓晖.党在新中国成立初期的农村政策评析[J].燕山大学学报(哲学社会科学版),2002,(1):11-15.

[4]张磊,黄承伟,等.中国扶贫开发政策演变[M].北京:中国财政经济出版社,2007,(1).

[5]吴春珍.社会主义新农村建设路径分析[D].硕士学位论文,华中师范大学,2006,(11):19-22.

[6]孙成军. 转型期的中国城乡统筹发展战略与新农村建设研究[D]. 博士学位论文,东北师范大学,2006,(5):79－85

(本文与余艳锋、戴天放同志合作,原收录江西农学会论文集《现代农业与科技创新》,2008 年江西科学技术出版社出版)

从社会学的角度看农业税的取消

2006年,中国取消了延续长达2600年之久的农业税。"皇粮国税"的征收一直被认为是天经地义,农业税不仅是封建王朝统治的经济基础,还是新中国"以农补工、以乡养城"的工业化和支撑城乡"二元结构"社会发展的一个主要经济基础。取消农业税具有划时代的意义,它不仅直接和间接减轻了农民的经济负担,改变了国家政策与农业的传统关系,而且还标志着中国由"以农养工、以乡养城"阶段转入到"以工哺农、以城带乡"的惠农时代。这样一次重大的政策调整,有利于促进城乡"二元结构"的消除,有利于工业和农业、城市和农村的协调发展。

从社会学角度分析取消农业税的必要性和必然性,有利于更好地挖掘取消农业税的理论意义和现实意义,从而为"后农业税时代"的"三农问题"解决提供更宽角度和更有针对性的理论解释。

一、取消农业税的社会学理论解释

农业税取消已在历史进程中定格。在后农业税时代,把农业税取消的过程纳入社会学领域,都可找到取消农业税的理论依据;从社会学的以下几种理论角度,可以解释取消农业税是社会发展变迁的必然环节。

1. 社会转型论。中国社会转型可理解为社会形态变迁,即从传统社会向现代社会、从农业社会向工业社会、从封闭性社会向开放性社会的社会变迁和发展。在这个变迁发展中,包含社会结构、社会运行机制和社会价值观念的转变,表现在社会生活的方方面面。

2. 社会互构论。社会互构论和社会转型论存在某种相似性。社会转型是社会形态从低级向高级发展;社会互构则是影响社会发展的个人与社会两大社会行为主体间相互融合变迁的互构共变关系,共同促进社会发展;两者的发展方向都是一致的。社会转型共变中存在正向谐变、逆向冲突,而逆向冲突则是实现正向谐变的必由之路,因此,社会互构论强调的是正向谐变研究。

3. 社会病态论角度。社会犹如一个生物有机体,如果社会某一部分出现功能失调,不能保持与整个社会的协调关系,社会就会表现为病态,引起整个社会发展的不和谐。社会问题是由社会环境所造成的,社会中某些群体或个人在社会心理上与社会活动中不能保持健康的一种状态,从而引发社会问题。

4. 社会冲突论角度。处于不同社会地位和经济利益的群体,为争夺稀缺的社会资源和面对同一问题时,会产生不同的价值评判标准和态度,引发群体间的价值冲突和利益资源的相互争夺的冲突过程,即社会分工——竞争——社会群体的矛盾冲突——社会问题。在一个利益导向的社会里,许多社会群体普遍存在着欲望达不到满足,都希望通过改变现状获取更多的社会资源。

5. 社会均衡论角度。社会均衡是人类社会发展的主旋律,是社会体系运行的最终目标。社会体系中各部分都是相互依赖、相互作用的,某一部分的变迁都会给别的部分带来相应的变迁,最终使社会重新达到新的平衡。

这些理论从不同的角度说明社会必须协调发展,国家有必要通过政策调整或创新消除影响社会全面发展的各项因素;只有改善了社会发展中因某些问题带来的病态,有效地解决了某些冲突,实现了社会的均衡,社会的健康转型或社会的和谐发展才有基本的前提。

二、取消农业税的社会背景分析

近代以来,中国社会发展历经了三个转型期。在这三个转型期内,农业税的地位作用都有所不同。1840~1949 年是社会转型第一阶段,这一阶段社会转型速度较慢,在工业基本是空白的背景下,农业税是维持封建中国社会发展的重要经济基础。1949~1978 年是社会转型第二阶段,这一时期的社会转型速度,前30年时快时慢,后30年快速发展。新中国成立之初,在遭受外部封锁的国际环境下,为恢复国民经济,国家通过“剪刀差”和税收等资金积累手段优先发展工业和城市,农业税是当时国家财政税收的重要来源。1950年,全国财政收入的41%来自农业税。1978年改革开放后,中国社会转型进入加速期,但农村社会越来越成为制约社会转型的关键因素。这一时期城市经济发展迅速,农业产值虽占全国国内生产总值比重逐年下降,从1952年的51%下降到2004年的15%,国家经济实力明显增强的同时,农民负担问题更加凸显。此时段,农业税在国税和国家财政收入中的地位也发生了相当大的变化,2000年占全国总税收比重下降到2.5%,占全国财政收入的2%左右。从国家综合国力和财政收入来源来看,农业税的作用已经弱化,取消农业税对国民经济发展影响很小,而对农村、农业、农民的发展和利益影响很大。国力的增强、“三农”问题和由此带来社会不稳定的因素等社会背景都昭示,取消农业税的时机已经成熟。此外,从发达国家经济转型、农工业相互关系的演进规律和经历的“以农补工——工农自养——以工补农”三个发展阶段,也给中国进行农业税政策变革提供了经验借鉴:在工业经济发展到一定阶段后,农业与国民经济的关系将发生规律性变化,只要农业所占国内生产总值下降到一定比例,经济发展必然会从剥夺农业转为反哺农业。由此可见,农业税取消的一个背景就在于从整体上来看,中国已经从农业社会进入了现代工业社会时期。

三、取消农业税对社会发展的作用分析

取消农业税,不仅对于减轻农民负担,提高农民生产积极性,增加农业投入,建立农民增收长效机制等都有明显的促进作用,而且对于社会发展同样具有不可低估的推动作用。

1.有利于促进新农村各项社会事业的建设。2005年年底,中央提出建设社会主义新农村的重大历史任务,这是在农村改革发展的基础上,顺势而为提出来的,是彻底解决“三农”问题的一项重大战略举措。取消农业税,标志“工业反哺农业、城市支持农村”时代的开始,是“多予少取放活”方针的具体体现,各级政府也在不断加大对新农村建设的投入和对农民的直接补贴力度。

2006年，中央财政大大增加了对基础设施建设的投入，乡村公路建设投入190亿元，农民安全饮水建设投入64亿元，沼气建设投入25亿元，还有电网建设等等。农村义务教育比2005年增加130多亿元，新型农村合作医疗制度投入比2005年增加60多亿元。农业税的取消，使农民享受了更多的国民待遇，生产积极性又进一步得到调动，基层干部与农民的关系得到优化；农业税的取消，也使社会各界对三农问题解决的紧迫性有了更深的认识，更加理解统筹城乡发展的战略要求。所有这些，对于强化新农村建设的合力，增强新农村建设的凝聚力起到了积极的推动作用。

2. 有利于促进以人为本的和谐社会的构建。党的十六大提出为构建和谐社会，实现全面小康社会目标，要调动一切积极因素，提高构建和谐社会的能力，使经济更加发展，民主更加健全，科教更加进步，文化更加繁荣，社会更加和谐，人民生活更加殷实。构建和谐社会与全面建设小康社会是一致的，而构建和谐社会是一个需要长期奋斗的目标，比全面建设小康社会的要求更高、时间更长、任务更重，它需要兼顾协调好各方面的利益关系。

一定时期以来，农村社会存在一些不和谐因素。这些因素虽潜藏于农村，一旦激化必然影响整个社会的和谐。比如，在土地承包流转过程中，时而出现侵犯农民权益的事件，产生土地使用过程的不和谐现象；农民人口多，人均资源少，劳动生产率低，城镇化步伐不快，富余劳动力转移慢，农民就业过程产生不和谐现象；农民绝对收入低，收入增长率低，城乡收入差距拉大，产生农民收入增长慢的不和谐现象；农村教育、卫生、水利公路等基础设施还很不完善，与城市差距大，产生农村社会相对城市发展慢的不和谐现象；部分村干部不认真贯彻农村政策，干群关系紧张，产生干群关系不和谐的现象。而取消农业税是消除以上问题，建设和谐新农村，促进社会公平，减少干群摩擦，维护社会稳定，形成城乡和谐的最现实最直接的良方。

3. 有利于促进城乡“二元结构”的消除。新中国成立后国家以制度化方式进行城乡分离发展，所形成的二元经济社会结构，是形成现在“三农”问题的主要根源，它束缚了农民生产积极性的发挥，是造成城乡关系不协调、不平等的主要原因。要解决“三农”问题，关键是农民问题，而农民问题的关键是农民增收问题。通过体制改革，不断解放农村生产力，是改善城乡关系的长效动力，而取消农业税是消除城乡“二元结构”的直接动力。取消农业税，在某种意义上等于增加了农民收入，有效地提高了农民的生产积极性，使他们更加关注农业科技的应用和农产品市场信息，更有实力加大农业投入，调整农业产业结构，使收入能稳定增长；取消农业税说明农业支持工业的使命已经结束，工业反哺农业的时代已经来到。这一信号的发出，有利于各级政府统一思想、社会各界形成合力，逐步加大力度消除城乡“二元结构”。

4. 有利于促进城乡税制差别的消除。税收是国家参与国民收入分配的一种手段，能有效促进国民经济的协调发展。农业作为国家基础性和特殊性产业，在农业产值占国内生产总值下降的情势下，只有改革涉农税制才能促进农村经济社会稳定发展。过去国家通过统购统销、户籍制度以及其他一系列配套措施，人为地割断了城乡联系，使城市具有相对发展优势，农村处于不利地位。城市获得了政府较多的政策性支持，流入农村的资源很少，农民承担着许多不公平的税负，说明城乡税制结构明显不合理。取消农业税有利于打破这种以身份为特征的税收制度，在一定程度上消除了城市和乡村之间的差别，有利于促进工业反哺农业和农民享受更多的社会发展成果。此外，对于我们这样一个农业人口占多数的国家而言，增加农村有效需求是国民经济发展最持久有效的动力源泉。而取消农业税可以使农民将原来需要上缴的税费用于农业生产和农村消费，提高农业生产的同时推动农民消费需求增多，带动整个国民经济结构的调整，也为国民经济长期、平稳、快速发展创造了更加有利的条件。

5. 有利于促进各方利益的均衡。1958 年国家颁布《中华人民共和国农业税条例》后，农业税征税范围逐步扩大，税率持续提高，新世纪前后农村乱收费愈演愈烈。农民税赋负担重不仅制约农村生产力的发展，而且成为制约整体经济发展的瓶颈。农民不具备选择政策的权力，为了反映自己的情绪，时常出现上访、暴力等事件威胁社会治安。2006 年我国宣布取消农业税，是一项重要的资源配置制度变革，调整了国家、集体和农民个人三者的利益分配关系。税改前，乡村干部要耗费大量精力和时间完成征税工作；税改后，乡村干部工作主要是“多予少取或不取”，可以全身心投入到发展乡村建设上来。随着国家对农村转移支付力度的增强,乡镇机构工作重心和组织结构能进一步调整,乡镇基层组织原先存在的弊端得到革除,工作效率和服务质量不断提高,农民对基层干部的工作会更支持和拥护,基层干部工作的环境会更好,干群关系更和谐。国家明令取消农业税规范了乡镇基层组织征税行为,堵住了乡村两级向农民乱收费的口子,切实减轻了农民负担。取消农业税,千百年来的惯例被打破,农民的利益得到维护,农村稳定的基础和国家长治久安的局面得到加强,实现了各方利益的"多赢"的目标,这就是取消农业税这一政策变革的最佳效用。

参考文献:

[1]毛家琼,何丽鹃.浅析新中国成立以来我国农村税费政策的几次重大调整[J].技术与市场,2006,(10):63.

[2]王正谱.构建和谐社会进程中的农村政策调整[J].农村经营管理,2005,(8):8-10.

[3]崔英兰.关于免征农业税政策的分析[D].硕士学位论文,吉林大学,2006,(4):23-25.

[4]车国庆.我国取消农业税政策取向与对策问题研究[D].硕士学位论文,吉林大学,2005,(5):19-24.

[5]马涛.关于当前我国农业税改革的研究[D].硕士学位论文,四川大学,2004,(4):35-40.

[6]俞婧.农业税的终结与中国的社会发展[D].硕士学位论文,厦门大学,2005,(10):36.

(本文与戴天放、余艳锋同志合作,原载《世界农业》2008年第9期)

取消农业税政策对农民收入影响的实证分析①

取消农业税，实现了真正的“均田免赋”，标志着我国农业经济制度进入了一个全新的时代。取消农业税政策首要的、最直接的影响就是对农民收入和负担的影响，其对农民收入的影响在短期内相当明显，直接减轻了农民负担，增加了农民收入，但其长期趋势却表现为农民增收效应递减。

一、取消农业税政策对农民收入直接效果影响

1. 农业税减免对农民收入的短期效应。农业税减免及其以之为核心的一系列支农惠农带来了农村经济的复苏，农民增收难题开始破冰。据统计，2001~2004 年，全国共减免农业税 234 亿元，免征除烟叶外的农业特产税 68 亿元，核定农业税灾歉减免 160 亿元，其中中央财政负担了 85 亿元，各级农业税征收机关共落实社会减免 50 亿元，落实种粮大户等其他减免 9 亿元。2005 年，全国进一步减轻农民负担 220 亿元。2006 年全面取消农业税后，与农村税费改革前的 1999 年相比，我国农民每年减负总额超过 1000 亿元，人均减负 120 元左右。农业税减免所带来的直接效应就是农民收入的增加。如表 1 所示，从 2004 年起，我国农民人均收入的增长幅度连续 4 年攀升，2007 年全国农民人均纯收入 4140 元，实际增长 9.5%，[1] 为 1985 年以来的最好水平。至

① 基金项目：2007 年国家社科基金项目“农村政策对构建我国和谐新农村的影响研究”（编号：07BHS047）。

少从短期看,制度变革带来了预期的减负增收效果。

表 1 1999 ~ 2007 年农民人均纯收入变化情况

年份	纯收入(元)	增长(%)
1999	2210	3.8
2000	2253	2.1
2001	2366	4.2
2002	2476	4.8
2003	2622	4.3
2004	2936	6.8
2005	3255	6.2
2006	3587	7.4
2007	4140	9.5

数据来源:中国统计年鉴(2007)。

2. 农业税减免对农民收入的影响回归分析。为进一步定量分析农业税减免对农民收入的影响,本文构建了一个回归模型。本模型主要考察农民税费负担总额(TTF)、国家财政用于农业的支出(AFE)、粮食总产量(AP)、农产品生产价格总指数(APPI)等相关变量对人均农民纯收入(PI)的影响。上述变量的数据见表 2。

表 2 1990 ~ 2006 年全国 PI、AFE、TTF、AP、APPI 平均值

年份	PI(元)	AFE(亿元)	TTF(亿元)	AP(万 t)	APPI
1990	686.3	307.84	469	44624.3	97.4
1991	708.6	347.57	519	43529.3	98
1992	784	376.02	603	44265.8	103.4
1993	921.6	440.45	687	45648.8	113.4
1994	1221	532.98	958	44510.1	139.9
1995	1577.7	574.93	1155	46661.8	119.9
1996	1926.1	700.43	1248	50453.5	104.2
1997	2090.1	766.39	1379	49417.1	95.5
1998	2162	1154.76	1399	51229.5	92
1999	2210	1085.76	1363	50838.6	87.8
2000	2253	1231.54	1260	46217.5	96.4

续表 2

年份	PI(元)	AFE(亿元)	TTF(亿元)	AP(万 t)	APPI
2001	2366	1456.73	1201	45263.7	103.1
2002	2476	1580.76	1031	45705.8	99.7
2003	2622	1754.45	869	43069.5	104.4
2004	2936	2337.63	582	46946.9	113.1
2005	3255	2450.31	324	48402.2	101.4
2006	3587	3172.97	- -	49747.9	101.2

数据来源:中国农村经济统计年鉴(2007)、中国统计年鉴(2007)、中国农业统计年鉴(2007)。

通过表 2 的数据所得到的散点图,可以确定理论方程如下:

PI = A0 + A1 TTF + A2 AFE + A3 APPI + C1

借助 Eviews 3.1 统计软件编程,对上述方程做 OLS 进行参数估计,经过异方差与自相关处理,可以解得如下结果:

PI = 0.684500 TTF + 1.140263 AFE − 1.274504 APPI + 161.9278

从以上方程可以看出,变量 TTF(农民税费负担总额)每变动 1%,即减少 1%,PI(农民收入)则增加 0.68% 个单位,也就是说取消农业税政策对农民增收的贡献率大约是 68%。

同时,通过人均农民纯收入(PI)和农民税费负担总额(TTF)的变化图(图 1),以及人均农民纯收入(PI)和农民税费负担总额(TTF)差分变化趋势图(图 2),可以观察得出:税费负担的减轻与农民收入增加呈现明显的“剪刀差”,也就是随着农民税费负担的减少,人均农民纯收入逐渐增加;农民负担呈现出先递增后递减的趋势,农民收入呈现递增趋势。这说明 2001 年后,国家实行了农村税费改革,农民负担逐年减少,农业税的减免相应地提高了农民收入。

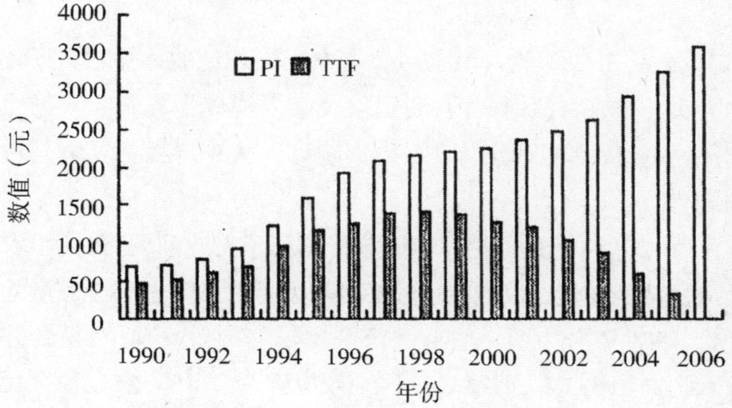

图1　人均农民纯收入(PI)和农民税费负担总额(TTF)的变化

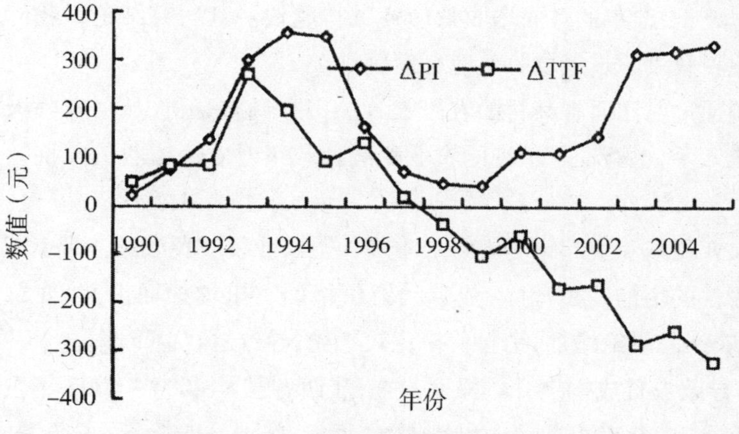

图2　人均农民纯收入(PI)和农民税费负担总额(TTF)差分变化趋势

二、单纯地取消农业税政策长期增收效应递减

通过上述分析，取消农业税政策在增加农民收入、减轻农民负担方面有直接而明显的效果。但作为一项意在对城乡结构和农民福利作出深远调整的制度革命，其长期增收效应如何，是更重要的。毕竟，农民增收是解决“三农”问题的关键，只有做到保持农民长期增收，我们才能说制度变革达到了决策层的

预想效果。

2006 年,农民务农纯收入 1931 元,占农民人均纯收入中的 53.8%,是农民收入的大头。未来一段时间内,我国农民收入构成中务农收入仍然会占很大比重,分析农业税取消对务农收入的影响可以从一定程度了解其对农民增收的长期趋势。

丁守海[2](2008)通过理论和实证分析阐释了上述问题,验证了农业税改革增收效应递减的担忧,他的实证检验表明,农业税改革总体上使务农收入提高了 3.4%。将改革分为两个阶段并统一比较基础后发现:费税合并使当年的务农收入提高了 3.1%,但第二年这一效应降为 2.4%;农业税全免使当年务农收入提高 3.7%,但第二年降为 3.4%。这大致验证了农业税改革效应的递减趋势。城市二元就业制度是加速这一过程的关键变量,城市就业市场扭曲程度越严重,改革的务农增收效应递减得越快。其研究结论对我们更好地理解农业税政策的长期增收效应有借鉴意义。

我们通过对江西省某村的农民收入的田野调查分析,从务农收入的成本效益变化入手,也验证了单纯的农业税减免政策对农民增收的长期效应是递减的。

1. 农业税减免引起市场交易成本增加。农业税减免政策连带引起农产品种植积极性的增加,农资和农业劳动力价格因需求增加而上涨,使总成本提高;加之农产品供给增加,销售价格比较平稳,导致总收益下降。

(1)导致农资成本上升。根据调查,江西省某县 2004 ~ 2007 年主要农资产品价格的增长率分别为:化肥价格增长率 48.35%,种子价格增长率 8.19%,农药及农药机械价格增长率 23.75%,其他生产资料价格增长率 18.69%,说明近年来农民务农的农资成本涨价较为明显。

由于农业税的减免以及连续几个中央"一号文件"的支农惠农政策的实施,农民种粮的积极性大为增加,增加了对农产品生产的投入(如购买良种、化肥、农药和小型机械),引起对农资的新一轮"强势需求",农资市场价格不断攀升。加之与农资相关的生产要素如煤炭、电力、磷矿石、国际原油等原材料价格上涨以及运力紧张引起的运输费用增加,使农资生产成本费用增加;而且农资市场目前仍然很不规范,一些不法农资经销户利用春耕等备耕期农民购买农资急切的心理,囤积居奇、哄抬价格,进一步提高了新的供求均衡的价格。此外,一些地方政府片面强调地方和部门利益,实行地方保护主义,限制外地低价农资进入本地市场。农资本身往往是缺乏弹性的产品,在此情况下,供给商有很大提高价格的激励以获得超额利益,因此,农资价格迅速显著增长,尤其化肥市场以上论述的主要涨价原因基本都非常符合,涨价尤为显著,从而极大地增加了农民的生产成本,使农民由减税形成的增收很大程度的缩水。

(2)导致人工成本升高。高度的种粮积极性同样增加了务农的人工工时的需求,家庭用工折价大幅提升,同时,由于对劳动力的需求增加,雇工的价格(工资)也有一定幅度提升,因此,农业生产的人工成本同样有大幅的增加(如表3)。因此,人工成本和农资成本相结合,使得总成本大幅提升,在表3中的实地调查数据明显得到了体现,从而使成本利润率相对2004年大幅下降,免税由于缺乏配套政策造成连锁反应失去了原有的期望效果。

表3　江西省某县2004~2007年主要种植业生产成本项目的增长率

变化率项目	水稻	油菜籽	棉花
成本利润率变化率(%)	-38.69	-75.28	-7.91
总成本变化率(%)	35.31	57.68	231.39
生产成本变化率(%)	31.65	51.82	229.47
物质与服务费用变化率(%)	15.64	29.42	97.58
人工成本变化率(%)	29.89	87.06	446.63
家庭用工折价变化率(%)	34.58	92.38	446.63
雇工费用变化率(%)	10.42		

数据来源:问卷调查的统计数据。

2.农业税减免引起政府农业服务职能萎缩。农业税废除直接造成乡(镇)村两级财政紧张,容易导致增加其他行政费用、拖欠农民债务等形式的收费变相转移,造成农业成本的间接增加;更重要的是导致政府相关农业生产服务职能作用的缩小,使得农业增收的潜力、应对灾害能力和规范农产品市场能力的下降，从而抵消了农业税废除带来的积极影响。

(1)导致财政缺口的产生。农村乡镇政府的财政(如行政人员工资、义务教育等)很大部分来自农民交纳的各项税费。税费改革取消了五项“乡统筹”收入，但其相应的支出项目却未取消，而是改由县乡两级财政负担。农村义务教育财政投入主要是“以县为主”，中央通过转移支付来支持其发展，民兵训练支出由县级财政预算安排，计划生育、优抚支出由乡级财政预算安排，乡村道路建设和维护费用不再固定向农民收取，由村民会议民主协商自行解决。财政收入的减少并没使支出减少，加剧了原本财力并不充足的乡级财政的压力。这样，在降低或取消农业税后，政府财政需求没有减少，而供给减少，乡村政府财政缺口加大，尤其是较为贫穷的农村问题突出更加明显。[3]例如：在笔者的调查中，发现当地村级债务问题还是相当严重的。某一个村就负债高达56万元，还有债权43万元，债权都是以前交农业税时农民欠下的，而负债则是以前交农业税时为了达到上级指标向私人、银行借贷的。

(2)导致费用的变相转移。由于面临财政缺口，一些乡镇政府出现将农业税取消的费用采用其他形式重新转嫁到农民身上的状况。一是行政收费和一些公共产品价格的上升。二是村委会欠农民的债务不还。2005年免除农业税后，由于一事一议费用没有废除，一些村委会出现将一事一议费用固定化并且提高的现象。在调查中，一些村民反映村里欠自己的白条有几千元之多，以前打条的人早就已经卸任，现任干部基本否认欠账或长欠不还，这些账款何时或能否收回还是一个未知数。

(3)导致政府农业生产服务职能的萎缩。乡镇政府的农业服务职能主要有：规范农业市场的职能、应对农业灾害的职能、提供农业科技指导的职能、提供市场指导的职能等等。由于农业税减免导致的政府财政经费的缺乏，这些职能出现了严重的缺失。我们在调查中发展，一些地方政府规范农业市场的职能缺位，导致农民生产成本的上升。一些地方政府面对不法商贩囤积居奇、制假造假的现象打击不力；同时，一些地方政府不但没有发挥稳定物价的职能，反而为了增加本地的税收，禁止外地的廉价化肥等农资进入本地。这些都造成农资成本的上涨。一些地方政府科技服务职能的缺失严重制约了农民增收的能力和新农业技术的推广,大幅度降低了农民增收的潜力。农业税废除后农村的科技培训服务、科技下乡服务的频率和质量都出现了明显的下降,农民即使从电视宣传中想利用新技术或新品种,也由于缺乏地方政府的相应的科技指导,导致收益并不大甚至中途废止。一些地方政府市场指导职能严重缺失,农民的市场信息缺乏,在农作物种植的选择方面常常出现由于市场的盲目性和滞后性引发的农作物供给过多竞相压价的现象,导致销售价格下降,农民收益受到了损失。政府应对自然灾害职能的缺失,与前三种职能缺失相结合,面对突然的自然农业灾害,往往造成更加恶化的效果,使受灾损失大幅增加。

3. 农业税减免导致农民的组织能力下降。农业税减免后,一些乡镇政府和村委会没有收税的职能,对农民的组织意愿和行为大为减少。[4] 加上农民的自我组织能力不足,使得协调成本过高,加剧政府和市场失灵的损失。从调查中可以看到:农民的生产是各家各户的,各自为政。现在村里的干部也不开什么会议来指导了,组里的组长也不经常露面了,农业生产更多的是靠惯性和经验来维持。各个农户自己会在要种的时候去买种子,在收的时候收。看到地里有人打药就到农资销售处问问该打什么药,对于"种懒田"的人来说运气好还会有丰收,事实上即使是勤劳者也没有好到哪里去。由于各家闲月时也忙着自己的生计,平日里村民的联系也少了。在使用收割机以前还会有几家联合轮流到各家去帮忙收割,在收割机和各地出现专门的承包收、种的雇工队之后,这种家庭联合作业也就不存在了。各家的生产动向只是在平日关系好的几家闲聊或是感叹时才会了解。2006 年,由于柴油价格上涨和虫害的原因使得收割机收割达到 100 ~ 120 元/667m^2 的高价。但是当笔者问村民能不能让村里或是组里合买一台收割机时,村民却连连反对,认为这样会涉及耕作时间和维修等问题,会有更多的纠纷,外地的收割机虽然贵一些,但是不会涉及这些纠纷。

三、提高取消农业税政策长期增收效应的对策

上述分析显示,取消农业税后,由于市场成本上升、政府农业服务职能缺

位和农民组织能力减弱，导致农民增收长期效应递减，其根源就在于政府缺乏相关配套政策来配合免税政策的实施。因此，为了提高取消农业税政策长期增收效应，应采取如下对策措施。

1. 平抑农业生产资料价格，以工哺农提高农民收入。由于尚未改变粗放型农业生产模式，随着我国农业发展新阶段的到来，农业生产中的物质消耗总量将会增加。为了防止出现对农业生产资料的需求增加所导致的农产品生产成本上升的现象，必须大力扶持农业生产资料生产企业的发展，提高其社会生产效率，增加农业生产资料供给量，平抑其市场价格。通过理顺工农产品的比价关系，规范农产品价格形成机制，有意识地缩小剪刀差，从而达到增加农民收入的目的。

2. 提升政府的农业生产服务职能。提高农业生产利润最好的方式就是提高农业科学生产技术，高的科学技术既可以提高农产品的品质，也可以更加优化利用农资资源，既节约成本又提高产值，农民在科技方面还是有很大的需求的。因此，要加大科技下乡的力度，主动宣传新农业技术并负责指导和培训，积极解答日常耕作中农民的科技问题，从而提升农业的科技指导能力。同时，政府还要提升应对自然灾害、规范农资市场和市场信息指导等职能，相互配合，使得政府真正为农民增收提供有效的服务。

3. 加大政府投入，建立以工促农、以城带乡的长效机制。在财政支农总量增长的基础上调整财政支农资金的使用方向：第一，加强农村基础设施建设，重点支持农田水利、耕地质量和生态建设，改善农民生产生活条件。第二，继续加大对粮食种植的直接补贴力度，对进行农业产业调整的农户也要给予补贴，建立对农民种粮收益综合补贴制度，解决种粮农民比较收益低的问题。第三，加大农村教育和科技的投入，在农村逐步建立责任明确、保障有力的义务教育长效机制，尽快全部免除农村义务教育阶段学生学杂费。第四，扩大新型农村合作医疗制度改革试点，推广普及新型农村合作医疗制度，逐步解决农民看病难、看病贵的问题。第五，推动建立农业保险制度，利用财政资金对农业保险予以补贴，降低农业生产所面临的风险。[5]

4. 加强农民组织化的建设。为了能够更加积极地应对市场失灵或政府失灵的状况，使得农民在对于自己不利的经济环境和政治环境中自身的利益得到最大限度的维护，提升自身在环境中的政治和经济地位，除了政府以外，农民还需拥有自身的非政府组织。非政府组织利用集体的力量与政府或市场主体进行意见的交流或谈判，能够起到事半功倍的效果。除了维护自身的合法权益以外，自发的非政府组织还可以协调农民间的农业生产的矛盾，共同购买或租赁价格过于昂贵的现代农业机械，提高农业的生产效率，降低各自为政时农民的生产成本。同时，可以有效地打破小农的生产模式，使得市场信息得到共享，扩大了农民与外界相互交流正确判断市场机遇的机会，而且还可以利用自身的组织相互学习，提升新农业技术的宣传和推广应用，提高整体的农业技术水平。

参考文献：

[1]2007 年全国农民人均纯收入 4140 块钱　实际增长 9.5%[EB/OL]. http://news.xinhuanet.com/video/2008-03/10/content_7758618.htm，新华网，2008-03-10.

[2]丁守海. 农业税减免能持续提高务农收入吗——基于二元就业制度及劳动力反流的分析[J]. 教学与研究，2008，(2)：24-30.

[3]向林峰，刘纯阳. 对后农业税时代乡镇财政困难的思考[J]. 南方农村，2006，(4)：20-23.

[4]高树兰. 取消农业税后农民收入的现状分析与增收措施探讨[J]. 经济论坛. 2007，(2)：116-118.

[5]陆小丽. 对我国取消农业税后相关问题的探析[J]. 统计与决策，2006，(14)：130-132.

（本文与戴天放同志合作，原载《江西农业学报》2008 年第 11 期）

农村政策制定与执行中存在的问题及消解思路[①]

一、农村政策制定中存在的有关问题

1978 年十一届三中全会后，改革率先在农村取得了突破。改革进展与政策决策方式相联系，实现了中央与地方、政府与农民的上下互动的决策过程，农村出现了巨变。回顾 30 年农村政策的实践过程，可以发现有的政策存在难以体现农民的真实需要，有的政策效能不能完整发挥，有的政策边际效益递减快等问题。

1. 农民利益未完全得到体现。农民作为农村政策执行中最直接受影响者，在农村政策决策时必须充分考虑农民利益。自从实行村民自治后，农民利益得到一定程度的落实和体现，但是农民利益缺失，忽视农民利益的现象仍然存在，比如户籍问题、农村教育问题、农民工问题、土地征收补偿低等等。出现的问题有些是国情所限，有些是政策政策制定缺乏前瞻性，有些是政策可操作性不强以致实践中出现政策偏差。

① 本文系 2007 年国家社会科学基金项目“农村政策对构建我国和谐新农村的影响研究”（编号:07BHS047）的阶段性研究成果。

2.决策方式存在偏差。目前,农村实施"一事一议"的决策模式,形成了"谁受益、谁负担"机制。但在实行家庭联产承包责任制体制下,农民地域上、信息需求上、权力集合上比较分散,难以形成统一、有效的利益表达机制,农民意愿整合存在难度。加之,农村"一事一议"机制给予村民自治的方式使得农民的交易和决策成本较高。因而,政府在决策时存在传统的路径依赖,沿袭之前的"自上而下"的决策方式。这种决策方式使得一些政府部门只关注自身利益能否最大化和政绩的考核标准,如忽视市场需求的生产布局、新农村建设中偏好"新农庄"建设、不顾农民承受能力的基础设施建设等等。

3.政策反馈渠道不广。任何群体的利益表达都需要通过特定组织进行反馈表述,而在目前的政治生活中,由于代表农民自身利益的群体较少,农民利益表达渠道不多。尽管十一届人大选举的2987个人大代表中,农民代表占总数的比例较往届高出七成,代表结构较以前而言进一步优化,代表构成具有更广泛的代表性,但从农民占全国总人口的比重而言,农民在人大代表中的份额还是偏低。虽然各种媒体对"三农"问题关注较多,但大多数还局限在有限的空间内,那些远离城市的山村农民的利益诉求还是很难得到社会舆论媒体的关注。一些政策的部分效用或功能偏移不能及时反馈和纠正,政策就有可能出现系统性的无效率偏差。目前在一些地方出现的群体事件,其根源多为政策执行反馈渠道不广等导致。

二、政策执行过程中存在的问题

政策是政府通过制定一定的规则来规范社会行为的一种基本手段,是引导社会各方利益集团行为的各种规范、准则的总称。目前,一些农村政策的实现仍未达到令人满意的程度。对此,我们不仅要考虑到底是政策本身出现了问题,还是政策执行方面出现的问题。政策执行是达成政策结果的手段之一,是将观念形态的政策目标转换为实际效果的一个动态过程。但是,正如政策决策时会因为各种原因出现决策偏离一样,政策执行中也会由于各种主客观原因,出现政策执行偏离政策制定初衷等现象。

1. 信息不对称致使政策执行力度衰减快。基层政府和中央政府在政策执行上，有时容易形成信息不对称状况下的动态博弈局面。由于信息不对称，在动态博弈过程中，有些基层政府往往从自身利益需求出发，对某些政策采取不合作的博弈策略或内外不一的执行方针。当执行部门发现上级政策对局部不利时，执行者往往在表面上会制定与上级政策一致的执行方案，但在实际执行中仍按照有利于自己利益的具体实施方案操作，使得政策难以得到真实贯彻落实。如农业税取消前，在乡镇政府运转经费不足时，可以向农民征收各种费用弥补；在农业税取消后，在财政转移少于原向农民征收的数额时，或基层政府正常运行出现困难时，有些干部对取消农业税政策就有抵触情绪。

2. 体制等方面原因导致政策执行进程慢。农村政策的出台是为了“三农”问题的解决，是希望从根本上改善提高农民社会生活水平和层次。而我国一直以来形成的小规模的家庭经营为主的联产承包责任制，使得农村中各个家庭之间缺乏内在的经济社会联系。在这种形势下，政府要了解各地农民真实意愿的成本较高，使得政府在制定农村政策时无法全面顾及所有地域农民的想法。因此，有很多农民对有的农村政策反响不够强烈，有些只是表面化理解，知之甚少，很多偏远闭塞山区的农民甚至还不知晓这个关乎自身命运的一些农村政策内容，表现出冷漠的态度。此外，一些农村政策本身就需要大量的资金、技术和劳力的投入，作为直接面对农村的基层政府由于财政收入有限，很多政策的执行进展非常慢。

3. 政策本身存在的问题带来执行难度加大。农村政策操作性的不强也会导致执行失效。一些政策本身比较复杂，它涉及的方面问题很多，不仅受到主观因素，如人员、管理技术等条件制约，也受到客观条件限制，如财、物、时间等。农民组织化程度低，资源整合能力差，还没有足够的能力依靠农民自身支撑农村政策在农村的推行。农村政策执行面对的是8亿多农民，从政治、经济、文化、生活等领域，包括了农民生活的各个方面。由于农村存在不同的地域特征，有的地方执行政策顺利，有的地方就有可能寸步难行；还有，部分政策还没有得到科学的论证，相关配套性政策之间衔接还不充分，政策体系还不科学合理，也有可能使得政策执行缺乏稳定性、连续性和可操作性，造成政策执行的难度加大。

4. 财力分配不合理导致政策实现力度小。1994 年，我国实施分税制改革，中央政府和地方政府的财物权利划分不同。在分税制下，中央财政吸收了 75% 的增值税，各级地方吸收剩余的 25%，且一些重要的税种全部或大部分归中央所有。这种财政收入划分比例使得中央财政与中央政府的宏观调控能力大大增强，而没有规定省级以下地方政府之间的财政事权分配关系。过去一些地方政府从自身利益出发，为满足财政支出需要，采取层级下压方式，从下级财政中抽取资金，到了乡镇一级所剩财政收入更少，通常是入不敷出。而直接面对三农的乡镇政府为维持机构运转和解决政策实施前所遗留的乡村债务，只能采取隐性手段从农民手中获得资金支持，从而歪曲了新农村政策制定的真实目的，把农民从一种负担形式拉入另一种隐性负担压力下，无形中增加农民的潜在负担。

5. 沟通渠道不完善致使政策执行偏离原定目标。农村政策执行能否成功一定程度上也取决于对政策的有效沟通和宣传。农民作为政策被执行者，对政策执行状况本应该有很强烈的自身体会，并通过反馈系统向基层政府反映意愿。基层政府可以根据农民反馈信息对执行方案进行调整，并向上级政府反映执行中出现的问题和解决方案等，但事实上农民对农村政策的执行比较消极被动，使得农村政策执行效果和评估难度加大。政策本身没有生命，它必须借助传播系统使得执行机构和受执行者形成有效的沟通，而传统的自上而下的等级链条式的信息传递渠道使基层信息无法及时准确地向上层反馈，从而产生信息扭曲和执行偏离。

6. 监控机制不全导致政策纠偏难。任何政策的执行过程都存在诸多不确定性，出现许多新问题。通过监控手段能及时采取措施进行调整，减少不确定性。农村政策牵涉到诸多方面利益，极大地触动了既得利益群体的利益，而这些利益群体又是政策制定和执行机构。要使政策顺利推进，监督作用表现明显。目前，政策执行监督上的突出问题是重视政策制定和政策执行的安排部署，重视形式上的监督，忽视对政策执行的实质内容的监督。究其原因，一方面，政策执行机构中存在广泛的人际和利益关系，监督机制有点流于形式。权力机关和监督机构职能缺乏独立性，监督机构办事效率低，难以发挥监督效果。另一方面，政策被执行者相对执行机构而言处于弱势，在监督机制不完善情况下，很难进行有效监督。而其他社会群体因该政策与自身利益无关，监督意识不强。

7. 政策执行中的利益冲突产生种种执行阻力。人作为具有主观判断价值的载体，受思想观念影响，是具有理性的追求自身利益的经纪人，对政策执行接受程度不同，而利益得失在这个过程中扮演了重要的角色。利益多元化的今天，新农村政策实质上是将利益在群体间重新分配，各个相关利益群体进行利益博弈。纵向上是中央与地方的利益博弈，横向上是基层政府部门间的相互利益争取。不同部门之间争抢政策执行权，是为了利益；曲解规避政策，大都也是为了利益。政策执行主体的自身利益成为影响政策有效执行的重要因素。一旦严格执行政策，就会威胁到政策执行主体自身的利益甚至是机构自身的存在。因此，政策执行机构在政策执行出现偏差时，有意不及时纠正，甚至利用职权牟取非法利益。同时，政策执行机构对没有有效推进政策执行的人员，没有形成良好的评估和惩处机制，而是等到问题严重时才突然采取行动，进行严厉处罚，之后又恢复到消极不作为的状态，造成一些政策执行难的局面。

8. 政策执行主体多，消耗了政策的效力。政策执行主体众多，政策执行机构条块分割，政出多门，政策执行权不够集中统一，导致职责不清，相互推诿，协调不畅，给新农村政策执行带来阻力。即便是执行机构分工明确，不同的政策执行机关仍可从自身利益角度对同一个对象执行政策。这就容易造成多个执行主体对同一个政策对象都有管理权，但没有一个政策执行主体对政策执行进行总体负责和规划。有利的事情互相争抢，不利的事情互相推诿。这说明政策执行过程中存在执行主体多、执行权不够集中统一、政策执行效果不佳的问题。

9. 自发的“农民意识”一定程度上阻碍政策执行。义务教育在农村推行较晚，目前仍有众多农民文化水平不高，对农村政策理解不深透，不能正确识别政策执行中出现的问题，对政策的认同、支持程度没有预想的那么积极。加上，农民组织化程度低，单个农民所要承担的监督和执行成本使得农民产生“自利”思想，惯于“搭便车”，享受他人成果，缺乏主动监督政策执行的积极性，对不利于自身利益的政策反馈也因为觉得成本过高而放弃。

10. 农民组织化程度不高，降低了政策效用。组织是指为了特定目的而按照一定规则组建起来的群体。造成农民组织化程度低的原因大致有：农民组织不能达到预期效果；组织成本高；现有农民组织缺乏效率。在现代经济社会中，利益表达的有效性和力度，通常与组织程度高低有关，组织程度高则利益表达力度大。农民之间居住较远，信息沟通不畅，组织成本高，行为联动能力不强，凝聚力低。农民在面对市场竞争时，缺乏准确的市场信号导致农产品结构、产量、价格失衡，影响农民生活水平和社会福利状态的改善。农民的政治表达和政治参与受到条件限制，有时农民利益诉求无法得到全面真实的表达，也无法对决策产生影响。在政府决策前，政府不能收集到更多的来自农民的呼声、需求；在作出决策时，政府依靠以往的政策决策程序，仍偏向于原来的“自上而下”的决策路径，在制定农村政策时就容易偏离应有的公正性。而农民自身群体在争取自身权利的过程中易于存在“集体行动困境”现象，有时会出现群体争取低效率的现象。这种现象主要是农民在争取社会权利时产生“外部性”，自身争取的权利由农民群体集体享有，使一些农民坐享其成“搭便车”，而行动的成本由个人承担。这样，农民个体在争取社会权利时积极性不高，即使在明知政府政策存在偏离，也没有及时有效地提出。

三、几点对策思路

政策制定和执行过程是一个严谨和系统的过程，是经过一定的程序而产生的。因此，要克服农村政策制定与执行中出现的问题必须注意几方面问题。第一，必须从政策制定阶段规范相关程序，从政策制定角度优化决策组织结构，完善政策制定、监督机制，扩大农民利益代表比例；改革乡镇地方政府考核任用机制，使之工作重心下移，能为上级部门制定农村政策提供准确资料。第二，在农村广泛建立农民利益表达组织，确立农民利益代表，使得各级政府在制定农村政策时能听到多数农民的声音。第三，在农村政策执行过程中，必须根据农村社会现实具体情况和对阻碍政策执行的因素进行分析，继续加强农村政策执行机构体制改革，整合资源，精简机构，提高基层政府执行力。第四，建立合理的中央地方利益平衡机制，加大政府财政转移支付力度，合理协调工农利益。第五，改善政策执行环境，提高农民素质，健全政策沟通系统，严格执行地方利益约束机制。通过注重这五个问题的改善，我们期待今后农村政策的制定效能更高、动力更优、针对性更强，更能顺利的执行和达到预期的政策目标。

参考文献：

[1]曹信邦．中国农村社会保障制度缺位的政治学分析[J]．云南社会科学，2005，(05)．

[2]李敏．公共政策有效执行的障碍因素分析及对策[J]．科学与管理，2007，(04)．

[3]申鹏．农村税费改革政策执行阻滞分析[J]．中国财经信息资料，2003，(28)．

[4]程亿．论“三农”政策执行中的障碍[J]．求实，2006，(03)．

[5]黄玉兰．浅论我国新农村政策执行的障碍与消解[J]．黑河学刊，2007，(127)．

（本文与余艳锋、戴天放同志合作，原载《农村经济》2009 年第 5 期）

江西省农村扶贫开发对策研究

江西是农业占 GDP 比重较高的省份，目前，全省贫困面比较广，绝对贫困与相对贫困并存，农村的贫困问题将长期存在。本文在调查分析的基础上，提出新时期做好江西农村扶贫开发的对策。

一、当前江西省农村扶贫开发的基本情况

进入新世纪以来，特别是“十五”期间，江西省遵照《中国农村扶贫开发纲要(2001～2010 年)》的精神，认真工作，并采取了多种方式组织社会扶贫，加强国际合作与交流，营造了良好的社会扶贫氛围。目前，该省农村扶贫开发“整村推进”态势良好、“以工代赈”功能凸显、“移民扶贫”进展顺畅、“产业化扶贫”创亮点，农村扶贫开发工作步入了良性发展道路。

1. 农村扶贫开发存在的主要问题及原因

(1)从资金投入上看，扶贫开发资金整合到村至少面临着两方面的困难：

一是扶贫资金投入的稀缺性与使用管理的分散性矛盾，制约了扶贫资金整合的效果。从现阶段国家所设立的三个专项扶贫资金(财政扶贫资金、以工代赈资金、扶贫贴息贷款)情况看，一方面，量上投入不足，难以满足贫困村整村推进的需要；另一方面，由于各个专项扶贫资金是由不同部门分别管理，在使用管理上的要求又不尽一致，能直接安排到村的资金只有财政扶贫资金，三项扶贫资金在整合支持贫困村实施整村推进扶贫规划中存在很多障碍，使

得本来就非常稀缺的扶贫资金难以真正形成合力。

二是贫困村在制订和实施整村推进扶贫规划中整合各方面扶贫投入上存在不确定性。由于国家对“三农”工作的重视，在投入上不断加大力度，有关部门针对贫困地区也相继采取了交通扶贫、卫生扶贫、教育扶贫、文化扶贫等措施，总体上对贫困地区经济社会的发展起到了有效的促进作用。但具体落实到贫困村，这些针对扶贫的投入与现阶段以贫困村为单位的整村推进扶贫开发战略缺乏有机联系，贫困村由于所处的弱势地位，在制订和实施整村推进扶贫规划中争取使用这些针对扶贫而专门安排的资金存在不确定性。

(2)从项目监管上看，在财政扶贫资金项目实施过程中，存在三个问题：

一是资金项目管理不规范的问题。部分市(县)尚未实行县级财政专户报账制；项目变更时未能及时按要求申报，影响资金使用效益；部分地方尚未建立和推行财政扶贫资金项目公告、公示制。

二是项目实施进度缓慢的问题。资金、项目计划到位较晚，每年规划内的资金、项目要到当年下半年甚至年底才能下达，导致有的项目要到第二年才能组织实施，从而影响项目的正常组织实施；扶贫项目强调群众投资投劳，有的工程资金缺口较大，个别项目配套资金不足，加之村级经济薄弱，筹集资金困难，导致工程完工速度慢，结账、报账慢，项目不能按期发挥效益。

三是扶贫贷款资金投向问题。目前，许多扶贫贷款资金都偏重对农业产业化经营龙头企业和一些效益比较高的产业项目及医院、学校的投入，而对农村贫困户的小额贷款投入极少，不利于贫困户发展生产。

2. 江西省农村贫困人口的主要特点

(1)贫困基数大，扶贫救助工作任务艰巨。进入21世纪后，江西省贫困人口基数仍然很大，绝对贫困人口和低收入人口约有300万人，是该省新阶段扶贫开发的主要对象，这对该省全面建设小康社会带来了一定的难度。

(2)基础设施弱，农村发展后劲不足。江西省山区、老区自然条件恶劣、资源短缺匮乏，人口增长过快，农业基础薄弱，抗风险能力和脱贫能力较差，产业发展后劲不强，给农村扶贫帮困工作带来一定的难度。

(3)自然灾害多,农民脱贫困难。不少已解决温饱问题的群众,实际上只能维持基本的生存,由于经济条件、农业生产基础设施差导致抵御自然灾害的能力低,难以扩大再生产,一旦发生天灾人祸就可能返贫。

(4)农民科学文化素质低,增收渠道不宽。江西省绝大部分贫困乡、村分布在远离城镇经济中心的偏、远、深地区,并呈相对集中的趋势。受条件限制,这些贫困点农民科学文化观念淡薄,普遍市场观念差,获取的市场动态信息少,导致增收渠道狭窄,影响了扶贫效果。

(5)扶助资金少,开发能力不足。扶贫开发要有资金投入,没有投入就没有产出,在市场经济条件下,江西全省贫困乡村开发能力与发展需求的矛盾非常突出。例如,修路项目需要农民投工投劳和乡村负担的征地、拆迁、土方等一系列资金难以到位。

(6)救助标准复杂,救助式扶贫开发操作困难。由于上级部门没有对救助标准制定一个统一、详细的划分尺寸,这就使得这项工作在操作过程中缺乏足够的法律、法规来加以约束,不可避免地会产生工作漏洞。

(7)返贫因素增多,农民脱贫致富遇到新困难。新时期,贫困人口返贫还有两个新的重要因素:一是教育支出剧增。在贫困地区,高昂的大学费用对于一年的纯收入也就一两千元的家庭收入来说无疑是个天文数字,后果往往是一个人考上大学,一个家族都会被拖入筹集学杂费的旋涡;二是医疗费用畸高。农村的公立医疗点如今是“线断、网破、人散”,个体诊所药价飞涨,老少边穷地区的好多农民连什么是医疗保险都没听说过,一定程度上制约了农民的脱贫能力。

3. 当前江西省农村扶贫开发面临的新形势

(1)农村扶贫开发的阶段判断及其长期性。江西省农村扶贫开发项目虽然取得了阶段性的成果,但根据全省农村还有84.6万人处于绝对贫困当中、还有188万人处于低收入的状态以及存在21个国家扶贫开发工作重点县的现实判断,全省农村贫困仍处在第一或第二阶段,即仍存在一部分贫困人口收入不能满足其基本生活需要,相当一部分贫困人口的温饱问题虽然已经解决,但仍处于不稳定状态。贫困问题在今后一个较长时期内还会存在,农村扶贫开发工作仍是当前乃至以后一段时间内全省的一项重要而艰巨的历史任务。

(2)农村扶贫开发新的制约因素。进入21世纪以后,江西省扶贫开发工作还面临着一些新的制约因素:一是供求关系的变化和竞争的加剧,使贫困地区农业呈现出发展缓慢的态势:二是改革滞后和经济体制转轨缓慢,使贫困地区缺乏必要的体制环境和机制动力;三是全省新农村建设规划对全省农村扶贫开发项目存在脱节,一定程度上影响了农村人口的脱贫致富;四是当前全省城市经济快速发展和农民收入增长日渐缓慢两大突出问题,加大了扶贫开发的难度;五是由于农产品价格偏高和竞争力较弱,加入WTO短期会对贫困地区将产生不利影响。

(3)全省农村扶贫开发的有利条件。农村扶贫开发工作挑战和机遇共存,目前,江西省的扶贫开发有利条件主要有:一是"三农"问题一直为中央和省委、省政府高度重视,最近,党的十七届三中全会通过了《中共中央关于推进农村改革发展若干重大问题的决定》,又出台了一系列惠民政策措施有利于农民脱贫致富,特别是社会主义新农村建设的实施使广大农民有望早日过上"生活宽裕"的好日子;二是总量过剩条件下的结构调整有助于贫困地区经济的长期发展;三是"江西在中部地区崛起"的战略实施有利于全省农村扶贫开发工作的推进;四是江两省近几年经济快速发展,综合经济实力明显增强为全省扶贫开发奠定了厚实的物质基础;五是贫困地区的广大干部群众具有强烈脱贫致富的愿望;六是多年扶贫工作取得的成功经验明晰了全省脱贫致富的基本思路。

二、做好农村扶贫开发的总体思路

贫困地区往往是生态失衡、资源退化、人口失控、交通不便、营养不良、粮食短缺、基础设施落后、市场发育程度低、卫生条件差、地方病流行、教育科技落后、社会组织程度差、观念意识滞后等长期形成的矛盾集中地带,其中的每一个因素都制约着贫困地区的发展。扶贫开发政策包括帮助贫困户解决温饱和支持贫困地区经济开发两个方面。因此,要真正使贫困农民摆脱贫困,政府、农民和社会各机构都要站在长远、整体、高效的立场上,坚持以经济建设为中心,发展贫困地区的生产力,通过多种方式和途径,采取综合配套措施,帮助农村贫困人口脱贫。

江西省农村扶贫开发的主要任务与发展目标是:“以规划为统领,整合投入,大力改善贫困地区基本生产生活条件和生态环境。”所以,新时期江西省农村扶贫开发的思路是:除了要解决贫困人口的温饱问题外,还必须依据《中国农村扶贫开发纲要(2001~2010年)》规划,努力解决温饱与巩固温饱和全面提高低收入农村人口生活水平的问题,构建和谐平安江西,实现社会主义新农村的目标;同时要在总结已取得经验的基础上,进一步加强贫困乡村基础设施、生态环境、科教文化、基层组织和贫困群众发展能力的建设,全面提高贫困农民的收入水平、生活质量和综合素质,促进贫困地区经济、社会和生态协调发展。

三、新时期推进江西省农村扶贫开发的对策思考

1. 完善扶贫资金及项目管理方式

从江西省财政扶贫开发工作实践,完善扶贫资金及项目管理方式要从以下几方面入手:一是规范资金项目管理。建议财政及扶贫开发部门进一步完善财政扶贫资金监督机制,强化财政扶贫资金管理,确保资金使用和项目安排公开、公平、公正、规范;二是严格执行项目实施进度。建议扶贫开发及财政部门能科学制定管理制度,联合下发实施细则,减少环节,简化管理程序,提高资金使用效率;三是调整项目内配套资金,建议各级在考虑项目安排的时候,根据各地财力状况,申报和实施扶贫项目;四是科学安排扶贫贷款资金投向。建议扶贫贷款资金还应支持与区域产业相配套的重点村的村组户生产经营项目发展,为农民增收提供资金支持,并适当支持那些示范效应明显、具有农业生产技术推广意义的项目,同时还要加大扶贫到户贷款贴息方式改革试点的力度,将该省改革试点工作扩大到21个国家贫困县。

2. 建立农村扶贫开发责任机制

创新扶贫开发管理方式，落实扶贫开发责任，建立农村扶贫开发责任机制要从以下几方面做起：一是要各部门在工作职责的基础上进一步明确工作责任，按照部门责任，是哪一级部门做的工作就应由该级部门去组织实施和完成，上级部门要做好监督工作；二是要建立工作联系制度，加强互相联系和工作沟通，任何工作的完成都是在互相支持、互相协作和共同努力下的结果。下级部门要主动向上级部门汇报，反映扶贫开发工作进展情况和存在的问题。上级部门要深入基层或加强与下级部门的联系，主动询问扶贫工作的开展情况，并协助解决存在的困难和问题。同级部门之间要经常保持业务联系，互通情况，交流意见，总结经验和教训，不断提高扶贫开发工作质量和效率；三是要创新监管方式。做好扶贫开发工作不但要各级主管部门的协作和监管，同时还要主动接受社会各界的监督，发动农民群众的监督作用，使他们共同参与到农村扶贫开发工作中来，保障自身的各种脱贫致富政策措施得以落实。

3. 继续抓好异地开发扶贫工程

实施异地开发，是解决基本丧失生存条件特困群众温饱的最佳选择。要明确异地开发扶贫标准和范围，准确摸清基本丧失生存条件的特困人口的底数，核定异地开发扶贫人数，这是搞好今后异地开发扶贫的重要基础。要以解决移民的温饱、增加移民收入、改善移民生活为目的，并充分尊重转移对象的意愿，严禁搞行政强迫。要把异地开发扶贫与小城镇建设结合起来，组织有经济头脑的特困农民搬迁到城镇从事第二、第三产业，通过发展非农产业增加收入，实现脱贫。要改善安置区生产生活条件。坚持以解决群众温饱为前提，抓好各项政策的落实，正确处理好迁出方与迁入方的关系，处理好移民与当地农民的关系，落实好搬迁农户的土地、户口、子女上学等政策，尤其要落实好搬迁农户的土地长期使用权，使农民迁得进、稳得住、能脱贫，并保证必要的资金重点用于安置区基础设施建设和社会配套工程建设。

4. 营造全社会参与农村扶贫开发的氛围

江西省农村贫困面大，工作任务重，需要社会力量来共同参与扶贫开发，努力营造全社会积极参与农村扶贫开发的良好氛围。有关部门要密切配合，利用各种合法途径进行招商引资，采取贴息和担保的办法吸引资金，积极利用外资、社会捐赠资金、银行资金和工商资本金等，多渠道筹集各类扶贫开发资金，落实各类扶贫开发政策制度，坚持开展"对口扶贫"工作，不断增强部门之间的扶贫开发工作责任感；调动社会党团组织和科技青年的扶贫积极性，为全省农村扶贫开发献计献策；大力发展农村扶贫开发项目，组织有一定实力的国企、私企或个人到贫困地区兴办企业；同时，组织新闻媒体到贫困地区去采访、写真，加强对全省扶贫开发和社会扶贫的宣传，利用舆论导向，倡导形成全社会"扶贫光荣，济困光彩"的良好氛围。另外，还要实行扶贫开发"走出去，请进来"策略，扩大与科研院所、大专院校的联系，加强与国际、国内扶贫项目的合作，组织贫困地区农民"走出去"，学习掌握先进的农业科学技术，早日实现脱贫致富。

（本文与陈智辉、冷喜芬同志合作，原载江西省首届社会科学学术大会论文集《追踪时代的轨迹》，2009 年江西高校出版社出版）

土地制度变迁下现今农民社会保障体制改革思考[①]

从中国共产党成立之初至今,我党带领全国人民取得了一个又一个的胜利,成为革命战争年代和社会主义现代化建设时期的中流砥柱。尤其是改革开放以来,我党带领全国人民开创了历史新时期,国家更加的繁荣、昌盛、和谐。而占据全国人口和土地面积50%以上的农民和农村,在中国发展中具有非常重要的地位。我党历来也非常重视"三农",制定了相应的土地制度和社会保障体系,"三农"工作取得了历史性进步。尽管曾经受"左"的思想束缚,农业发展缓慢甚至一度停滞,农民生活得不到保障。但在我党坚强领导下,冲破思想禁锢,与时俱进,探索新型土地流转下农民社会保障体系,努力构建城乡一体化社会保障制度,实现多方共赢。

一、共产党成立至改革开放前以土改为基础的农民社会保障制度

(一)1921~1949年

从1921~1949年,我党在领导中国人民进行新民主主义革命过程中,经历了北伐战争、土地革命战争、抗日战争和全国解放战争四个历史阶段,创建中国工农红军,进行土地革命,走出一条以农村包围城市,武装夺取政权的崭

① 该文来自江西省社科基金项目:新型土地流转下农民社会保障研究(10SH26)部分研究成果。

新革命道路。新民主主义革命时期,中国共产党根据当时中国半殖民地半封建社会的特点,在农村根据地先后废除封建主义、半封建半殖民地政府的一切苛捐杂税制度,在利用、改造旧税制的基础上,逐步建立了符合革命和经济发展需要的新型农业税制度,实行按照阶级成分确定税收负担的原则。(1)土地革命战争时期,我党依靠贫农、雇农,联合中农,限制富农,开展打土豪、分田地、废除封建剥削和债务,消灭地主阶级,变封建半封建的土地所有制为农民的土地所有制,使农民获得土地。(2)抗日战争时期,在中日民族矛盾上升为中国社会主要矛盾前提下,为了发动最广大群众参与到抗日战争中,我党的土地政策由土地革命时期的没收地主土地分配给农民所有转变为地主减租减息、农民交租交息的政策,赢得了抗战胜利。(3)解放战争时期,国内的阶级矛盾上升为社会主要矛盾,解放区农民迫切要求获得土地,我党召开土地会议,制定《中国土地法大纲》,规定没收地主土地,废除封建剥削的土地制度,实行耕者有其田的土地制度,按农村人口平均分配土地。新民主主义革命时期以土地改革为主的农民社会保障体系,调动了农民阶级的积极性,积极参加和支持革命,踊跃交粮纳税,成为革命根据地基本的财政收入来源,保障了革命战争的供给,为新民主主义的胜利作出了巨大贡献。

(二)1949~1978年

新中国成立后,国民经济基本上处于瘫痪状态。为实现社会经济的恢复和发展,我党确立了建设社会主义工业化的目标,并顺应历史要求,进行了历史上最重大、最彻底的土地制度改革,确立了耕者有其田,建立了农民土地所有制为主体的新的土地制度,建立了与当时工业化发展需求相适应的农村社会保障制度,为农村社会稳定和经济发展发挥了一定的保障。(1)颁布《中华人民共和国土地改革法》,进行土地改革运动。解放初期,百废待兴,我党领导的新民主主义革命结束了中国一百多年的半殖民地半封建社会的命运,但却面临着一个千疮百孔的乱摊子,广大农民迫切需要进行土地改革获得土地。1950年,我党成功地在占全国农业人口总数90%以上的地区完成了土地改革,在全国集中进行社会主义改造,3亿农民分得了约4700万公顷的土地,实现了农民“耕者有其田”的夙愿,极大地激发了农民生产积极性,使农业生产得到了迅速发展,农民生活水平有了显著提高,抵御生活风险的能力大大增强。(2)颁布《中华人民共和国劳动保险条例》,为城市人口建立起社会保险制度以及社会救济制度,与此同时成立内务部(民政部的前身),管理包括农村救灾、社会救济和优抚安置等社会保障工作,为农村居民建立起相关的社会救济制度。新中国成立前后,我国农村面临着严重的自然灾害、饥荒和贫困问题。新中国成立后,我党面临着严重饥荒和贫困问题。为了巩固新生的人民政权和稳定社会秩序,我党出台了针对农民的社会保障制度。①建立社会救济制度。对生活有困难的全年收入不能满足基本生活需要的社员,经群众讨论同意以后,可采取给予工分补助、粮食补助和现金补助三种补助方式;②建立“五保”制度。对丧失劳动能力、有一定劳动能力、丧失劳动能力但生活能自理的三种“五保户”分别采取不同的供养方式,确保他们能满足生存需要的款物;③建立灾害救济制度。构建“以依靠群众、依靠集体、生产自救为主,辅之以国家必要救济”的救灾工作方针,确保在发生自然灾害时,保障灾民的基本生活和健康,维护社会稳定。

然而这一时期,我党受激进冒险主义错误思想影响,长达十年的一场特殊的带有全局性的政治运动的出现,使得国民经济受“全面内战”破坏,遭到急剧恶化、倒退。尽管当时党内坚定的共产党员、领导干部对这场十年浩劫进行了各种形式的抵制,在一定程度上减少了这场十年浩劫的破坏,取得了国民经济发展的一定成绩。但这种形势下的中国,农村经济逐步崩溃,农民日益贫困。

二、改革开放至今以家庭联产承包制为基础的农民社会保障制度

(一)构建以家庭联产承包责任制为基础的农民社会保障体制

十年浩劫结束后,我党认识到极“左”思想的严重偏离了马克思主义指导,脱离了当时的党情、国情、民情,造成了不良的社会反映。随着解放思想、实事求是的思想路线重新确立,1978 年中共十一届三中全会后,我党深刻地总结历史经验教训,果断提出由计划经济体制向市场经济体制转变。1978～

1990 年开展以包产到户、包干到户的"家庭联产承包责任制"为核心的第一轮土地制度改革,土地的承包期限一般都比较短,在分配制度上打破平均主义,实行"交足国家的,留够集体的,剩下都是自己的"农村分配格局,明确了国家、集体、个人的权责利,有效地将农民的收入同劳动成果挂钩,很大程度上实现了按劳分配。1990 ~ 2008 年,我党积极开展"第二轮土地承包经营权"工作,将联产承包责任制承包期延长 30 年不变,允许土地流转,进一步稳定了以家庭联产承包为主的责任制和统分结合的双层经营体制,确立了农民在生产中的主体地位。2008 年至今,在经历了前两个阶段的土地改革之后,我党认识到承包权下放到农民手中,不仅符合农业生产经营的规律,也有助于推动双层经营体制的真正实现,给农民带来了真正实惠,因此,党中央将联产承包责任制承包期延长至长期不变,同时鼓励土地加快集中流转,真正还权于农。

家庭联产承包制是新型的具有中国特色的社会主义农村经营体制,明确了农村土地政策安排的大方向,实现了农村土地所有权和使用权的分离,改变了"一大二公"人民公社时期土地所有权与使用权全部集于集体,凝固土地市场流通的土地政策。党的政策方针得民心、合民意,农民作为这种新型体制的探索者、创造者、拥护者和受益者,生产的主动性和积极性得到极大地调动,促进了农业农村经济发展。然而随着家庭联产承包责任制的深入推广,其弊端逐步显现。分户承包土地规模小,难以形成规模效应;农民只拥有土地使用权,抑制了农民投资的热情,同时土地无法顺利流转不利于土地资源的充分利用和规模经济的形成。而且,很多农村地区受自然条件、地理位置、基础设施和农民自身资源禀赋等条件限制,未能直接受益于农村经济体制改革,农村政策仍需进一步全面改革发展。

(二)逐步构建配套的农民养老保障制度

与此同时,除了家庭联产承包权下赋予农民的土地,使得农民有了基本的土地保障,以及农村依靠子女实现传统"养儿防老"家庭养老外,我国也逐步建立了其他的养老保障制度,逐步在农村推行农民退休养老制度。随着国家计划生育政策和家庭联产承包责任制的推行,传统的养老方式受到严峻挑战。

1992年,民政部正式出台《县级农村社会养老保险基本方案(试行)》,采取政府引导,农民自愿参加,资金筹集坚持"个人缴费为主、集体补助为辅、国家予以政策扶持"的原则,以保障农民的基本生活。之后,民政部又先后下发了《农村社会养老保险编号办法》《缴费阶段的标准单证和操作流程》《发放阶段的标准单证和操作流程》《农村社会养老保险会计制度》《农村社会养老保险金计发办法》《加强农村社会养老保险基金管理的通知》以及《县级农村社会养老保险管理工作规程(试行)》等一系列政策法规。1999年,《国务院批转整顿保险业工作小组保险业整顿与改革方案的通知》要求对农村社会养老保险进行清理整顿,停止接受新业务,有条件的可以逐步过渡为商业保险。2001年,劳动和社会保障部根据温家宝同志关于"整顿规范农村社会养老保险,要从实际出发,充分考虑各地农村经济、社会发展的差异"的指示,对农村社会养老保险整顿规范进行了分类指导。

然而,农民社会保障体制的构建是一个全新的工作,国内和国际都没有成功的经验和模式可资借鉴,因此,在这一制度建立的过程中,仍面临很多现实问题,如国家资金投入有限、农民养老保险意识不强、农民缴费基数低、农民养老保险基金管理不完善、农保机构业务经费不足等导致很多地方农村养老保险工作停滞不前。尤其是在加速土地流转和推进城市化进程中,许多失地农民将土地经营权转包后的补偿标准和流转农地的承包费用确定问题还未彻底解决,农民缺乏长期生活的保障资源。

三、当前农村土地流转形势下农民社会保障制度发展方向的探索

(一)当前形势

土地资源的稀缺性与资源需求的无限性矛盾,要求我们在推进土地流转,提高土地合理配置和利用效率时,必须关注由此涉及的一个重要的经济和政治问题——农民社会保障。继中共十七大提出关注民生、关注土地制度改革下农民社会保障问题后,温总理也强调指出解决土地流转农民生存问题是体现社会主义制度的首要价值。2011年中央一号文件锁定水利,提出农业主要

“靠天吃饭”的局面仍未改变，全国54%的耕地缺少基本灌排条件，20世纪90年代以来，平均每年因洪涝受灾面积超过2.1亿亩。“两工”取消后农民投工投劳锐减，农田水利建设滞后仍然是影响农业稳定发展和国家粮食安全的最大硬伤。党的十七届三中全会决定和7个中央一号文件已对农村改革发展作出了系统部署，“三农”政策体系和制度框架已初步形成。党中央以水利改革发展为主题，以抓住当前水利这个薄弱环节，夯实农田水利这个农村重要基础设施，最终实现统筹城乡发展，夯实农业农村发展基础，加快改善农村民生，缩小城乡公共事业发展差距，提高农村社会保障水平。

相比以前的“民工潮”，如今的“民工荒”出现并非偶然，在其背后有着深刻的历史因素和现实原因，二元户籍制度是“民工荒”发生的制度根源，社会保障权益的缺失是“民工荒”形成的动力因素。而导致社会保障权益缺失的背后，正是我国设立二元户籍制度，相应地形成了二元的社会保障制度。农民工的户籍身份是农民，显然享受不到城市所提供的养老、医疗、失业、工伤及住房、教育等基本社会保障等待遇，有的甚至连基本的劳动保护也没有。而且，中央惠农政策不断出台，农民生活水平得到较大提高，他们也会综合考虑是否外出务工。“民工荒”成因在于“权益荒”。农民作为理性“经济人”，在权衡成本和收益时，他们往往会选择在家务农。因而，处在农村和城市合集内的农民工，由于社会保障制度缺失，其合法权益得不到保障，在理性选择下自然大多数会留在农村或离农村较近的城市边缘。在我国，劳动力总量不存在短缺情况下出现的“民工荒”现象，正是农民工社会保障等劳动力权益保护体系缺失导致的。

随着我国工业化、城市化进程推进，非农业用地的需求也随之激增，各种形式的土地承包经营权流转大范围发生，推动社会经济发展、农民增收的同时，由于征地制度涉及土地权属的变更，造成农地资源大量损失，大量农民失地失业，改变了农民传统作业和生存保障方式。尽管众多农民希望进城成为城里人，但农村社会保障制度缺失和对土地保障的依赖性，农民未能享受到因承担改革丧失土地所应享受到的利益，严重影响了农村剩余老动力向城镇转移和农村规模经营发展，引发了失地农民对征地制度的不满与对抗情绪，经常引发悲剧，给整个社会的安定和谐也造成了严重威胁。当前，许多地区正探索建立土地流转下农民社会保障制度，比较有代表性的如嘉兴“两分两换”和苏州吴中区“失地不失业，失地不失利”模式。但总体来说，各地现行的农民社会保障模式大部分采用一次性给付的补偿方式，土地流转农民利益损失很大，农村和城镇社会保障制度严重脱节。

“民工荒”的出现和目前随着城市化进程的加快，大量土地经营权流转或农村建设用地流转，大批失地农民丧失了安身立命之本——土地的现实也从侧面反映了，如果不能正确构建适应的农民社会保障体制，大量外出务工农民滞留农村、再就业能力偏低和参加社会化保障意识缺乏，使得农村面临着极不稳定因素。据数据显示，目前中国失地农民累计不少于4000万人，仅“十一五”期间每年新增失地农民约200万人。通过抽样调查显示，有60%失地农民生活困难，没有因失地影响基本生活的只占30%。有81%的失地农民对未来生活担忧，其中担忧养老占72.8%、经济来源占63%、医疗占52.6%。[1]而我国农村社会保障制度改革的理论和实践仍受传统二元模式影响，农民权益受到侵害。如何更好地保障土地流转下农民社会保障问题，健全保障农民权益的法律法规，使土地流转不再是一个完全市场化的资源配置方式，而是和“三农”问题、新农村建设、国家和谐稳定紧密相关。因此，我们要改变现状必须在逐步完善的土地流转制度下，探索建立具有市场经济特征的新型社会主义农民社会保障制度，尽快制定《失地农民社会保障条例》。

（二）探索方向

从我国农村社会保障制度的发展轨迹来看，我党基本建立了以农村土地为根本的低层次的传统农民社会保障体系。土改时期，土地产权主体从农民上升为集体，农民社会保障层次逐步提高；家庭联产承包时期，土地所有权为集体，但长期使用权逐步下放到农民手中。随着政府公信力的提高和社会经济的快速发展，以及由“以农哺工”转移到“以工反农”政策，党对农村社会保障制度构建越来越重视，农村社会保障的层次逐渐提高。

造成农民社会保障体系缺失的原因是多方面的,既有历史的、经济的,也有政策制定方面的原因,而制度的缺失则是农民社会保障无法真正改善的重要原因。如何妥善解决失地农民相关问题,保护失地农民的合法权益,不仅是农民个体风险问题,更是一个影响深远的社会问题,关系着社会的稳定、经济的可持续发展,关系着我党执政能力的提高。因此,我们不妨从以下几方面思考。

1. 目前,全国性征地立法工作还不健全,许多地方性征地法规也不全面系统,难以适应市场经济下征地中存在的诸多现实问题。因此,国家应制定一个专门的调整土地征收关系的法律法规,将土地征收作为一个单独的法律进行更加详细的规定,使得土地制度在法律的框架下进行,确保政策有完备的法律规范,才能确保我国农村社会保障事业的顺利发展。

2. 要抓住目前社会关注热点,实地调查收集数据资料,对典型地区土地流转下农民经济和生存状况进行系统研究,综合考虑各种因素后从宏观、微观层面提出完善农民社会保障权益制度,具有较强的创新性和可操作性。同时,结合各地开展的户籍制度改革,逐步在全国推广,消除城乡二元体制,放宽农民进程务工和定居条件,取消各种限制性规定,统一城乡劳动力市场,实现农保和城保无缝对接,改变农村人口和城市居民社会权益不对等现象,确保失地农民和城市居民享有同等的社会保障。

3. 农民社会保障形式随着土地制度的改革发生变迁,而土地作为农民传统的社会保障方式,受土地价值计算模式的制约,其保障功能逐步减弱,在构建社会保障制度时要强化土地的社会保障能力,实现社会保障替代土地保障。[2]在推进土地流转下农民社会保障制度改革时,必须研究土地对农民的真正内涵,而不能仅仅从其承担着暂时性产出价值的单一功能考虑,在计算社会保障价值时综合考虑现在和今后可能面临的各种因素,[3]寻求最接近农民社会保障最大值,解决农民在土地流转后可能面临的生存就业危机。

4. 从体制上构建土地流转下农民社会保障体系是一项系统和持续性工作。目前我国对城镇居民的社会保障体系仍处在不断完善中,而农民社会保障体系更是探索阶段，面临急速的土地流转形势，众多学者以及部分地方提出了一些设想和试点，以期保障农民权益。但是，真正能将制度付诸实际行动的只有我们党和政府，通过党的坚定领导和政府主导型功能，解决政府和农民矛盾，维护社会经济发展稳定。因此，必须结合国情，分析中国农民自身发展障碍以及土地流转后农民生存发展出路，在政府、城镇居民、土地流转农民三方博弈下，构建平衡的中国城乡一体化的社会保障体系。

参考文献：

[1]政协委员．中国失地农民累计不少于4000万人[EB/OL]．http://news.163.com/11/0309/10/6UMT1H5Q0001124J.html，2011－03－09．

[2]彭开丽，张鹤．农地城市流转与失地农民社会保障研究[C]．湖北省首届涉农领域青年博士论坛论文集，2006，237－239．

[3]王丽芳．征地过程中失地农民土地的社会保障价值估算[D]．中南大学，硕士学位论文，2007，29－36．

（本文与周海波、余艳锋同志合作，原载《新农村》2011年第7期）

江西省新的土地流转趋势下农户社会保障方式探讨[①]

一、江西省土地流转面临的新趋势

1. 政府从法律、政策等方面规范土地流转。自农业部颁布《农村土地承包经营权流转管理办法》后，江西省结合省情，着力规范了土地流转中出现的问题和不足。一是各级政府对之前各种不规范的土地流转及时进行纠正和完善，对没有签订流转合同的自发流转指导其完善手续。对由基层乡村组织出面推动的土地流转，针对农民不同意的情况进行了纠正。二是政府相关职能部门重视，每年都组织领导、专家分赴各市(县)进行了严格的检查督导，解决了各地的土地流转工作出现的问题。三是狠抓土地确权。各地因势利导，把调解土地纠纷与完善二轮土地承包工作结合起来，完善了农户的二轮土地承包手续和流转合同。

2. 土地流转行为日趋规范，农民权益得到保护。近年来，江西省在各个县相继成立了乡镇农村土地承包经营权流转中心，中心负责接受承包方的委托，登记需转出的土地信息，加强流转合同的备案和档案管理，为流转双方提供信

① 基金项目：江西省社科基金项目(10SH26)。

息引导、政策咨询等服务，很好地保护了农民的权益，减少流转中出现的纠纷。通过中心的正确引导，农民自发流转的比例逐年降低，土地流转日趋规范。尽管目前自发流转比例仍然高于委托流转的比例，但是由于委托流转给农民带来的收益更高，手续更加完整，这种方式也越来越被农民认可。农村土地承包经营权流转中心服务机构也在逐步发展壮大，因此，江西全省的农户之间土地承包经营权的流转行为必将走上正规化、程序化的道路。

3. 土地流转规模呈现扩大化，土地利用率提高。自1998年土地二轮承包以来，江西省土地承包经营权流转速度呈逐年递增之势，流转的土地面积不断扩大，所涉及农户不断增多。主要以农业龙头企业、种养大户、农民专业合作社等产业化组织为主导，在流转中农民逐步看到规模经营对农业生产的积极作用，因此，更多农户愿意将土地向这些经济效益好的大户流出。而土地流入户为了保持经营的稳定性和时效性，愿意更长时间地流转更大规模的土地。一方面，随着土地规模的扩大，会增加对土地的长期投入进而提高生产效率；另一方面，农业龙头企业等流转主体对于扩大土地流转面积、降低农业生产成本有较高积极性。通过加强流入方和流出方之间的合作与联系，优化流转市场双方主体关系，流转土地的面积和期限必然逐步增加和延长，从而有利于实现规模经营、提高土地产出率。

二、在土地流转过程中江西省当前存在的社会保障问题

1. 农村社会保障制度滞后，转出方农民权益得不到保障。在土地流转中，部分转出方的农户处于弱势地位，他们缺乏必要的《合同法》知识，缺少对土地升值的预见性，甚至缺少话语权。而转入方拥有强势的经济和政治地位，其中，有的随意改变土地承包关系，强迫流转，侵犯了农民的承包经营权；有的把土地流转作为增加乡村收入的手段，与民争利，损害了农民的利益；有的强行将农户的承包地长时间、大面积转租给企业经营，影响了农民正常的生产生活；有的借土地流转之名，随意改变土地农业用途。同时，农村社会保障管理混乱、分散，缺少专门机构人员和基础工作条件，使得农村社会保障问题更加

复杂。据有关资料反映,2010年,江西省转出方农户仅有10%参加了养老保险,在省内流动就业的农民工数量近60万人中,参加养老保险的农民工只有0.8万人,参加了工伤保险的只有5万人。农村社会保障制度发展滞后,农民还缺乏基本的社会保障,对社会稳定带来较大影响。

2. 农民缺乏社会保障机制保证,遏制了土地流转速度。尽管江西省农村的养老、医疗、社会救助等社会保障体系在不断地完善、健全。但农民主要还是依靠土地来解决吃饭和依赖土地收入解决看病、上学、养老等问题,普遍把土地作为最基本的生活保障来看待,对于流转土地存在后顾之忧。而且,江西省是个农业大省,约75%的人口还在农村,工业基础仍然薄弱,就业环境仍不宽松,吸纳农村劳动力的能力有限,农民进城还存在许多困难与问题。农民文化程度较低,这些因素影响了农民在城市的收入,加上部分农民小农经济意识比较强,恋土观念根深蒂固,视承包田为"保命田",而且,随着免征农业税和农业补贴增加,土地对农民的保障作用得到加强,使得农民更看重土地,即使外出打工、进城经商,宁可让土地闲置也不愿流转出,更不愿长期转让或转包他人经营。因此,在没有社会保障的前提下,为了保险起见,农民宁愿自己损失部分收入,也不愿意将土地流转出去。

3. 产业带动不强,土地收益较差影响了农民土地流转的积极性。农民进行土地流转的最终目的还是获得比自己经营土地更大的收益,而且,江西省土地流转市场仍然处于初级发展阶段,全省土地流转尚没有形成真正意义上连片经营、规模较大的产业区或产业带,土地效益还没有得到充分发挥。现今的土地流转经营模式主要还是以大户家庭劳力为主、采用少量雇工或季节性雇工的家庭经营方式进行规模经营,而实行土地、资金、技术集约化经营的企业、合作社、股份合作等模式的还较少,难以形成适度规模经营的农业产业。此外,在流转中缺乏效益明显、可持续性强的特色产业的有力支撑,农地需求相对不足,农民的土地收益得不到保证,在农民在缺乏收入保障的情形下,土地流转难以良性发展下去。

三、以土地为依托的江西省农户社会保障模式

目前,农村以家庭为主要形式的保障方式逐步弱化,主要原因在于农村家庭规模小型化、农业收益的不确定性、农村年轻人传统养老观念淡化和农民土地权益的局限性等。传统的社会保障方式已经不能适应当前农村经济发展的需要,尤其对于没有非农收入的纯粹农业生产者来说,土地就是一切生活的保障,失去土地就意味着失去安身立命的基础,因此,在土地流转中,对这部分不再与土地直接维系的农民未来生活的保障就显得至关重要,通过制度安排完善农村社会保障体系是对这部分农民权益的最大保护。

但现阶段因地方财力有限,地方农村难以承担和城市社会保障相应的资金,造成农村社保基金缺口很大,农村社保难以发挥其功能而流于形式。因此,结合江西省实际,在现阶段,在保留农户土地所有权的前提下,必须赋予土地对农民的社会保障功能。

1. 以政府、土地收益和农户为支柱的农村社会保障体系。建立以基本农村社会保障为基础、土地流转收益为补充和个人自愿参加的储蓄性保障的三大支柱为基础的多层次的社会保障体系。目前,江西省也逐步建立了以农村最低生活保障制度、新型农村合作医疗制度、农村医疗救助制度、农村五保供养制度、自然灾害生活救助制度等为主要内容的农村社会保障体系,但是存在着社会保障水平低、资金来源不稳定和偏少的问题。因此,在财政资金不足的现阶段,土地作为农民生存保障最重要的基础,一旦转出,转入方要积极负担起一部分社会保障功能,可参照企业年金制度,在企业完全履行其他缴费义务的条件下,政府应允许转入土地的企业给流出土地的农民一方建立一个专门用于社会保障的专门账户,给予企业其免征利息所得税等优惠政策,同时严格限制账户款项的用途。社会保障专户的设立,一方面可以吸引从土地获得收益的农民将闲余资金用于提自己的社会保障水平而不是没有目的地消费掉,保障被征地农民的利益,另一方面还起到充实资本市场缩小收入差距等积极作用。其次,农户个人性的自愿参加的储蓄性保障在土地经营收益不佳的时候也将起到保险和缓冲效果。

2. 以利益共享为纽带,保证社会保障资金来源。在土地流转中解决农民社会保障比较好的在我国成功的有浙江嘉兴模式和成都温江模式,前者采取"以土地换社保"的方式安置失地农业人员,在土地被征用以后,失地农民户口"农转非",并进入社会养老保险体系,按月领取养老金。后者"双放弃换社保"的设想,即农民自愿放弃土地承包经营权和宅基地使用权的,在城区集中安排居住,并享受与城镇职工同等的社保待遇。这些模式虽然很好地解决了部分失地农民的社会生存问题,但是农民并没有完全从转出的土地中获得相应的权益,相对的只是解决了他们的基本生存问题,通过土地流转获得的收益大部分为转入方获得,转出方农民的权益受到了损失。因此,在浙江嘉兴模式和成都温江模式的基础上,可建立转入转出方土地利益共享的土地收入模式,可将农户的土地按照入股比例或者签订协议等方式,转入方将收益按照一定的比例,参照基金管理制度,存入一个专门的账户资金,用于农民的社会保障,为了把基金投资的风险降到最低,实现基金的投资回报率。可把社会保障基金交给实力和信誉都不错的商业保险公司托管,商业保险公司应该保证该基金一定的收益率,同时商业保险公司应为每一位村民建立个人账户,该账户的所有权归村民自己所有。

3. 以土地收入为根本,实现土地价值的保值和增值。江西省的大部分农户缺乏一定的社会保障意识与风险意识,受到现行的经济因素和制度因素的影响,农户的社会保障的认识不足,因此,要实现租金来源的明确,首先必须明确土地产权主体,这是政策得以开展的前提条件。其次,要继续完善江西省的土地交易中心制度,结合当地实际,创新土地出租、租赁的咨询、权利认证、收益结算方式;推进土地股份化折股的创新形式。三是强化认识土地资源的稀缺性和重要性,积极推进农地股份合作制的土地流转新方式,促进土地使用权的合理流转,实现农地适度规模经营,保证土地收益的长期性和稳定性。

参考文献:

[1]李锐. 中国水土流失基础研究的机遇与挑战[J]. 自然杂志,2008,30(1):6 - 11.

[2]郭然,王效科,欧阳志云,等. 中国土地沙漠化、水土流失和盐渍化的原因和驱动力: 总体分析[J]. 自然资源学报,2004,19(1):119 -127.

[3]黄大国. 江淮丘陵地区水土流失治理与可持续发展研究[J]. 安徽农业科学,2009,37(25):12137 -12138,12141.

[4]张喜荣,蔡艳蓉,赵晶,等. 黄土高原水土流失造成的危害及其综合治理措施[J]. 安徽农业科学,2010,38(28):15776 -15781.

[5]邵子玉. 基于高分辨率遥感影像的水土流失监测方法研究[J]. 中国水土保持,2010(2):11 -12.

[6]王彦涛,曾亚娟,王芳,等. 库玛拉克河流域景观格局变化研究[J]. 安徽农业科学,2009,37(26):12798 -12799,12828.

[7]王效科,欧阳志云,肖寒,等. 中国水土流失敏感性分布规律及其区划研究[J]. 生态学报,2001,21(1):14 -19.

[8]王小丹,钟祥浩,范建容. 西藏水土流失敏感性评价及其空间分异规律[J]. 地理学报,2004,59(2):183 -188.

[9]王思远,刘纪远,张增祥,等. 近10年中国土地利用格局及其演变[J]. 地理学报,2002,57(5):523 -530.

[10]汪爱华,张树清,张柏. 三江平原沼泽湿地景观空间格局变化[J]. 生态学报,2003,23(2):237 -243.

[11]林敬兰,杨学震,陈明华. 基于"3S"技术的福建省土壤侵蚀动态监测研究[J]. 水土保持学报,2003,17(1):155 -157,177.

[12]魏兴萍. 重庆南川岩溶区水土流失时空变化特征[J]. 安徽农业科学,2010,38(20):10774 -10777.

[13]邢宇,姜琦刚,张红红等. 基于RS/GIS的嫩江县 -五大连池市黑土区水土流失分析[J]. 安徽农业科学,2009,37(34):16979 -16982.

(本文与周海波、李琴英同志合作,原载《江西农业学报》2011年第10期)

中国芦笋产业发展瓶颈分析①

尽管我国引进和研究芦笋的历史较晚，最早由清末从英国引进，并少量种植，产量十分有限。然而从20世纪70年代中后期，尤其是经过"十五"、"十一五"的发展，我国芦笋产业有了相当程度的发展，取得了令人瞩目的成绩，成为世界上芦笋种植面积最大的生产国和出口国。据统计，2008年我国芦笋种植面积达到约10万 hm^2，占全世界种植面积的40%，占亚洲种植面积的83%，芦笋种植遍及山东、福建、广东、广西、云南、山西、河北等华北、西北、西南大部分区域，产业规模世界第一，成为我国最大的单一加工蔬菜贸易品种。中国芦笋产业的国际地位不断提升，国际影响不断扩大。然而，随着国际形势变化和我国经济的迅猛发展，加之芦笋产业在我国仍属劳动密集型产业，芦笋产业发展受到内生障碍和外在压力等诸多瓶颈，不利于产业的可持续发展。

一、缺乏完整的产业规划和政策扶持

一直以来，我国从战略高度主抓大宗农产品生产，诸多产业都有了国家的产业发展规划和产业政策，而且都要定时公布。而芦笋作为蔬菜中的舶来品，起初只在沿江、沿海少数地区种植，并未引起国家有关部门重视，国家级科研机构也少有人问津。芦笋产业在面临国际国内市场的双重压力下，受政府关

① 基金项目：现代芦笋产业体系的阶段性研究成果。

注度不够,政府仍没有出台完整的产业发展规划和强有力的政策扶持,只把芦笋作为蔬菜中的一个小品种,未给予特别重视,成为制约芦笋产业发展的一大因素。而产业政策、产业发展规划是芦笋产业发展的强有力支撑,如果缺乏,产业将难以步入正常轨道,难以获得长足发展。芦笋业界对产业政策的呼声越来越高,芦笋产业链上各相关主体普遍感到政府对芦笋产业扶持政策严重缺乏。

1. 缺乏对芦笋出口企业的扶持政策。目前我国90%的芦笋销往欧美日市场,较多出口企业普遍感到政府对企业书面口头支持的多,落实的少,发展难度很大。相对欧盟、美国等国家和地区对芦笋出口企业的高额补贴和减免税收等措施而言,我国目前规定对农产品出口实行零税率,归类在蔬菜中的芦笋执行的是收销项税13%,退5%,抵扣10%的进项税,这存在两个问题。[1]一是10%的进项税抵不上8%的销项税,加工附加值越高差额越大;二是按期退税率很低,企业迟迟不能拿到应退还的税款,限制了企业的自我发展,甚至影响到正常运转。税收优惠政策倾斜幅度不够大,难以提高企业、投资者积极性。

2. 相关的行业法规不完备、标准不统一,监管缺乏有效手段。由于缺乏完备的法规,芦笋的安全管理缺少法律依据,或者有法不依,贯彻不力,对违规处罚不严。此外,目前的芦笋生产标准化体系不统一,除国家、行业、地方、企业标准外,市、县也可制定农业标准规范,甚至连科研院所也能公布芦笋生产标准,而大多生产企业都是执行自己的标准,造成同一产品既有国家标准,还有其他多种标准、规范,生产者无所适从,消费者不信任、不认可,很难获得市场认同。

3. 无处获得政府或行业的信息指导及产业保护。我国至今没有建立为芦笋出口行业服务的专业信息平台,尽管信息部门林立,由于信息分散性、滞后性、非权威性、不透明性,甚至还有随意性,企业无可利用。一旦因信息扭曲出现问题,企业只有自我挣扎,任凭损伤,没有来自企业外部的补救措施。

二、未能形成现代化消费理念

芦笋作为蔬菜类一个品种，在我国消费总体水平呈现上升趋势。随着人们收入水平的提高，以及芦笋营养功效的发掘和宣传，促进了国内市场消费量，但相对于其他食物，芦笋人均消费增速较缓。且芦笋消费具有明显的区域特征，农村居民对芦笋基本没有消费行为，消费人群主要集中在我国上海、北京、广州等一些特大城市的知识型人群中。从海关统计数据来看，国外发达国家芦笋消费量远远高于我国，且芦笋作为蔬菜食用在欧洲的消费量仅次于番茄、刀豆、蘑菇、豇豆，是主要蔬菜之一，市场价格是最高的。目前西班牙和德国作为传统消费国家，对芦笋消费量是蔬菜中最大，主要为芦笋罐头消费。相比之下，我国芦笋这种单一、狭窄的市场销售渠道，从某种意义上说已成为制约芦笋产业健康发展的瓶颈。

芦笋虽然属于蔬菜中的一种，营养却十分丰富，在西方有“软黄金”之称，但90%以上的国人不认识芦笋，把芦笋当成芦荟或竹笋或莴苣，对芦笋的营养价值和药用功能认识不够，对芦笋制作方法不了解，导致芦笋在国内消费量少。而另一个原因还在于消费理念的落后。据研究，消费行为主要受人们收入水平的提高和思想观念转变和社会变革的影响。众所周知，我国崇尚节俭的传统文化观念根深蒂固，在短期内不可能消除，影响着我国居民消费观念，直接影响和决定居民的消费行为。在收入限制和传统消费观念影响下，居民消费行为谨慎，在选择生产、生活用品时，人们大都倾向于不增加消费支出，能替代的就替代，这样的消费观从表面上看节省了消费，而实际上人们的生产效率和生活水平没有得到提高，对消费缺乏较深的科学认识和理解，现代家庭生活消费意识相对滞后。而芦笋作为蔬菜品种的一种，有一定的替代性，这就直接导致了芦笋在国内消费量的不足，不利于芦笋产业大发展。因此，要推动芦笋产业发展，必须营造现代化消费观念，动员人们加入到芦笋消费行列中来。

三、产业结构内部无序化矛盾突出

根据国际芦笋专家多年研究判断，芦笋适宜生长在具有较长的日照和光照，水源充足，排灌条件较好，pH 值最好为 5.8 ~6.7 的通透性好的有机质多而肥沃的腐殖土壤或沙壤土的夏季凉爽冬季温暖的温带地区。[2] 根据这个特性，我国芦笋重点栽培区域分布在气候干燥少雨、病虫害极轻的北方和沿海地区。产业布局比较合理，适宜芦笋种植。然而，芦笋产业结构内部无序化矛盾却不断凸显。

1. 小农生产模式普遍。根据国外芦笋产业的发展经验来看，产业要迅速发展和强大起来，规模化、专业化是其最根本的要求，也是最为有力的保障。尽管我国芦笋种植总面积较大，但这些区域大多为一家一户的小规模分散种植方式，盲目生产，投入不足，芦笋品质参差不齐，抗风险能力降低，很难获得较大的经济收益。农民种植积极性又大多依靠市场价格来引发，想怎么种、种多少纯属农民个人行为，资源配置的科学性和生产操作的技术性根本无从谈起。[3]

2. 产品加工、流通能力薄弱。尽管我国芦笋栽培面积和产量每年都以10%速度增长，但芦笋加工与市场需求的品种、需求量存在较大差异，生产供需加工矛盾日益突出。全国芦笋加工企业众多，分布在各个主产区或者临近主产区便于出口的区域，生产加工型龙头企业少。这些小企业有限的发展资金难以集中使用，无法规模种植加工。同时，这些众多分散经营的小企业，带来了重复投资、技术落后等弊病，使产品质量不稳定，达不到指标，造成一连串的恶果。出于商机保护，企业间缺乏真实有效的沟通联系和正常的市场经济管理，在内外贸中无序竞争，哄抬或压低收购价，原料市场恶性竞争，容易给农民带来错误的判断，影响农民种植面积的增减，既伤害了企业自身利益，也损害了农民利益。

四、产业技术研发体系滞后

芦笋产业是科技要求较高的产业，而我国芦笋技术研发在一定程度上滞后于生产发展，成为阻碍我国芦笋产业向纵深发展的瓶颈。尽管近 40 年来，我国芦笋产业迅猛发展，成为蔬菜业中的一大特色产业，国内已有众多国家级、省市级科研机构从事芦笋研发,但全国芦笋产业技术体系不完善。

1. 芦笋品种更新滞后。品种的更新是产业发展的灵魂。[4] 纵观世界上芦笋产业发展取得较大成就的国家或地区,均以当地的自然环境条件为基础,以品种引进为前提,以杂交育种为主要技术手段,即使是种质资源较为缺乏的国家也非常注重新品种的选育工作。美、德、法、荷、日等国的芦笋育种工作开展较早,培育出的芦笋品种几乎占领了全世界的种子市场,芦笋育种体系完整。新品种的不断出现和应用使各国的芦笋产业发展形成了自身特色和源源不断的发展后劲。而我国芦笋生产用种大多是国外早已淘汰的 F_2 代种,主栽品种多年不变,品种单一,其适应性和抗病性差,产量较低,缺乏具有自主知识产权的优良品种,经常出现假劣种子危害农民现象严重影响了芦笋的产量和质量,芦笋品种问题一直是严重制约我国芦笋产业发展的瓶颈。

2. 我国芦笋抗病虫品种缺乏,多数优质品种仍依赖进口。我国目前抗病虫品种缺乏,芦笋产区茎枯病危害严重,尤其是多雨的南方芦笋产区,常导致成片芦笋田毁种绝收,严重影响着芦笋的产量和品质。多数地方过于依赖药剂防治,茎枯病爆发以致成片废田的事件时有发生。而进口国外新品种价格极其昂贵,且受到国外新品种保护条例的约束,芦笋新品种引进存在壁垒,且引进的品种中可能存在某种病害,使得我国芦笋品种不够丰富。

3. 芦笋精深加工技术有待深入。除传统鲜销、速冻、罐头以外,精深加工水平低,高附加值的产品少,深度加工技术研究有待深入。

五、信息服务系统建设水平较低

目前我国芦笋市场还未完全成型,还处在生产市场阶段,市场信息化建设步伐缓慢,造成利益空间局限、市场信息反馈不及时、产量与国内国际市场需求量发生严重错位等问题。

1. 信息公布不及时、不完善。随着国内消费水平提高,芦笋用于国内外消费比例逐步缩小,出口与内销比例由 1997 年的 99∶1 上升为 2008 年的 1∶1,且内销比例逐步提高,国内芦笋消费市场获得较快发展。尽管如此,我国芦笋交易基本处于一种落后的、不完善的批发交易市场，芦笋信息网络系统缺乏常规性监测，对芦笋种植区域、价格波动、产销量等日常监测公布颇少，使得其交易价格、品种数量、交易量等重要数据难于统计。而我国多数为小规模种植农民，面对千变万化的大市场，根本无法准确把握市场定位，农民只能根据滞后的市场信息和自己的经验知识来确定自己的生产规模和品种，信息不对称，往往在市场上处于被动地位，这在一定程度上打击了农民从事芦笋生产的积极性。

2. 信息网络建设支持力度不够。目前我国芦笋产业农业信息网络建设滞后，农业信息网络建设资金基本依靠农业各部门自己解决，未列入政府基建项目和当地财政预算，各级地方财政对农业信息网络建设的支持力度不够，这在很大程度上影响了芦笋信息网络建设的进程，难以将信息服务延伸到最急需信息的基层乡镇、涉农企业、生产和经销大户等。且芦笋信息网络各自为政，相互间信息缺乏统一协调，信息共享程度差，影响了信息服务效率，降低了信息的利用价值。

3. 农业信息标准化水平较低。由于缺乏完善的信息体系，无法对接国际芦笋市场，无法提供国际芦笋市场信息，缺乏对国内外芦笋市场的分析预测；缺乏最新技术、品种的介绍，从而无法对国内芦笋生产实施有效的预测预警与宏观指导，化解市场风险。

六、国际贸易壁垒限制出口

为了保护本国贸易利益，西方一些发达国家竞相通过绿色贸易壁垒，阻止发展中国家的产品进入本国市场。芦笋要出口，必须遵循各国对蔬菜的各项检测要求。而国外对进口蔬菜质量、规格和分级包装要求非常严格。目前国内一些常规品种质量尚不能达到要求，且一旦采后包装、运输粗放就容易导致虫害出现，无法顺利出口，导致退货或销毁。我国芦笋出口遇到的壁垒主要表现在两个方面：

1. 包装壁垒。据海关统计，[5] 东南亚地区以泰国的芦笋质量和规格最好，畅销日韩市场，而中国芦笋在规格和包装方面略逊泰国，靠数量和价格的绝对优势取得出口优势。从海关统计显示，我国芦笋能大量出口还在于价格低廉的缘故，芦笋本身品质、包装则成为出口的主要不利因素。由于资金和技术上的问题，我国芦笋产业并不能完全按照国际 GPA 标准进行生产管理，农残和重金属超标现象时有发生。芦笋的加工和运输过程中易受细菌、病毒或者人工污染。如果从事加工、包装的工作人员的健康存在问题就有可能导致芦笋产品被病毒或者细菌等污染；加工的用具和包装材料不经常消毒、芦笋的半成品接触微生物可能造成芦笋成品的污染。而目前芦笋加工企业的现状是规模小，管理粗犷，技术力量比较薄弱且资金短缺，芦笋在加工和运输环节中往往会被不同形式的严重污染，对芦笋的出口造成不良影响。且芦笋出口多个国家，往往只设计一种包装，不能按照各个发达国家不同的包装要求进行设计，从而使我国具有绝对优势的芦笋产业严重受限于发达国家的技术性贸易壁垒。

2. 农药残留检测壁垒。进口国市场设置的技术性贸易壁垒，已从微观技术化向宏观制度化层面转变。2003 年以来，欧盟、日本等国家及地区，不断对中国生产的蔬菜产品的农药残留量、重金属含量等指标加强检验，残留物检验项目逐年增多，使中国对这些国家或地区的蔬菜出口受阻。[6] 据 2009 年 9 月 10 日 20 时日本产经新闻报道，[7] 岩谷产业公司从中国进口冷冻绿芦笋因为杀虫剂水胺硫磷检出超标，约 35000 袋产品被召回。水胺硫磷检出值0.09（允许限量值 0.01）PPM，而 0.01 PPM 是一个极为严格的农药残留标准，意味着芦笋在栽培过程中只要用过农药，就不可能合格。而且国外对进口芦笋的检疫繁多，我国出口芦笋因检验、通关时间延长，芦笋保鲜度下降，上市期缩短，一定程度上制约了中国芦笋业发展。由于技术贸易壁垒具有针对性、隐蔽性、可操作性及限制性强的特点，使作为芦笋出口第一大国的中国出口贸易受到极大阻碍，市场出口量萎缩，对国际市场的依赖程度较高，抗风险能力较差，出口企业及农民遭受重大损失。

3. 没有形成品牌效应。从事芦笋加工的企业规模小而分散，加上资金缺乏，获得国际认证的芦笋品种不多，没有形成品牌效应，这对芦笋在国际市场上的销售很不利。

七、食品安全生产存在隐患

目前我国使用的农药仍以杀虫剂为主，占总用量的68%，其中有机磷杀虫剂占整个杀虫剂用量的70%以上；杀菌剂和除草剂占总用量的18.7%和12.5%，它们会造成食品污染。目前，我国在应对芦笋病虫害时并没有更好的生物抗虫技术，栽培时为防止茎枯病发生而使用大量的化学农药进行病虫害防治，导致农药残留超标，以及土地污染导致芦笋根茎的重金属含量超标。农残主要表现为：一是对安全用药技术认识不足。化学农药使用不当，使用违禁农药等现象时有发生；二是我国现行的蔬菜检测和药用植物行业卫生标准与国际标准存在较大差距。国内允许的最高农药和重金属残留量标准为"3个70%：农药中70%为杀虫剂、杀虫剂中70%为有机磷农药、有机磷农药中70%为高毒农药"的标准，[8] 而发达国家杀虫剂比例仅为14%，除草剂为46%，国内标准比发达国家和地区的标准指数偏高，这就使得降低芦笋农药残量的工作难度大大增加。大部分的芦笋产品农药残留量只符合国内市场的要求，不能达到欧盟的要求，无法在国际市场上销售；三是芦笋为根茎植物，种植产地重金属、工业废水、人畜粪尿中病原微生物、残留农药和化肥等很容易造成土壤污染，致使根茎的重金属含量超标，具有隐蔽性和潜伏性，制约芦笋在国际市场的销售，且一旦遭受重金属污染的土壤很难恢复，成为限制芦笋出口的瓶颈。

八、产业服务体系不顺畅

长期以来，许多国家在发展芦笋产业的过程中，都把服务体系建设作为支持产业发展的重要措施之一。近年来，我国农业发展的经验证明，服务体系的支撑不足，往往是农业发展面临的重要瓶颈。随着我国各级政府对芦笋产业的重视程度不断提高，支持力度有所加大，芦笋服务体系建设初显成效。地方各具特色的芦笋服务体系建设模式迅速形成，部分地区不同利益相关者参与芦笋发展及其服务体系建设的积极性有所增强。与此同时，芦笋产业服务体系建设仍然存在不少问题，突出地表现在以下方面：

1. 各级芦笋协会职能还未能充分发挥。随着芦笋市场竞争的日趋激烈和消费者对食品质量要求的日益提高，目前芦笋主产区省份大多建立了地市县级芦笋行业协会，中国芦笋协会也于 2010 年正式成立。部分协会摸索“协会+基地+农户”的新型产业化模式，把先进适用的技术、品种和产品销售信息迅速有效地传播到千家万户中，把松散的农民组织起来。然而，大多协会的职能还有待完善。协会经费来源不稳定、不充足，组织规模小，仅能维持日常开支，在组织专业人员收集和分析信息，提高对产品的销售渠道、供求状况、发展前景的科学认识的工作上存在空缺；在保障和约束农民开展标准化种植过程中可能产生的风险机制缺乏，农民利益容易受到损失；在协调农民、芦笋加工企业获得金融信贷机构的资金支持上，协会话语权较弱。

2. 产业链中关键环节链接不畅。我国芦笋产业还未大范围推广应用“公司+基地+农户+市场”运营方式，链条上各环节缺乏有机链接。目前，我国芦笋生产多以小农户为主的分散种植，之后卖给收购商或者附近的芦笋加工企业，彼此之间没有合同约定。这种分散种植方式下，农民彼此完全独立，在品种选择、栽培技术运用、产品处理和销售价格方面完全自行确定，加上农民技术素质良莠不齐，在没有统一的科学技术保证条件下，芦笋品质千差万别，根本不可能按统一标准进行生产。而且，分散的个体农民市场信息不灵活，不能参与到产品流通领域，产品价格很大程度上受中间商的控制，产品种植预测带有很大的盲目性。而政府也难以对分散的农民给予有组织的指导和协调控制，对农民和加工企业都是不利的。

3. 农业技术推广服务困难。一方面，农村联产承包责任制的推行使得农户生产分散，农户根据自己需求种植不同的农作物，降低了农技推广员的技术推广效率。另一方面，驻扎在农村的劳动力呈现大龄化特点，这些人群对芦笋栽培技术需求的热情不高，对技术员的培训授课内容并不能领会，甚至有些农民根本不来听课。此外，农业技术推广的机制不完善，从事芦笋栽种技术推广的人员奇缺，且整体素质跟不上农业发展的要求，严重制约了我国现代农业发展。而芦笋主要分为露地和大棚栽种，技术性强、受天气条件的影响大，必须学会根据天气条件灵活应用才能获得高产优质，技术人员及时进行指导就尤为关键。到目前为止，我国传统的农业技术推广工作主要由县级的农业局和乡镇的农技站承担，还没有形成深入田间地头、连接千家万户的科技推广服务网络。这种农业技术推广机制没有实质性的改变，农技推广人员对工作没有积极性和主动性，很难把这项工作干好。而目前农业院校的人才培养模式、人们的传统观念、农业企业的经营现状和农业院校毕业生就业难、收入较低等诸多问题的存在，也使得农技推广后继乏人。

九、总结

综上所述，虽然我国的芦笋产业发展迅速，但产业发展中的各种弊端也随之而来，产业政策的不配套以及政策与产业运行相脱节等问题也相继出现。随着芦笋产业的发展壮大，已成为带动我国国内外贸易的重要力量，如何实现小产业大作为，提高我国芦笋产业的国际竞争力，减少发展中的错误也是我们必须要解决的问题之一。

参考文献：

[1]梁立元.山东蔬菜业发展现状及产业升级对策研究[D].山东农业大学，硕士专业学位论文，2004，(12)：18.

[2]赵爱珍.推进山西芦笋产业发展的战略思考[J].山西农经，2008，(1)：44.

[3]游德升.我国芦笋的国际比较优势分析[J].对外经济贸易大学学报，2008，(3)：24.

[4]刘晓青，苏家乐，李畅，刘晓宏.我国杜鹃花产业发展的瓶颈及对策[J].江苏农业科学，2011，39(3)：14.

[5] http://news.sina.com.cn/w/2003-12-30/13431465977s.shtml，

2003－12－30.

[6]尹肖妮.制约中国蔬菜出口的瓶颈与对策[J].山东省农业管理干部学院学报,2004,20(2):54.

[7]http://bbs.instrument.com.cn/shtml/20090912/2107706/,2009－9－12.

[8]吴震,汪海水,李式军.中国外向型蔬菜产业发展现状和发展对策建议[J].中国农学通报,2004,20(3):279.

（本文与余艳锋、周开洪同志合作,原载《江西农业学报》2012年第1期）

附录:其他科研和获奖成果表

一、主持出版的专著

1.《经济金融新观察》(厦门大学出版社,1993)

2.《企业融资通论》(江西人民出版社,1993)

3.《企业融资策略》(江西人民出版社,1994)

4.《融资风险管理研究》(江西高校出版社,1995)

5.《商业银行形象塑造研究》(江西高校出版社,1996)

6.《商业银行形象策划》(江西人民出版社,1997)

7.《金融业监管通论》(江西人民出版社,1999)

8.《德国现代化进程研究》(中国市场经济出版社,2004)

9.《中国农村政策对我国新农村建设的影响研究》(江西科学技术出版社,2007)

10.《欠发达地区产业集群研究——以江西为例》(江西科学技术出版社,2011)

二、主持完成的课题

1.《中国农村政策对我国新农村建设的影响研究》(国家社科基金,2007)

2.《世行贷款江西综合现代化项目改善农田生产子项目可行性研究报告》(世行课题,2001)

3.《江西人才队伍的现状与海外人才的引进》(省科技厅软科学课题,2003)

4.《江西传统农业改造研究》(省社科规划课题,2001)

5.《反贫困:中国对国际社会的卓越贡献》(省社科规划课题,2000)

6.《江总书记走访的三户农家生活的变迁与启示》(省社科规划课题,1999)

7.《他们终于走出绝对贫困的沼泽》(省社科规划课题,1998)

8.《江西"一·五"计划的制定、修改与执行》(省委党史征集委,1989)

9.《新世纪贫困的特点与反贫困战略转变》(省社科院课题,2000)

10.《论邓小平消除贫困思想》(省社科院课题,1997)

11.《建立农民增收长效机制 实现农民收入持续增长》(江西省经济社会重大招标课题,2005)

12.《山上建绿色银行 山下建优质粮仓》(江西省社科规划课题,2005)

13.《以工促农 以城带乡的战略选择》(江西省农业厅2005年重点调研课题)

14.《江西社会主义"新农村"建设几个重要问题研究》(江西省农业厅2006年重点调研课题)

15.《江西农产品质量安全问题研究》(江西省农业厅2007年重点调研课题)

16.《构建江西社会主义新农村新产业研究》(江西省社科规划课题,2007)

17.《江西产业聚集问题与对策研究》(江西省社科规划课题,2009)

18.《重大突发性自然灾害预警与防控技术研究与应用》(国家科技支撑计划项目子课题,2012)

19.《现代芦笋产业发展研究》[国家公益性行业(农业)专项子课题2010]

20.《新型土地流转下农民社会保障研究》(江西社科规划项目,2011)

21.《鄱阳湖生态综合治理前期研究》(江西省水利厅横向项目,2011)

22.《新型土地流转下农民社会保障研究》(江西省农科院博士基金项目,2012)

三、主要获奖项目

1.《论邓小平消除贫困思想》(省委宣传部:1997 年第 6 届省“五个一工程”奖)

2.《他们走出了绝对贫困的沼泽》(省委宣传部:1999 年第 7 届省“五个一工程”奖)

3.《反贫困:新中国对国际社会的卓越贡献》(省委宣传部:2001 年第 8 届省“五个一工程”奖)

4.《建立农民增收长效机制 实现农民收入持续增长》(省社联:第 12 次社科优秀成果一等奖、江西生产力学会:2006 年度优秀成果奖一等奖、中国生产力学会:2007 年度优秀论文一等奖)

5.《企业融资通论》(省社联:第 6 次社科优秀成果二等奖)

6.《融资风险管理研究》(省社联:第 7 次社科优秀成果三等奖)

7.《论科技扶贫的战略性转变》(省社联:第 8 次社科优秀成果三等奖)

8.《金融业监管通论》(省社联:第 9 次社科优秀成果三等奖)

9.《江西省综合农业现代化:改善农田生产子项目可行性研究》(省社联:第 10 次社科优秀成果二等奖)

10.《德国现代化进程研究》(省社联:第 11 次社科优秀成果三等奖)

11.《对南昌市城市建设的观察与思考》(省社联:第 12 次社科优秀成果三等奖)

12.《中国农村政策对新农村建设影响研究》(省社联:第 13 次社科优秀成果奖三等奖)

13.《欠发达地区产业集群研究——以江西为例》(省社联:第 14 次社科优秀成果奖三等奖、中国生产力学会:2011 年度优秀论文一等奖)

14.《论邓小平的消除贫困思想》(省委宣传部等部门:省第 3 次邓小平理论研讨会一等奖)

15.《走向共同富裕之路的行动指南》(省社科院:1997 年度优秀科研成果

一等奖)

16.《新世纪贫困的特点与反贫困战略转变》(省委宣传部等部门:省第7次邓小平理论研讨会优秀论文二等奖)

17.《新世纪贫困的特点与反贫困新战略》(省生产力学会:2001-2002年度优秀成果二等奖)

18.《加大我省农业科研投入的政策建议》(省政府办公厅:2002年优秀调研文章三等奖)

19.《物流业:应为"中部崛起"提供支撑》(省人事厅等部门:"江西百名专家谈崛起"活动三等奖)

20.《永佃制献疑》(省青年社科协:第1次优秀科研成果三等奖)

21.《江西100名人》(省青年社科协:第2次优秀论著三等奖)

22.《企业融资策略》(省青年社科协:第3次优秀成果三等奖)

23.《反贫困:中国的创新历程与伟大贡献》(省委宣传部等部门:省纪念建国五十周年优秀论文三等奖)

24.《优化江西人才环境的三点建议》(省计划委员会等部门:"我为'十五'规划献一计"征文三等奖)

后记

去年交流到政府部门工作后，基本上难以静下心来写点东西了，于是将二十多年来在报纸杂志上发表的论文集成一册，也算做个纪念吧。

最后将收集好的论文交出版社时，考虑再三，还是把“论”少的通讯、访谈以及早期的一些论文等抽下，书名也更改过多次。

在此要感谢为书中论文付出辛勤劳动的新老责任编辑，感谢在论文写作过程中参考过相关资料的作者，感谢书中一些论文的合作者。

罗　莹

2013 年初夏

图书在版编目(CIP)数据

观察所思/罗莹著. —南昌:江西科学技术出版社,2013.3
ISBN 978-7-5390-4664-8
Ⅰ.①观… Ⅱ.①罗… Ⅲ.①区域经济发展-江西省-文集
②社会发展-江西省-文集 Ⅳ.①F127.56-53
中国版本图书馆 CIP 数据核字(2012)第 306371 号

国际互联网(Internet)地址:
http://www.jxkjcbs.com
选题序号:**ZK**2012103
图书代码:**B**12043-101

观察所思 罗莹 著

出版发行	江西科学技术出版社
社址	南昌市蓼洲街 2 号附 1 号 邮编:330009 电话:(0791)86623341 86610326(传真)
印刷	南昌市红星印刷有限公司
经销	各地新华书店
开本	787mm×1092mm 1/16
字数	360 千字
印张	25
版次	2013 年 5 月第 1 版 2013 年 5 月第 1 次印刷
书号	ISBN 978-7-5390-4664-8
定价	60.00 元

赣版权登字-03-2012-161